DESVENDANDO O NOVO CPC

0249

Conselho Editorial
André Luís Callegari
Carlos Alberto Molinaro
César Landa Arroyo
Daniel Francisco Mitidiero
Darci Guimarães Ribeiro
Draiton Gonzaga de Souza
Elaine Harzheim Macedo
Eugênio Facchini Neto
Giovani Agostini Saavedra
Ingo Wolfgang Sarlet
José Antonio Montilla Martos
Jose Luiz Bolzan de Morais
José Maria Porras Ramirez
José Maria Rosa Tesheiner
Leandro Paulsen
Lenio Luiz Streck
Miguel Àngel Presno Linera
Paulo Antônio Caliendo Velloso da Silveira
Paulo Mota Pinto

Dados Internacionais de Catalogação na Publicação (CIP)

D478 Desvendando o novo CPC / Darci Guimarães Ribeiro, Marco Félix Jobim, (organizadores) ; Alexandre Freitas Câmara ... [et al.]. 3. ed. ampl. – Porto Alegre : Livraria do Advogado Editora, 2017.
292 p. ; 23 cm.
ISBN 978-85-69538-68-4

1. Processo civil - Brasil. 2. Brasil. Código de processo civil. I. Ribeiro, Darci Guimarães. II. Jobim, Marco Félix. III. Câmara, Alexandre Freitas.

CDU 347.91/.95(81)
CDD 347.8105

Índice para catálogo sistemático:
1. Processo civil : Brasil 347.91/.95(81)

(Bibliotecária responsável: Sabrina Leal Araujo – CRB 10/1507)

Darci Guimarães Ribeiro
Marco Félix Jobim
(organizadores)

DESVENDANDO O NOVO CPC

Alexandre Freitas Câmara
Artur Torres
Darci Guimarães Ribeiro
Elaine Harzheim Macedo
Felipe Scalabrin
Fernando Speck de Souza
Fredie Didier Jr.
Gustavo Osna
Gustavo Santanna
Humberto Dalla Bernardina de Pinho
Jorge W. Peyrano
José Maria Tesheiner
José Rogério Cruz e Tucci
Lenio Luiz Streck
Leonardo Greco
Luis Alberto Reichelt
Marco Félix Jobim
Marcos Catalan
Sérgio Cruz Arenhart
Teresa Arruda Alvim Wambier
Zulmar Duarte de Oliveira Junior

3ª EDIÇÃO
ampliada

Porto Alegre, 2017

©
Alexandre Freitas Câmara, Artur Torres, Darci Guimarães Ribeiro,
Elaine Harzheim Macedo, Felipe Scalabrin, Fernando Speck de Souza,
Fredie Didier Jr., Gustavo Osna, Gustavo Santanna,
Humberto Dalla Bernardina de Pinho, Jorge W. Peyrano, José Maria Tesheiner,
José Rogério Cruz e Tucci, Lenio Luiz Streck, Leonardo Greco,
Luis Alberto Reichelt, Marco Félix Jobim, Marcos Catalan, Sérgio Cruz Arenhart,
Teresa Arruda Alvim Wambier e Zulmar Duarte de Oliveira Junior
2017

Capa, projeto gráfico e diagramação
Livraria do Advogado Editora

Imagem da capa
Stockphoto.com

Revisão
Rosane Marques Borba

Direitos desta edição reservados por
Livraria do Advogado Editora Ltda.
Rua Riachuelo, 1300
90010-273 Porto Alegre RS
Fone: 0800-51-7522
editora@livrariadoadvogado.com.br
www.doadvogado.com.br

Impresso no Brasil / Printed in Brazil

Agradecimentos

Pode-se dizer que agradecer é uma das etapas mais complexas existentes na elaboração de uma obra, tendo em vista que ela não é gerada espontaneamente, mas fruto de inúmeras vontades e ensinamentos que foram sendo revelados ao longo de uma vida. Aliado a isso, o leitor, àquele para o qual uma obra é destinada, também deve ser contemplado nesse momento tão importante que se trata do ato de agradecer. Como não vamos conseguir nominar todas essas pessoas que, direta ou indiretamente, auxiliaram na construção do livro "Desvendando o novo CPC", apenas nos resta, com o devido sucesso da 1ª edição, esgotada em pouco mais de um mês de sua publicação, assim como sua 2ª edição – igualmente exaurida – agradecer a todos os leitores, articulistas, amigos, familiares e, novamente, nossa prestigiada editora, que sempre aposta em obras que transcendem o ordinário.

Darci Guimarães Ribeiro e *Marco Félix Jobim*
Organizadores

Sumário

Apresentação à 3ª edição..9

Apresentação à 2ª edição..11

1. Do agravo de instrumento no novo Código de Processo Civil
   Alexandre Freitas Câmara..13

2. CPC/2015: qual, a rigor, a teoria da ação albergada pela Lei 13.105/2015?
   Artur Torres..21

3. Objeto do processo e objeto do debate: dicotomia essencial para uma adequada compreensão do novo CPC
   Darci Guimarães Ribeiro...63

4. Das normas fundamentais do processo e o novo Código de Processo Civil brasileiro: repetições e inovações
   Marco Félix Jobim e Elaine Harzheim Macedo..89

5. Perfil da remessa necessária no novo Código de Processo Civil
   Felipe Scalabrin e Gustavo Santanna..105

6. Tutelas de urgência e seus efeitos colaterais
   Fernando Speck de Souza e Zulmar Duarte de Oliveira Junior................121

7. Fonte normativa da legitimação extraordinária no novo Código de Processo Civil: a legitimação extraordinária de origem negocial
   Fredie Didier Jr....141

8. A mediação judicial no novo CPC
   Humberto Dalla Bernardina de Pinho..149

9. Sobre el proyecto en curso de reformas al Código Procesal Civil de Brasil
   Jorge W. Peyrano..169

10. Cooperação judicial internacional no novo Código de Processo Civil
    José Maria Tesheiner..181

11. Garantias constitucionais da publicidade dos atos processuais e da motivação das decisões no novo CPC
    José Rogério Cruz e Tucci...193

12. A inconstitucionalidade da ponderação de normas no NCPC
    Lenio Luiz Streck...205

13. A tutela da urgência e a tutela da evidência no Código de Processo Civil de 2015
    Leonardo Greco..215

14. O direito fundamental ao acesso à justiça e a regulamentação das atividades de conciliação e mediação pelo Poder Judiciário no novo Código de Processo Civil brasileiro
    Luis Alberto Reichelt..243

15. Um ensaio inacabado acerca dos divórcios extrajudiciais e do equívoco que informa uma das opções dogmáticas identificadas na codificação processual civil tupiniquim recém-aprovada
    Marcos Catalan...257
16. Os "acordos processuais" no novo CPC – aproximações preliminares
    Sérgio Cruz Arenhart e *Gustavo Osna*..265
17. Peculiaridades da fundamentação das decisões judiciais no Brasil –
    a nova regra nem é assim tão nova...
    Teresa Arruda Alvim Wambier..283

Apresentação à 3ª edição

Alguns meses se passaram desde o histórico dia 18 de março de 2016, quando finda a vacância legal da Lei 13.105/15 (CPC/2015), e aqueles institutos pensados, muitas vezes só na teoria, puderam encontrar na praxe forense albergue ou dificuldade de aplicação, o que ainda será uma realidade para os próximos anos, até que se encontre norte seguro na aplicação na nova ordem processual civil brasileira.

O público, atendo a isso, tem logrado estudar a normatividade processual de forma intensa, o que se comprova com a ampla produção bibliográfica produzida nos últimos tempos na área que neste momento tenta se descortinar.

Nós, organizadores, estamos, com imensa alegria, entregando ao público leitor uma 3ª edição de uma obra que foi gestada ainda no texto anterior ao da vigência, teve sua 2ª edição ampliada e revista já com base no texto que foi sancionado e podemos, agora, trabalhar com o início árduo de sua vigência, levando ao leitor, novamente, uma obra refeita.

Para isso, contamos com mais três textos de peso, de autores que dispensam qualquer apresentação, mas o fazemos para cumprir o protocolo. Luis Alberto Reichelt trabalha com a dogmática dos direitos fundamentais e sua realização, ou não, pelo Poder Judiciário frente às formas compositivas de finalizar controvérsias ao alcançar o artigo *O direito fundamental ao acesso à justiça e a regulamentação das atividades de conciliação e mediação pelo Poder Judiciário no novo Código de Processo Civil brasileiro*. Artur Torres traça um panorama histórico para assumir posição frente a qual teoria da ação está encampada na nova legislação processual civil com o artigo *CPC/2015: qual, a rigor, a teoria da ação albergada pela Lei 13.105/2015?* e, finalmente, Zulmar Duarte de Oliveira Junior e Fernando Speck de Souza emprestam seus talentos para um dos mais tormentosos temas do CPC/2015, qual seja, as tutelas provisórias, com o artigo intitulado *Tutelas de urgência e seus efeitos colaterais*.

Assim, só podemos, mais uma vez, agradecer aos leitores que apostam em nossa obra, aos amigos que produzem textos de calibre para suprir o mercado com temas interessantes e poucos trabalhados ainda e, em especial, a nossa editora por mais uma vez acreditar em nosso trabalho.

Darci Guimarães Ribeiro e *Marco Félix Jobim*
Organizadores

Apresentação à 2ª edição

Com a aprovação do novo Código de Processo Civil brasileiro nas duas Casas do Congresso Nacional e com a sanção presidencial, ele é publicado no Diário Oficial da União no dia 16 de março de 2015, sendo tombado pela numeração 13.105/15. Com esse fato, deve-se dizer e repetir: é tempo de mudanças! Uma legislação, por si só, por mais bem pensada ou redigida que seja, não conseguirá alcançar a devida efetividade se aqueles que pensam, praticam e escrevem sobre o tema não derem suas devidas contribuições. E é com este pensamento que os organizadores, juntamente com os renomados articulistas convidados, desejam que a presente obra seja recebida pela academia e por todos aqueles que militam na área do processo.

Para que isso ocorra, deve-se desvelar o conteúdo do texto que, muitas vezes, apresenta suas incorreções. Na obscuridade, resgatar a clareza. Na ambiguidade, buscar uma certeza. Dois nortes perseguidos por todos aqueles que emprestaram suas linhas para que a obra seja, de pronto, um sucesso para a comunidade jurídica, que anseia pelos primeiros contornos doutrinários do novo Código de Processo Civil que apontam no horizonte.

Desta forma, este livro pretende auxiliar, sobremaneira, todos aqueles operadores do direito que utilizam este refinado instrumento chamado processo na sua atividade forense ou acadêmica através da consagrada opinião de afamados processualistas do país, sendo que muitos deles auxiliaram diretamente a criação do novo CPC.

A excelência do corpo de articulistas e a atualidade dos temas levantados estão visíveis a todos que passarem os olhos pelo sumário. Alexandre Freitas Câmara discorre sobre o recurso de agravo de instrumento no Código projetado; Darci Guimarães Ribeiro aborda interessante tema que navega pelo objeto do processo e o objeto do debate, demonstrando as *nuances* de suas diferenças; Elaine Harzheim Macedo e Marco Félix Jobim apostam em relatar as novidades e repetições existentes na normatividade fundamental que o Código apresenta; Fredie Didier Jr. consegue trazer um estudo sobre o negócio jurídico processual e a possibilidade, por meio dele, de se chegar a uma legitimação extraordinária no processo; Humberto Dalla Bernardina de Pinho aborda o sempre instigante tema da mediação no novo CPC; a obra traz um artigo transfronteiriço de Jorge Peyrano sobre algumas particularidades do projetado texto processual; José Rogério Cruz e Tucci trabalha sob o enfoque de duas garantias constitucionais que estão inseridas na normatividade fundamental do CPC: a publicidade e a motivação; Leonardo Greco consegue brindar o leitor para que entenda melhor os institutos da tutela de urgência e tutela de evidência; Sérgio Cruz Arenhart e Gustavo Osna elaboram um texto sobre os acordos processuais ou, como bem denominam, contratualismo processual; Teresa Arruda Alvim Wambier consegue expor e comprovar que não há novidade na regra de motivação das decisões no novo Código de Processo Civil brasileiro e, para a segunda edição, recebemos, ainda, alguns textos que merecem extrema atenção, sendo eles: um de José Maria Rosa Tesheiner, que desbrava alguns tópicos da cooperação internacional; outro de Lenio Luiz Streck, que atinge o texto e a interpretação sobre o § 2º do artigo 489, CPC/2015; Felipe Scalabrin e Gustavo Santanna exploram a remessa necessária no novo texto processual e, por fim, um ensaio de Marcos Catalan sobre o divórcio extrajudicial..

Privar o leitor do contato direto com os textos publicados seria um ato de puro egoísmo dos apresentadores, razão pela qual somente resta neste momento agradecer a cada um dos envolvidos no projeto, em especial aos colegas que mandaram suas contribuições e à prestigiada Livraria do Advogado Editora, que tem apostado, sempre, em estudos críticos e inovadores como o que agora vem a público.

Darci Guimarães Ribeiro e *Marco Félix Jobim*
Organizadores

— 1 —

Do agravo de instrumento no novo Código de Processo Civil

ALEXANDRE FREITAS CÂMARA[1]

1. O novo Código de Processo Civil, aprovado pela Câmara dos Deputados, traz algumas inovações no trato do recurso cabível contra decisões interlocutórias proferidas pelos juízos de primeira instância. A primeira e maior das novidades está em que nem todas as decisões interlocutórias serão, no novo sistema processual, agraváveis. O novo CPC prevê um rol exaustivo de decisões interlocutórias contra as quais caberá agravo e, no caso de se proferir decisão que não se encontre no aludido rol, a mesma será irrecorrível em separado.

Significa isto dizer que contra algumas decisões interlocutórias – as que não sejam expressamente previstas em lei como impugnáveis por agravo de instrumento – não se admitirá um recurso específico e autônomo. Nesses casos, proferida a decisão (e, à guisa de exemplo, basta pensar na decisão que indefere a produção de prova testemunhal), deverá a parte interessada impugnar, arrazoadamente, a decisão interlocutória na apelação que interponha contra a sentença ou nas contrarrazões que ofereça à apelação pela outra parte interposta.

Penso que o novo sistema gera um grande risco de divergência acerca daquelas decisões interlocutórias que, não sendo impugnáveis por agravo de instrumento, versam sobre matérias a cujo respeito não se opera a preclusão (como são, por exemplo, a legitimidade das partes e o interesse de agir). Proferida a decisão de saneamento do processo, e expressamente afirmada a existência de legitimidade e interesse, não se admitirá agravo de instrumento. Será, então, de se questionar se, nesse caso, não sendo aquela matéria expressamente enfrentada na apelação ou em contrarrazões, estará a matéria coberta pela preclusão. E se a res-

---

[1] Desembargador no TJRJ. Professor Emérito e Coordenador de direito processual civil da Escola da Magistratura do Estado do Rio de Janeiro (EMERJ). Doutorando em Direito Processual (PUCMINAS). Membro do Instituto Brasileiro de Direito Processual (IBDP), do Instituto Ibero-Americano de Direito Processual (IIDP) e da Associação Internacional de Direito Processual (IAPL).

posta for positiva, alcançaria essa preclusão só as partes? Ou também o órgão jurisdicional?

Considero que não há, na hipótese, preclusão. Por força do disposto no art. 482, § 3º, do novo CPC, essas matérias podem ser conhecidas *ex officio* "em qualquer tempo e grau de jurisdição, enquanto não ocorrer o trânsito em julgado" e, portanto, não se sujeitam à preclusão. Poderá, então, o órgão competente para conhecer do recurso examinar tais matérias de ofício, sendo ainda possível que as próprias partes a suscitem posteriormente ao oferecimento da apelação ou de contrarrazões (como se daria, por exemplo, no caso de ser a questão suscitada pelo advogado em sua sustentação oral perante o tribunal).

Essa não é, porém, a única inovação proposta, e este estudo tem o modesto objetivo de descrever o sistema que se extrai do novo CPC para o agravo de instrumento.

2. Como dito, o novo Código de Processo Civil prevê (art. 1.012) uma relação, *numerus clausus*, de decisões interlocutórias contra as quais se admitirá agravo de instrumento. Essas decisões são as seguintes:

I – a que verse sobre tutela provisória (salvo se isto se der em capítulo da sentença, caso em que caberá apelação);

II – a que versar sobre o mérito da causa;

III – a que rejeitar a alegação de convenção de arbitragem (já que a que acolher tal alegação será sentença, impugnável por apelação);

IV – a que decidir o incidente de desconsideração da personalidade jurídica;

V – a que negar (mas não a que deferir) o requerimento de gratuidade de justiça ou acolher (mas não a que rejeitar) o requerimento de sua revogação (exceto quando essas questões sejam resolvidas na sentença, caso em que, nos termos do art. 101 do novo CPC, caberá apelação);

VI – a que versar sobre a exibição ou posse de documento ou coisa;

VII – excluir litisconsorte;

VIII – indeferir (mas não da que deferir) o requerimento de limitação do litisconsórcio;

IX – admitir ou não admitir a intervenção de terceiros;

X – conceder, modificar ou revogar o efeito suspensivo dos embargos à execução;

XI – tenha sido proferida na fase de liquidação ou de cumprimento de sentença e nos processos de execução e de inventário.

Além desses casos, expressamente previstos no art. 1.012, caberá agravo de instrumento apenas contra as decisões que a lei expressamente declare agraváveis. Nos demais casos, como visto, não será admissível a interposição de recurso em separado contra a decisão interlocutória.

3. O agravo de instrumento será interposto por petição, a qual deverá ser instruída com peças que permitirão a formação do instrumento. Da petição deverão constar os nomes das partes, a exposição do fato e do direito, as razões do pedido de reforma ou de invalidação da decisão e o próprio pedido e, por fim, os nomes e endereços completos dos advogados constantes do processo (art. 1.013).

São peças obrigatórias (art. 1.014, I) cópias da petição inicial, da contestação, da petição que ensejou a decisão agravada, da própria decisão recorrida, da certidão da respectiva intimação ou de outro documento oficial que comprove a tempestividade do recurso e, por fim, das procurações outorgadas aos advogados do agravante e do agravado. No caso de falta de qualquer dessas peças, incumbirá ao advogado declarar tal fato, sob pena de sua responsabilidade pessoal (art. 1.014, II).

Além disso, poderá o agravante juntar, facultativamente, quaisquer outras peças que repute úteis ao julgamento do recurso (art. 1.014, III).

A petição de interposição do agravo de instrumento deverá, também, ser instruída com o comprovante de recolhimento das custas, quando exigíveis (art. 1.014, § 1º).

Na falta de alguma peça (ainda que obrigatória) ou no caso de qualquer outro vício formal que comprometa a admissibilidade do agravo de instrumento, deverá o relator fixar prazo de cinco dias para que seja sanado o defeito, sob pena de não conhecimento do recurso (art. 1.014, § 3º, c/c art. 930, parágrafo único).

Vale registrar, por fim, que sendo eletrônicos os autos do processo, são dispensadas as peças obrigatórias, sendo porém permitida a juntada de peças facultativas (art. 1.014, § 5º).

O que se percebe é uma nítida tendência à formalização, isto é, ao combate ao formalismo exacerbado.[2] E isto é perfeitamente compatível com a tradição do direito processual brasileiro, o qual há muito tempo acolhe, sem qualquer divergência acerca do ponto, o assim chamado "princípio da instrumentalidade das formas". E a grande vantagem que se pode extrair do novo sistema é que ele inviabiliza a chamada "jurisprudência defensiva", a qual se manifesta através da criação, pelos tribunais, de exigências e requisitos formais para a admissibilidade do

---

[2] Vale aqui destacar um ponto relevante: não se trata de combater o formalismo, mas sua exacerbação. O formalismo, entendido como a exigência de respeito a formalidades processuais, é garantia de segurança e, por isso, perfeitamente compatível – e até mesmo necessário – para um processo civil democrático. A exacerbação da forma, isto é, a "forma pela forma", sem compromisso com a busca de resultados adequados, é que deve ser combatida. É exatamente na linha aqui proposta que se encontra o novo CPC, em que se percebe uma tendência à facilitação da resolução do mérito.

recurso, em verdadeiro – e constitucionalmente ilegítimo – exercício de função legislativa pelos órgãos jurisdicionais. Basta lembrar a tendência, que durante algum tempo predominou nos tribunais, de se decidir pela inadmissibilidade de agravo de instrumento no caso em que o agravante deixasse de juntar peça que, não sendo obrigatória, o relator reputasse indispensável para a compreensão do caso, sem que se desse oportunidade ao recorrente de corrigir o vício.[3] É, pois, bastante positivo o fato de que o novo CPC abraça essa tendência à instrumentalidade das formas e à maximização das oportunidades de resolução do mérito.

4.No prazo do recurso (que passa a ser de quinze dias, nos termos do art. 1.000, § 5º), a petição deverá ser apresentada no protocolo do tribunal competente para o julgamento do agravo (art. 1.014, § 2º, I). Também se admite, porém, que a petição seja apresentada no protocolo da própria comarca, seção ou subseção judiciária (inciso II do mesmo dispositivo), seja encaminhada por via postal, sob registro e com aviso de recebimento (inciso III), transmitida por meio de *fac-símile* ou similar (inciso IV) ou por qualquer outra forma prevista em lei (inciso V).

Caso o recurso seja interposto por meio de *fac-símile*, as peças que eventualmente o acompanhem não terão de ser enviadas junto com a petição de interposição, devendo ser apresentadas junto com a petição original (art. 1.014, § 4º), devendo ser observado o disposto quanto ao tema na Lei nº 9.800/1999.

Uma vez interposto o recurso, e não sendo eletrônicos os autos do processo, incumbirá ao agravante, no prazo de três dias, requerer a juntada, perante o órgão jurisdicional de primeira instância, de cópia da petição de interposição do recurso, do comprovante de sua interposição e da relação dos documentos que o instruíram. O não cumprimento deste ônus implicará a inadmissibilidade do agravo de instrumento, *desde que arguido e provado pelo agravado* (art. 1.015, *caput* e § 2º). No caso de processo

---

[3] Tendência esta superada a partir da decisão, proferida pelo STJ em julgamento por amostragem de recursos especiais repetitivos, no acórdão assim ementado: RECURSO ESPECIAL – OFENSA AO ART. 535 DO CPC – INEXISTÊNCIA – MULTA APLICADA EM SEDE DE EMBARGOS DE DECLARAÇÃO – AFASTAMENTO – NECESSIDADE – ENUNCIADO 98 DA SÚMULA/ STJ – MATÉRIA AFETADA COMO REPRESENTATIVA DA CONTROVÉRSIA – AGRAVO DE INSTRUMENTO DO ARTIGO 522 DO CPC – PEÇAS NECESSÁRIAS PARA COMPREENSÃO DA CONTROVÉRSIA – OPORTUNIDADE PARA REGULARIZAÇÃO DO INSTRUMENTO – NECESSIDADE – RECURSO PROVIDO. 1. Os embargos de declaração consubstanciam-se no instrumento processual destinado à eliminação, do julgado embargado, de contradição, obscuridade ou omissão sobre tema cujo pronunciamento se impunha pelo Tribunal, não verificados, in casu. 2. Embargos de declaração manifestados com notório propósito de prequestionamento não tem caráter protelatório. 3. Para fins do artigo 543-C do CPC, consolida-se a tese de que: no agravo do artigo 522 do CPC, entendendo o Julgador ausente peças necessárias para a compreensão da controvérsia, deverá ser indicado quais são elas, para que o recorrente complemente o instrumento. 4. Recurso provido. (REsp 1102467/RJ, Rel. Ministro Massami Uyeda, Corte Especial, j. em 02/05/2012, DJe 29/08/2012)

que tramita em autos eletrônicos, este ônus não existe, e o recurso será admissível independentemente de ter ou não sido feita essa comunicação.

Tenho para mim que se mantém válida posição que sustento, há muitos anos, em relação à interpretação do disposto no art. 526, e seu parágrafo único, do Código de Processo Civil de 1973. É que, a meu juízo, não bastará ao agravado alegar e provar que a comunicação a que se refere o art. 1.015 do texto projetado não foi feita. Será, também, necessária a prova de que isso tenha causado ao recorrido algum prejuízo, isto é, que se tenha dificultado o exercício, pelo recorrido, de seu direito de defesa. É que aqui se está diante de um vício formal que não pode ser reconhecido de ofício, o que – a meu sentir – atrai o disposto no 280, § 1º, do novo CPC. Assim, tendo sido o recorrido capaz de apresentar, sem qualquer prejuízo, suas contrarrazões, não haverá motivo para que se reconheça a irregularidade de forma do agravo de instrumento, ainda que não tenha sido comunicado ao juízo de primeiro grau que o recurso havia sido interposto.[4]

Tem a comunicação a que se refere o art. 1.015 a finalidade de provocar o *juízo de retratação*. Assim, promovida tal comunicação, será possível que o juízo de primeiro grau de jurisdição volte atrás e revogue a decisão agravada. Caso isto aconteça, incumbirá ao próprio juízo de primeira instância comunicar a retratação ao relator, que declarará prejudicado o agravo de instrumento (art. 1.015, § 1º), o que poderá ser feito por decisão monocrática (art. 930, III).

5. O procedimento do agravo de instrumento vem regulado no art. 1.016. Assim é que, recebido o recurso no tribunal, deverá ele ser imediatamente distribuído e, se não for caso de julgamento monocrático de plano, o relator deverá determinar a observância do disposto nos incisos I a III do referido art. 1.016.

Incumbirá, pois, ao relator verificar, em primeiro lugar, se é caso de julgamento monocrático liminar, nos termos do previsto nos incisos III e IV do art. 930. Em outros termos, o relator deverá, monocraticamente, não conhecer de agravo de instrumento inadmissível, prejudicado ou que não tenha impugnado especificamente os fundamentos da decisão recorrida (art. 930, III), ou negar provimento a agravo contrário a entendimento sumulado pelo STF, pelo STJ ou pelo próprio tribunal competente para a apreciação do agravo de instrumento (art. 930, IV, *a*), a acórdão proferido pelo STF ou pelo STJ no julgamento de recursos repetitivos (art. 930, IV, *b*) ou a entendimento firmado em incidente de resolução de demandas repetitivas ou de assunção de competência (art. 930, IV, *c*). Desaparece do sistema, assim (não só para o agravo de instrumento, mas para todos os recursos), a possibilidade de o relator decidir

---

[4] Sobre o ponto, com relação ao disposto no Código de 1973, CÂMARA, Alexandre Freitas. *Lições de direito processual civil*, vol. 2. 23ª ed. São Paulo: Atlas, 2014, p. 113-114.

monocraticamente o recurso quando este for *manifestamente improcedente*. Com o novo CPC, portanto, só haverá julgamento monocrático *de mérito* do recurso quando este versar sobre matéria a cujo respeito já exista entendimento firmado em precedente vinculante.

Vale aqui deixar claro que os julgamentos proferidos em casos repetitivos (isto é, no julgamento por amostragem de recursos repetitivos ou no incidente de resolução de demandas repetitivas), assim como os prolatados no julgamento do incidente de assunção de competência, são – no regime do novo Código de Processo Civil – vinculantes, motivo pelo qual incumbirá ao relator, no caso em que verifique que a questão deduzida no agravo de instrumento já foi objeto de resolução por alguma daquelas vias, aplicar o precedente e decidir monocraticamente o recurso.[5]

Não tendo, porém, ocorrido qualquer das hipóteses acima mencionadas, deverá o relator verificar se é caso de atribuir efeito suspensivo ao agravo de instrumento ou de deferir a antecipação da tutela recursal, comunicando ao juízo *a quo* sua decisão (art. 1.016, I).

Deve-se ter claro que a atribuição de efeito suspensivo e a antecipação da tutela recursal são medidas jurisdicionais de urgência (cautelar a primeira, satisfativa a segunda), cabíveis no procedimento do agravo de instrumento. Sua concessão depende, pois, da presença dos requisitos exigidos para o deferimento de qualquer tutela de urgência: a probabilidade de existência do direito alegado pela parte e o risco de que a imediata produção de efeitos da decisão gere um risco de dano grave, de difícil ou impossível reparação. No caso do efeito suspensivo, estes requisitos estão expressos no art. 992, parágrafo único. Já para a antecipação da tutela recursal os requisitos estão previstos no art. 298 da lei.

Incumbirá ao relator deferir efeito suspensivo ao agravo de instrumento quando, presentes os requisitos, a decisão recorrida tiver conteúdo positivo (isto é, quando se tratar de uma decisão que tenha *deferido* algo). Neste caso, atribuído o efeito suspensivo, aquilo que o juízo de primeiro grau tenha deferido não poderá efetivar-se até o julgamento do recurso.

De outro lado, será caso de antecipação da tutela recursal no caso em que, presentes os requisitos, a decisão agravada tenha conteúdo negativo (ou seja, quando o provimento agravado tiver *indeferido* algo). Nesta hipótese, a medida de urgência permitirá a imediata fruição, em caráter provisório, da providência postulada pelo agravante e negada pelo juízo *a quo*.

---

[5] Só poderá o relator julgar monocraticamente o mérito do recurso, frise-se, nos casos em que se aplique o precedente vinculante. Não é possível, porém, o julgamento monocrático nos casos em que haja um afastamento daquele precedente, seja por se estar diante de caso distinto, ao qual o precedente não se aplica (*distinguishing*), seja por tratar-se de caso em que se supere o precedente (*overruling*).

Deferida que seja qualquer das medidas de urgência mencionadas, incumbirá ao relator comunicar sua decisão, desde logo, ao juízo de primeiro grau (art. 1.016, I).

Após verificar se era ou não caso de deferir alguma medida de urgência, incumbe ao relator do agravo de instrumento ordenar a intimação do agravado para que ofereça suas contrarrazões. Tendo o recorrido advogado constituído nos autos, a intimação se fará através do seu patrono. Caso contrário, a intimação será feita pessoalmente ao agravado, por via postal (art. 1.016, II). O prazo para oferecimento das contrarrazões é de quinze dias, sendo facultada a juntada de peças que o recorrido entenda necessárias para o julgamento do recurso.

Em seguida, e se for o caso de sua intervenção, será determinada a intimação do Ministério Público para que se manifeste no prazo de quinze dias (art. 1.016, III).

Ultimadas essas providências, dois caminhos podem ser tomados. Pode ser, em primeiro lugar, caso de julgamento monocrático do recurso (ou por que só agora o relator verificou ter ocorrido qualquer das hipóteses, já examinadas, previstas nos incisos III e IV do art. 930; ou por ser caso de, por decisão monocrática, o relator *dar provimento* ao recurso, nos termos do inciso V do art. 930, o que ocorrerá quando a decisão recorrida for contrária a súmula do STF, do STJ ou do próprio tribunal de segundo grau, a acórdão proferido pelo STF ou pelo STJ no julgamento de recursos repetitivos ou a entendimento firmado em incidente de resolução de demandas repetitivas ou de assunção de competência). Não sendo, porém, o caso de julgamento monocrático pelo relator, abrem-se as portas para o julgamento colegiado, incumbindo ao relator pedir dia para julgamento (art. 1.017), isto é, pedir a inclusão do recurso em pauta para sessão de julgamento do órgão colegiado, o que deverá ocorrer em prazo não superior a um mês, contado da intimação do recorrido para oferecer suas contrarrazões (sendo este um prazo impróprio, isto é, um prazo cujo descumprimento não acarreta consequências processuais), mas que se espera ver respeitado em nome da garantia de duração razoável do processo.

6. Do exposto, a grande conclusão que pode ser apresentada é que a grande modificação do agravo de instrumento diz respeito ao seu cabimento, e não ao seu procedimento (o qual é, em linhas gerais, mantido nos mesmos termos em que regulado no Código vigente). De todo modo, o mais importante é que os profissionais do processo, diante do novo Código, percebam tratar-se de um novo sistema processual, e não de uma mera atualização do antigo. Augura-se, pois, que o novo seja tratado como novo, e não como o velho requerentado.

— 2 —

CPC/2015: qual, a rigor, a teoria da ação albergada pela Lei 13.105/2015?

ARTUR TORRES[1]

Sumário: 1. Introdução; 2. Um panorama acerca das principais teorias da ação; 3. Condições da ação: teorias *chiovendiana* e *liebmaniana;* 4. Conceito de mérito para o sistema infraconstitucional processual pátrio: consequências processuais de seu enfrentamento; 5. A teoria da ação eleita pelo CPC/2015; 6. Referências bibliográficas.

1. Introdução

O tema (*ação*), ao lado de pelo menos outros dois (*jurisdição* e *processo*), revelou-se (e, ao fim e ao cabo, revela-se), nuclear ao desenvolvimento da ciência processual.

O estudo em tela, consoante denuncia seu título, tem, registre-se, origem na reflexão, a saber: qual, a rigor, a teoria da ação albergada pelo CPC/2015?

O exame dessa questão, pois, exigiu-nos, num primeiro momento, passar em revista, pelo menos, as principais teorias da ação; num segundo, ainda que resumidamente, tecer considerações acerca da noção de *mérito* entre nós, para, só então, com a seriedade merecida, buscar resposta palpável.

Ao trabalho...

2. Um panorama acerca das principais teorias da ação

O tema, segundo Salvatore Satta e Carmine Punzi, "costituisce uno dei più tormentati capitoli della dottrina giuridica".[2]

---

[1] Laureado *Dom Antonio Zattera*; Especialista, Mestre e Doutor em Direito Processual Civil (PUCRS); Pós-Doutor em Direito Processual Civil (UNISINOS); Professor de Direito Processual Civil da PUCRS; Advogado.
[2] SATTA, Salvatore; PUNZI, Carmine. *Diritto Processuale Civile*. 30 ed. Padova: CEDAM, 2000.

Ao introduzir o tema das *teorias da ação*, costuma-se classificá-las em teorias *monistas* (unitária) e *dualista*, tomando por critério pertencer tal conceito "tão somente" ao plano do direito material ou "tão somente" ao plano do direito processual (teorias unitárias), confrontando-se a formulação que o identifica em ambos os planos (teoria dualista).[3][4][5][6] A despeito dos eventuais proveitos que se possa auferir ao assim classificá-las, o escopo ora traçado, como dito acima, é diverso. Importa-nos, sobretudo, compreendê-las em sua essência, enquanto teorias.

Limitam-se, segundo nossa avaliação, a cinco as teorias que, bem compreendida a afirmativa, traduzem um panorama geral do tema: teoria civilista (ou imanentista) do direito de agir; teoria do direito concreto de agir; teoria do direito abstrato de agir; teoria eclética do direito de agir e, por fim, a teoria da ação enquanto "posição subjetiva composta".[7][8][9]

Ao remontar o pensamento *imanentista*, Piero Calamandrei, o mais claro dos processualistas clássicos, aduz que os civilistas do século XIX tomaram por base para a sua construção, estrutura empregada à explicação das relações obrigacionais privadas.[10]

O direito subjetivo do credor visa, num primeiro momento, à prestação do devedor; mas, se o devedor não a cumpre, então o credor pode, recorrendo àquela garantia jurisdicional que está implícita no direito subjetivo, dirigir-se ao Estado a fim de obter, mediante a condenação do insubmisso, aquela mesma satisfação do próprio interesse individual que teria obtido caso ocorresse o cumprimento voluntário. A ação entendida

---

[3] Alvaro de Oliveira, inclusive, dedica, para tanto, boa parte do seu *Teoria e Prática da Tutela Jurisdicional*. Vide: ALVARO DE OLIVEIRA, Carlos Alberto. *Teoria e Prática da Tutela Jurisdicional*. Rio de Janeiro: Forense, 2008. p. 7/80.

[4] Nesse sentido, ainda, vide: ALVARO DE OLIVEIRA, Carlos Alberto; MITIDIERO, Daniel. *Curso de Direito Processual Civil*. São Paulo: Atlas, 2010. p. 137.

[5] Para uma abordagem relativa aos distintos planos da ordem jurídica, por todos: BAPTISTA DA SILVA, Ovídio A.. Direito subjetivo, pretensão de direito material e ação. *Revista da Ajuris*, n. 29, 1983. p. 99/126.

[6] "As teorias unitárias pressupõem seja a ação um conceito tão somente do plano do direito material (teoria imanentista do direito de ação) ou tão somente do plano do direito processual (teoria abstrata do direito de ação; teoria concreta do direito de agir e teoria eclética da ação). A teoria dualista do direito de agir, ao contrário, identifica tanto uma ação no plano do direito material como uma 'ação' processual.". ALVARO DE OLIVEIRA, Carlos Alberto; MITIDIERO, Daniel. *Curso de Direito Processual Civil*. p. 137.

[7] A expressão foi textualmente sinalada por Elio Fazzalari. Vide: FAZZALARI, Elio. *Instituições de Direito Processual*. (Trad. Elaine Nassif). Campinas: Bookseller, 2006. p. 497/512.

[8] Ao introduzir o tema, aduz Piero Calamandrei que o ponto de partida do debate girou (e ainda gira) em torno dos questionamentos, a saber: "a ação pode ser considerada um direito, por si mesmo, distinto do direito substancial? Qual é o conteúdo desse direito? A quem, e contra que, corresponde?". CALAMANDREI, Piero. *Instituições de Direito Processual Civil*. 2 ed. Campinas: Bookseller, 2003. p. 204.

[9] Para uma concepção da ação como "Direito Judicial Material", vide: GOLDSCHMIDT, James. *Direito Processual Civil*. Campinas: Bookseller, 2003. v. I. p. 131/156.

[10] CALAMANDREI, Piero. *Instituições de Direito Processual Civil*. p. 204.

como direito de se obter do devedor, mediante a sujeição imposta pelo Estado, o equivalente à prestação devida não é, pois, algo que esteja fora do direito subjetivo, mas apenas um aspecto ou um momento do próprio direito subjetivo, um poder, imanente a ele, de reação contra a injúria, ou – como habitualmente se dizia, com imagens que não constituem definições – o direito subjetivo "elevado à segunda potência", ou também "em pé de guerra". Em suma, ao direito subjetivo não corresponde somente, sob a ótica passiva da relação, a obrigação, mas, além disso, a sujeição do devedor, o qual, mesmo quando não queira cumprir, responde com os próprios bens à obrigação assumida; por conseguinte, a ação, como poder de provocar a sujeição do devedor, não existe como direito separado, mas constitui um dos modos pelos quais se pode exercitar o direito subjetivo privado.[11]

Segundo o festejado autor, tal doutrina acreditou encontrar a confirmação de sua formulação na "célebre definição *nihil aliud est actio quam jus quod sibi debeatur judicio persequendi*", segundo a qual a ação não pode ser concebida como um direito em si, "se destinada a perseguir o mesmo objeto que se deve por força de um direito subjetivo".[12] Seguindo *"la huella del derecho romano, la doctrina considero tradicionalmente que la acción y el derecho eran una misma cosa"*.[13] Nas palavras de José Tesheiner, para a aludida linha de pensamento, a ação revelava-se uma "qualidade ou um estado do direito", sendo ela o próprio direito subjetivo reagindo a sua violação.[14] [15] [16] [17] [18]

---

[11] CALAMANDREI, Piero. *Instituições de Direito Processual Civil*. p. 204/205.

[12] Idem, p. 205.

[13] COUTURE, Eduardo J. *Fundamentos del Derecho Procesal Civil*. Buenos Aires: Depalma, 1958. p. 62.

[14] TESHEINER, José M. *Elementos para uma Teoria Geral do Processo*. São Paulo: Saraiva, 1993. p. 85.

[15] "Savigny e, entre nós, João Monteiro são representantes ilustres dessa linha de pensamento.". TESHEINER, José M. *Elementos para uma Teoria Geral do Processo*. p. 85.

[16] "*Ação (actio juris)* é a reação de que a força do direito opõe à ação contrária (*violação juris*) de terceiro; é um movimento de reequilíbrio; é um remédio. O fundamento jurídico da ação é o próprio direito violado, e o seu momento funcional a mesma violação por parte de pessoa determinada. Esta violação cria um vínculo de direito idêntico a uma obrigação, da qual é sujeito ativo o titular da relação de direito, e sujeito passivo, o seu devedor.". MONTEIRO, João. *Curso de Processo Civil*. 2 ed. São Paulo: Duprat, 1905. v.1. p. 85.

[17] "(...) não há um abismo entre o pensamento atual e o de João Monteiro. Nossa contraposição entre a ação de direito material e ação processual corresponde aproximadamente à que ele fazia entre ação na acepção subjetiva e ação na acepção objetiva.". TESHEINER, José M. *Elementos para uma Teoria Geral do Processo*. p. 87.

[18] "Segundo a definição de Celso, a ação seria o direito de pedir em juízo o que nos é devido (...). Durante muitos séculos, dominados que estavam os juristas pela idéia de que ação e processo eram simples capítulos do direito substancial, não se distinguiu ação do direito subjetivo material. Assim, pela escola denominada clássica ou imanentista (ou, ainda, civilista, quando se trata da ação civil), a ação seria uma qualidade de todo direito ou o próprio direito reagindo a uma violação.". CINTRA, Antonio Carlos de Araújo; GRINOVER, Ada Pellegrini; DINAMARCO, Cândido Rangel. *Teoria Geral do Processo*. 20 ed. São Paulo: Malheiros, 2004. p. 250.

Costumava-se explicar que todo direito, "ante a sua violação, revestia-se de determinada virtualidade nova, conferido àquele que sofrera a lesão. Essa nova roupagem seria justamente a ação". O conceito de ação, nessa quadra, pressupunha duas condições "bem definidas: a pré-existência de um direito e a violação do mesmo".[19]

Consoante doutrina de nomeada, a assunção da aludida linha de pensamento, que "reinou incontrastada" por muito tempo, conduzia, logicamente, a três consequências inevitáveis: (1) a de que não há ação sem direito; (2) de que não há direito sem ação e, por fim, (3) de que a ação segue a natureza do direito.[20][21][22]

Entre nós, sustentando o pensamento, afirmou Jorge Americano:

> O fundamento jurídico da acção é o próprio direito violado, e o seu momento funcional a mesma violação por parte de pessôa determinada. Esta violação cria um vinculo de direito idêntico a uma obrigação, da qual é sujeito activo o titular da relação de direito e sujeito passivo o seu violador. O direito de acção não é, portanto, um direito autonomo, não subsiste per se; é um dependente, potencial, faculdade concedida para a defesa de direitos ou consecução de legítimos interesses, não podendo ser exercido sem causa apreciável, ou com causa maliciosa.[23]

Ao tempo da aludida formulação inexistia distinguir os distintos planos da ordem jurídica.[24] Tratou-se, na linha da melhor doutrina, de conceito inerente à pré-história do direito processual.[25] A ação era vista,

---

[19] MITIDIERO, Daniel Francisco. *Elementos para uma Teoria Contemporânea do Processo Civil Brasileiro.* Porto Alegre: Livraria do Advogado, 2005. p. 92.
[20] CINTRA, Antonio Carlos de Araújo; GRINOVER, Ada Pellegrini; DINAMARCO, Cândido Rangel. *Teoria Geral do Processo.* p. 250.
[21] "Encarava-se a ação como um elemento do próprio direito deduzido em juízo, como um poder, inerente ao direito mesmo, de reagir contra a violação, como o direito mesmo em sua tendência a atuar. Confundiam-se, pois, duas entidades, dois direitos absolutamente distintos entre si.". CHIOVENDA, Giuseppe. *Instituições de Direito Processual Civil.* 4 ed. Campinas: Bookseller, 2009. p. 109.
[22] "O que caracteriza essa teoria, não obstante as variantes imprimidas por seus adeptos, é que a ação se prende indissoluvelmente ao direito que por ela se tutela. Direito ou qualidade deste, direito em movimento como consequência de sua violação, como diz Savigny, direito em seu exercício, no dizer de Vinnius, direito de pé de guerra, reagindo contra a sua ameaça ou violação, segundo Unger, direito elevado à segunda potência, conforme Mattirolo, uma posição do direito, como disse Filomusi Guelfi, propriedade, virtude, qualidade, elemento, função, anexo ao direito, a ação não é outra coisa senão o próprio direito subjetivo material.". SANTOS, Moacyr Amaral. *Primeiras Linhas de Direito Processual Civil.* 23 ed. São Paulo: Saraiva, 2004. p. 148.
[23] AMERICANO, Jorge. Do *Abuso do Direito no Exercício da Demanda.* 2 ed. São Paulo: Saraiva & Comp., 1932. p. 63.
[24] TORRES, Artur. A teoria dos distintos planos da ordem jurídica. *Revista Brasileira de Direito Processual – RBDPro,* Belo Horizonte, ano 18, n. 72, p. 155/171, out./dez. 2010.
[25] Na linha de estudo da evolução do *direito processual civil* mediante enunciação de *fases metodológicas,* extrai-se das anotações de Daniel Mitidiero situar-se a teoria imanentista em período que denomina *"praxismo".* Segundo o próprio, neste contexto, a "'ação' era compreendida como um desdobramento do direito subjetivo (...)". MITIDIERO, Daniel. *Colaboração no Processo Civil.* p. 31.

mormente, como o produto da mutação sofrida por um direito subjetivo violado.[26]

Segundo relatos históricos, inicia-se a derrocada da teoria *civilista da ação* por influência do debate acadêmico (aguerrido, diga-se de passagem) travado entre Windscheid e Müther,[27] na Alemanha do século XIX.[28] O "móvel da veemente discórdia" residia, consoante anotou Araken de Assis, na exata compreensão da *actio* romana.[29]

> Segundo Windscheid, a *actio* era o próprio direito material, certificado pelo pretor, e não um novo direito, surgido da violação daquele, e designado, equivocadamente, *Klagerecht*. Este último, para Windscheid, esconde uma construção artificial da doutrina. Da violação do direito subjetivo nasce a inclinação de sujeitar ao interesse próprio o interesse alheio, ou seja, a pretensão (*Anspruch*). De seu turno, Müther se opôs a Windscheid, utilizando a categoria recentemente admitida dos direitos subjetivos públicos. Ele redimensionou a *Klagerecht*, ou direito de demandar, como de direito público, perante o Estado de obter tutela jurídica, diversa do direito material, seja quanto ao sujeito passivo, aqui o Estado, seja quanto ao conteúdo. (...) da série de questões ventiladas, duas se vulgarizaram e,

---

[26] "Pode-se dizer que as teorias materiais acerca do objeto litigioso desconhecem a essência do processo, não levam em conta que neste não se discute a respeito de um direito realmente existente, mas apenas sobre um direito afirmado. O autor, ao pedir ao juiz a condenação do demandado ao pagamento de certa soma em dinheiro, em decorrência de uma compra e venda, afirma pura e simplesmente que é titular de um direito desse montante. Se esse direito afirmado existe, é outra questão. Ela será esclarecida apenas na sentença. Se acolhida a demanda, o direito exercido é confirmado; se desacolhida, é negado. Todavia, também essa declaração nem sempre conforma à situação jurídica material, pois o desfecho do processo depende ainda de o autor se sair bem na demonstração da correção de seu requerimento de tutela jurisdicional. Essa compreensão evidencia claramente que direito material e objeto da pretensão não são idênticos. Revela-se incorreto, portanto, definir o objeto litigioso como 'direito, cuja tutela o autor requer com a demanda'. Aliás, a circunstância de se tratar apenas de um direito afirmado e não de um realmente existente já indica a falta de identidade entre o objeto da pretensão processual e o direito material.". ALVARO DE OLIVEIRA, Carlos Alberto. *Teoria e Prática da Tutela Jurisdicional.* p. 62.

[27] A respeito da visão de Müther, observa Moacyr Amaral Santos: "Segundo sua concepção, ação consiste no direito à tutela jurídica do Estado, e que compete a quem seja ofendido no seu direito. A ação é um direito contra o Estado para invocar a sua tutela jurisdicional. É, pois, um direito público subjetivo, distinto do direito cuja tutela se pede, mas tendo por pressupostos necessários este direito e sua violação. Distinguia-se, assim, o direito subjetivo material, a ser tutelado, do direito de ação, que era direito subjetivo público.". SANTOS, Moacyr Amaral. *Primeiras Linhas de Direito Processual Civil.* p. 148.

[28] "Diversos fatores concorreram à formação das modernas teorias que, edificando sobre bases diferentes a doutrina da ação, forneceram a pedra angular da hodierna doutrina geral do processo. Foi, de um lado, a renovação dos estudos do direito público, determinada por causas de ordem histórica, cultural e política, no princípio do século XIX, e que introduziu os pesquisadores a considerar o processo como campo da função e de uma atividade estatal, no qual prevalece e domina a pessoa dos órgãos jurisdicionais e a finalidade da atuação, não tanto os direitos dos indivíduos, quanto da vontade da lei. Foi, de outro lado, a renovação, ocorrente no mesmo período, dos estudos do direito romano que assinalou entre seus mais importantes episódios o trabalho de WINDSCHEID sobre a *actio* romana (1856) e a consequente polêmica sustentada com MUTHER." CHIOVENDA, Giuseppe. *Instituições de Direito Processual Civil.* p. 59.

[29] Para uma análise da evolução do Direito Processual Civil, incluindo o Processo Civil Romano, vide, como grande proveito: GOLDSCHIMIDT, James. *Direito Processual Civil.* (Trad. Lisa Pary Scarpa). Campinas: Bookseller, 2003. p. 23/52.

até hoje, se revelam fundamentais ao problema da ação: a ideia de pretensão, fixada por Windscheid, e a do direito público de demandar, enfatizada por Müther.[30]

Consoante Eduardo Couture, o debate ensejou a necessidade de observância de um novo conceito jurídico, pois, *"fue a partir de este momento que el derecho procesal adquirió personalidad y se desprendió de viejo tronco de derecho civil."*. Para a ciência do processo, aduz o autor, *"la separación del derecho y de la acción constituyò un fenómeno análogo a lo que representó para la física la división del átomo"*.[31] [32]

Frutos do consagrado embate teórico acabaram por influenciar, em boa medida, a doutrina professada por Adolf Wach, que, segundo Chiovenda, foi o *"mayor de los três ilustres juristas a quienes debe Alemania la formación de su moderna ciencia procesal"*.[33] [34] [35] [36] Abrolha daí, com contornos claramente identificáveis, a denominada *teoria concreta da ação*, estudada, tradicionalmente, a partir de duas distintas vertentes.[37] [38]

---

[30] ASSIS, Araken de. *Cumulação de Ações*. 4 ed. São Paulo: RT, 2002. p. 58.

[31] COUTURE, Eduardo J. *Fundamentos del Derecho Procesal Civil*. Buenos Aires: Depalma, 1958. p. 63/64.

[32] "Questa idea (...) dell'azione postula essenzialmente non solo la concezione di essa come diritto, ma sopra tutto di un diritto completamente autonomo rispetto al diritto sostanziale la cui tutela giurisdizionalmente si persegue. Su questa 'autonomia dell'azione' regna universale l'accordo, considerandosi ormai da tutti definitivamente superate quelle dottrine che nell'azione vedevano una manifestazione propria del diritto stesso, o il diritto stesso nella sua fase dinamica.". SATTA, Salvatore; PUNZI, Carmine. *Dirittto Processuale Civile*. 30 ed. Padova: CEDAM, 2000. p. 128/129.

[33] Nesse sentido, vide apontamento de Niceto Alcala-Zamora y Castillo, em fls. XIII, da apresentação da versão argentina, de 1977, da obra de Adolf Wach (Manual de Derecho Procesal Civil. v. 1).

[34] "O reconhecimento dessa autonomia tornou-se completo com Adolf Wach, que em seu Manual e na monografia fundamental sobre a ação declaratória (*Der Feststllungsanspruch*, 1888) demonstrou que a ação, tanto quando supre a falte de realização que, por lei, se deveria verificar (...), como, e principalmente, nos numerosíssimos casos em que colima a realização de uma vontade concreta da lei, tal que não deve nem pode realizar-se por outra via a não ser o processo, *é um direito que se constitui por si e claramente se distingue do direito do autor tendente à prestação do réu devedor*." CHIOVENDA, Giuseppe. *Instituições de Direito Processual Civil*. p. 60.

[35] SANTOS, Moacyr Amaral. *Primeiras Linhas de Direito Processual Civil*. p. 148.

[36] A respeito das premissas que orientaram a fase metodológica denominada *processualista*, vide, dentre outros, JOBIM, Marco Félix. *Cultura, Escolas e Fases Metodológicas do Processo*. Porto Alegre: Livraria do Advogado, 2011. p. 86/90.

[37] "Foi Wach, ainda na Alemanha, que elaborou a teoria do direito concreto à tutela jurídica. (...) Ainda à teoria concreta filia-se Chiovenda, que, em 1903, formula engenhosa construção da ação como direito potestativo.". CINTRA, Antonio Carlos de Araújo; GRINOVER, Ada Pellegrini; DINAMARCO, Cândido Rangel. *Teoria Geral do Processo*. p. 250/251.

[38] A despeito do destaque obtido pelas teorias de Wach e Chiovenda parece-nos oportuno, por tratar-se em alguma medida de uma *teoria concreta*, ainda que sucintamente, consignar o pensamento de James Goldschmidt: "A ação ou direito de obrar (com seu conteúdo de pretensão de sentença) é um direito público subjetivo dirigido contra o Estado para obter a tutela jurídica do mesmo *mediante sentença favorável*. Separamos, pois, hoje a ação processual que se dirige contra o Estado, da ação ou pretensão de direito privado, que atua diante do indivíduo obrigado, enquanto em Direito romano a *actio* designava ambas as classes de ações. A ação processual dirige-se somente contra o Estado, não contra o demandado. Wach ensinava que existe um dever do demandado de suportar os atos de tutela jurídica do Estado; porém este dever não é tal dever diante do demandante, senão diante do Estado, e, na verdade, pelo menos a primeira vista, não supõe senão a situação ordinária de

Numa primeira, atribuída à construção teórica de Wach, que intuiu, instigado pelo conteúdo da Ordenança Processual Civil alemã de 1877 (ZPO), a falibilidade da conceituação até então predominante (por conta da admissão textual das pretensões meramente declaratórias – em especial as negativas, § 231),[39] considerou-se a ação um direito autônomo, negando-se, veementemente, a base da doutrina civilista.

Concluiu Wach, nessa linha de pensamento, tratar-se a ação (distinta do direito subjetivo violado) de ato dirigido, primeiro, contra o Estado, pois destinado a exigir-lhe proteção jurídica; segundo, contra o próprio adversário, do qual se exige a sujeição. Para além de caracterizá-la como direito autônomo, a aludida natureza *bifronte* de sua destinação acabou, à evidência, por customizar a tese endossada pelo professor alemão.[40] [41] Anotou Wach:

---

submissão ao Estado, ainda que delimitada juridicamente. Em resumo: o direito à ação, pela relação em que se encontra com o estado de submissão à soberania estatal, será um direito contra o Estado, cujo ônus recai sobre o demandado. A ação processual, como objeto concreto do processo (o *meritum causae*), é um direito judicial de caráter material, não de caráter processual. Não é uma 'pretensão' (ação ou direito) préprocessual ou supraprocessual mais que desde o ponto de vista da concepção civilista corrente, que supõe a existência de seus supostos. Para a concepção processualista, segundo a qual a finalidade do processo é fazer evidente o direito discutido, é, antes e durante o processo, a possibilidade de obter uma sentença favorável, e, depois de finalizados os debates, a expectativa da mesma.". Goldschmidt batizou sua tese como a teoria do "Direito Judicial Material". GOLDSCHMIDT, James. *Direito Processual Civil*. p. 131/132.

[39] "WACH teve sua atenção despertada por um fenômeno novo no campo do processo, decorrente da introdução feita pela Ordenança Processual Civil alemã de 1877, de uma pretensão especial e autônoma para a simples 'declaração de existência ou inexistência de uma relação jurídica', demonstrando que o agir em juízo poderia simplesmente consistir o exercício de uma pretensão de tutela jurídica processual para que o juiz declarasse a inexistência de uma certa pretensão do adversário. Nestes casos, caberia a sentença de procedência declarar a inexistência de uma suposta relação jurídica, o que corresponderia, em verdade a usar-se o processo para declarar que nada nos era devido, ou que nada era devido pelo autor. Ora, se a "ação" processual podia, no caso da ação declaratória negativa, cuja possibilidade estava prevista pelo § 231 (depois) 256 da Ordenança Processual Civil (ZPO) alemã, ser intentada para que o juiz nos outorgasse não 'aquilo que nos era devido' pelo obrigado, e sim para que declarasse que nada era devido por ninguém, então não seria apropriado afirmar que a 'ação' processual corresponderia sempre ao direito de perseguir em juízo 'o que nos era devido', como até então se ensinara.". BAPTISTA DA SILVA, Ovídio A. *Curso de Processo Civil*. 7 ed. Rio de Janeiro: Forense, 2005. p. 81.

[40] Anota Chiovenda que, pelo fato da categoria dos direitos potestativos mostrar-se pouco explorada ao tempo da formulação de Wach, viu-se o jurista compelido, naturalmente, a inserir a ação no quadro dos direitos a uma prestação. "Quanto a mim, que comecei a ocupar-me desses problemas quando a categoria dos direitos potestativos estava já largamente estudada na doutrina, não tive dificuldade, com o subsídio de semelhantes estudos, em ser o primeiro a inscrever a ação naquela categoria.". CHIOVENDA, Giuseppe. *Instituições de Direito Processual Civil*. p. 60/61.

[41] "À teoria da ação, concebida como direito à tutela jurídica foram feitas diversas objeções:; em essência, estas se resumiam em observar que o esquema privatístico da relação entre o titular do direito e o obrigado não se presta a enquadrar a situação em que realmente se encontra o cidadão que pede justiça perante o Estado que a administra. Na relação de direito privado há sempre, como necessária contrapartida ao interesse predominante do titular do direito, um interesse sacrificado que é o do obrigado, e o cumprimento é sempre um sacrifício de interesse destinado a satisfazer o interesse predominante do titular do direito. Mas este subordinação de sacrifício (...) não se coaduna com a figura do Estado que exerce a jurisdição: em verdade, quando o Estado faz justiça, move-se não para prestar, com sacrifício próprio, um serviço a quem lhe pede, mas para cumprir assim um

> La pretensión de tutela jurídica es un medio para lograr la finalidad del derecho material, no esse derecho mismo, ni tampoco su "función", ni el lado publicístico del derecho subjetivo, su inmanente coercibilidad, que suele llamarse accionabilidad, derecho de acionar, derecho accionable. Esla pretensión que el derecho vincula al hecho-tipo extraprocesal y que se ejerce frente al Estado para que satisfaga frente al demandado el interés de tutela jurídica en la forma estabelecida por el ordenamento procesal, la pretensión que se plantea frente al adversario para que éste tolere el acto de tutela. La pretensión de tutela no es una función del derecho subjetivo, pues no está condicionada por éste. El interés y la pretensíon de tutela no existen unicamente donde existe derecho. La llamada acción de declaración negativa no tiene por finalidad la prueba de la eficacia y la conservación de un derecho subjetivo, sino de la integridad de la posición jurídica del demandado. Cuando se persigue a alguien con una acción de prestación o de declaración positiva carente de fundamento, su interés de tutela consistirá en que esa demanda infundada se rechace. Y también donde existe um derecho, el interés y la pretención de tutela jurídica (esta última de conformidade com el derecho procesal) se le associan unicamente si el derecho peligra o es menoscabado, si no se lo satisface cuando tiene jurídicamente necessidad de serlo. El derecho que no es ameanazado o que ha sido satisfecho no requiere tutela.[42]

Uma segunda vertente, não menos concretista, atribuiu-se a Chiovenda, mentor da teoria da ação como *direito potestativo*. O insigne jurista afirmou que, a despeito da autonomia da ação em relação ao direito material, afigurava-se incorreto aplicar-lhe o *selo* de direito subjetivo clássico, renegando, por outro lado, sua natureza pública.

Segundo Chiovenda, aplaudido por Calamandrei,[43] embora não se pudesse negar a existência de relações jurídicas públicas (entre o Estado e o cidadão), a relação entre o cidadão e o Estado, no concernente, não é mais do que um meio que o primeiro tem de obter certos efeitos contra o seu adversário (a parte contrária).[44] [45]

> Observei que, se em verdade a coação é inerente à ideia do direito (não no sentido de que, para se ter direito, se deve poder efetivamente atuá-lo, e sim no de que tende a atuar com todas as forças que estão de fato à sua disposição); se em verdade a vontade concreta da lei, quando o devedor deixa de satisfazê-la com a sua prestação, tende à sua atuação por outra via, e que, mesmo, em numerosíssimos casos, há vontades concretas de lei cuja atuação só se concebe por obra dos órgãos públicos no processo; todavia, normalmente, esses órgãos só a pedido de uma parte podem promover à atuação (nemo iudex sine

---

de seus próprios fins essenciais, ou seja, para servir um interesse essencialmente público, como o de preservar a observância do direito. *O interesse individual e o público não podem ser considerados, portanto, num processo, como duas força opostas, e sim como duas aspirações aliadas e convergentes, cada uma das quais, longe de se beneficiar com o prejuízo da outra, considera a satisfação da outra como condição da própria satisfação.*". CALAMANDREI, Piero. *Instituições de Direito Processual Civil*. p. 206/207.

[42] WACH, Adolf. *Manual de Derecho Procesal Civil*. Buenos Aires: EJEA, 1977. v. I. p. 42/43.

[43] CALAMANDREI, Piero. *Instituições de Direito Processual Civil*. p. 215.

[44] CHIOVENDA, Giuseppe. *Instituições de Direito Processual Civil*. p. 60.

[45] "A teoria de WACH é mais conforme à tradição germânica do que à latina. (...) A tradição latina vislumbrava na ação especialmente essa direção contra o adversário; a tradição germânica se fixa, antes, na relação com o Estado, como transparece da expressão *Klagerecht* (direito de querela).". CHIOVENDA, Giuseppe. *Instituições de Direito Processual Civil*. p. 60.

actore), de modo que, normalmente, a atuação da lei depende de uma condição, a saber, da manifestação de vontade do indivíduo; e diz-se que esse indivíduo tem ação, querendo dizer-se que tem o poder jurídico de provocar, com seu pedido, a atuação da vontade da lei. A ação é, portanto, o poder jurídico de dar vida à condição para a atuação da vontade concreta da lei. Definição que, bem examinada, coincide com a das fontes *nihil aliud est actio quam ius persequendi iudicio quot sibi debeatur* (Inst. IV, 6, pr); em que é evidentíssima a contraposição do direito ao que nos é devido, ao direito de conseguir o bem que nos é devido mediante o juízo (ius iudicio persequendi). A ação é um poder que nos assiste em face do adversário em relação a quem se produz o efeito jurídico da atuação da lei. O adversário não é obrigado a coisa nenhuma diante desse poder: simplesmente lhe está sujeito. Com seu próprio exercício exaure-se a ação, sem que o adversário nada possa fazer, quer para impedi-la, quer para satisfazê-la. Sua natureza é privada ou pública, consoante a vontade de lei, cuja atuação determina, seja de natureza privada ou pública.[46][47]

Em suma, ambas as proposições (cada qual com suas peculiaridades) viam na ação um direito autônomo, contudo, consoante afirma Ovídio Baptista da Silva, "ao identificar a 'ação' processual com um novo direito atribuído *ao titular do direito subjetivo posto na demanda*, para que desencadeasse a atividade jurisdicional e realizasse a *condição necessária*, para que o Estado aplicasse a 'vontade concreta da lei'", acabaram por vincular sua existência à sua procedência, "deixando sem explicação" o fenômeno da ação improcedente.[48][49] Tal conclusão, embora acolhida aos quatro cantos (sem maiores reações), parece-nos de pouca sustentabilidade (Chiovenda não conseguiria explicar o fenômeno da ação julgada improcedente?!?!).

Das formulações concretistas, a doutrina processual acabou por extrair a lição de que, aderindo-as, não se poderia, mormente, escapar da conclusão de que *ter ação é ter razão*, o que representa, por decorrência lógica, o mesmo que afirmar que *ter ação corresponde a ter direito a uma sentença favorável*.[50][51]

---

[46] CHIOVENDA, Giuseppe. *Instituições de Direito Processual Civil*. p. 61/62.

[47] "Em última análise, a construção de Chiovenda não difere substancialmente, em suas conclusões, da teoria concreta quanto à ação como direito à sentença favorável.". CINTRA, Antonio Carlos de Araújo; GRINOVER, Ada Pellegrini; DINAMARCO, Cândido Rangel. *Teoria Geral do Processo*. p. 254.

[48] BAPTISTA DA SILVA, Ovídio A. *Curso de Processo Civil*. p. 83/84.

[49] "A teoria da ação como direito concreto à tutela jurídica é inaceitável; para refutá-la, basta pensar nas ações julgadas improcedentes, onde, pela teoria concreta, não seria possível explicar satisfatoriamente os atos processuais praticados até à sentença. A mesma situação ocorre quando uma decisão injusta acolhe a pretensão infundada do autor.". CINTRA, Antonio Carlos de Araújo; GRINOVER, Ada Pellegrini; DINAMARCO, Cândido Rangel. *Teoria Geral do Processo*. p. 254.

[50] Segundo Fazzalari, afirmar "a separação entre direito tornado válido e processo e, portanto, entre direito subjetivo e ação, com a autonomia desta, é, entretanto, um engodo pegajoso, sendo que o seu resíduo arrasta um filão de ideias até os nossos dias, que, embora minoritário, continua a considerar a ação como um 'direito potestativo' substancial e a praticar-lhe a 'concretude' (pensa-se na lição de Chiovendiana (...)).". FAZZALARI, Elio. *Instituições de Direito Processual*. (Trad. Elaine Nassif). Campinas: Bookseller, 2006. p. 503.

[51] Na contramarcha das formulações *imanentista* e *concretista* aduz Couture: "(...) ésta no es tan sólo *remedium juris*, sino un poder jurídico autónomo que puede concebirse desprendido del derecho

Anota recomendada doutrina, porém, que "antes mesmo que Chiovenda lançasse sua doutrina, Degenkolb já criara, na Alemanha, em 1887, a teoria da ação como direito abstrato de agir".[52][53]

> (...) os autores que se filiam a essa corrente vêem na ação (processual) um direito de crédito, distinto, porém, do eventual direito subjetivo que venha a resguardar. Dele se distingue, sobretudo pela circunstância de que é um direito de crédito contra o Estado. É um direito público subjetivo: direito à jurisdição; direito à prestação jurisdicional do Estado, direito à sentença, isto é, direito a uma resposta do Estado, qualquer que seja o seu conteúdo.[54]

Cinge-se à tese a afirmar que, a despeito do objeto deduzido, basta a iniciativa de um suposto interessado para que o Estado, detentor do monopólio da jurisdição, se obrigue a prestá-la. O direito a que se alude é, além de autônomo (no sentido de não se confundir com o direito material sustentado), abstrato (independe do conteúdo da manifestação estatal).[55] Não é por outra razão que José Tesheiner, em seu *Eficácia da Sentença e Coisa Julgada Civil*, ao distinguir a teoria em tela das demais, sinala que "conforme a teoria que se adote, a ação é (...) a) direito a uma sentença qualquer, ainda que meramente processual (teoria do direito abstrato e incondicionado)".[56][57]

---

material sobre lo nuestro o lo que se nos debe. Por outro lado, que la definición, em las cuales no se reclama nada que nos pertenezca o que sea debido, sino uma pura declaración apta para hacer cesar un estado de incertidumbre jurídica. Tampoco abarca las acciones preventivas y algunas constitutivas.". COUTURE, Eduardo J. *Fundamentos del Derecho Procesal Civil*. Buenos Aires: Depalma, 1958. p. 62.

[52] "Quase ao mesmo tempo, por outra coincidência curiosa, Plósz formulava doutrina idêntica, na Hungria.". CINTRA, Antonio Carlos de Araújo; GRINOVER, Ada Pellegrini; DINAMARCO, Cândido Rangel. *Teoria Geral do Processo*. p. 252.

[53] "Enquanto os seguidores de WACH e CHIOVENDA procuravam demonstrar a autonomia do 'direito de ação', atribuindo-o, porém, ao titular do direito subjetivo material como um novo direito secundário, porém autônomo, frente ao Estado, outra concepção, devida também a um jurista alemão, DEGENKOLB, cujo ensaio, aliás, antecedera cronologicamente ao de WACH, (...), afirmava ser a 'ação' realmente um direito autônomo, porém não apenas outorgados àqueles a quem a lei conferia algum direito subjetivo material, e sim a todos quantos invocassem o direito de ser ouvido em um tribunal (...)". BAPTISTA DA SILVA, Ovídio A. *Curso de Processo Civil*. p. 84.

[54] TESHEINER, José M. *Elementos para uma Teoria Geral do Processo*. São Paulo: Saraiva, 1993. p. 88.

[55] "En contraposición a esta corriente de pensamiento, surge otra para la cual la acción constituye lo que se denomino con escasa felicidad técnica, un derecho abstracto (por oposición a concreto) de obrar. Para esta corriente de ideas, que se prolonga hasta nuestro días, y que hoy parece dominar el panorama doctrinal, tienen acción aun aquellos que promueven la demanda sin un derecho válido que tutelar. La acción, se disse con deliberada exageración, es el derecho de los que tienen razón y aun de los que no tienen razón.". COUTURE, Eduardo J. *Fundamentos del Derecho Procesal Civil*. Buenos Aires: Depalma, 1958. p. 61.

[56] TESHEINER, José M.. *Eficácia da Sentença e Coisa Julgada no Processo Civil*. São Paulo: RT, 2002. p. 15.

[57] Em face de sua peculiaridade, vale, por oportuno, fazer menção a doutrina sustentada por Couture. "Entendemos, pues, por acción no ya el derecho material del actor ni su pretensión a que esse derecho sea tutelado por la jurisdicción, *sino su poder jurídico de acudir ante los órganos jurisdiccionales*.". COUTURE, Eduardo J. *Fundamentos del Derecho Procesal Civil*. p. 61.

Nessa mesma linha, ensina Ovídio Baptista:

> Teriam "ação", no campo do direito processual, tanto o autor que tivesse direito quanto aquele que viesse a juízo sem direito algum. Quem resultasse sucumbente, nem por isso, deixaria de ter exercido uma "ação" (enquanto categoria processual). E por não estar o chamado "direito de ação" ligado a, ou na dependência de nenhum direito subjetivo material que lhe servisse de causa, dizia-se que este direito era abstrato, ou seja, outorgado pela ordem jurídica a todos quantos invocassem a proteção jurisdicional, independentemente de serem ou não titulares dos direitos alegados em juízo. Para a chamada teoria do "direito abstrato de ação" (DEGENKOLB e PLÓSZ e seus seguidores), este é um direito público subjetivo conferido a todos indistintamente, sendo irrelevante para sua existência que o autor tenha ou não razão, seja ou não titular do direito posto em causa perante o magistrado. Tanto aquele que tiver sua demanda declarada procedente quanto o outro que propusera "ação" julgada improcedente eram igualmente titulares de um idêntico direito subjetivo público, através do qual impunham ao Estado o cumprimento de sua obrigação de prestar jurisdição.[58]

A despeito da acolhida por alguns, a teoria fora reprovada por outros tantos, sob o fundamento maior de não se poder baralhar *direito de ação* e *direito de petição*.[59] [60]

Um resumo das vertentes até então anunciadas (uma vez superada a concepção civilista da ação) extrai-se, com clareza, dos apontamentos de Salvatore Satta e Carmine Punzi, nos seguintes termos:

> Autonomia dell'azione significa, come si è detto, affermazione e riconoscimento di un dualismo nel concetto di diritto soggetivo: da un lato il diritto sostanziale (proprietà, obbligazione) che un soggetto ha verso l'altro soggetto, un diritto che tende la soddisfazione dalle prestazioni dell'obbligato; dall'altro il diritto di azione, che non attende più nulla dall'altro soggetto, ma impone a questo l'attuazione della legge, e che può liberamente concepirsi o come un potere verso l'altro soggetto, come un diritto verso il giudice e lo Stato (ala prestazione giurisdizionale, sia astratta, cioè al mero provvedimento, favorevole o sfavorevole, sia concreta, cioè al provvedimento favorevole).[61] [62]

---

[58] BAPTISTA DA SILVA, Ovídio A. *Curso de Processo Civil.* p. 84.

[59] "A teoria do 'direito abstrato de ação' não foi aceita por muitos juristas, por considerarem impossível confundir o 'direito de ação' como o denominado 'direito de petição', este sim equivalente ao 'direito de acesso aos tribunais'(...) outorgado indistintamente a todos". BAPTISTA DA SILVA, Ovídio A. *Curso de Processo Civil.* p. 85.

[60] Registre, por oportuno, a veemente resistência de Calamandrei à teoria que se anuncia: "Este raciocínio se baseia em uma série de equívocos.". Vide, a respeito: CALAMANDREI, Piero. *Instituições de Direito Processual Civil.* p. 210/213.

[61] SATTA, Salvatore; PUNZI, Carmine. *Dirittto Processuale Civile.* 30 ed. Padova: CEDAM, 2000. p. 129.

[62] Contextualizando, geograficamente, o debate em torno da ação civil, aduz COUTURE: "A escola espanhola, especialmente em seus escritores dos séculos XVIII e XIX, não havia devotado a este tema uma atenção particular. Obras inteiras de excelente qualidade, algumas realmente magníficas, não continham desenvolvimentos especiais sobre o tema (...) limitava-se a fazer a exegese do preceito clássico *actio nihil aliud est qua mius persequendi in iudicio quod sibi debetur* (...). Somente os escritores espanhóis do século XX foram tomados de um interesse especial por este tema (...)", cujas posições representavam "uma prorrogação avançada das ideias das escolas alemã ou italiana (...) Qual foi a resposta da escola francesa? A ação, dizia-nos, é o direito em movimento; algo assim como a ma-

De outro giro, fruto da tentativa de aproximação entre as teorias *concreta* e *abstrata* do direito de agir, Liebman elaborou formulação diversa, importante ao direito processual civil brasileiro.[63]

No que tange à formulação, o primeiro destaque digno de nota diz com a base de construção de seu raciocínio. Segundo o próprio Liebman, a tese por ele desenvolvida toma por ponto de partida o artigo 24 da Constituição italiana de 1947, assim redigido:[64] [65]

> Tutti possono agire in giudizio per la tutela dei propri diritti e interessi legittimi.La difesa è diritto inviolabile in ogni stato e grado del procedimento.Sono assicurati ai non abbienti, con appositi istituti, i mezzi per agire e difendersi davanti ad ogni giurisdizione.La legge determina le condizioni e i modi per la riparazione degli errori giudiziari.[66]

A partir de seu conteúdo, Liebman elabora, ainda que de forma sutil, distinção entre *ação* (propriamente dita) e *poder de agir em juízo*. No que tange ao último, assegura tratar-se de poder "reconhecido a todos"

---

nifestação dinâmica do direito. Nenhuma diferença substancial existe entre o direito e a ação. Demolombe nos ensinava que quando a lei fala em direito e ações incorre em um pleonasmo. (...) Mas nossa experiência, diante da resposta dessa escola, foi grave. A simetria da construção não conseguia afrontar a realidade jurídica. Nesta resposta ficavam sem explicação as obrigações naturais, o grave problema da demanda infundada (...) Os escritores modernos (...) compreenderam a debilidade que se ocultava por trás da harmoniosa construção. Mas, infelizmente, a obra do professor Vizioz, que parecia destinada a estabelecer os laços de união entre a doutrina francesa do direito público e as novas correntes do direito processual, ficou interrompida por motivos verdadeiramente penosos. (...) Qual foi a resposta da escola alemã? (...) fala-se da ação como direito autônomo, separado do direito que nos acostumamos a chamar substancial ou material. (...) Transformada a ação em um direito autônomo, não somente se consagra sua separação, mas a autonomia de todo este ramo do direito que acostumamos chamar, com palavras não totalmente difundidas ainda na escola francesa, *direito processual*. (...) Qual foi a resposta da escola italiana? O documento fundamental dessa escola está constituído pela diferença de Chiovenda ditada no início deste século, intitulada *L'azione nel sistema dei diritti*. Este estudo, que no dizer de seus mais importantesadeptos foi manifesto de uma escola, concilia as aquisições dogmáticas da escola alemã com as mais antigas tradições do direito romano (...)". COUTURE, Eduardo J. *Introdução ao Estudo do Processo Civil: Discursos, ensaios e conferências*. Belo Horizonte: Líder, 2003. p. 14/20.

[63] "Diferentemente de um mero direito abstrato e indeterminado, o verdadeiro 'direito de ação' haveria de qualificar-se através de determinados requisitos prévios, ou *condições* legitimadoras de seu exercício, de tal modo que – não se identificando com o *direito a uma sentença favorável*, como o concebiam defensores da teoria do 'direito concreto de ação' – também não fosse assimilado a uma mero *direito cívico de petição*, faculdade que todo cidadão tem de reclamar providências perante os órgãos do Estado, tenha ou não procedência a reclamação. Dessa premissas nasce uma quarta teoria sobre a 'ação' processual, denominada 'teoria eclética' (...).". BAPTISTA DA SILVA, Ovídio A. *Curso de Processo Civil*. p. 85.

[64] "Questo diritto (di agire) gode della garanzia costituziole, sancita dall'art 24, primo comma Cost. (...)". LIEBMAN, Enrico Tullio. *Manuale di Diritto Processuale Civile*. 4 ed.Milano: Giuffrè, 1984. p. 129.

[65] Segundo Marinoni, "1949 é o ano em que Liebman, em *'prolusione'* (aula inaugural) na Universidade de Turim, traça a sua teoria a respeito da ação". MARINONI, Luiz Guilherme. *Teoria Geral do Processo*. 7 ed. São Paulo: RT, 2013. p. 178.

[66] Numa tradução livre: Todos podem recorrer em juízo para a tutela dos próprios direitos e interesses legítimos. A defesa é um direito inviolável em cada condição e grau de procedimento. São assegurados aos desprovidos de recursos, mediante instituições apropriadas, os meios para agir e defender-se diante de qualquer jurisdição. A lei determina as condições e as modalidades para a reparação dos erros judiciários.

de "ilimitada abertura", fundamentando-o na existência de uma garantia constitucional, e qualificando-o de *"generico ed indeterminado, inesauribile e incosumabile"* por conta de não estar ligado "a qualquer situação concreta".[67][68] Em relação ao primeiro, aduz: *"altra cosa à l'azione, il diritto soggetivo su cui è costruito tutto il sistema de processo"*, sem, contudo, alterar seu fundamento legal.[69]

Para justificar a ideia de ação enquanto *"diritto al processo e al giudizio di merito"*, Liebman introduz o tema das *condições da ação*, aprofundado adiante, afirmando que "quando, em determinado caso, faltam as condições da ação ou mesmo um delas" é possível afirmar a "carência de ação, devendo o juiz negar o julgamento de mérito e então declarar inadmissível o pedido". E prossegue:

> L'azione, come diritto al processo e al giudizio di merito, non garantisce un risultato favorebole del processo: il risultato del processo dipende dalla convinzione che il giudice si farà sulla fondaletzza in fato e in diritto della domanda proposta e potrà perciò esse favorevole all'attore o al convenuto. Solo dall'esperimento dell'azione risulterà se l'attore ha ragione o ha torto: solo afrontando il rischio di perdere, l'attore può cercare di vincere.[70]

Perceptível, assim, que na sistemática *liebmaniana* da ação, denominada *teoria eclética*,[71] a (im)procedência do pedido não figura como elemento essencial ao reconhecimento da existência da ação, consoante pugnavam os concretistas.[72] Por outro lado, afastando-se, também, dos abstrativistas, sustentou Liebman o seu condicionamento, valendo-se, para explicá-la, de adaptação/atualização de expediente utilizado por Chiovenda para justificar sua tese. A doutrina em geral costuma afiançar que, para Liebman, *ter ação é ter direito a um julgamento de mérito*, o que não se alcança (nem se consuma) senão mediante a superação de algumas condicionantes.[73][74]

---

[67] "Abbiamo visto che il potere dia gire in giudizio è riconosciuto *a tutti* e abbiamo anche visto la ragione di questa illimitata apertura: uma garanzia costituzionalmente sancita, che è il riflesso *ex parta subiecti* dell'istituzione dei tribunal della parte dello Stato;". LIEBMAN, Enrico Tullio. *Manuale di Diritto Processuale Civile*. p. 132.

[68] "Segundo uma opinião muito conhecida, esse poder pertence à categoria dos *direitos cívicos;* (...) não se ligando a qualquer situação concreta.". LIEBMAN, Enrico Tullio. *Manual de Direito Processual Civil*. (Trad. Cândido Rangel Dinamarco). Rio de Janeiro: Forense, 1984. p. 150.

[69] LIEBMAN, Enrico Tullio. *Manuale di Diritto Processuale Civile*. p. 132.

[70] Idem, p. 134.

[71] Segundo doutrina de ponta é possível atribuir o batismo da teoria a Galeno Lacerda. Nesse sentido: ASSIS, Araken de. *Cumulação de Ações*. p. 62.

[72] "Por último, dá por exercida a função jurisdicional somente quando o juiz pronuncie uma sentença sobre o mérito (isto é, decisão sobre a pretensão material deduzida em juízo), favorável ou desfavorável.". CINTRA, Antonio Carlos de Araújo; GRINOVER, Ada Pellegrini; DINAMARCO, Cândido Rangel. *Teoria Geral do Processo*. p. 253.

[73] Alfinetando a teoria adotada pelo CPC/73, aduz Ovídio: "(...) a doutrina de LIEBMAN contém, no mínimo, dois inconvenientes graves: (a) para se manter coerente, teve de imaginar uma atividade prévia, exercida pelo juiz, que ainda não seria 'verdadeira' jurisdição, uma espécie de atividade de 'filtragem' através da qual o magistrado deve investigar se concorrem os pressupostos processuais e

Segundo Liebman, inclusive, jurisdição é

(...) a atividade do Poder Judiciário, destinada a realizar a justiça mediante a aplicação do direito objetivo às relações humanas intersubjetivas. No processo de cognição somente a sentença que decide a lide tem plenamente a natureza de ato jurisdicional, no sentido mais próprio e restrito. Todas as outras decisões têm caráter preparatório e auxiliar: não só as que conhecem dos pressupostos processuais, como também as que conhecem das condições da ação e que, portanto, verificam se a lide tem os requisitos para poder ser decidida. Recusar o julgamento ou reconhecê-lo possível não é ainda, propriamente, julgar: são atividades que por si próprias nada têm de jurisdicionais e adquirem esse caráter só por serem uma premissa necessária para o exercício da verdadeira jurisdição. A ordem jurídica tende com a jurisdição ao fim de realizar-se praticamente. Esse fim é conseguido pela decisão de mérito, não pelo exame da existência das condições para que ela possa ser proferida. Nessa fase preparatória o processo funciona, em certo sentido, como um filtro para evitar que haja exercício de jurisdição quando faltam os requisitos que a lei considera indispensáveis para que se possam alcançar resultados satisfatórios.[75]

Para Liebman, sustenta Alfredo Buzaid, a ação "é um direito subjetivo processual, não direito subjetivo material". Por tal razão, "lhe corresponde não uma obrigação, mas o exercício de uma função por parte do órgão do Estado e uma sujeição por parte do adversário, que não pode evitar os efeitos da ação".[76]

Palmilhando o tema, após aludir que, tanto para a *teoria abstrata*, como para a *eclética* o direito de ação corresponde ao *direito à jurisdição*, Ovídio Baptista da Silva suscita indagação de relevo para a melhor compreensão da proposta *liebmaniana*: "onde começa, para Liebman, a atividade jurisdi-

---

as condições da ação; (b) acaba por reconhecer um direito de ação tanto ao réu quanto ao autor, resultado este que ultrapassa os próprios problemas, dissolvendo-o, em vez de resolvê-lo". BAPTISTA DA SILVA, Ovídio A. *Curso de Processo Civil*. p.94.

[74] "O conceito de ação. Das várias teorias que concebem a ação como um direito autônomo, destacam-se, de um lado, as que lhe atribuem caráter *concreto*, porque a definem como o direito a conseguir uma sentença favorável, e as que lhe atribuem caráter abstrato, porque a definem como o direito de provocar a atividade dos órgãos jurisdicionais e de conseguir uma decisão qualquer, sem nenhuma condição prévia, subjetiva ou objetiva. Entre essas duas correntes cabe uma posição intermediária, que se ajusta à definição, dada há pouco, da função jurisdicional. A ação, como direito de provocar o exercício da jurisdição, significa o direito de provocar o julgamento do pedido, a decisão da lide. É abstrata, porque tendo conteúdo o julgamento do pedido inclui ambas as hipóteses em que este for julgado procedente ou improcedente, mas é subjetiva determinada, porque é condicionada à existência de requisitos definidos como condições da ação. A possibilidade de requerer dos órgão jurisdicionais um decisão, seja qual for, mesmo uma decisão que recuse julgar o pedido, não é um direito subjetivo, porque compete a todos, em qualquer circunstância, e constitui, por assim dizer, o ar em que vive uma ordem jurídica constituída. É um direito subjetivo, e propriamente o direito de ação, aquele que, nas condições indicadas, compete a uma pessoa, que pretende obter do poder judiciário a aplicação do direito a um conflito de interesses. Mas entre essas condições não se inclui a procedência da pretensão do autor porque a ação não é o direito de ver acolhido e sim, mais simplesmente, de ver julgado o pedido formulado. (...) Do ponto de vista processual, a ação é o direito ao julgamento do pedido, não a determinado resultado favorável do processo.". LIEBMAN. Enrico Tullio. *Estudos sobre o Processo Civil Brasileiro*. São Paulo: Bestbook, 2004. p. 97/98.

[75] LIEBMAN. Enrico Tullio. *Estudos sobre o Processo Civil Brasileiro*. p. 96/97.

[76] BUZAID, Alfredo. *Grandes processualistas*. São Paulo: Saraiva, 1982. p. 24.

cional?" para concluir, em seguida, que, na esteira do autor, a decisão do juiz que julga questões preliminares, não corresponde, a rigor, à verdadeira atividade jurisdicional. Consoante tal linha de raciocínio haverá jurisdição (Liebman), e, portanto, restará atendido o direito de ação, tão somente quando "ultrapassada essa fase de averiguação prévia".[77] [78]

Interessante, de outro giro, é a lição que se extrai da obra de Kazuo Watanabe, em especial no que tange a não ser a formulação *abstrata da ação* incompatível, por completo, com a categoria sob comento. A diferença entre a posição dos *ecléticos* e dos *abstrativistas* é, sobretudo, a de que, para esses, as condições "da ação" revelam-se apenas condições para a admissibilidade de um pronunciamento de mérito, e não condições para o reconhecimento da existência do direito de ação.[79] [80]

A doutrina de Liebman, ainda que observada pelo Código Buzaid, fora objeto de incontáveis críticas, a ponto de ensejar o seguinte comentário: "a teoria eclética conduz ao absurdo".[81]

Avançando no tema, em especial pelo número de adeptos que vem angariando ao largo dos últimos anos, incumbe, antes de se abandonar as teorias unitárias, anunciar a formulação sustentada por Elio Fazzalari. Trata-se de construção que vislumbra na ação uma *posição subjetiva composta*.[82] [83] Segundo a tese, a "ação" representa "a sequência das posições

---

[77] BAPTISTA DA SILVA, Ovídio A. *Curso de Processo Civil.* p. 86.

[78] Embora vigente entre nós, a teoria *liebmaniana* da ação é, pelos doutos, fortemente criticada: "Como se vê, a tentativa de LIEBMAN de afastar-se de ambas as teorias precedentes, procurando um conceito de 'ação' processual que não se confundisse nem com o fenômeno estudado pela doutrina do 'direito concreto de ação' nem com chamado 'direito constitucional de petição', não teve em conta o fato de que apenas existem duas relações jurídicas, uma de direito material – conteúdo do processo –, que é a lide, outra, relação de direito público, que se estabelece entre as partes e o Estado, como manifestação da pretensão destas a que ele preste jurisdição. Como o autor terá direito à tutela jurídica estatal sempre, e, tendo razão, terá igualmente direito contra o réu, por serem, neste caso, duas relações jurídicas de que nascem direitos subjetivos, duas haverão de ser as ações: a ação de direito material (o agir contra o réu, se a sentença for de procedência) e a 'ação' processual (que é também um 'agir' cujo sujeito passivo é o Estado). Não pode haver *terceira categoria*, ou terceiro estágio, que não se confunda com o fenômeno já identificado pelos 'concretistas', nem seja a 'ação' a todos conferida, indicada pela teoria pura do 'direito abstrato de ação'". BAPTISTA DA SILVA, Ovídio A. *Curso de Processo Civil.* p. 95.

[79] WATANABE, Kazuo. *Da cognição no processo civil.* 3 ed. São Paulo: Perfil, 2005. p. 96/97.

[80] Galeno Lacerda, a partir de panorama destacado, vê no respeito às *condições da ação* a figura do *interesse legítimo*."Se eles coexistirem, o juiz reconhecerá ao autor interesse legítimo, fórmula que, em nosso entender, compreende as três condições da ação (...).". LACERDA, Galeno. *Despacho Saneador.* 3 ed. Porto Alegre: Sérgio Fabris, 1990. p. 132

[81] ASSIS, Araken de. *Cumulação de Ações.* p.70.

[82] "(...) nos dias atuais, ou se emprega o nome de "ação" para significar tal situação subjetiva composta – a única realidade que importa pelo ordenamento e que é parte integrante do processo – ou é preciso renunciar ao velho e glorioso nome.". FAZZALARI, Elio. *Instituições de Direito Processual.* (Trad. Elaine Nassif). Campinas: Bookseller, 2006. p. 505.

[83] Entre nós, exemplificativamente, adotam-na Alvaro de Oliveira e Mitidiero. ALVARO DE OLIVEIRA, Carlos Alberto. MITIDIERO, Daniel. *Curso de Processo Civil.* p. 140.

processuais que cabem à parte, ao longo do curso do processo", materialmente composta por "poderes, faculdades e deveres", que não pode ser baralhada com a "solitária faculdade do sujeito de pôr em movimento o processo".[84]

A formulação, consoante o próprio Fazzalari, pressupõe que observar o tema ação do "ângulo das posições subjetivas" consiste em vislumbrá-la como

> (...) uma série de faculdades, poderes e deveres, os quantos a lei assinale ao sujeito pela sua conduta, ao longo de todo o curso do processo, até a sentença que acolhe ou refuta a demanda e, sem a realização dela – isto é, sem o desenvolvimento do processo –, não se chega ao provimento do juiz, que acolhe ou rejeita a demanda.[85]

Em perspectiva diversa, entretanto, obra a concepção dualista da ação, adotada entre nós, exemplificativamente, por Pontes de Miranda,[86] Ovídio Baptista,[87] Araken de Assis [88] e outros, a partir da qual, sustenta-se, com fervor, a distinção entre *ação material* e *ação processual*, situadas em distintos planos da ordem jurídica.[89]

A compreensão da aludida linha de raciocínio requer uma visão macroscópica do sistema jurídico. Sustenta-se a distinção entre os planos do direito material e do direito processual, vislumbrando cada qual a partir de três distintos elementos: direito subjetivo, pretensão e ação, inconfundíveis entre si.

No que tange à lição concernente ao elemento *direito subjetivo*, aduz Pontes de Miranda: "o direito subjetivo é a atribuição de um bem da vida, quando a lei o garante. O que o caracteriza é a subjetividade

---

[84] FAZZALARI, Elio. *Instituições de Direito Processual*. p. 505.
[85] Idem, p. 504.
[86] PONTES DE MIRANDA, Francisco Cavalcanti. *Comentários ao Código de Processo Civil*. 5 ed. Rio de Janeiro: Forense, 2001, t. I. *passim*.
[87] BAPTISTA DA SILVA, Ovídio A. *Curso de Processo Civil*. p. 61/97.
[88] ASSIS, Araken de. *Cumulação de Ações*. p. 73/85.
[89] Criticando a concepção (dualista) aduzem Satta e Punzi: "La concezione dualistica che or ora abbiamo criticatto parte in sostanza dall'idea di un ordenamento costituito da un complesso di norme che regolano tutta la vita associata. La forza di questa idea è tanto grande che la si scambia per una obbiettiva realtà (il diritto obbiettivo, appunto): e a questa obbiettiva realtà si fa corrispondere um'altra idea, no meno scambiata per obbiettiva realtà, che è il diritto soggetivo. È, come si vede, tutto un lavorio di astrazione, che ha suoi pregi, specie da un punto di vista didattico, ma che dimentica una cosa sola: que il diritto vive nel concreto, è anzi il concreto stesso, e pertanto la norma è ordenamento soltanto in quanto efetivamente un ordine si stabilisca, cioè la realtà si componha in un certo ordine, che costituisce la sua interiore norma. Allo stesso modo il diritto soggetivo è tale ed esiste come tale soltano in quanto ci sai quell'ordine, nel concreto: ed è chiaro anzi che diritto soggetivo e diritto oggetivo nel concreto sono una cosa sola, perché l'ordine non si realiza se non nei soggetti e nelle situazioni particolari dei soggetti che sono la componente e insieme la resultante dell'ordine.". SATTA, Salvatore; PUNZI, Carmine. *Dirittto Processuale Civile*. 30 ed. Padova: CEDAM, 2000. p. 130.

combinada com a incidência concreta da lei".[90] A noção de titularidade de um direito subjetivo, bem compreendida, diz com uma posição de vantagem jurídica de um sobre outro sujeito de direito.[91]

> Um direito subjetivo não é outra coisa senão uma vantagem conferida a um sujeito (ou de uma outra classe de sujeitos) diante de um outro sujeito (ou de uma outra classe de sujeitos) ao qual é imposto um dever (uma obrigação) correspondente.[92]

De modo geral, a ideia é de fácil compreensão.

A noção de direito subjetivo figura como ponto de partida para a explicação do funcionamento lógico do plano do direito material. Araken de Assis assevera que o direito subjetivo "concede ao titular uma posição jurídica estática e relativa".[93] Ovídio Baptista da Silva, contrapondo as noções de *direito subjetivo* e *ação*, enquadra a ideia de direito subjetivo como "um *status*, uma categoria jurídica estática, ao contrário da *ação* que pode ser esse próprio direito subjetivo em seu momento dinâmico".[94] O *direito subjetivo* caracteriza-se como uma posição de vantagem jurídica, que, não raro, prescinde para sua a existência de qualquer agir de seu titular, uma vez que, segundo tal doutrina, a simples incidência de uma previsão jurídica (predeterminada) sobre respectivo suporte fático revela-se suficiente ao seu nascimento.[95] Destaque-se que, segundo tal corrente, é "perfeitamente admissível representar o direito subjetivo através do verbo 'ter'".[96] [97]

No plano do direito material localizam-se, exemplificativamente, os direitos subjetivos de crédito, de propriedade e outros; no plano do direito processual, o direito subjetivo público à tutela jurisdicional, que, em nada se confundem consoante pressupunha a doutrina imanentista.

---

[90] PONTES DE MIRANDA, Francisco Cavalcanti. *Comentários ao Código de Processo Civil*. 5 ed. Rio de Janeiro: Forense, 2001. t. I. p. 23.

[91] "Mediante o preenchimento de um suporte fático, surge para alguém, uma peculiar situação de vantagem, já designada de direito subjetivo.". ASSIS, Araken de. *Cumulação de ações*. p. 76.

[92] GUASTINI, Ricardo. *Dalle fonti alle norme*. p. 252.

[93] ASSIS, Araken de. *Cumulação de ações*. p. 75.

[94] BAPTISTA DA SILVA, Ovídio A. Direito subjetivo, pretensão de direito material e ação. *Revista da Ajuris*, n. 29, 1983. p. 100.

[95] ASSIS, Araken de. *Cumulação de ações*. p. 75.

[96] ASSIS, Araken de. *Cumulação de ações*. p. 76.

[97] Versando a respeito da gênese dos direitos subjetivos, Guastini afirma que: "(...) um direito subjetivo pode ser conferido pelas normas mais diversas do ponto de vista da fonte de origem. Por conseguinte, à guisa de princípio, os direitos subjetivos podem ser classificados conforme a fonte da qual se originam. Por exemplo, pode-se distinguir entre: direitos subjetivos 'contratuais', direitos subjetivos 'legais' e direitos subjetivos 'constitucionais'. Um direito 'contratual' é um direito que tem sua fonte no contrato, ou seja, num ato de autonomia privada. Um direito 'legal' é um direito que foi conferido a um sujeito por uma norma legislativa, ou seja, por uma norma dotada de 'força de lei'. Um direito constitucional, por sua vez, é um direito que foi conferido a um sujeito por uma norma constitucional, isto é, por uma norma estabelecida num plano 'superior' (se não em outro, sentido axiológico) relativamente à lei.". GUASTINI, Ricardo. *Dalle fonti alle norme*. p. 251.

Não podem ser baralhados, outrossim, *direito subjetivo* e *pretensão*. À luz da doutrina em destaque, enquanto o primeiro encontra-se vinculado ao verbo *ter*, o segundo identifica-se com o verbo *exigir*. "Certamente, na normalidade dos casos, há direito subjetivo e, há a respectiva pretensão, que não é outro direito, mas o próprio direito subjetivo potencializado, dotado desse dinamismo capaz de torná-lo efetivo".[98] Sustenta-se, então: uma coisa é a existência do direito, outra a possibilidade de exigi-lo.

O exemplo do direito de crédito submetido a *termo* mostra-se sempre bem-vindo à compreensão da distinção.[99] Haverá direito subjetivo do mutuante em face do mutuário (pondo o suposto credor em posição de vantagem jurídica perante o suposto devedor), ainda que não lhe seja possível *exigir* sua satisfação antes da data pactuada para o cumprimento da obrigação.

Aduz Ovídio: pretensão é a "faculdade de se poder exigir a satisfação do direito" subjetivo, sendo tal realidade inconfundível com o direito em si.[100] Na guisa do exemplo, portanto, é o alcance do *termo* (elemento acidental do negócio jurídico) que fará surgir para o credor *pretensão* (no caso, *material*), potencializando seu direito de crédito. Em "vez de permanecer estático, o direito passa", mediante o surgimento da *pretensão*,"a uma posição dinâmica".[101] Equivale-se a pretensão à mera faculdade, de maneira que poderá ou não efetivar-se. É plenamente possível, por exemplo, que o credor, ainda que lhe seja permitido, mantenha-se inerte em relação à satisfação de sua vantagem jurídica.

Mas a noção de *pretensão*, segundo a doutrina dualista, não corresponde, em última análise, a um agir. O suposto titular de um direito subjetivo, *já exigível*, poderá buscar sua satisfação perante o suposto obrigado e o faz, por definição, afirma Ovídio, mediante a premência (verbo *premir*) do obrigado.[102] Ao "exercício efetivo da pretensão, exigindo o titular do direito, de fato, o cumprimento do dever que incumbe ao sujeito passivo, premindo-o, corresponde um outro estágio do direito subjetivo(...)".[103] No estágio do *efetivo exercício da pretensão* (o premir) o titular do direito conta, sempre, com um ato voluntário do sujeito passivo da relação

---

[98] BAPTISTA DA SILVA, Ovídio A. Direito subjetivo, pretensão de direito material e ação. p. 103.

[99] "Pode haver direito subjetivo sem que haja, ainda, ou não mais exista, a faculdade normal que seu titular deveria ter de poder *exigir* a observância e a realização do próprio direito.". BAPTISTA DA SILVA, Ovídio A. Direito subjetivo, pretensão de direito material e ação. p. 101.

[100] BAPTISTA DA SILVA, Ovídio A. Direito subjetivo, pretensão de direito material e ação. p. 102.

[101] ASSIS, Araken de. *Cumulação de ações*. p. 76.

[102] "Se, nessa circunstância, o titular do direito subjetivo exige do obrigado o cumprimento, está a exercer pretensão de direito material; estará exigindo, forçando o titular do dever jurídico (obrigado *lato sensu*) à observância da conduta que o dever lhe impõe. Ainda não estará *agindo para a realização*.". BAPTISTA DA SILVA, Ovídio A. Direito subjetivo, pretensão de direito material e ação. p. 99.

[103] ASSIS, Araken de. *Cumulação de ações*. p. 77/78.

jurídica material: o cumprimento espontâneo da obrigação assumida. Satisfeito o direito, ponto final. Inexistindo, contudo, o cumprimento espontâneo, nasce para o titular do suposto direito subjetivo, segundo a doutrina em destaque, *ação material*.[104]

É precisamente nesse estágio (de desenvolvimento do plano material) que a mera *exigência* dá lugar ao *agir* do insatisfeito.[105] "Nasce à ação, em benefício do titular do direito, quando o sujeito passivo não satisfaz seu dever jurídico" ou, tratando-se de pretensões que se satisfazem mediante atos positivos ou negativos, "ocorre uma interrupção dessa conduta".[106] A ação de direito material "é o agir para a realização do próprio direito".[107]

O Estado moderno, como sabido, monopolizou o *poder-dever* de dicção/concretização do direito, vendando, salvo raríssimas exceções, o *agir* privado.[108] [109] [110] É, pois, esse o momento, pelo menos para a teoria dualista, de transição do plano material para o plano processual.

Situado no plano processual, afirma-se haver um *direito subjetivo*, de natureza pública – porque exercível em face do Estado – *à tutela jurisdicional*, que, a rigor, não se confunde com a posição jurídica suscitada em juízo (o direito subjetivo material). [111] Para além da afirmativa, sustenta tal corrente ser aplicável ao plano processual a distinção entre *direito* e *pretensão* (agora processuais). Para parcela da doutrina, inclusive, o

---

[104] "Se, todavia, o titular do direito subjetivo *exige* do obrigado a satisfação e tal exigência foi infrutífera, porque o sujeito viola o dever jurídico e o infringe, nasce ao titular do direito a *ação de direito material*, que é o agir – não mais o simples exigir – para a realização.". BAPTISTA DA SILVA, Ovídio A. Direito subjetivo, pretensão de direito material e ação. p. 103.

[105] "De ordinário, ao direito toca, em seqüência à pretensão, a ação, que desborda a fase de exigência, indo além: 'agir' inclui atividade para satisfação.". ASSIS, Araken de. *Cumulação de ações*. p. 78.

[106] ASSIS, Araken de. *Cumulação de ações*. p. 78/79.

[107] BAPTISTA DA SILVA, Ovídio A. Direito subjetivo, pretensão de direito material e ação. p. 104.

[108] "Vedada em princípio à autodefesa e limitadas a autocomposição e a arbitragem, o Estado moderno reservou para si o exercício da função jurisdicional, como uma de suas tarefas fundamentais. Cabe-lhe, pois solucionar os conflitos e controvérsias surgidos na sociedade, de acordo com a norma jurídica reguladora do convívio entre os membros desta.". CINTRA, Antonio Carlos de Araújo. GRINOVER, Ada Pellegrini. DINAMARCO, Candido Rangel. *Teoria Geral do Processo*. p. 249.

[109] Vide art. 1.201, §1, *primeira parte*, CC/2002.

[110] "A nota característica do conceito de ação – agir que não depende da anuência do sujeito passivo – mostra porque os ordenamentos jurídicos admitem-na excepcionalmente. O exercício privado da ação provocaria tumulto social, um progressivo desfazimento dos laços da vida em sociedade, a negação da paz e do império da justiça. Por isso, o Estado moderno proíbe-o, em geral, criminalizando-a como exercício arbitrário das próprias razões, avocando, por decorrência, o monopólio da distribuição da justiça.". ASSIS, Araken de. *Cumulação de ações*. p. 79.

[111] "Parece totalmente inaceitável, em vista deste liame, comprovado, ainda, pela circunstância de a ação gerar o processo, a deliberada ou negligente confusão entre os planos. Do direito de acesso à justiça, típico da relação processual, nasce a ação processual, independente, à toda evidência, do direito material previsto, em tese ao regulamento do conflito. A medida da referida separação fornece a chave definitiva do problema.". ASSIS, Araken de. *Cumulação de ações*. p. 86.

"direito à tutela jurídica" já "nasce dotado de pretensão", ou seja, exigível.[112] [113] Não nos parece, contudo, seja a afirmativa universalizável.[114]

Seja como for, consoante tal doutrina, é do efetivo exercício da pretensão à tutela jurídica estatal (ou pretensão processual) que nasce relação jurídica diversa da supostamente existente no plano material: a relação jurídica de direito processual.[115] [116] "Existe, portanto, o direito público à jurisdição, provido da pretensão à tutela jurídica, a qual, exercida, põe o Estado a dever a prestação jurisdicional".[117]

Segundo a doutrina dualista, a "demanda estabelece a relação processual, que tem por sujeito ativo o autor, e por passivo, o Estado".[118] E mais: a demanda conduz à satisfação do direito à prestação jurisdicional, ou seja, do direito subjetivo público pertencente a todo e qualquer jurisdicionado, oriundo da vedação estatal à realização da justiça privada. Nesse diapasão, independentemente da procedência ou improcedência do pedido, o direito de acesso aos tribunais encontrar-se-á satisfeito.[119] [120]

Cumprido o escopo investigativo anunciado, registre-se que dentre as teorias enumeradas, a despeito das numerosas críticas doutriná-

---

[112] ASSIS, Araken de. *Cumulação de ações*. p. 84.

[113] Não se ignora, por óbvio, que também no plano do direito material, em determinadas situações surgem, direito subjetivo e pretensão, em momento idêntico. *Ad exemplum*, anotem-se os direitos reais, com destaque para o direito de propriedade que, a nosso ver, já nasce dotado de pretensão material.

[114] Bom exemplo para distinguir direito (de bater às portas do Judiciário) e pretensão no plano processual pode ser extraído, segundo sustentamos, do conteúdo do artigo 217, § 1º, da Constituição Federal de 1988. Segundo prescreve, as questões de natureza desportiva (ainda que não se negue o direito subjetivo público de bater às portas do Poder Judiciário) não serão por ele analisadas senão após o esgotamento da via "administrativa". Logo, é possível afirmar a existência do direito, sem, contudo, que se possa afirmar perfectibilizada à pretensão processual (isso só ocorrerá após o esgotamento da via administrativa).

[115] "A relação jurídica processual estabelece-se, inicialmente, entre o autor e o juiz. É apenas bilateral nessa fase. Com a citação do réu, este passa também a integrá-la tornando-a completa e *trilateral*." THEODORO JR. Humberto. *Curso de Direito Processual Civil*. p. 66. Em sentido oposto: "Desde que citado, o réu ostenta a posição de pólo do verso da relação, porque ela se oferece em ângulo: dois sujeitos ativos (autor e réu) e um passivo (Estado).". ASSIS, Araken de. *Cumulação de ações*. p. 85.

[116] "A ação é instrumental, é um direito a serviço de outro direito que é o de natureza material.". FUX, Luiz. *Curso de Direito Processual Civil: Processo de Conhecimento*. 3ª ed. Rio de Janeiro: Forense, 2005, v. I. p. 147.

[117] "Existe, portanto, o direito público à jurisdição, provido da pretensão à tutela jurídica, a qual, exercida, põe o Estado a dever a prestação jurisdicional.". ASSIS, Araken de. *Cumulação de ações*. p. 85.

[118] ASSIS, Araken de. *Cumulação de ações*. p. 85.

[119] "Em outras palavras: o exercício da ação não fica vinculado ao resultado do processo.". THEODORO JR. Humberto. *Curso de Direito Processual Civil*. 41 ed. Rio de Janeiro: Forense, 2004, v. I. p. 49.

[120] Vinculando as teorias da ação a compromissos ideológicos, José Tesheiner afirma, em suma, que: (1) a teoria civilista da ação, bem como a concepção concretista de Wach, guardam compromisso ideológico com um ideal *liberal*; já a concepção abstrata, por sua vez, afeiçoa-se ao ideal *totalitário*. Vide: TESHEINER, José. *Elementos para uma Teoria Geral do Processo*. p. 104/105.

rias,¹²¹ o processo civil brasileiro, pelo menos no âmbito infraconstitucional, ao tempo da edificação do Código Buzaid, optou, com clareza ímpar, pela teoria formulada por Liebman,¹²² muito embora não se possa, por prudência, afirmar o mesmo em relação ao CPC/2015.

Seja como for, o progresso compreensivo da teoria adotada pelo CPC/73 (a do condicionamento da ação) passa pela prévia análise da teoria *chiovendiana*, já sinteticamente anunciada, que, de seu turno, igualmente lançou mão do expediente condicionante (anunciando algumas *condições da ação*), mas que, a rigor, trabalhou-as à luz de premissas distintas, se comparadas à abordagem *liebmaniana*.

Tal investigação, ainda diante do surgimento do CPC/2015, impõe-se, primeiro, porque, a rigor, inexiste apontamento expresso acerca da teoria adotada; segundo, face à manutenção, no texto da Lei (13.105, de 2015), das expressões *interesse* e *legitimidade* (vide art. 17), bem como, terceiro, em atenção ao apontamento contido na exposição de motivos do Novo Código, a saber: "Com o objetivo de se dar maior rendimento a cada processo, individualmente considerado, e, atendendo a críticas tradicionais da doutrina, deixou, a possibilidade jurídica do pedido, de ser condição da ação. A sentença que, à luz da lei revogada seria de carência da ação, à luz do Novo CPC é de improcedência e resolve definitivamente a controvérsia".¹²³

Passa-se, assim, ao enfrentamento do tema.

3. Condições da ação: teorias *chiovendiana* e *liebmaniana*

O tema *condições da ação* não representa, consoante anunciamos alhures, uma temática originariamente brasileira, muito embora o contato da doutrina pátria com a aludida categoria tenha, em muito, contribuído para o debate acerca de sua própria *existência* enquanto *categoria jurídica autônoma*. Seja como for, entre nós, responsabiliza-se o CPC/73 por torná-lo tema, também, de interesse nacional.

---

¹²¹ "Tão clara opção do estatuto por uma teoria que, à semelhança das outras, talvez seja amplamente falsificável, representando apenas um patamar transitório em relação ao progresso científico, despertou severas e compreensíveis reprovações. Entre outros, Celso Agrícola Barbi increpa a orientação do Código de 'discutível'. Mas a maior prova do açodamento na adoção desta teoria deriva de inesperada deserção. Enrico Tullio Liebman, em quem se buscou a inspiração, a quem se procurou homenagear, eliminou a possibilidade jurídica desta categoria. E, isto, em virtude da circunstância pueril e fortuita de a Itália introduzir o divórcio a vínculo, exemplo preferido para demonstrar a impossibilidade geradora da 'carência de ação'.". ASSIS, Araken de. *Cumulação de Ações*. p.66/67.

¹²² "O Código de Processo Civil vigente perfilha a doutrina de Liebman.". BUZAID, Alfredo. *Grandes processualistas*. São Paulo: Saraiva, 1982. p. 26.

¹²³ Vide tópico "4", da Exposição de Motivos da Lei 13.105 de 2015.

Já no início do século XX, o tema mereceu sistematização pela pena de Giuseppe Chiovenda. No seu consagrado *Instituições de Direito Processual Civil*, a propósito, afirmou o líder da Escola Clássica Italiana (e mestre de Liebman em determinado contexto histórico), fiel à linha de raciocínio do conceito de ação sustentado (teoria do direito potestativo), entender por "condições da ação as condições necessárias a que o juiz declare existente e atue a vontade concreta de lei invocada pelo autor", vale dizer, as condições indispensáveis à obtenção de um pronunciamento favorável ao autor.[124] Segundo a formulação em destaque, as condições da ação representavam "questões de mérito".[125]

Para Chiovenda, o rol de condições da ação era o seguinte: (a) existir uma vontade concreta de lei que assegurasse a alguém determinado bem, obrigando o réu a uma prestação, (2) a identidade da pessoa do autor com a pessoa favorecida pela lei e da pessoa do réu com a pessoa por ela obrigada à prestação e, por fim, (c) o interesse em obter o bem da vida por obra dos órgãos públicos.[126] [127]

> A sentença, pois, que se pronuncia sobre a demanda pode negar a ação por falta, seja de interesse, seja de qualidade, seja de um bem garantido pela lei; em todos os três casos, é favorável ao réu, reconhece-lhe um bem e produz a coisa julgada, mas em graus diferentes. Se nega a ação por ausência de interesse, não nega que a ação possa vir a

---

[124] CHIOVENDA, Giuseppe. *Instituições de Direito Processual Civil*. p. 109.

[125] Idem, p. 113.

[126] Idem, p. 109.

[127] Encontra-se em Goldschmidt uma formulação parcialmente distinta a respeito do tema. Afirma o autor: "As condições da ação são as seguintes (requisitos da tutela jurídica): a) Um determinado estado de fato, em geral, o correspondente à pretensão de direito privado de que se trate, ou a uma relação jurídica qualquer, ou outro fato diferente destes (por exemplo, a autenticidade de um documento (§256). b) Tal estado de fato deve ser suscetível de proteção jurídica, porque existem alguns que não o são, por exemplo, os esponsais (1.297, BGB) ou os créditos demorados de um despendedor de aguardente contra um devedor já obrigado anteriormente por outras dívidas de consumo de bebidas (Lei de tabernas, de 28 de abril de 1930), ou as reclamações da mulher contra o marido com respeito à administração e desfrute dos bens daquela, enquanto dure o regime conjugal de bens (§ 1.394, BGB). Deve-se advertir, por outra parte, que a suscetibilidade de empreender uma ação para a exigência de um direito não pode ser excluída por meio de contrato. c) Há de existir, ademais, uma verdadeira, *necessidade* ou *interesse de tutela judicial*. Assim, por exemplo, na ação declarativa deve existir um interesse em obter uma rápida declaração (§256); na ação constitutiva, o de conseguir a constituição judicial de um direito. Falta esta necessidade quando se acusa de uma maneira clara que o autor possui outro caminho mais econômico e mais curto para fazer cumprir seu direito (...). Não deve confundir-se, contudo, com esta necessidade (objetiva) de tutela judicial a indução (subjetiva) à apresentação da demanda. A ausência de motivação não conduz à repulsa da demanda, senão simplesmente à condenação em despesas judiciais do autor, quando o demandado se conforma imediatamente à pretensão do demandante (§ 93) (Tal ausência de causa ocorre, por exemplo, quando se trata de dívidas que não tenham sido exigíveis (vencidas) até o momento da apresentação da demanda, ou quando o autor esteja em mora de credor, ou quando o herdeiro demandado não tem conhecimento nenhum da mora em que se encontrava o causante, ou o cessionário que atua como demandante não houvesse notificado a cessão ao *debitor cessus*). "(...) Os pressupostos ou requisitos de tutela judicial pertencem ao direito material de justiça, quer dizer, ao direito privado, modelado à maneira de um direito público, e complementado essencialmente pelo que se refere em certos casos aos suposto b) e c).". GOLDSCHMIDT, James. *Direito Processual Civil*. p. 132/134.

surgir relativamente ao próprio direito já deduzido na lide, quer dizer, com fundamento num interesse novo (por exemplo, nova lesão de direito, recusa efetiva de adimplir). Se nega a ação por ausência de qualidade, não nega que o autor possa propor de novo a ação relativamente ao próprio direito, quer dizer, com fundamento num fato que lhe confira a qualidade (cessão, sucessão). Se nega, ao revés, a ação por ausência de vontade de lei que assegure um bem, a absolvição do réu é completa e definitiva: é o máximo que se concede ao réu. O autor, neste caso, não poderá mais agir, a não ser que prove que a vontade da lei, antes inexistente, surgiu apoiada num fato novo.[128]

Sem confundi-los, é certo, afirmava o autor que tanto os *pressupostos processuais*, como as condições da ação acima anunciadas (*stricto sensu*), tratavam-se de "condições". Essas, para o alcance de uma decisão favorável ao autor; aqueles, para a "obtenção de um pronunciamento qualquer, *favorável* ou *desfavorável*, sobre a demanda".[129][130][131] A visão de Chiovenda, não se há de perder de vista, partia de uma concepção de ação dita concreta.[132]

Sob enfoque diverso, todavia, o tema fora enfrentado na perspectiva *liebmaniana*. Enrico Tullio, frise-se, não tinha por concepção teoria da ação similar a sistematizada por Chiovenda. Sua teorização sobre o tema, como visto anteriormente, visou a, grosso modo, aproximar as teorias *concreta* e *abstrata* do direito de agir, distanciando-se da posição *chiovendiana*.[133]

Embora o mestre peninsular tenha, ao menos parcialmente, alterado o seu posicionamento já na terceira edição de seu *Manuale* (afastando a *possibilidade jurídica* como condição autônoma da ação – subsumindo-a no *interesse de agir*[134][135]), sublinhe-se que, a rigor, é a formulação originária

---

[128] CHIOVENDA, Giuseppe. *Instituições de Direito Processual Civil*. p. 109/110.

[129] Idem, p. 110.

[130] Em relação ao tratamento dado por Chiovenda aos *pressupostos* importante destacar o seguinte trecho de sua obra: "Negando-se a existência dos pressupostos processuais, não se nega a existência da ação, que permanece injulgada. Nega-se que a ação, na hipótese de existir, haja podido fazer-se valer nesse processo: não se nega, porém, que possa fazer-se valer imediatamente ou em prosseguimento do mesmo processo, ou em outro processo. A sentença, por tanto, que se pronuncia apenas sobre os pressupostos processuais, ou seja, que declara possível pronunciar-se sobre a demanda ou absolve do prosseguimento da causa, não é favorável nem ao autor, nem ao réu; não concede nem recusa nenhum bem;". CHIOVENDA, Giuseppe. *Instituições de Direito Processual Civil*. p. 111.

[131] Chiovenda inseria entre os *pressupostos processuais:* (a) a presença de um órgão estatal investido de jurisdição e competente "na causa", sendo subjetivamente capaz de julgá-la, bem como (c) a capacidade de ser parte e a capacidade processual. CHIOVENDA, Giuseppe. *Instituições de Direito Processual Civil*. p. 111.

[132] Palmilhando o tema (condições da ação) na perspectiva proposta por Chiovenda, após textualmente reproduzi-las, aduz Araken de Assis: "Neste rol, se observa que Chiovenda atrela seu conceito ao direito material.". ASSIS, Araken de. *Cumulação de Ações*. p. 62.

[133] Nesse sentido vide: PORTO, Sérgio Gilberto; PORTO, Guilherme A. *Lições sobre Teorias do Processo Civil e Constitucional*. Porto Alegre: Livraria do Advogado, 2013. p. 49/51.

[134] Afirma Liebman, na *ristampa della quarta edizione* do seu *Manuale*, edição a que tivemos acesso, que: "Le condizioni dell'azione, poco fa menzionate, sono l'interesse ad agire e la legittimazione.". LIEBMAN, Enrico Tullio. *Manuale di Diritto Processuale Civile*. 4 ed. Milano: Giuffrè, 1984. p. 135.

de sua tese a que mais de perto interessa, uma vez que foi essa, e não outra, a teoria acolhida pelo Código Buzaid.

Para Liebman, pelo menos numa concepção originária, e para o direito infraconstitucional brasileiro, consequentemente, são três as condições da ação: o interesse de agir, a legitimidade das partes e a possibilidade jurídica do pedido.[136] Primando pela originalidade da lição, vale, ainda que parcialmente, transcrever os apontamentos do próprio construtor da tese.

No que tange ao interesse de agir, sinalou Liebman:

> Secondo la prevalente opinione, ogni dirittto soggetivo è constituito da un interesse, qualificato da un potere dela volontà. Nulla dunque di più naturale che anche quel diritto soggetivo che à l'azione abbia per suo contenuto uno specifico interesse, che è appunto l'interesse ad agire. Esso si da quello sostanziale, per la cui protezionesi intenta l'azione, così come questa si distingue dal corrispondente diritto soggetivo sostanziale. L'interesse ad agire è un interesse processuale, sussidiario e strumentale, rispetto all'interesse sostanziale, primário, ed ha per oggeto il provvedimento che si domanda al Magistrato, in quanto questo provvedimento si ravvisi come um mezzo sostitutivo per ottenere il soddisfacimento dell'interesse primario, rimasto insoddisfatto a causa dell'inadempimento dell'obligato (o eccezionalmente perchè la controparte non può soddisfarlo). L'interesse primario del creditore di 100 sarà di ottenere il pagamento di questa somma; l'interesse ad agire sorgerà se il debitore non paga ala scadenza, ed avrà per oggetto la condanna del debitore; e successivante l'esecuzione forzata a carico del sio patrimonio. Perciò i due interessi, quello sostanziale e quello processuale, hanno uno scopo ultimo comune (ricevere 100), ma quello processuale ha comme oggetto direto e imediato l'attività degli organi giurisdizionali. Esso sussiste quando il provvedimento domandato si presenta come adeguato a proteggere o soddisfare l'interesse primarioche si afferma leso o minacciato dal comportamento dela controparte, o più genericamente dalla situazione di fato existente. L'esistenza dell'interesse ad agire è perciò una condizione dell'esame del mérito, che sarebbe evidentemente inutile se il provvedimento domandato fosse in sì e per sè inadatto a tutelare l'interesse leso o la minaccia che viene denunciata in realtà non existe o non si è ancora verificata. Naturalmente riconoscere la sussistenza dell'interesse ad agire non significa ancora che l'attore abbia ragione nel merito; vuol dire soltanto che può averla e che la sua domanda si presenta come meritevole di essere giudicata.[137]

No concernente à *possibilità giuridica*, ensinou:

> Il terzo requisito dell'azione è dato dall'ammissibilità in astratto del provvedimento domandato, cioè dal fato che esso rientri tra quelli che l'autorità giudiziaria può pronunciare e non sai expressamente vietato. È chiaro che ogni exame del merito è inutile se l'attore propone una domanda per un provvedimento che il giudice non può pronunciare, quali che siano i fatti del caso concreto. Per es, il giudice non può pronunciare il divorzio tra cittadini italiani,

---

[135] "Na terceira edição de seu Manual, Liebman afastou a possibilidade jurídica como condição autônoma (...).". TESHEINER, José M.. *Eficácia da Sentença e Coisa Julgada no Processo Civil*. São Paulo: RT, 2002. p. 19.

[136] Segundo o artigo 267, VI, do CPC/73, são condições da ação "a possibilidade jurídica, a legitimidade das partes e o interesse processual;".

[137] LIEBMAN, Enrico Tullio. *Lezzioni di Diritto Processuale Civile*. Milano: Giuffrè, 1951. p. 39/40.

nè può ordinare l'arresto del debitore, nè annulare un atto amministrativo anche illegittimo e lesivo di diritto del cittadino (...).[138]

Por fim, acerca da *legittimazione ad agire*, aduziu:

(...) è la titolarità (ativa e passiva) dell'azione. Anche l'azione infatti, come ogni altro diritto, può essere di regola fatta valere soltanto dal suo titolare e perciò non è dato ascolto in giudizio a chi tale non sai. Inoltre lo stesso titolare non può farla valere se non nei confronti dela legittima controparte. A chi spetta la legittimazione? La spiegazioni date poco fa sull'interesse ad agire aiuteranno a rispondere a questa domanda.È facile intendere che, dato il carattere strumentale, sostitutivo dell'azione, essa non è conferita di regola se non al titolare dell'interesse che essa tende a proteggere, e nei confronti del titolare dell'interesse che com esso si trova in conflitto. Sono queste persone, ed esse sole, que hanno diritto ad ottenere una decisione sulla materia di questo conflitto. È ciò che intende dire l'articolo 81 quando stabilisce che, fuori dei casi expressamente previsti dalla legge, nessuno può far valere nel processo in nome proprio um diritto altrui. Possono esservi senza dubbio dei terzi più o meno interessati ala lite,madi solito la legge non riconosce loro il diritto dia gire e ad essi non rimane che attendere l'esito dele causa intentata dalla persona legittima. In alcuni casi tuttavia non è così. Specialmente in materia di stato dele persone e dei raporti di famiglia la legge riconosce, nei casi taxativamente indicati, uma legittimazione straordinario anche a persone diverse daí titolari del raporto. (...) La sostituzione processuale non deve confondersi con la paprepresentanza che è tutt'altra cosa, perchè il pappresentante agisce in nome e per conto del titolare, non ha legittimazione e non è parte in causa. Naturalmente anche la questione sulla legittimimazione é preliminare rispetto al merito. Accertare come sussistente la legittimazione non significa dar ragione all'attore, ma soltanto riconoscere che si trovano in giudizio le persone nei cui confronti l'azione proposta può esse giudicata;[139]

Parece evidente, como bem observou Tesheiner, que, a despeito da identidade parcial da nomenclatura *condizioni dell'azione*[140] anunciada por Chiovenda e Liebman, em conteúdo, dado o pensamento sustentado por cada qual em relação ao tema (o primeiro pugnou por uma teoria concreta da ação; o segundo, por uma teoria condicionada), não podem ser confundidas.[141]

Exemplificando a distinção de conteúdo entre um e outro autor, Tesheiner, em relação ao conceito de *interesse de agir*, esmiúça:

De modo geral, dizia Chiovenda, é possível afirmar que o interesse de agir consiste nisso, que sem a intervenção dos órgãos jurisdicionais, o autor sofreria um dano injusto. Vejamos a lição de Liebman. Para propor uma demanda em juízo é necessário ter interesse (CPC, art. 100). O interesse de agir é o elemento material do direito de ação e consiste no interesse de obter o provimento demandado. Ele se distingue do interesse substancial, para cuja proteção se in-

---

[138] LIEBMAN, Enrico Tullio. *Lezzioni di Diritto Processuale Civile*. p. 42.

[139] Idem, p. 40/42.

[140] Sobre o tema, ainda na doutrina italiana, vide: SATTA, Salvatore; PUNZI, Carmine. *Dirittto Processuale Civile*. 30 ed. Padova: CEDAM, 2000. p. 134/138.

[141] Para uma crítica dirigida aos equívocos doutrinários, em especial aos que, segundo o autor, derivaram da confusão de conceitos (em Chiovenda e em Liebman) concernentes à legitimidade para a causa, vide: TESHEINER, José M. *Elementos para uma Teoria Geral do Processo*. p. 23.

tenta a ação (...) Observe-se que, segundo essa lição, o interesse de agir decorre da alegada violação de um alegado direito. Será, portanto, de mérito a sentença que, afinal, afirmar ou negar a existência do direito e sua violação. [142] (...) com sutil mudança de sentido. O interesse de agir estaria configurado pela mera alegação da violação de um direito.[143]

No que tange à *legitimação ad causam*, argumenta:

Esta condição da ação tem suscitado muitas dúvidas e controvérsias, por não se haver atentado para a circunstância de que se trate de expressão com duplo significado. É que tanto para os partidários da teoria do direito concreto quanto Liebman aponta para a legitimação para a causa como condição da ação, mas, para os primeiros, trata-se de condição para uma sentença de procedência e, para o segundo, condição apenas para uma sentença de mérito. Chiovenda e Barbi definem a legitimação para a causa como "a identidade da pessoa do autor com a pessoa favorecida pela lei, e da pessoa do réu com a pessoa obrigada". (...) A definição serve, pois, à teoria do direito concreto de agir, mas não a Liebman, para quem legitimação para a causa é a titularidade (ativa e passiva) da ação. O problema da legitimação consiste na individuação da pessoa que tem o interesse de agir (e portanto a ação) e da pessoa com quem se defronta; em outras palavras, ela surge da distinção entre o quesito sobre a existência objetiva do interesse de agir e o quesito atinente à sua pertinência subjetiva. A legitimação, como requisito da ação, indica, portanto, para cada processo, as justas partes, as partes legítimas, isto é, as pessoas que devem estar presentes, afim de que o juiz possa decidir a respeito de um dado objeto. (...) com sutil mudança de sentido. (...) A legitimação de ser a identidade das partes com a dos sujeitos da relação jurídica material passou a significar as pessoas que devem estar presentes, a fim de que o juiz possa decidir a respeito de um dado objeto.[144]

Por fim, expõe:

Liebman não podia apontar a vontade concreta da lei como condição da ação, pois estava a elaborar uma teoria abstrata, a ação como direito a uma sentença de mérito. Substitui-a pela possibilidade jurídica do pedido.[145] (...) Definiu-a como a admissibilidade em abstrato do provimento solicitado, ou seja, a exigência de provimento que a autoridade judiciária pode emitir, não estando expressamente vedado.[146]

Seja como for, passemos, pois, à análise do conceito de mérito à luz do atual sistema.

4. Conceito de mérito para o sistema infraconstitucional processual pátrio: consequências processuais de seu enfrentamento

O CPC/2015 elenca expressamente as situações em que considera enfrentado o mérito da causa. Entre nós, por definição, há análise dessa

---

[142] TESHEINER, José M.. *Eficácia da Sentença e Coisa Julgada no Processo Civil*. p. 23.
[143] Idem, p. 26/27.
[144] Idem, p. 26.
[145] Idem, p. 26/27.
[146] Idem, p. 19.

natureza quando, (1) o juiz acolher ou rejeitar o pedido formulado na ação ou na reconvenção; (2) decidir, de ofício ou a requerimento, sobre a ocorrência de decadência ou prescrição; (3) homologar o reconhecimento da procedência do pedido formulado na ação ou na reconvenção, a transação ou a renúncia à pretensão formulada na ação ou na reconvenção. Fora do aludido contexto, segundo o regime codificado, não cabe falar em sentença meritória.

O tema em si (o que é o *mérito*?) tem suscitado, há muito, controvérsia, a ponto de Kazuo Watanabe anotar, em relação a sua exata conceituação, inexistir acordo entre os processualistas.[147]

Ao tempo da vigência do CPC/73, aduzia o insigne jurista:

> Na Exposição de Motivos do Código de Processo Civil, Alfredo Buzaid pondera que "o anteprojeto só usa a palavra lide para designar o mérito da causa". Esclarece: "Lide é, consoante a lição de Carnelutti, o conflito de interesses qualificado pela pretensão de um dos litigantes e pela resistência do outro. O julgamento desse conflito de pretensões, mediante o qual o juiz, acolhendo ou rejeitando o pedido, dá razão a uma das partes e nega-a a outra, constitui uma sentença definitiva de mérito. A lide é, portanto, o objeto principal do processo e nela se exprimem as aspirações em conflito de ambos os litigantes". No Código vigente encontramos vários dispositivos que empregam o vocábulo "lide" com o propósito de designar o mérito da causa. Todavia, (...) o Código "não foi inteiramente fiel ao programa enunciado na exposição de Motivos" (...).[148]

Buzaid, por sua vez, anotou:

> O mérito é propriamente a lide, a que o Código dedica um artigo assim enunciado: "Art. 128. O juiz decidirá a lide nos limites em que foi proposta sendo-lhe defeso conhecer de questões, não suscitadas, a cujo respeito à lei exige a iniciativa da parte". A lide é aí o conflito real ou virtual de interesses, exposto pelo autor na petição inicial, a que o juiz deve dar uma resposta, ouvindo-se as alegações do réu, a quem é assegurada a possibilidade de deduzir no processo as razões que tiver para impugnar o pedido.[149]

O embate doutrinário acerca da conceituação de mérito revela-se, deveras, de difícil composição. As teorias doutrinárias, que não são poucas, gravitam mais em torno de elucubrações dogmáticas do que em face da opção legislativa.[150] [151] Vale, contudo, pela influência que declarada-

---

[147] "Lide, *res in iudicium deducta*, fundo do litígio, objeto do processo, objeto litigioso do processo são expressões utilizadas como sinônimos de mérito da causa".WATANABE, Kazuo. *Da cognição no processo civil*. p. 111.

[148] WATANABE, Kazuo. *Da cognição no processo civil*. p. 111/112.

[149] BUZAID, Alfredo. *Grandes processualistas*. São Paulo: Saraiva, 1982. p. 26.

[150] Segundo Dinamarco: "(... satisfaço-me em concluir quanto à *pretensão processual como objeto do processo*, excluídas as questões e excluído também que a lide ou a própria demanda inicial é que consubstanciem tal objeto. Ela é a aspiração do demandante, veiculada pela demanda, devendo sobre ela prover o órgão jurisdicional).". DINAMARCO, Cândido Rangel. O Conceito de Mérito em Processo Civil. *REPRO*. São Paulo, n. 34, abri./jun. 1984.

[151] "O mérito, na ação e na sentença, é o que corresponde ao pedido (ao objeto da pretensão à tutela jurídica): a sentença diz se o autor merece. O que consiste em assunto das regras jurídicas processuais não é conteúdo de mérito. Se se diz que o ato processual foi nulo, ou que faltou, não se está

mente obteve na formação processual de Alfredo Buzaid, mentor do CPC/73, rememorar a lição de Liebman no concernente:

> La sentenza di merito è quella che giudica sulla domanda (...) per dichiararla fondata o infondata e conseguentemente per accoglierla o rigettarla. In altri termini, essa giudica sul diritto o sul rapporto giuridico dedotto in giudizio dall'attore, ne acerta l'esistenza od inesistenza, traendone le conseguenze con riferimento al provvedimento domandato. Un suo contenuto costante è perciò questo accertamento, cui accedono eventualmente altre disposizioni. La sentenza di merito è la meta finale naturale del processo di cognizione, propriamente l'atto giurisdizionale per la cui pronuncia il processo di cognizione viene instaurato.[152]

Um esclarecimento, por ora, afigura-se imprescindível: embora, tanto o CPC/73 como o próprio Liebman tenham se valido da palavra "lide" para, em alguma medida, explicar o conceito de mérito adotado, destaque-se *inexistir*, a rigor, similitude entre a concepção *carneluttiana* (de lide) e a adaptação formulada por Liebman. Ovídio Araújo Baptista da Silva bem denuncia o distanciamento:

> Transcrevendo o conceito de lide proposto por Carnelutti, como "o conflito de interesses qualificado pela pretensão de um dos interessados e pela resistência do outro", conclui Liebman que "esta definição de lide como sendo o mérito da causa", poderia ser aceita, desde que se adicionasse a ela alguns reparos. Mais adiante, percorrendo a mesma linha de argumentação, remata Liebman: "Lide é, portanto, o conflito efetivo ou virtual de pedidos contraditórios, sobre o qual o juiz é convidado a decidir". Assim modificado, o conceito de lide torna-se perfeitamente aceitável na teoria do processo e exprime satisfatoriamente o que se costuma chamar mérito da causa. Julgar a lide e julgar o mérito são expressões sinônimas que se referem à decisão do pedido do autor para julgá-lo procedente ou improcedente e, por conseguinte, para conceder ou negar a providência requerida.[153]

Liebman, portanto, processualizou em definitivo o conceito, vinculando-o ao pedido formulado em juízo, de maneira a adaptá-lo a um raciocínio *processualista* em sentido estrito, diferentemente da concepção externada por Carnelutti.[154]

Seja como for, ao elencar as situações em que afirma haver enfrentamento meritório, utilizou-se o legislador (tanto o de 1973, como o de 2015) de critério diverso do admitido pelo senso comum (ajurídico, por assim dizer), qual seja, o de considerar manifestação desta natureza (me-

---

a julgar o mérito. (...) O que importa é que se trate de apreciação do pedido feito na ação, que é inconfundível com o exercício da pretensão pré-processual à tutela jurídica e o exercício dos atos processuais.". PONTES DE MIRANDA, Francisco Cavalcante. *Comentários ao Código de Processo Civil.* p. 1317 (v.e.)

[152] LIEBMAN, Enrico Tullio. *Manuale di Diritto Processuale Civile.* 4 ed. Milano: Giuffrè, 1984. p. 233.

[153] BAPTISTA DA SILVA, Ovídio Araújo. *Sentença e Coisa Julgada: ensaios e pareceres.* 4 ed. Rio de Janeiro: Forense, 2003. p. 233.

[154] No que tange a uma crítica mais densa em relação ao conceito de mérito adotado pelo Código, bem como no que diz com a distinção entre *mérito da causa* e *conteúdo da sentença*, vide: BAPTISTA DA SILVA, Ovídio Araújo. *Sentença e Coisa Julgada: ensaios e pareceres.* p. 233/244.

ritória) toda aquela que enfrente, de fato, *o conflito social/situação substancial* em si (lide para Carnelutti).

Parece pouco mais do que óbvio, exemplificativamente, que, ao homologar uma transação ou acolher a renúncia do autor em relação ao direito que se funda a ação, o julgador não está, a rigor, a enfrentá-lo, conquanto o faça na perspectiva do Código. Apenas na primeira das hipóteses admitidas parece-nos, com ressalvas, realizar tal mister.[155]

Digna de nota, pois, mostra-se a contribuição trazida por Darci Guimarães Ribeiro para a melhor compreensão do tema, com especial destaque para a necessidade de se discernir *objeto do processo* e *objeto do debate*.

> Para individualizar o objeto do processo, dentro da nossa concepção, bastam unicamente dois elementos: a) o elemento objetivo, conhecido por *petitium* (Antrag) e, b) o elemento causal, que é chamado de *causa petendi* (Sacherhalt), já que o núcleo em torno do qual o processo e toda atividade das partes gira reside na petição fundamentada (*meritum causae*) apresentada pelo autor, isto é, o *thema decidendum*. De outro lado, para individualizar o objeto do debate são necessários três elementos: a) o elemento subjetivo, autor e réu; b) o elemento objetivo, *petitium*; e c) o elemento causal, *causa petendi*, já que em virtude de uma visão completa do princípio dispositivo que engloba tanto a pretensão processual do autor como as exceções do demandado, o núcleo em torno do qual giram as atividades das partes aqui constitui a análise de todas as questões relativas à procedência ou improcedência do pedido, e. g., questões prévias, quer sejam prejudiciais de mérito, (...), quer sejam preliminares de mérito, podendo apresentar uma defesa indireta de mérito, (...), ou uma defesa indireta processual, (...), bem como aquelas matérias arguíveis *ex officio*, (...), entre outras. Em efeito, o objeto da cognição judicial que corresponde ao objeto do debate é mais amplo do que o objeto do processo. Esta é a razão pela qual Kazuo Watanabe acertadamente destaca que "a cognição, porém, deve ser estabelecida sobre o objeto litigioso e sobre todas as questões de mérito". Para finalizar, devemos apontar as relações existentes entre ambos os objetos: os requisitos da sentença e a coisa julgada. Podemos afirmar com segurança que o objeto do processo é resolvido na parte dispositiva da sentença. Por isso é que Dinamarco corretamente afirma que "O dispositivo é portanto uma 'resposta' do órgão jurisdicional ao 'pedido' formulado pelo autor". Consequentemente sobre o objeto do processo pesa a força da coisa julgada material, já que esta pressupõe necessariamente a análise obrigatória do mérito. E, portanto, os limites objetivos da coisa julgada material são fixados exclusivamente pelo objeto do processo, pela declaração petitória realizada unicamente pelo autor. Por outro lado, o objeto do debate é solucionado, é tratado na fundamentação, na motivação da sentença, que deve abarcar todas as questões relevantes postas em juízo pelas partes. Não foi sem rumo que o projeto do

---

[155] "A expressão *resolução de mérito*, em vez de *julgamento de mérito*, é mais correta, pois abrangente das diversas decisões possíveis de ser tomadas com base neste artigo. Correta a lição de Adroaldo Furtado Fabrício, que mais uma vez adotamos: '... a expressão 'resolução de mérito' traduziria melhor a idéia que aí se contém do que a locução utilizada. Com efeito, aí se agrupam duas classes bem distintas de sentenças: as que efetivamente contêm julgamento, verdadeira hetero composição jurisdicional do litígio, e as limitadas à constatação e certificação de seu desaparecimento por ato de parte ou das partes.' Rigorosamente, só haveria julgamento nas hipóteses previstas nos incisos I e IV do art. 269, CPC. As demais decisões (...) pertencem a outra categoria. A decisão que se profere nestes casos é homologatória, 'sem outra função que a de 'equiparar' a eficácia do ato extintivo da parte, ou das partes, àquela do ato de julgamento.". DIDIER JR., Fredie. *Curso de Direito Processual Civil*. p. 510.

novo CPC (...) obriga o juiz a "enfrentar todos os argumentos deduzidos no processo capazes de, em tese, infirmar a conclusão adotada pelo julgador", sob pena de sua decisão não ser considerada fundamentada. Como resultado disso, as citadas "questões relativas ao fundo" que são analisadas na fundamentação, ganham somente o peso da coisa julgada formal (...) . A exclusão do elemento subjetivo na identificação do objeto do processo deve-se a sua irrelevância na fixação do mesmo, sendo assim, não forma parte de sua essência, vez que bastam o *petitium* e a *causa petendi* para verificar a existência de cumulação de pretensões, descobrir se houve ou não modificação da demanda e impor os limites objetivos da coisa julgada e da litispendência.[156]

Seja como for, há, na linha do Código, *utilidade prática* em identificar-se haver, ou não, resolução meritória *in* concreto. A principal delas deriva diz com a incidência da coisa julgada. É que as decisões terminativas (prolatadas com fulcro numa das hipóteses do art. 485) encontram-se imunes à incidência da coisa julgada material, razão pela qual, embora imponham o fim da relação processual (sem que se enfrente o *conflito social/situação substancial* submetida ao juízo), permite-se a (re)análise, por parte do Estado-juiz, uma vez chamado a tanto, de relação processual idêntica a antecedente (mesmas partes, causa de pedir e pedido). O sistema codificado, ao elencar as hipóteses de enfrentamento meritório, preocupou-se, talvez acima de tudo, em estabelecer uma distinção de efeitos "pós-processuais".

Estatuiu-se, nessa linha, que, em regra, apenas nos casos em que o mérito não tenha sido enfrentado é que a demanda, respeitados certos requisitos, poderá ser (re)examinada.[157] [158] À formação da coisa julgada material, e, consequente irradiação de seus efeitos/funções pressupõe, no sistema do Código, dentre outros, haver decisão meritória definitiva (uma daquelas elencadas pelo art. 485), conquanto não seja possível afirmar que toda sentença de mérito dê azo à formação da coisa julgada material.[159]

5. A teoria da ação eleita pelo CPC/2015

Passemos, de imediato, ao que interessa: qual teoria da ação fora considerada (eleita/albergada) pelo Código de Processo Civil de 2015?

---

[156] RIBEIRO, Darci Guimarães. Objeto do processo e objeto do debate: dicotomia essencial para uma adequada compreensão do novo CPC. *In*: RIBEIRO, Darci Guimarães; JOBIM, Marco Félix. *Desvendando o Novo CPC*. Porto Alegre: Livraria do Advogado, 2015. p. 38/40.

[157] Diz-se via de regra, pois, a decisão judicial que declara a perempção, embora não realize análise meritória, impede a reanálise da ação.

[158] "Art. 486. O pronunciamento judicial que não resolve o mérito não obsta a que a parte proponha de novo a ação. § 1º No caso de extinção em razão de litispendência e nos casos dos incisos I, IV, VI e VII do art. 485, a propositura da nova ação depende da correção do vício que levou à sentença sem resolução do mérito. § 2º A petição inicial, todavia, não será despachada sem a prova do pagamento ou do depósito das custas e dos honorários de advogado.§ 3o Se o autor der causa, por 3 (três) vezes, a sentença fundada em abandono da causa, não poderá propor nova ação contra o réu com o mesmo objeto, ficando-lhe ressalvada, entretanto, a possibilidade de alegar em defesa o seu direito.".

[159] Alude-se, aqui, as decisões proferidas em ação cautelar que acolham o pedido do autor.

O tema encontra assento, num primeiro olhar, nos artigos 17 e 485, VI, do texto sancionado, suscitando, pelo menos a nosso sentir, de pronto, dúvida acerca da aludida eleição.

Teria o CPC/2015, mantendo-se fiel a doutrina outrora professada por Liebman (respeitada, contudo, atualização feita pelo próprio – *no sentido de não mais considerar a possibilidade jurídica do pedido como condição autônoma*), albergado o sistema de condicionamento do direito de agir (a teoria eclética da ação)? Ou, de outra sorte, ao suprimir o dizer "alguma das condições da ação", constante do artigo 267, VI, do CPC/73 (que corresponde ao atual artigo 485, VI), pretendeu sepultar a categoria jurídica (das condições da ação), libertando-se da concepção adotada pelo sistema revogado?

De um lado, exemplificativamente, Luiz Guilherme Marinoni afirma que "não se fala", na lei, em *condições da ação* enquanto *categoria autônoma*, havendo, pois, "apenas advertência de que para postular em juízo é necessário ter interesse e legitimidade". Aludindo a tal advertência, o paranaense sustenta haver previsão legal de requisitos para a apreciação do mérito, não de condições da ação, "estando muito distante da ideia de que tais elementos poderiam ter a ver com a existência da ação.".

Depreende-se do referido parecer, mormente, entender o autor que o CPC/2015 optou por renegar a *teoria eclética da ação*, adotando, grosso modo, algo assemelhado a sistematização destacada, outrora, por Kazuo Watanabe, no sentido de que a diferença entre a posição dos *ecléticos* e dos *abstrativistas* é, sobretudo, a de que, para esses, as condições "da ação" revelam-se apenas *condições para a admissibilidade de um pronunciamento meritório*, e não condições para o reconhecimento da existência do direito de agir.[160]

Aduz, em linha de pensamento semelhante, Fredie Didier:

> O atual CPC não mais menciona a categoria condição da ação.
> O inciso VI do art. 485 do CPC autoriza a extinção do processo sem resolução do mérito pela ausência de "legitimidade ou de interesse processual". Há duas grandes diferenças em relação ao CPC-1973. O silêncio do CPC atual é bastante eloquente. Primeiramente, não há mais menção "à possibilidade jurídica do pedido" como hipótese que leva a uma decisão de inadmissibilidade do processo. Observe que não há mais menção a ela como hipótese de inépcia da petição inicial (...); também não há menção a ela no inciso VI do art. 485 do CPC, que apenas se refere à legitimidade e ao interesse de agir; além disso, criam-se várias hipóteses de improcedência liminar do pedido, que poderiam ser consideradas, tranquilamente, como casos de impossibilidade jurídica de o pedido ser atendido. A segunda alteração silenciosa é a mais importante. O texto normativo atual não se vale da expressão "condição da ação". Apenas se determina que, reconhecida a ilegitimidade ou a falta de interesse, o órgão jurisdicional deve proferir decisão de inadmissibilidade. Retira-se a menção expressa à categoria condição da ação do único texto normativo do CPC

---

[160] WATANABE, Kazuo. *Da cognição no processo civil*. 3 ed. São Paulo: Perfil, 2005. p. 96/97.

que a previa e que, por isso, justificava a permanência de estudos doutrinários ao seu respeito. Também não há mais uso da expressão *carência de ação*. Não há mais razão para o uso, pela ciência do processo brasileira, do conceito "condição da ação". A *legitimidade ad causam e o interesse de agir passarão a ser explicados com suporte no repertório teórico dos pressupostos processuais*. A legitimidade e o interesse passarão, então, a constar da exposição sistemática dos pressupostos processuais de validade: o interesse, como pressuposto de validade objetivo extrínseco; a legitimidade, como pressuposto de validade subjetivo relativo às partes. (...)

Enfim: a) o assunto "condição da ação" desaparece, tendo em vista a inexistência da única razão que o justificava: a consagração em texto legislativo dessa controvertida categoria; b) a ausência de "possibilidade jurídica do pedido" passa a ser examinada como improcedência liminar do pedido, no capítulo respectivo; c) legitimidade *ad causam* e interesse de agir passam a ser estudados no capítulo sobre os pressupostos processuais.[161]

Da exposição de motivos do CPC/2015, contudo, extrai-se, *in verbis*, importante passagem:

Com o objetivo de dar maior rendimento a cada processo, individualmente considerado, e, atendendo a críticas tradicionais da doutrina, **deixou, a possibilidade jurídica do pedido, de ser condição da ação**. A sentença que, à luz da lei revogada seria de carência de ação, à luz do Novo CPC é de improcedência e resolve definitivamente a controvérsia.[162] (grifos nossos)

Que vem acompanhada da nota de rodapé, a saber:

CÂNDIDO DINAMARCO lembra que o próprio LIEBMAN, após formular tal condição da ação em aula inaugural em Turim, renunciou a ela depois que, "a lei italiana passou a admitir o divórcio, sendo este o exemplo mais expressivo da impossibilidade jurídica que vinha sendo usado em seus escritos". (Instituições de direito processual civil, v.II, 6ª ed., São Paulo, Malheiros, 2009, p.306.)

Como, então, compatibilizar o teor da exposição de motivos com os pareceres acima destacados?

Ao que tudo indica, a despeito da "mudança" pretendida, extrai-se da mesma exposição de motivos que a criação do Novo Código "(...) não significa, todavia, uma ruptura com o passado, mas um passo à frente. Assim, além de conservados os institutos cujos resultados foram positivos, incluíram-se no sistema outros tantos que visam a atribuir-lhe alto grau de eficiência".[163]

Ademais, a análise macroscópica do tema denuncia, mediante a cominação do artigo 17 com o artigo 485, VI, que, salvo supressão textual da expressão *condição da ação*, e atendimento à crítica doutrinária (que

---

[161] DIDIER JR., Fredie. *Curso de Direito Processual Civil*. 17 ed. Salvador: JusPodvm, 2015. V. I. p. 305/307.

[162] Vide fl. 29 da Exposição de Motivos do Projeto de Novo Código de Processo Civil. Disponível em: <http://www.senado.gov.br/senado/novocpc/pdf/anteprojeto.pdf>.

[163] Vide fl. 13 da Exposição de Motivos do Projeto de Novo Código de Processo Civil. Disponível em: <http://www.senado.gov.br/senado/novocpc/pdf/anteprojeto.pdf>.

destaca, há muito, a própria revisão da tese feita por Liebman), nada mudou.

O sistema de "filtro", dê-se a ele o nome que convier, permanece intocado. Assim sendo, nada obstante o *querer* doutrinário, há, sim, de se indagar acerca da eleição legislativa.

Trata-se, pois, de tema espinhoso (talvez ignorado em sede legislativa), que, segundo sustentamos, será objeto de inúmeros debates (acadêmicos e forense), de tal sorte que apenas o tempo, acompanhado do esforço doutrinário, esclarecer-lhe-á.

6. Referências bibliográficas

ABREU, Leonardo Santana de. *Direito, Ação e Tutela Jurisdicional*. Porto Alegre: Livraria do Advogado, 2011.

ALEXY, Robert. *Teoria de los derechos fundamentales*. Madrid: Centro de Estudios Constitucionales, 1993.

ANCONA, Elvio. Sul giusto giudizio. In: Rivista Elettronica di metodologia giuridica, teoria generale del diritto e dottrina dello stato. Disponível em: <http://www.lircocervo.it/index/?p=837>.

ANDOLINA, Ítalo; VIGNERA, Giuseppe. *Il modelo costituzionale del processo civile italiano*. Torino: Giappichelli, 1990.

ALVARO DE OLIVEIRA, Carlos Alberto. *Do formalismo no processo civil*. 3 ed. São Paulo: Saraiva, 2009.

——. *Teoria e Prática da Tutela Jurisdicional*. Rio de Janeiro: Forense, 2008.

——; MITIDIERO, Daniel. *Curso de Processo Civil*. São Paulo: Atlas, 2011. v. I.

——. *Curso de Processo Civil*. São Paulo: Atlas, 2011. v. II.

ALVIM, J. E. Carreira. *Código de Processo Civil Reformado*. 5ª ed. Rio de Janeiro: Forense, 2003.

AMERICANO, Jorge. *Abuso de Direito no Exercício da Demanda*. 2 ed. São Paulo: Saraiva &Comp. Editores, 1932.

AQUINO, Tomás de. *Suma Teologica*. v. 8. Madri: BAC, 1956.

ARAGÃO, Egas Moniz de. *Sentença e coisa julgada*. Rio de Janeiro: Forense, 1992.

ARISTÓTELES. *Ética a Nicômaco*. Tradução Julián Marias. Madri: Centro de Estudios Constitucionales, 1999.

——. *Retórica*. Tradução Antonio Tovar. Madri: Centro de Estudios Constitucionales, 1990.

ASSIS, Araken de. *Manual da execução*. 10ª ed. Porto Alegre: RT, 2006.

——. *Cumprimento da sentença*. Rio de Janeiro: Forense, 2006.

——. *Cumulação de ações*. 4ª ed. São Paulo: RT, 2002.

——. *Manual de recursos*. 2ª ed. São Paulo: RT, 2008.

ÁVILA, Humberto. *Teoria dos Princípios* – da definição à aplicação dos princípios jurídicos. 10 ed. São Paulo: Malheiros, 2009.

BRAGE CAMAZANO, J. *Los límites a los derechos fundamentales*. Madrid: Dykinson. 2005.

BAPTISTA DA SILVA, Ovídio A. *Curso de processo civil*. Rio de Janeiro: Forense, 2004.

——. "Direito subjetivo, pretensão de direito material e ação". *Revista da Ajuris*, n. 29, 1983,p. 99/126.

——. *Jurisdição e Execução na tradição romano-canônica*. 3 ed. Rio de Janeiro:Forense,2007.

——. *Processo e Ideologia*: o paradigma racionalista. Rio de Janeiro: Forense, 2004.

——. *Sentença e Coisa Julgada*: ensaios e pareceres. 2 ed. Porto Alegre: Sergio Antonio Fabris Editor, 1988.

BARBOSA MOREIRA, José Carlos. Comentários ao Código de Processo Civil. 12 ed. Rio de Janeiro: Forense, 2005, v. 5.

——. *O novo processo civil brasileiro*. 25ª ed. Rio de Janeiro: Forense, 2007.

——. Notas sobre o problema da "efetividade" do processo. In: *Temas de Direito Processual Civil* – Terceira série. São Paulo: Saraiva, 1984. p. 27/42.

——. Efetividade do processo e técnica processual. In: *Temas de Direito Processual Civil* – Sexta série. São Paulo: Saraiva, 1997. p. 17/30.

——. Ação Popular do Direito Brasileiro como instrumento de tutela jurisdicional dos chamados "interesses difusos". In: *Temas de Direito Processual Civil* – Primeira série. São Paulo: Saraiva, 1977. p. 110/123.

——. *O futuro da Justiça*: alguns mitos. Revista Síntese de Direito Civil e Processo Civil. n.6, jul./ago., 2000. p. 36/44.

BARROSO, Luis Roberto. *Interpretação e aplicação da Constituição*: fundamentos de uma dogmática constitucional transformadora. 2. ed. São Paulo: Saraiva, 1998.

BARZOTTO, Luis Fernando. *A democracia na Constituição*. São Leopoldo: Unisinos, 2003.

BASTOS, Celso. *Curso de direito constitucional*. 22. ed. São Paulo: Saraiva, 2001.

BEDAQUE, José Roberto dos Santos. *Efetividade do processo e técnica processual*. 2. ed. São Paulo: Malheiros, 2007.

BERTOLINO, Giulia. Giusto Processo Civile e giusta decisione: Riflessioni sul concetto di giustizia procedurale in relazione al valore dela accuratezza delle decisioni giudiziarie nel processo civile. Disponível em: <http://amsdottorato.unibo.it/119/1/TESI_DI_DOTTORATO_Giusto_processo_civile_e_giusta_decisione.pdf>.

BOBBIO, Norberto. *O positivismo jurídico*: lições de filosofia do direito. São Paulo: Icone, 1995.

——. *Teoria do Ordenamento Jurídico*. Brasília: Editora Universidade de Brasília, 1995.

——. *A era dos direitos*. 10. ed. Tradução de Carlos Nelson Coutinho. Rio de Janeiro: Campus, 1992.

BONAVIDES, Paulo. *Curso de direito constitucional*. 24. ed. São Paulo: Malheiros, 2009.

——. *Teoria constitucional da democracia participativa*. 3. ed. São Paulo: Malheiros, 2004.

BOVE, Mauro. Art. 111 cost. e "giusto processo civile". Rivista di Diritto Processuale, v. LVII, II serie, a. 2002.

BUENO, Cássio Scarpinella. *Curso Sistematizado de Direito Processual Civil*. 3 ed. São Paulo: Saraiva, 2009. v. I.

BUZAID, Alfredo. *Grandes Processualistas*. São Paulo: Saraiva, 1982.

CAETANO, Marcelo. *Manual de Ciência Política e Direito Constitucional*. Coimbra: Almedina, 1996. t. I.

CALAMANDREI, Piero. *Instituições de Direito Processual Civil*. 2 ed. Campinas: Bookseller, 2003. v. I.

——. *Instituições de Direito Processual Civil*. 2 ed. Campinas: Bookseller, 2003. v. II.

——. *Instituições de Direito Processual Civil*. 2 ed. Campinas: Bookseller, 2003. v. III.

——. *Introdução ao Estudo Sistemático dos Procedimentos Cautelares*. Carla Roberta Andreasi Bassi (Trad.). Campinas: Servanda, 2000.

CANOTILHO, J. J. Gomes. *Direito Constitucional e Teoria da Constituição*. 7 ed. Coimbra: Almedina, 2003.
CAPPELLETI, Mauro. *La Pregiudizialità Costituzionale Nel Processo Civile*. Milano: Giuffrè, 1972.
CAPPELLETI, Mauro. GARTH, Bryant. *Acesso à justiça*. Ellen Gracie Northfleet (Trad.). Porto Alegre: Sérgio Antonio Fabres, 1988.
CAPONI, Remo; PROTO PISANI, Andrea. *Lineamenti di diritto processuale civile*. Napoli: Jovene Editore, 2001.
CARNELUTTI, Francesco. *Como se faz um processo*. Leme/SP: Edijur, 2012.
——. *Direito e Processo*. Direito Processual Civil. Campinas: Péritas, 2001.
CARPENA, Márcio Louzada. Da Garantia da Inafastabilidade do Controle Jurisdicional e o Processo Contemporâneo. In: PORTO, Sérgio Gilberto (Org.). *As garantias do cidadão no processo civil* – relações entre constituição e processo. Porto Alegre: Livraria do Advogado, 2003. p. 11/30.
CARVALHO SANTOS, J. M. *Código de Processo Civil interpretado*. Rio de Janeiro: Livraria Freitas Bastos S. A., 1963.
CECCHETTI, M. Giusto processo. In: Enc. Dir., *Aggiornamento* V, Milano, Giuffrè, 2001, 595 e ss.
CHIARLONI, Sergio. Nuovi Modelli Processuali. *Rivista di Diritto Civile*. Padova: a. XXXIX,n. 2, marzo/aprile, 1993. p. 269/291.
——. *Formalismi e Garanzie* – Studi Sul Processo Civile. Torino: GIappichelli, 1995.
CHIOVENDA, Giuseppe. *Instituições de Direito Processual Civil*. 4 ed. Campinas: Bookseller,2009.
——. *A ação no sistema dos direitos*. Belo Horizonte: Lider, 2003.
CINTRA, Antonio Carlos de Araújo. GRINOVER, Ada Pellegrini. DINAMARCO, Candido Rangel. *Teoria Geral do Processo*. 20 ed. São Paulo: Malheiros, 2004.
CIVININI, Maria Juliana. *Poteri del giudice e poteri delle parti nel processo ordinário de cognizione*. Rilievo ufficioso delle questioni e contraddittorio. Il Foro Italiano, Roma, parte V, n. CXXII, 1999.
CLÈVE, Clémerson Merlin. *Temas de direito constitucional*. São Paulo: Acadêmica, 1993.
COMOGLIO, Luigi Paolo. *Etica e tecnica del "giusto processo"*. Torino: G. Giappichelli, 2004.
——. *La garanzia costituzionale dell'azione ed il processo civile*. Padova: Cedam, 1970.
——; FERRI, Corrado; TARUFFO, Michele. *Lezioni sul processo civile*. 4. ed. Bologna: Il Mulino, 2006, v. I.
COMPARATO, Fábio Konder. *A afirmação histórica dos direitos humanos*. 7. ed. São Paulo: Saraiva, 2010.
COUTURE, Eduardo. *Estudios de Derecho Procesal Civil*. Buenos Aires: Ediar editores, [?]. t.I.
——. *Estudios de Derecho Procesal Civil*. Buenos Aires: Ediar editores, [s/d]. t. II.
——. *Estudios de Derecho Procesal Civil*. Buenos Aires: Ediar editores, [s/d]. t. III.
——. *Fundamentos del Derecho Procesal Civil*. Buenos Aires: Depalma, 1958.
CRUZ E TUCCI, José Rogério. *Lineamentos da nova reforma do CPC*. São Paulo: RT, 2002.
——. *Jurisdição e Poder*: contribuição para a história dos recursos cíveis. São Paulo: Saraiva, 1987.
——. *Tempo e Processo*. São Paulo: RT, 1997.
CUNHA, Mauro. COELHO SILVA, Roberto Geraldo. *Guia para estudo da teoria geral do processo*. Porto Alegre: Acadêmica, 1990.

DALLA VIA, Miguel Angel. *Manual de Derecho Constitucional*. Buenos Aires: Editorial: Lexis Nexis, 2004.

DALLARI, Dalmo Abreu. *A constituição na vida do povo da idade média ao século XXI*. São Paulo: Saraiva, 2010.

——. *Elementos de teoria geral do estado*. 29. ed. São Paulo: Saraiva, 2010.

DENTI, Vitorino. Intorno allá relatività della distinzione tra norme sostanziale e nome processuali. *Rivista di Diritto Processuale*. Padova: v. XIX, a. 40, [?], 1964. p. 64/77.

——. Valori costituzionali e cultura processuale. In: *L'influenza dei valori costituzionali sui sistemi giuridici contemporanei*. Milano, 1985, II, 814.

DIDIER JR., Fredie. *Curso de Direito Processual Civil*. 8 ed. Salvador: Podivm, 2007.

——. BRAGA, Paula Sarno. OLIVEIRA, Rafael. *Curso de direito processual civil*: direito probatório, decisão judicial, cumprimento e liquidação da sentença e coisa julgada. 2 ed. Salvador: Editora Podivm, 2008, v. 2.

——. BRAGA, Paula Sarno. OLIVEIRA, Rafael. *Curso de direito processual civil*: teoria da prova, direito probatório, ações probatórias, decisão, precedente, coisa julgada, antecipação dos efeitos da tutela. 10 ed. Salvador: Editora Podivm, 2015, v. 2.

——. CUNHA, Leonardo José Carneiro. *Curso de direito processual civil*: meios de impugnação às decisões judiciais e processo nos tribunais. 5 ed. Salvador: Editora Podivm, 2008, v. 3.

DINAMARCO, Cândido Rangel. *A reforma da reforma*. São Paulo: Malheiros, 2002.

——. *A instrumentalidade do processo*. 14 ed. São Paulo: Malheiros, 2009.

DONIZETTI, Elpídio. *Curso Didático de Direito Processual Civil*. 17 ed. São Paulo: Atlas, 2013.

——. *Curso Didático de Direito Processual Civil*. 19 ed. São Paulo: Atlas, 2016.

DURKHEIM, Émile. *Da divisão do trabalho social*. São Paulo: Martins Fontes, 1995.

DWORKIN, Ronald. *Uma questão de princípio*. São Paulo: Martins Fontes, 2001.

——. *Levando os direitos a sério*. São Paulo: Martins Fontes, 2002.

ESPÍNDOLA, Ruy Samuel. *Conceito de princípios constitucionais*. São Paulo: RT, 1999.

GADAMER, Hans-Georg. *Verdade e método*. 3 ed. Petrópolis: Editora Vozes, 1999.

FACHINNI NETO, Eugênio. O Judiciário no mundo contemporâneo. *Revista da AJURIS*, Porto Alegre, ano 34, n. 108, p. 139/165, dez. 2007.

FAZZALARI, Elio. *Instituições de Direito Processual*. Campinas: Bookseller, 2006.

——. Diffusione del processo e compiti delle dottrina. *Rivista Trimestrale di Diritto Procedura Civile*. Milano: a. XII, settembre, 1958. p. 861/880.

FERRAZ JR, Tércio Sampaio. A legitimidade na Constituição de 1988. In: FERRAZ JR. et al. *Constituição de 1988*. São Paulo: Atlas, 1989.

FERRI, Corrado. *Sull'effettività del contraddittorio. Rivista Trimestrale di diritto e procedura*. Milano, Giuffrè, 1988.

FIGUEIRA JÚNIOR, José Dias. *Comentários à novíssima reforma do CPC*: Lei 10.444, de 07 de maio de 2002. Rio de Janeiro: Forense, 2002.

FINNIS, John. *Ley natural y derechos naturales*. Buenos Aires: Abeledo-Perrot, 2000.

FORNACIARI, Michele. In: *Pressuposti Processuali e Giudizio di Merito*. Torino: Giappichelli Editore, 1999.

FREITAS, Paulo de. *Direito Processual Subjetivo*. São Paulo: [?], 1955.

FUX, Luiz. *Curso de Direito Processual Civil*: Processo de Conhecimento. 3 ed. Rio de Janeiro: Forense, 2005, v. I.

GAETA, Vitorino. Del giusto processo civile. In: *Questione Giustizia*, 2001, p. 917/928.

GASTAL, Alexandre Fernandes. "A coisa julgada: sua Natureza e suas Funções". In:OLIVEIRA, Carlos Alberto Álvaro de. *Eficácia e coisa julgada*. Rio de Janeiro: Forense, 2006.

GERAIGE NETO, Zaiden. *O princípio da inafastabilidade do controle jurisdicional*. São Paulo: RT, 2003.

GREGO FILHO, Vicente. *Direito processual civil brasileiro*. 17 ed. São Paulo: Saraiva, 2003, v.1.

GREGO, Leonardo. *Garantias fundamentais do processo*: o processo justo. In: Estudos de Direito Processual. Campos dos Goytacazes: Faculdade de Direito de Campos, 2005, p. 225-286.

GRINOVER, Ada Pellegrini. *Os princípios constitucionais e o Código de Processo Civil*. São Paulo: Bushatsky, 1975.

GUASTINI, Ricardo. *Dalle fonti alle norme*. Torino: G. Giappichelli Editore, 1992.

GUERRA, Sidney; EMERIQUE, Lilian Márcia Balmant. *O princípio da dignidade da pessoa humana e o mínimo existencial*. Revista da Faculdade de Direito Campos, Ano VII, n.9, Dez., 2006. p. 379/397.

GOLDSCHMIDT, James. *Direito Processual Civil*. Campinas: Bookseller, 2003. v. I.

——. *Direito Processual Civil*. Campinas: Bookseller, 2003. v.II.

HÄBERLE, Peter. A dignidade humana como fundamento da comunidade estatal. In: SARLET, Ingo Wolfgang (Org.). *Dimensões da dignidade:* ensaios de filosofia do direito e direito constitucional. 2. ed. Porto Alegre: Livraria do Advogado, 2009.

HEGEL. *Fenomenologia do Espírito*. Petrópolis: Vozes, 2002.

——. *Princípios da Filosofia do Direito*. Lisboa: Guimarães, 1990.

HÖFFE, Otfried. *O que é justiça?* Porto Alegre: Edipucrs, 2003.

HERKENNHOFF, João Baptista. *O Direito Processual e o resgate do humanismo*. Rio de Janeiro: Thex Editora, 1997.

HESSE, Konrad. *A força normativa da Constituição*. Trad. Gilmar Ferreira Mendes. Porto Alegre: Sérgio Antonio Fabris Editor, 1991.

JAUERNIG, Othomar. *Direito Processual Civil*. 25 ed. Coimbra: Livraria Almedina, 2002.

JOBIM, Marco Félix. *Cultura, Escolas e Fases Metodológicas do Processo*. Porto Alegre: Livraria do Advogado, 2011.

——. *O direito à duração razoável do processo*. 2 ed. Porto Alegre: Livraria do Advogado, 2012.

JOLOWICZ, John Anthony. *Justiça Substantiva e Processual no Processo Civil*. REPRO, São Paulo, ano 31, n. 135, p. 161-178, maio 2006.

KIRST, Stepham. A dignidade e o conceito de pessoa de direito. In: SARLET, Ingo Wolfgang (Org.). *Dimensões da dignidade:* ensaios de filosofia do direito e direito constitucional. 2. ed. Porto Alegre: Livraria do Advogado, 2009. p. 175/198.

KLOEPFER, Michael. Vida e dignidade da pessoa humana. In: SARLET, Ingo Wolfgang (Org.). *Dimensões da dignidade*: ensaios de filosofia do direito e direito constitucional. 2. ed. Porto Alegre: Livraria do Advogado, 2009. p. 145/174.

KUHN, João Lacê. *A coisa julgada na exceção de executividade*. Porto Alegre: Livraria do Advogado, 2006.

LACERDA, Galeno. *Despacho Saneador*. 3 ed. Porto Alegre: Sergio Fabris, 1990.

LIEBMAN, Enrico Tullio. *Manual de direito processual civil*. Trad. Cândido Rangel Dinamarco. 2 ed. Rio de Janeiro: Forense, 1985.

——. *Eficácia e autoridade da sentença e outros sobre a coisa julgada*. Trad. AlfredoBuzaid e Benvindo Aires. Notas Ada Pellegrini Grinover. 3 ed. Rio de Janeiro: Forense, 1984.

——. *Problemi Del Processo Civile*. Milano: Morano Editore, 1962.

——. *Estudos sobre o Processo Civil Brasileiro*. São Paulo: Bestbook, 2004.

――. *Manuale di Diritto Processuale Civile*. 4 ed. Milano: Giuffrè, 1984.

LOEWENSTEIN, Karl. *Teoria de la constitucion*. Tradução de Alfredo Gallego Anabitare Barcelona: Editorial Ariel, 1976.

MACEDO, Elaine H. *Jurisdição e Processo*: crítica histórica e perspectivas para o terceiro milênio. Porto Alegre: Livraria do Advogado, 2005.

MANDRIOLI, Crisanto. *Diritto processuale civile*. Torino: GIappichelli, 2006.

MARKY, Thomas. *Curso Elementar de Direito Romano*. 6 ed. São Paulo: Saraiva, 1992.

MARINONI, Luiz Guilherme. *Teoria Geral do Processo*. 3 ed. São Paulo: RT, 2008.

――. *Precedentes obrigatórios*. São Paulo: RT, 2010.

――. *Tutela Inibitória* (Individual e Coletiva). 4 ed. São Paulo: RT, 2006

――. *Técnica Processual e Tutela dos Direitos*. 3 ed. São Paulo: RT, 2012.

――. ARENHART, Sérgio Cruz. *Manual do Processo de Conhecimento*. 4 ed. São Paulo:RT, 2005.

――. MITIDIERO, Daniel. *Código de Processo Civil comentado artigo por artigo*. São Paulo: RT, 2008.

MARQUES, José Frederico. *Instituições de Direito Processual Civil*. 4 ed. Rio de Janeiro: Forense, 1971, v. I.

――. *Instituições de Direito Processual Civil*. 4 ed. Rio de Janeiro: Forense, 1971, v. II.

MARTINS-COSTA, Judith. *A boa-fé no Direito Privado*. São Paulo: RT, 2000.

MAURER, Béatrice. Notas sobre o respeito da dignidade da pessoa humana ...ou pequena fuga incompleta em torno de um tema central. In: SARLET, Ingo Wolfgang (Org.). *Dimensões da dignidade*: ensaios de filosofia do direito e direito constitucional. 2 ed. Porto Alegre: Livraria do Advogado, 2009. p. 119/144.

MAXIMILIANO, Carlos. *Hermenêutica e aplicação do Direito*. 19 ed. Rio de Janeiro: Forense, 2006.

MAZZILLI, Hugo Nigro *A Defesa dos Direitos Difusos em Juízo*. 17a ed. São Paulo: Saraiva, 2004.

MEDINA, José Miguel Garcia. *Direito Processual Civil Moderno*. São Paulo: RT, 2015.

MEZZAROBA, Orides; MONTEIRO, Cláudia Sevilha. *Manual de Metodologia de Pesquisa no Direito*. São Paulo: Saraiva, 2004.

MIRANDA, Jorge. *Teoria do Estado e da Constituição*. 2 ed. Rio de Janeiro: Forense, 2009.

MILLAR, Robert Wyness. *Los principios formativos del procedimiento civil*. Buenos Aires: Ediar, 1945.

MITIDIERO, Daniel Francisco. *Comentários ao Código de Processo Civil*. São Paulo: Memória Jurídica, 2006, t. 3.

――. "Sentenças parciais de mérito e resolução definitiva-fracionada da causa". *Revista de Direito Processual Civil*. Curitiba, Gêneses, 2004, n.31, p. 22/27.

――. *Elementos para uma Teoria Contemporânea do Processo Civil Brasileiro*. Porto Alegre: Livraria do Advogado, 2005.

――. *Processo Civil e Estado Constitucional*. Porto Alegre: Livraria do Advogado, 2007.

――. *Colaboração no Processo Civil* – Pressupostos sociais, lógicos e éticos. São Paulo: RT, 2008.

――. O Processualismo e a formação do Código Buzaid. *REPRO*, São Paulo, ano 35, n. 183, mai. 2010.

MONTESANO, Luigi. Diritto sostanziale e processo civile di cognizione nell'individuazione della domanda. *Rivista Trimestrale di Diritto Procedura Civile*. Milano: a. XLVII, marzo,1993. p. 63/81.

NERY JR, Nelson. NERY, Rosa Maria de Andrade. *Código de processo Civil Comentado*. 9 ed. São Paulo: RT, 2006.

——. *Comentários ao Código de Processo Civil*. São Paulo: RT, 2015.

NEUMANN, Ulfried. A dignidade humana como fardo humano – ou como utilizar um direito contra o respectivo titular. In: SARLET, Ingo Wolfgang (Org.). *Dimensões da dignidade*: ensaios de filosofia do direito e direito constitucional. 2 ed. Porto Alegre: Livraria do Advogado, 2009. 225/240.

NINO, Carlos Santiago. *Fundamentos de derecho constitucional*. Buenos Aires: Astrea, 2000.

NÖRR, Knut Wolfgang. La Scuola Storica, Il Processo Civile e Il Diritto delle Azioni. *Rivista di Diritto Processuale*. Padova: v. XXXVI, a. 57, [?], 1981, p. 23/40.

OAB/RS. *Novo Código de Processo Civil anotado*. Porto Alegre: OAB/RS, 2015.

OPOCHER, Enrico. *Lezioni di filosofia del diritto*. Padova: Cedam, 1983.

PAULA, Jônatas Luiz Moreira de. *A jurisdição como elemento de inclusão social* – revitalizando as regras do jogo democrático. São Paulo: Manole, 2002.

PERELMAN, Chaim. *Ética e Direito*. São Paulo: Martins Fontes, 2001.

——. La giustizia. Giappichelli: Torino, 1991.

PICARDI, Nicola. *Il principio del contraddittorio*. Rivista di diritto processuale. Padova, CEDAM, n. 3.

PICÓ JUNOY, Joan. *Las Garatias constitucionales del processo*. 2 ed. Barcelona: Bosch, 2012.

PINHO, Humberto Dalla Bernardina de. Direito Processual Contemporâneo. In: *Teoria Geral do Processo*. 4 v. São Paulo: RT, 2012.

PINTO, Carlos Alberto da Mota. *Teoria Geral do Direito Civil*. 3 ed. Coimbra: Coimbra Editora, 1996.

PISANI, Proto. *Le tutele giurisdizionali dei diritti – studi*. Napoli: Jovene Editore, 2003.

PONTES DE MIRANDA, Francisco Cavalcanti. *Comentários ao Código de Processo Civil*. 5 ed. Rio de Janeiro: Forense, 2001, t. I.

——. *Comentários ao Código de Processo Civil* (CPC/39). 2 ed. Rio de Janeiro: Forense, 1958. t. I.

PORTANOVA, Rui. *Princípios do Processo Civil*. 6 ed. Porto Alegre: Livraria do Advogado, 2005.

PORTO, Sérgio Gilberto. *Cidadania Processual*. Processo constitucional e o novo processo civil. Porto Alegre: Livraria do Advogado, 2016.

——. A humanização do Processo Civil contemporâneo, em face da mais valia constitucional no projeto de um novo CPC. *Revista jurídica: órgão nacional de doutrina, jurisprudência, legislação e crítica judiciária*, v. 60, n. 418, p. 41–49, ago., 2012.

——. *A coisa julgada civil*. 4 ed. São Paulo: RT, 2011.

——; USTÁRROZ, Daniel. *Lições de Direitos Fundamentais no Processo Civil*. Porto Alegre: Livraria do Advogado, 2009.

——. *Coisa julgada civil*. 3 ed. São Paulo: RT, 2006.

——. *Manual dos Recursos Cíveis*. Porto Alegre: Livraria do Advogado, 2016.

PORTO, Sérgio Gilberto; PORTO, Guilherme A. *Lições sobre Teorias do Processo Civil e Constitucional*. Porto Alegre: Livraria do Advogado, 2013.

PRUTTING, Hanns. Nuevas tendencias en el Proceso Civil Aleman. *Gênesis – Revista de Direito Processual Civil*, n° 41, jan.-jun./2007.

RAWLS, Jonh. *A Theory of Justice*. Cambridge: Belknap Press of Harvard University Press, 1971.

——. *Justiça como Equidade*. São Paulo: Martins Fontes, 2001.

——. *O liberalismo político*. São Paulo: Martins Fontes, 2001.
REDENTI, Enrico. *Diritto processuale Civile*. Milano: Giuffrè, 1980.
RIBAS, Antonio Joaquim. *Consolidação das Leis do Processo Civil*. 3 ed. Rio de Janeiro: Jacintho Ribeiro dos Santos, 1915.
RIBEIRO, D. G. (Org.). *O juiz e a prova*: estudo da errônea recepção do brocardo iudex iudicare debet secundum allegata et probata, non secundum conscientiam e sua repercussão atual. Porto Alegre: Livraria do Advogado, 2014. v. 1.
——. *Da Tutela Jurisdicional às Formas de Tutela*. Porto Alegre: Livraria do Advogado, 2010. v. 01.
——. *Pretensión Procesal y Tutela Judicial Efectiva* – Para una teoría procesal del derecho. Barcelona: Editorial Bosch, 2004.
——. *Provas Atípicas*. Porto Alegre: Livraria do Advogado, 1998.
RIBEIRO, Darci Guimarães; JOBIM, Marco Félix. *Desvendando o Novo CPC*. Porto Alegre: Livraria do Advogado, 2015.
ROSAS, Roberto. *Direito Processual Constitucional*. São Paulo: RT, 1997.
RUBIN, Fernando. *A preclusão na dinâmica do Processo Civil*. Porto Alegre: Livraria do Advogado, 2010.
——. *Fragmentos de Processo Civil Moderno*: de acordo com o novo CPC. Porto Alegre: Livraria do Advogado, 2013.
——. *O novo código de processo civil*: da construção de um modelo processual às principais linhas estruturantes da Lei n. 13.105/2015. Porto Alegre: Magister, 2016.
SÁNCHEZ, Guilhermo Ormazabal. *Iura novit cúria*: la vinculación del juez a la calificación jurídica de la demanda. Madri: Marcial Pons, 2007.
SARLET, Ingo Wolfgang. *A eficácia dos direitos fundamentais*. 10 ed. Porto Alegre: Livraria do Advogado, 2009.
——. *Dignidade da pessoa humana e direitos fundamentais na Constituição Federal de 1988*. Porto Alegre: Livraria do Advogado, 2011.
——. As dimensões da dignidade da pessoa humana: construindo uma compreensão jurídico constitucional necessária e possível. In: SARLET, Ingo Wolfgang (Org.). *Dimensões da dignidade*: ensaios de filosofia do direito e direito constitucional. 2 ed. Porto Alegre: Livraria do Advogado, 2009. p. 15/44.
SARLET, Ingo Wolfgang (Org.) et al. *Jurisdição e Direito Fundamentais*. Porto Alegre: Livraria do Advogado, 2005.
SANTOS, Moacir Amaral. *Primeiras Linhas de Direito Processual Civil*. 23 ed. São Paulo: Saraiva, 2004. v. I.
——. *Primeiras Linhas de Direito Processual Civil*. 23 ed. São Paulo: Saraiva, 2004. v. II.
——. *Primeiras Linhas de Direito Processual Civil*. 23 ed. São Paulo: Saraiva, 2004. v. III.
SEELMAN, Kurt. Pessoa e dignidade da pessoa humana na filosofia de Hegel. In: SARLET, Ingo Wolfgang (Org.). *Dimensões da dignidade*: ensaios de filosofia do direito e direito constitucional. 2 ed. Porto Alegre: Livraria do Advogado, 2009. p. 105/118.
STARCK, Christian. Dignidade humana como garantia constitucional: o exemplo da Lei Fundamental alemã. In: SARLET, Ingo Wolfgang (Org.). *Dimensões da dignidade*: ensaios de filosofia do direito e direito constitucional. 2 ed. Porto Alegre: Livraria do Advogado, 2009. p. 199/224.
TARUFFO, Michele. *La giustizia civile in italia dal '700 a oggi*. Bologna: Società editrice il Mulino, 1980.
TAYLOR, Charles. *Argumentos filosóficos*. São Paulo: Loyola, 2000.
TAVARES PEREIRA, Sebastião. *O devido processo Substantivo*. Florianópolis: Conceito Editorial, 2008.

TESHEINER, José Maria Rosa. *Elementos para uma teoria geral do processo*. São Paulo: Saraiva, 1993.

——. *Pressupostos Processuais e Nulidades no Processo Civil*. São Paulo: Saraiva, 2000.

——. (Org.). *Processos Coletivos*. Porto Alegre: HS editora, 2012.

——. *Eficácia da Sentença e Coisa Julgada*. São Paulo: RT, 2002.

——. *Jurisdição*: estudos de direitos individuais e coletivos (de acordo com o novo CPC). – Organizado por Marco Félix Jobim, Lessandra Bertolazi Gauer e Marcelo Hugo da Rocha. – Porto Alegre: Magister, 2016.

——; MILHORANZA, Mariângela Guerreiro. *Estudos sobre as reformas do Código de Processo Civil*. Porto Alegre: HS editora, 2009.

——; THAMAY, Rennan Faria Kruger. *Teoria Geral do Processo*. Rio de Janeiro: Forense, 2015.

THEODORO JR. Humberto. *Curso de Direito Processual Civil*. 41 ed. Rio de Janeiro: Forense, 2004, v. I.

——. Direito Processual Constitucional. In: *Revista IOB de Direito Civil e Processual Civil*. n. 55.

TORRES, Artur.*A Tutela Coletiva dos Direitos Individuais: considerações acerca do Projeto de Novo Código de Processo Civil*. Porto Alegre: Arana, 2013.

——. *Processo de Conhecimento*. Porto Alegre: Arana, 2013. v. I.

——. *Processo de Conhecimento*. Porto Alegre: Arana, 2013. v. II.

——. *Fundamentos de um direito processual civil contemporâneo*. Porto Alegre: Arana, 2016.

TROCKER, Nicolò. I limitti soggetivi del giudicato tra tecniche di tutela sostanziale e garanzie di difesa processuale. *Rivista di diritto processuale*. Padova, CEDAM, p. 74-85, 1988.

——. Il nuovo articolo 111 della costituzione e il "giusto processo" in materia civile: profili generali. *Rivista Trimestrale di Diritto e Procedura Civile*, Ano LV, 2001.

VIGORITI, Vincenzo. *Garanzie costituzionali del processo civile (Due processo of Law' e art. 24 cost*. Milano, 1970.

WAMBIER, Luiz Rodrigues. WAMBIER, Thereza Arruda Alvim. MEDINA, José Miguel Garcia. Breves *Comentários à nova Sistemática Processual Civil*. 3ª ed. São Paulo: RT, 2005.

——; TALAMINI, Eduardo. *Curso Avançado de Processo Civil*. 15 ed. São Paulo: RT, 2015. V. 1.

WAMBIER, Teresa Arruda *et al*. *Breves Comentários ao Novo Código de Processo Civil*. São Paulo: RT, 2015.

WATANABE, Kazuo. *Da cognição no processo civil*. 4 ed. São Paulo: RT, 2012.

——. "Relação entre demanda coletiva e demandas individuais". In:GRINOVER, Ada Pellegrini. CASTRO MENDES. Aluiso Gonçalves. WATANABE. Kazuo (Org.). *Direito Processual Coletivo e o anteprojeto de Código Brasileiro de Processos Coletivos*. São Paulo: RT, 2007. p. 156/160.

WACH, Adolf. *Manual de Derecho Procesal Civil*. Buenos Aires: EJEA, 1877. v. I.

——. Manual de *Derecho Procesal Civil*. Buenos Aires: EJEA, 1877. v. II.

WATANABE, Kazuo. *Da cognição no processo civil*. 3 ed. São Paulo: Perfil, 2005.

WEBER, Thadeu. *Ética e filosofia política*: Hegel e o Formalismo Kantiano. 2 ed. PortoAlegre: ediPUCRS, 2009.

WINDSCHEID, Bernard; MÜTHER, Theodor. *Polemica sobre la "Actio"*. Buenos Aires: EJEA, 1974.

ZANETI JÚNIOR, Hermes. *Processo Constitucional*: o modelo Constitucional do Processo Civil Brasileiro. Rio de Janeiro: Lumen Juris, 2007.

ZWEIGERT, Konrad; KÖTZ, Hein. *Introduzione al Diritto Comparato*. Milano: Giuffrè, 1992. v. I e II.

— 3 —

Objeto do processo e objeto do debate: dicotomia essencial para uma adequada compreensão do novo CPC

DARCI GUIMARÃES RIBEIRO[1]

Sumário: 1. Considerações preliminares; 2. Natureza jurídica do objeto do processo; 2.1. Aproximação às diversas teorias doutrinárias; 2.1.1. Concepção material; 2.1.2. Concepção processual; 2.2. Nossa posição; 3. Conceito e análise dos seus elementos; 4. Dicotomia entre objeto do processo e objeto do debate; 4.1. Objeto do processo; 4.2. Objeto do debate; 5. Elementos individualizadores do objeto do processo e do debate e suas relações com a sentença e a coisa julgada; 6. Aplicação desta dicotomia no novo CPC.

1. Considerações preliminares

O tema relacionado ao conceito de mérito no processo pode ser considerado o mais árduo dentro da ciência processual,[2] tanto que poucos, para não dizer pouquíssimos, são os autores brasileiros que se debruçaram sobre tão espinhoso tema, não obstante sua grande importância prática.

Atualmente, sua importância ficou mais evidenciada com a iminente promulgação do novo Código de Processo Civil que depende somente

---

[1] Advogado. Pós-Doutor pela Università degli Studi di Firenze. Doutor em Direito pela Universitat de Barcelona. Mestre e Especialista pela Pontifícia Universidade Católica do Rio Grande do Sul (PUC/RS). Professor Titular de Direito Processual Civil da UNISINOS e PUC/RS. Professor do Programa de Pós-Graduação em Direito da UNISINOS (Mestrado, Doutorado e Pós-Doutorado). Membro do Instituto Brasileiro de Direito Processual Civil. Membro do Instituto Ibero-Americano de Direito Processual Civil. Membro da *International Association of Procedural Law*. Este trabalho é parte do projeto I+D do Ministério de Economia e Competitividade da Espanha, intitulado: "La prueba civil a examen: estudio de sus problemas y propuestas de mejora" (DER 2013-43636-P) do qual sou pesquisador ativo.

[2] Sua complexidade e importância é destacada pela quase totalidade da doutrina, consultar por todos SCHWAB, *El objeto litigioso en el proceso civil*. Trad. Tomas A. Banzhal. Buenos Aires: Ejea, 1968, § 1º, p. 3 e ss; e HABSCHEID, *Droit judiciaire privé suisse*. Genève: Librairie de L'université Georg et Cie S.A., 1981, 2ª ed., §42, p. 256.

da sanção presidencial e apresenta diversos dispositivos pertinentes ao tema.[3] Esta preocupação já foi constatada anteriormente através da reforma processual havida com a Lei 11.232, de 22.12.05, especialmente em relação aos arts. 162, § 1º; 267 e 269 do CPC.

Não se pode negar hoje que o conceito de sentença está umbilicalmente ligado não mais à finalidade do ato, mas sim ao conteúdo do pronunciamento judicial,[4] isto é, ao conceito de mérito que para nós é sinônimo de pretensão processual, como a seguir veremos. Esta mudança de rumo traz inúmeras consequências práticas entre as quais podemos destacar a radical transformação havida no sistema recursal, como também nas condenações genéricas (art. 286 do CPC)[5] e na antecipação de pedidos incontroversos (§ 6º do art. 272 do CPC),[6] entre inúmeras outras.

As ideias aqui expostas encontram relação direta com temas que já foram exaustivamente, por nós, trabalhados e que não podem ser repristinados em virtude da proposta deste artigo.[7]

Inicialmente, devemos identificar qual é o objeto[8] que compõe e mantém em funcionamento o processo.

---

[3] Todos os artigos citados do Projeto referem-se ao Relatório Geral do Senador Vital do Rêgo, apresentados em 27 de novembro de 2014.

[4] Neste sentido encontramos a redação do art. 162, § 1º, do atual CPC, segundo o qual: "*Sentença é o ato do juiz que implica alguma das situações previstas nos arts. 267 e 269 desta lei*". De igual modo, WAMBIER, Teresa; WAMBIER, Luis R; MEDINA, José, *Breves comentários à nova sistemática processual civil nº 2*, São Paulo, RT, 2006, p. 32 e ss; NEVES, Daniel, *Reforma do CPC*, São Paulo: RT, 2006, p. 79 e ss; MIELKE, Jaqueline; Xavier, Tadeu, *Reforma do processo civil*, Porto Alegre: Verbo Jurídico, 2006, p. 45 e ss; CARNEIRO, Athos, *Cumprimento da sentença civil*, Rio de Janeiro: Forense, 2007, 118 e ss, SCARPINELLA, Cassio, *Curso sistemático de direito processual civil*, São Paulo, Saraiva, 2007, v. 2, t. 1, p. 328, entre tantos outros. Cumpre evidencia que o projeto do novo CPC não faz qualquer menção ao conceito de sentença.

[5] Em igual sentido é a redação do art. 322 do projeto do NCPC.

[6] No projeto do NCPC a redação para abranger esta situação jurídica é distinta, conforme se vê no art. 309, inc. IV, segundo a qual: "*A tutela da evidência será concedida, independentemente da demonstração de perigo de dano ou de risco ao resultado útil do processo, quando: (...); IV. a petição inicial for instruída com prova documental suficiente dos fatos constitutivos do direito do autor, a que o réu não oponha prova capaz de gerar dúvida razoável*".

[7] Neste particular, indicamos nossa obra, *La pretensión procesal y la tutela judicial efectiva*, Barcelona: Bosch, 2004, especialmente o Cap. II e III, p. 73 a 158. E, também, nosso artigo intitulado *Análise epistemológica dos limites objetivos da coisa julgada*. In: Revista de Processo, vol. 215, p. 61 a 84.

[8] Etimologicamente, *objeto* significa "*fin o intento a que se dirige o encamina una acción*", Dicionário da Real Academia Espanhola, Madrid, 1992, 21ª ed., ph. 1034. Para DE LA OLIVA, "*La etimología de 'Obiectus' u 'Ob-jectus', (de 'objicio' y, a su vez, de 'ob-jaceo') y de 'Gegen-stand' (de 'gegen' y 'stehen'), palabras latinas y alemanas, respectivamente, que significan 'objeto' (obvio derivado del latín), resulta especialmente apta para precisar el concepto de objeto: aquello que está o se encuentra frente al sujeto o se pone frente a él*", Derecho procesal civil: el proceso de declaración, Madrid: Centro de Estudios Ramón Areces, 2000, §25, p. 41 e 42. Nesta ordem de ideias, RAMOS MÉNDEZ, quando disse que "*cada ciencia se delimita fundamentalmente por su objeto, es decir, por aquella parcela de la realidad que específicamente asume como tarea explicativa y que la califica diferencialmente del resto de las ciencias*", Proceso y método. In: Revista de Derecho Procesal Iberoamericano, nº 2-3, ano 1978, p. 497.

A necessidade que as partes e o juiz têm de saber o que se debate em qualquer tipo de processo e quais são os elementos que identificam seu núcleo,[9] tem levado a doutrina processual, principalmente a alemã do início do século[10], a elaborar múltiplas teorias sobre o objeto do processo, e ainda, segundo destaca Habscheid, *"non si sa quando una soluzione potrà acquistare 'autorità di cosa giudicata'"*.[11]

O estudo do objeto do processo, como afirmamos, encontra-se entre um dos mais discutidos e árduos temas da ciência processual moderna, em virtude de sua extraordinária relevância prática, já que produz efeitos sobre diversos institutos processuais, entre os quais cabe destacar por sua relação direta: a litispendência, a cumulação objetiva de ações (melhor dito, de pretensões), a modificação da demanda ou a coisa julgada.[12]

---

[9] O estudo do objeto do processo a partir destes dois pontos de vista distintos foi excelentemente desenvolvidodo por BERZOSA FRANCOS, quem analisou as diversas teorias a cerca do objeto do processo *"en primer lugar desde un punto de vista del núcleo o esencia del objeto del proceso; en segundo lugar desde el punto de vista de los elementos singularizadores de este núcleo o esencia en que el objeto litigioso consiste"*, Demanda, «causa petendi» y objeto del proceso, Córdoba: El Almendro, 1984, cap. II, p. 17.
Ao estudo do objeto do processo a partir destes dois pontos de vistas distintos, representados pelos pronomes *que* e *quais*, podemos acrescentar a análise desde a perspectiva de *"«cómo» tiene lugar aquella individualización en el caso concreto"*, na feliz frase de ENGISCH, *La idea de concreción en el derecho y en la ciencia jurídica actuales*, Pamplona: Universidad de Navarra, 1968, cap. VII, nº I. 1, p. 349. Para examinar esta interrogação, ainda que superficialmente, já que necessitaríamos um estudo mais aprofundado, utilizamos as explêndidas palavras de ENGISCH, segundo as quais: *"La cuestión de cómo ha de considerarse jurídicamente un caso concreto y cómo ha de juzgarse por medio de conceptos jurídicos generales, y especialmente a través de los conceptos que designan las hipótesis normativas, no es nunca una cuestión referida sólo a este caso concreto, ni tampoco ha de considerarse por ello como una irrevisable «cuestión de hecho», sino como una revisable «cuestión de derecho»"*, La idea de concreción en el derecho y en la ciencia jurídica actuales, ob. cit., cap. VII, nº I. 2, p. 358.

[10] Para um resumo das diversas opiniões sobre o objeto do processo dentro da doutrina processual alemã, vide por todos, CERINO CANOVA, La domanda giudiziale ed il suo contenuto. In: *Commentario del Codice di Procedura Civile*, dirigido por Enrico Allorio, Torino: Utet, 1980, L. II, t. I, nº 4 a 6, p. 44 a 77; SCHWAB, *El objeto litigioso en el proceso civil*, ob. cit., p. 13 e ss; MENCHINI, *I limiti oggettivi del giudicato civile*, Milano: Giuffrè, 1987, cap. I, nº 3, p. 25 e ss; TARZIA, Recenti orientamenti della dottrina germanica intorno all'oggetto del processo. In: *Problemi del Processo Civile di Cognizione*, Padova: Cedam, 1989, p. 107 e ss; e PROTO PISANI, *La trascrizione delle domande giudiziali*, Napoli: Jovene, 1968, p. 45 e ss, nota 76.

[11] L'oggetto del processo nel diritto processuale civile tedesco. In: Rivista di Diritto Processuale, 1980, II série, p. 454. No mesmo sentido, entre outros, SCHWAB, ao dizer que *"la meta no se ha alcanzado aún. No se ha hallado un concepto unitario, válido para todas las especies de procedimientos civiles, que cuente con aceptación general"*, El objeto litigioso en el proceso civil, §1º, p. 3; PROTO PISANI, quando afirma: *"La lettura dell'imponente letteratura sviluppatasi in Germania sul tema dell'oggetto del processo – come hanno notato gli stessi processualisti tedeschi – sia perché non si è ancora giunti ad alcun risultato di una qualche certezza, sia per le frequenti contraddizioni che si incontrano nelle indagini dei singoli autori, produce spesso una sensazione profonda di smarrimento e di insoddisfazione"*, La trascrizione delle domande giudiziali, ob. cit., p. 49; e ENGISCH, para quem o *"concepto mismo de 'objeto del proceso', que, como hemos visto, no está unívocamente definido"*, La idea de concreción en el derecho y en la ciencia jurídica actuales, ob. cit., cap. VII, nº I. 1, p. 349.

[12] E também, como ressalta ENGISCH, *"determina las competencias, los límites del proceso, los términos de la prueba, el alcance de la sentencia, (...), y, lo que no es menos importante, el alcance de la validez [del proceso]"*, La idea de concreción en el derecho y en la ciencia jurídica actuales, ob. cit., cap. II, nº 4, p. 170, nota 73.

A transcendência do tema não passou despercebida pelo legislador espanhol ao promulgar a nova LEC 1/2000, tanto que a parte VIII da Exposição de Motivos indica que: *"El objeto del proceso civil es asunto con diversas facetas, todas ellas de gran importância"*, e logo a seguir acrescenta: *"En esta Ley, la matéria es regulada en diversos lugares, pero el exclusivo propósito de las nuevas reglas es resolver problemas reales, que la Ley de 1881 no resolvia ni facilitaba resolver"*.[13]

2. Natureza jurídica do objeto do processo

Dentro dos limites que o presente trabalho nos impõe, examinaremos o problema do objeto do processo desde a perspectiva de sua natureza jurídica, porquanto a análise de seus elementos individualizadores já foi, por nós, tratada em outra oportunidade.[14]

O problema analisado desde o ponto de vista do núcleo ou essência do objeto do processo se vincula basicamente à identificação do conteúdo do processo civil, vale dizer, quando falamos do conteúdo do processo civil devemos responder o que é que se debate em juízo, qual é a matéria litigiosa, já que não há processo puramente abstrato que exista por si e para si.[15] Como bem observou Ramos Mendes, no fundo deste problema encontra-se a visão dualista do ordenamento jurídico, uma vez que *"la preocupación mayor de la teoria del objeto del proceso es determinar cómo el derecho substantivo comparece en el esquema del proceso, a lo largo de sus fases"*.[16]

---

[12] A importância não só teórica senão especialmente prática do objeto do processo não se limita exclusivamente as fronteiras do direito continental, alcançando inclusive ordenamentos jurídicos muito distintos, como é o caso do ordenamento jurídico japonês. Apesar da profunda reforma havida no Código Processual Civil Japonês, no ano de 1996, HIROSHI ODA, afirma que: *"The concept of the subject-matter of litigation is important when deciding the possibility of joinder of claims, the scope of 'res judicata', the limits on the alteration of the claim and prohibition of double litigation. The new theory is primarily based on practical considerations as to how the scope of litigation should be demarcated in order to ensure the optimum settlement of a dispute"*, Japanese law, Oxford: Oxford University Press, 1999, 2ª ed., cap. 17, nº 5, p. 399.

[13] Nesta matéria, o legislador partiu de dois critérios inspiradores: *"por un lado, la necesidad de seguridad jurídica y, por otro, la escasa justificación de someter a los justiciables a diferentes procesos y de provocar la correspondiente actividad de los órganos jurisdiccionales, cuando la cuestión o asunto litigioso razonablemente puede zanjarse en uno solo"*, Parte VIII da Exposição de Motivos da LEC Espanhola.

[14] Consultar a bibliografia citada na nota nº 6.

[15] A ideia de inexistência de atos abstratos no processo é de GUASP, pois, segundo o autor, *"no puede haber actos abstractos en el derecho procesal porque los resultados procesales no gozan de una justificación inmanente que, sea cual sea sua causa, baste para asegurar su eficacia normal"*, Indicaciones sobre el problema de la causa en los actos procesales. In: *Estudios Jurídicos*, Madrid: Civitas, 1996, nº 15, p. 485. Em igual sentido MONTESANO quando assevera que no processo *"tutti i fatti e (o) atti precedenti sono tanto ed esclusivamente strumentali che l'uno è giuridicamente causato dall'altro o è esercizio di un potere o adempimento di un dovere generati dall'altro o ad esso collegati"*, La tutela giurisdizionale dei diritti, Torino: Utea, 1985, nº 5, p. 6.

Esta afirmação do autor é corroborada por Habscheid, quando o mesmo afirma que: *"il dibattiti attuale sull'oggetto del proceso è il 'diritto soggettivo' invocato"*.[17]

2.1. Aproximação às diversas teorias doutrinárias

Dentro desta perspectiva, e sem a intenção de esgotar o tema, pois excederia os limites deste trabalho, existem basicamente duas grandes orientações que procuram definir a natureza jurídica deste instituto: a primeira é a chamada *concepção material*, porque não separa o objeto do processo do direito material; a segunda é a chamada *concepção processual*, exatamente porque desvincula o objeto do processo do direito material, mantendo assim uma postura eminentemente processual.

2.1.1. Concepção material

A opinião mais significativa dentro da concepção material do objeto do processo é a desenvolvida por LENT.[18] Para este autor, o núcleo do

---

[16] *Derecho y proceso*, Barcelona: Bosch, 1978, n° 50, p. 271. Para o autor, *"si se aborda el problema desde una perspectiva monista no tiene sentido plantearse el tema del objeto del proceso, al menos como se viene haciendo hasta el presente, como punto de incidencia de las relaciones entre derecho y proceso. (...) La esencia del proceso es ser génesis del derecho y por lo tanto no puede tratar de objetivarse un contenido en él distinto de la propia actividad procesal"*, Derecho y proceso, ob. cit., n° 50, p. 273.

[17] L'oggetto del processo nel diritto processuale civile tedesco, ob. cit., p. 454 e 455.

[18] Também nesta linha se coloca PROTO PISANI, quando afirma que *"l'oggetto del processo si identifichi con la concreta situazione giuridica dedotta in giudizio, individuata secondo le fattispecie del diritto sostanziale"*. Para o autor, *"l'autonomia del proceso dal diritto sostanziale, se comporta la necessità di attribuire poteri doveri e facoltà processuali indipendentemente dalla effettiva esistenza del diritto sostanziale"*, por isso *"non può giugere a negare qualsiasi collegamento"*, La transcrizione delle domande giudiziale, ob. cit., p. 55. O autor conclui sua ideia acerca do objeto do processo, afirmando que *"è sufficiente l'avere rilevato come dall'esame delle norme di diritto positivo oggetto del processo nel nostro ordinamento sia da considerare la concreta situazione giuridica sostanziale dedotta in giudizio; la rilevata possibilità che per il carattere dinamico e non statico del processo il legislatore ricolleghi i singoli poteri doveri e facoltà processuali a diverse specificazioni o concretizzazioni della situazione sostanziale"*, La transcrizione delle domande giudiziale, ob. cit., p. 58. De igual modo, vide MANDRIOLI, para quem: *"L'esortazione a cercare nel diritto sostanziale affermato nella domanda il filtro attraverso il quale passa quel settore di realtà che chiamiamo oggetto del processo"*, Riflessioni in tema di 'petitum' e di 'causa petendi'. In: Rivista di Diritto Processuale, 1984 (3), p. 480; e FAZZALARI, quando disse que o objeto do processo ou, como prefere chamar, *'l'oggetto della cognizione'* é *"la situazione sostanziale dedotta 'in limine' (diritto e obbligo, interesse, collegamento fra il legittimato straordinario e il titolare del diritto o dell'obbligo), ad essa le parti e il giudice applicano i loro sforzi"*, Note in tema di diritto e processo, Milano: Giuffrè, 1957, cap. III, n° 6, p. 139. Para aprofundar melhor nos argumentos deste último autor, consultar por todos CRUZ E TUCCI, A denominada situação substancial como objeto do processo na obra de Fazzalari. In: Revista Ajuris, n° 60, p. 62 e ss.

No âmbito do processo penal, esta concepção material é compartilhada por BAUMANN, quando o mesmo afirma que: *"A mi juicio, objeto del proceso es, por consiguiente, la afirmación de la consecuencia penal (existencia de una pretensión penal estatal) de una situación de hecho determinada (del hecho en el sentido de los § 155 y 264)"*, Derecho procesal penal. Trad. Conrado A. Finzi. Buenos Aires: Depalma, 1986, cap. 5, p. 271. No processo penal alemão esta postura quiçá possa ser explicada porque, de acordo com as palavras do autor, *"para el proceso penal la ley define el objeto del proceso, precisamente, en los*

objeto do processo (*Streitgrgenstand* ou, como ele prefere denominar, Prozessgegensatnd)[19] é *"l'affermazione di um diritto da parte dell'attore"*, pois, *"in ogni domanda giudiziale, dietro la richiesta di una determinada decisione sta l'affermazione che all'attore spetti un corrispondente diritto sostanziale".*[20]

Como podemos perceber, o direito material adquire especial relevância dentro desta concepção,[21] porém não se confunde com ele, conforme tem demonstrado o próprio autor, ao dizer que o *"oggetto del processo non è um diritto in quanto effettivamente esistente, ma um diritto in quanto soltanto afermato. Ed infatti, se quel diritto sussista o meno, può risultare súbito nel corso del procedimento"*.[22] [23]

2.1.2. Concepção processual

Dentro da concepção processual existem varias opiniões acerca da natureza do objeto do processo. No presente estudo analisaremos unicamente as posições dos autores mais significativos para não exceder o âmbito dos limites impostos ao presente trabalho.[24]

---

§ 155 y 264 de la Ordenanza Procesal Penal. Según ello, objeto del proceso es «el hecho»", Derecho procesal penal, ob. cit., cap. 5, p. 269. Isto não significa dizer que a especial relevância concedida pelo autor ao direito material possa ser confundida com o objeto do processo pois, como ele mesmo afirma: *"Considerados en forma aislada, el hecho o la situación de hecho concreta no pueden ser objeto del proceso. A mi entender, hay que añadir la afirmación de la consecuencia jurídica, en este caso la afirmación de una 'pretensión penal estatal'"*, Derecho procesal penal, ob. cit., cap. 5, p. 274. Daí que: *"Solamente para lograr claridad se debe señalar que no interesa la consecuencia penal o la del derecho penal, sino, únicamente, su «afirmación»"*, pues, *"también en el proceso penal sólo importan la afirmación de un hecho punible y el anhelo de que se realice la pretensión penal estatal"*, Derecho procesal penal, ob. cit., cap. 5, p. 278. Se orienta neste sentido JAUERNIG, quando diz: *"como figura paralela no processo penal – delimitação do 'facto'"*, Direito Processual Civil. Trad. F. Silveira Ramos. Coimbra: Almedina, 2002, § 37, VI, p. 212.

[19] *Apud* CERINO CANOVA, La domanda giudiziale ed il suo contenuto. In: *Commentario del Codice di Procedura Civile*. Coord. por Enrico Allorio. Torino: Utet, 1980, Liv. II, t. I, nº 4 , p. 50, nota 183.

[20] *Zur lehre vom streitgegenstand*. In: Z.Z.P., 1952 (Bänd 65), p. 315 e ss, tradução italiana *Contributo alla dottrina dell'oggetto del proceso*, de C. Mandrioli. In: JUS, 1953, Milano, p. 434. A ideia é também reproduzida em *Diritto processuale civile tedesco*. Trad. Edoardo F. Ricci. Napoli: Morano, 1962, §37, p. 149.

[21] Esta relevância também pode ser observada em outros estudos levados a cabo pelo autor, quando ele mesmo destaca que o objeto do processo *"non è mai constituito da un semplice fatto od avvenimento, ma da un 'diritto' o da un 'rapporto giuridico'"*, Diritto processuale civile tedesco, ob. cit., §37, p. 149. De igual modo, em outro apartado também afirma: *"l'oggetto del processo civile è costituito da rapporti di diritto privato intercorrenti tra due persone"*, Diritto processuale civile tedesco, ob. cit., §24, I, p. 87.

[22] *Contributo alla dottrina dell'oggetto del proceso*, ob. cit., p. 437; e também em *Diritto processuale civile tedesco*, ob. cit., §37, p. 149.

[23] Esta postura mereceu diversas críticas, entre elas cabe destacar as de SCHWAB, *El objeto litigioso en el proceso civil*, ob. cit., §2º, p. 15 e ss; e também em 'La teoria dell'oggetto del processo nell'attuale dottrina tedesca'. In: *Studi in onore di Antonio Segni*. Milano: Giuffrè, 1967, vol. IV, p. 316 e ss; e TARZIA, *Recenti orientamenti della dottrina germanica intorno all'oggetto del processo*, ob. cit., p. 111 e ss, que mais adiante serão analisadas.

[24] Para aprofundar no estudo das diversas teorias sobre o objeto do processo, vide por todos CERINO CANOVA, La domanda giudiziale ed il suo contenuto. In: *Commentario del Codice di Procedura*

Entre os autores que adotam uma postura eminentemente processual acerca do objeto do processo, encontra-se Schwab, que pode ser considerado um dos mais influentes e ao mesmo tempo o mais polêmico dentro deste debate. O autor busca analisar as diversas teorias e conclui que o objeto, por ele denominado "litigioso" (*Streitgegenstand*), é *"la petición de la resolución judicial señalada en la solicitud"*.[25] A teoria desenvolvida pelo professor alemão eleva o conceito de objeto do processo a mais absoluta processualização, desvinculando-o totalmente do direito material, que assume dentro do processo uma função *"únicamente de criterio jurídico"*.[26] Isso equivale a dizer, segundo o próprio autor, que o direito material não participa nem determina o conteúdo do objeto do processo, consistindo sua função unicamente fundamentar a demanda e excepcionalmente também servindo para individualizá-la.[27]

Outro autor que merece ser destacado dentro desta concepção processual é Rosenberg, que evoluiu seu conceito de objeto do processo até o ponto de defini-lo como *"la petición dirigida a obtener la declaración, con fuerza de cosa juzgada, de una consecuencia jurídica, y caracterizada por la solicitud presentada"*.[28] O núcleo de seu conceito reside, igualmente com

---

Civile, ob. cit., n° 4 a 6, p. 44 a 77; SCHWAB, *El objeto litigioso en el proceso civil*, ob. cit., p. 13 e ss; e BERZOSA FRANCOS, *Demanda, «causa petendi» y objeto del proceso*, ob. cit., cap. II, p. 17 e ss.

[25] *El objeto litigioso en el proceso civil*, ob. cit., §18, p. 263.

[26] *El objeto litigioso en el proceso civil*, ob. cit., §18, p. 263.

[27] Com uma postura tão original e ao mesmo tempo tão extrema, não tardaram as criticas à mesma, entre as quais cabe destacar a de HABSCHEID, L'oggetto del processo nel diritto processuale civile tedesco, ob. cit., p. 457, que nos remete ao seu livro, *Der Streitgegenstand im Zivilprozess und im Streitverfahren der Freiwilliger Gerichtsbarkeit*, Bielefeld, 1956; e DE STEFANO, Per una teoria dell'oggetto del processo. In: *Scritti Giuridici in Memoria di Piero Calamandrei*. Padova: Cedam, 1958, vol. III, p. 234 e JAUERNIG, *Direito Processual Civil*. Trad. F. Silveira Ramos. Coimbra: Almedina, 2002, 25ª ed., § 37, V, p. 211 e 212.

[28] *Apud* SCHWAB, *El objeto litigioso en el proceso civil*, ob. cit., § 3, p. 39, nota 3. Este conceito de Rosenberg encontra-se na 6ª ed. de seu *Tratado de derecho procesal civil* que não foi traduzido ao castelhano. A tradução para o castelhano desta obra refere-se à 5ª ed., onde o conceito de objeto litigioso era bastante diferente, já que significava: *"la 'petición' dirigida a la declaración de una consecuencia jurídica con autoridad de cosa juzgada que se señala por la solicitud presentada y, en cuanto sea necesario, por las circunstancias de hecho propuestas para su fundamento"*, Tratado de derecho procesal civil. Trad. Angela Romera Vera. Buenos Aires: Ejea, 1955, t. II, §88, p. 35 e 36. Entre os dois conceitos existe uma grande diferença que merece ser posta em relevo, pois, enquanto que no conceito anterior (o da 5ª ed.) o *"estado de cosas"* julgava um papel importante na definição do objeto litigioso, no atual conceito (o da 6ª ed.), o *"estado de cosas"* foi eliminado da definição. De acordo com a opinião de DE STEFANO: "Infatti il Rosenberg, che ancora nella precedente edizione (5ª ed.) della sua opera insegnava che l'oggetto del processo si determina secondo il 'petitum' ('Antrag'), e, in quanto necessario, anche secondo la 'causa petendi' ('Sachverhalt'), insegna ora (6ª ed.) che il 'Sachverhalt' è sempre irrilevante, ai fini della determinazione dell'oggetto del processo, pur essendo, naturalmente, importante per la sua fondazione", Per una teoria dell'oggetto del processo. In: *Scritti Giuridici in Memoria di Piero Calamandrei*, ob. cit., p. 234. Esta alteração demonstra que o autor alemão aderiu integralmente à teoria desenvolvida por Schwab, como afirma o próprio SCHWAB, *El objeto litigioso en el proceso civil*, ob. cit., §3, p. 39, nota 3; e também em *La teoria dell'oggetto del processo nell'attuale dottrina tedesca*, ob. cit., p. 320 e principalmente p. 324; TARZIA, Recenti orientamenti della dottrina germanica intorno all'oggetto del processo. In: *Problemi del Processo Civile di Cognizione*, ob. cit, p. 120; DE STEFANO, Per una teoria dell'oggetto del processo. In: *Scritti Giuridici in Memoria di Piero Calamandrei*, ob. cit., p. 235; MENCHINI, I limiti

Schwab, em *"la petición"* do autor. Podemos perceber, portanto, que o autor utiliza critérios exclusivamente processuais na hora de expor seus conceitos, tanto que para ele *"el objeto litigioso no consiste 'en hechos', sino en una 'afirmación de derecho' derivada de ellos y reclamada"*.[29] Também merece ser destacada a equiparação que o autor faz entre objeto litigioso e pretensão processual, utilizando a própria terminologia da ZPO alemã que, quase sempre, usa a expressão *objeto litigioso* como sinônimo de *pretensão processual*.[30] [31]

Também cabe mencionar, dentro desta concepção, a posição inovadora de Habscheid. Segundo a definição deste autor, *"l'oggetto del processo è constituito dalla pretesa (lê conclusioni) dell'attore di ottenere una sentenza pronunciata in un procedimento che abbia ad oggetto un determinato stato di fatto (oggetto della domanda)"*.[32] Esta definição de objeto do processo demonstra a 'processualidade' do mesmo, vez que *"lo scopo della domanda non dipende da un diritto soggesttivo individuato da umn qualificazione della legge sostanziale"*.[33] Ademais, para este autor, *"l'objet du litige ne se determine pás seulement par lês conclusions du demandeur mais aussi dans une certaine mesure par lês 'faits' invoques"*.[34] Com esta postura, o autor se distancia da concepção de Schwab, na medida em que a causa de pedir entra para formar parte do conceito de objeto do processo.[35]

2.2. Nossa posição

Após analisar as diversas posturas doutrinárias acerca do objeto litigioso, podemos deduzir que desde o início do século a doutrina do *Streitgegenstand* está empenhada em liberar-se dos antigos esquemas

---

oggettivi del giudicato civile, ob. cit., cap. I, nº 3, p. 29, nota 44; BAUMANN, *Derecho procesal penal*, ob. cit., cap. 5, p. 269; e ATTARDI, *L'interesse ad agire*, Padova: Cedam, 1958, cap. I, nº 6, p. 57, nota 49.

[29] *Tratado de derecho procesal civil*, ob. cit., t. II, §88, p. 35.

[30] Sobre este particular consultar o que escrevi em *La pretensión procesal y la tutela judicial efectiva*, nº 9.1.1, p. 109 e 110.

[31] Esta postura, igual que todas as outras, não ficou isenta de críticas, entre as quais cabe destacar as de TARZIA, *Recenti orientamenti della dottrina germanica intorno all'oggetto del processo*, ob. cit., p. 120 e 121; SCHWAB, *El objeto litigioso en el proceso civil*, ob. cit., §3, p. 43 e ss; e DE STEFANO, Per una teoria dell'oggetto del proceso. In: *Scritti Giuridici in Memoria di Piero Calamandrei*, ob. cit., p. 234.

[32] *L'oggetto del processo nel diritto processuale civile tedesco*, ob. cit, p. 462. O mesmo conceito pode ser encontrado em sua obra *Droit judiciaire privé suisse*, quando o autor resume seu estudo acerca do objeto do processo definindo-o como: *"L'objet d'un litige se constitue par les conclusions (prétentions) du demandeur à l'obtention d'un jugement donné dans une procédure engagée sur état de fait determiné"*, ob. cit., §42, p. 264.

[33] *L'oggetto del processo nel diritto processuale civile tedesco*, ob. cit, p. 458.

[34] *Droit judiciaire privé suisse*, ob. cit., §42, p. 260.

[35] Em termos similares JAUERNIG, quando afirma que *"o pedido da acção não é sempre bastante para delimitar, individualizar, em todos os casos, o objeto litigioso. Então, tem de ser chamada a matéria de facto como novo critério distintivo"*, Direito Processual Civil, ob. cit., § 37, VIII, p. 214.

conceituais criados em termos de direito material, não se podendo negar hoje que a noção de objeto do processo é puramente processual.[36]

Partindo-se de uma noção processual do *Streitgegenstand*, devemos averiguar qual é a matéria litigiosa que compõe um processo, pois, como vimos anteriormente, não há processo puramente abstrato que exista por si e para si mesmo, razão pela qual todo processo terá um objeto. Quando o autor deduz uma pretensão em juízo é para que se reconheça alguma coisa, e é precisamente ao que se opõe o demandado: *"c'est la nature juridique de 'ce quelque chose', de l'objet du procés, qui doit être ici définie"*, nas palavras de Habscheid.[37]

Se a pretensão processual se mantém até o final do processo, e é através de uma declaração de vontade realizada por uma pessoa mediante a qual formula uma petição fundamentada ao órgão jurisdicional para que atue frente ao demandado, exigindo o cumprimento de uma prestação, sem dúvida alguma esta declaração petitória representa o objeto do processo e sobre ela recai toda a atividade dos sujeitos processuais.[38] [39] Em

---

[36] Assim se expressa SCHWAB, *El objeto litigioso en el proceso civil*, ob. cit., § 1, p. 3; DE STEFANO, Per una teoria dell'oggetto del proceso. In: *Scritti Giuridici in Memoria di Piero Calamandrei*, ob. cit., p. 230; e também em *L'oggetto del processo in un libro recente di Walter J. Habscheid*, ob. cit., p. 328; HABSCHEID, *L'oggetto del processo nel diritto processuale civile tedesco*, ob. cit, p. 456; STEFAN LEIBLE, *Proceso civil alemán*. Trad. Rodolfo E. Witthaus, Medellín: Diké, 1999, p. 179; JAUERNIG, *Direito Processual Civil*, ob. cit., § 37, VIII, p. 214; TARZIA, *Recenti orientamenti della dottrina germanica intorno all'oggetto del processo*, ob. cit., p. 123; PEDRAZ PENALVA, El objeto del proceso civil. In: *El objeto del proceso civil*, Cuadernos de Derecho Judicial. Madrid: CGPJ, 1996, p. 48. A respeito, afirma acertadamente PEDRAZ PENALVA, que o objeto do processo deve ser estudado dentro da *dinâmica relacional* do processo, pois, *"el objeto del proceso consiste ante todo en la rogada actuación de la potestad jurisdiccional exclusiva y excluyentemente detentada por los jueces y magistrados"*, El objeto del proceso civil. In: *El objeto del proceso civil*, ob. cit., p. 20, e isto quer dizer que: *"el proceso junto con la acción y la jurisdicción forman ese objetivado ámbito estatal asignado con carácter exclusivo y excluyente a los jueces y magistrados, que constitucionalmente resulta del juego de normas de la Primera Ley como las de los arts. 24, 117 y ss., etc. El proceso es la garantía que imperativamente determina la existencia de la acción y la posibilidad de verse jurisdiccionalmente satisfecha (su eficacia por tanto): ha de plantearse procesalmente, es decir, sólo es en y para el proceso. La jurisdicción únicamente puede desplegar todas sus potencialidades (potestad) rogadamente (acción) y a través del proceso. Fuera de su dinámica relacional, no cabe por ende hablar, aislada o fragmentariamente, del objeto de uno de los elementos que de modo indisoluble e irrenunciable constituyen el viejo y nuevo a la vez que afirmado y negado, instrumentalizado e instrumentalizador tinglado en que consiste y se manifiesta la Justicia"*, Objeto del proceso y objeto litigioso. In: *Presente y Futuro del Proceso Civil*, Coord. por J. Picó y Junoy, Barcelona: Bosch, 1998, p. 47.

[37] *Droit judiciaire privé suisse*, ob. cit., § 42, p. 255.

[38] Para uma adequada compreensão do caráter dinâmico da pretensão processual e suas idiossincrasias, consultar o que escrevi em *La pretensión procesal y la tutela judicial efectiva*, n° 9.3, p. 122 a 126.

[39] Conferem especial relevo à pretensão processual como objeto do processo, na Alemanha, entre outros, ROSENBERG, *Tratado de derecho procesal civil*, ob. cit., t. II, §88, p. 35; SCHWAB, *El objeto litigioso en el proceso civil*, ob. cit., §1, p. 5; e também em *La teoria dell'oggetto del processo nell'attuale dottrina tedesca*, ob. cit., p. 313; HABSCHEID, *L'oggetto del processo nel diritto processuale civile tedesco*, ob. cit, p. 458 e 462; e também em *Droit judiciaire privé suisse*, ob. cit., §42, p. 260 e 261; STEFAN LEIBLE, *Proceso civil alemán*, ob. cit., p. 183. Na Itália, entre outros, HEINITZ, *I limiti oggettivi della cosa giudicata*, ob. cit., n° 12, p. 135; TARZIA, *Recenti orientamenti della dottrina germanica intorno all'oggetto del processo*, ob. cit., p. 108. Na Espanha, entre outros, GUASP, *La Pretensión procesal*, Madrid: Cívitas, 1985, p. 49, publicada também nos *Estudios Jurídicos*, ob. cit., p. 588; *Comentarios a la ley de enjuiciamiento civil*, Madrid:

consequência, *"nell'oggetto si riflette il caracttere dinamico del processo"*, na aguda observação de Tarzia.[40]

3. Conceito e análise dos seus elementos

Pretensão processual, mérito e objeto do processo são, portanto, conceitos sinônimos[41] que supõem *uma declaração de vontade feita pelo autor, através de uma petição fundamentada, para obter uma sentença*.[42] Para compreender melhor este conceito, devemos formular algumas explicações:

a) declaração de vontade feita pelo autor através de uma petição

Quando nos referimos à pretensão processual ou ao objeto do processo como *uma declaração de vontade feita pelo autor através de uma petição*, não estamos nos referindo a qualquer declaração de vontade, senão a uma declaração de vontade específica com o fim de obter um concreto

---

Aguilar, 1943, t. I, p. 340; *Derecho procesal civil*, Madrid: Instituto de Estudios Políticos, 1956, p. 227 e 228; LOIS ESTÉVEZ, *Proceso y forma*, Santiago de Compostela: Porto, 1947, cap. V, p. 111; *Problemas del objeto del proceso en nuestro sistema legal*. In: Anuario de Derecho Civil, 1955, t. VIII, fasc. I, p. 73; e também em *La teoría del objeto del proceso*, In: Anuario de Derecho Civil, 1949, t. II, fasc. I, p. 626; PEDRAZ PENALVA, *Objeto del proceso y objeto litigioso*. In: *Presente y Futuro del Proceso Civil*, ob. cit., p. 55; GIMENO SENDRA *et alii*, *Derecho procesal civil*, Madrid: Colex, 1977, 2ª ed., v. I, p. 119; MONTERO AROCA *et alii*, *El nuevo proceso civil*, Valencia: Tirant lo Blanch, 2000, cap. 7º, p. 187; LORCA NAVARRETE, *Introducción al derecho procesal*, Madrid: Tecnos, 1991, 2ª ed., tema IV, nº1, p. 90; ORTELLS RAMOS *et alii*, *Derecho jurisdiccional*, Valencia: Tirant lo Blanch, 1998, v. II, lição 31ª, p. 86; e também em "Preclusión de alegaciones y peticiones en la primera instancia". In: *Los Procesos Declarativos*, Madird: CGPJ, 2000, p. 23; e ZAFRA VALVERDE, *Sentencia constitutiva y sentencia dispositiva*, Madrid: Rialp, 1962, p. 52. Na Argentina, PALACIO, *Manual de Derecho Procesal Civil*, Buenos Aires: Abeledo Perrot, 2003, 17ª ed., Cap. V, nº 47, p. 94; GOZAÍNI, *Teoría general del derecho procesal*, Buenos Aires: Ediar, 1996, nº 20, p. 46. En Polonia, TRAMMER e SIEDLECKI, *apud* BRONIEWICZ, Mezzo secolo di studi sul processo civile in Polonia (1945-1997). In: *Cinquanta Anni di Studi sul Processo Civile: Incontro Internazionale in occasione del Cinquantenario dell'Associazione*. Milano: Giuffrè, 1998, p. 59 e 61. Para uma crítica a esta postura, vide por todos, PROTO PISANI, *La trascrizione delle domande giudiziali*, ob. cit., p. 50 e ss. Em termos críticos similares e entendendo que é a ação processual o objeto do processo, GOLDSCHMIDT, quando disse: *"La acción procesal, como objeto concreto del proceso (el 'meritum causae'), es un derecho justiciario de carácter material, no de carácter procesal"*, Derecho procesal civil. Trad. Leonardo Prieto-Castro. Barcelona: Labor, 1936, § 12, p. 96.

[40] L'oggetto del processo di espropriazione, Milano: Giuffrè, 1961, p. 59. Assim mesmo, PROTO PISANI, ao dizer que *"la recente dottrina tedesca allorché osserva che nell'oggetto si riflette il carattere dinamico del processo, per cui quello verrebbe precisandosi e concretandosi progressivamente"*, La trascrizione delle domande giudiziali, ob. cit., p. 57.

[41] Para analisar as diferenças entre objeto do processo e objeto da demanda, vid. DE STEFANO, Per una teoria dell'oggetto del proceso. In: *Scritti Giuridici in Memoria di Piero Calamandrei*, ob. cit., p. 240 e ss. Ou, como costumo abordar a questão, a diferença entre pretensión procesal e demanda, consultar o que escrevi em *La pretensión procesal y la tutela judicial efectiva*, nº 9.3, p. 123 e PALACIO, *Manual de Derecho Procesal Civil*, ob. cit., nº 48, p. 95 e 96.

[42] Para nossa felicidade, este conceito foi integralmente adotado por PICÓ I JUNOY em sua clássica obra *La modificación de la demanda en el proceso civil*, Valencia: Tirant lo Blanc, 2006, p. 24. Diz o autor que objeto do processo para ele é *"la declaración de vonluntad hecha por el actor, a través de una petición fundada, para obtener una sentencia"*, Idem, ibidem.

pronunciamento por parte dos órgãos jurisdicionais,[43] onde esta assume a função essencial de individualizar o tipo de declaração de vontade. Em consequência, a petição passa a ser o elemento central que traz dentro de si uma declaração concreta e particular de vontade.[44] Como destaca GUASP, não se deve confundir uma *"declaración petitória que, en oposición a las resolutórias, son categorias fundamentales del derecho público"*.[45]

Esta declaração petitória (*rectius*, declaração de vontade feita através de uma petição) não nos permite aceitar como ideia-base do objeto do processo a expressão *"afirmación del derecho"* (*Rechtsbehauptung*).[46] Em primeiro lugar, porque sendo a pretensão processual uma declaração de vontade, não uma declaração de ciência, nem de sentimento, *"en ella se expone lo que un sujeto quiere y no lo que sabe o siente"*,[47] consequentemente o fato que caracteriza a declaração de vontade é o *'querer'*, enquanto o que caracteriza a declaração de ciência é o *'saber'*, logo quem *quer*, pede,

---

[43] Quando falo em obter um pronunciamento por parte dos *órgãos jurisdicionais* não estou, por certo, referindo-me unicamente aos magistrados em sentido amplo, mas também as decisões proferidas por árbitros nos processos de arbitragem, já que no sistema brasileiro os mesmos possuem atividade jurisdicional quando decidem, basta constatar o art. 475-N, IV do CPC que considera titulo executivo judicial a *sentença* do árbitro. Em igual sentido é a redação do art. 512, VII do projeto do novo CPC.

[44] Nesta ordem de ideias, afirma acertadamente GUASP que: *"Característico de la pretensión procesal es, pues, en primer término, el no ser una declaración de voluntad cualquiera, sino una declaración petitoria, una declaración en la que la voluntad exteriorizada agota su sentido en la solicitud dirigida a algún otro elemento externo para la realización de un cierto contenido"*, La Pretensión procesal, ob. cit., p. 75, e nos *Estudios Jurídicos*, ob. cit., p. 604. MONTERO AROCA et alii, também entende que *"La pretensión es una declaración de voluntad petitoria"*, El nuevo proceso civil, ob. cit., cap. 7°, p. 187. A este respeito, afirma acertadamente ARAZI, que *"la 'pretensión' constituye el contenido de la voluntad petitoria, la aspiración postulada por quien ejercita la acción"*, Elementos de derecho procesal, Buenos Aires: Astrea, 1988, §34, p. 72. Em sentido contrário, ZAMORA PIERCE, ao dizer que *"la pretensión procesal es abstracta"*, El derecho a la jurisdicción. In: Revista de la Facultad de Derecho de México, 1979, n° 114, p. 973.

[45] *Derecho procesal civil*, ob. cit., p. 233.

[46] De igual modo, HEINITZ, para quem: *"Dal punto di vista della noi difeso non è neppure esatto il dire che oggetto della lite sia l'affermazione di un diritto, ma che tale affermazione possa farsi in modo rilevante esclusivamente attraverso allegazione di fatti"*, I limiti oggettivi della cosa giudicata, ob. cit., n° 15, p. 162. Em sentido contrário, entendendo que o objeto do processo é uma afirmação de direito, LENT, Contributo alla dottrina dell'oggetto del processo, ob. cit., p. 434; NIKISCH, para quem o objeto do processo é *"la afirmación de un derecho planteada por el actor, sobre la cual peticiona una resolución susceptible de autoridad de cosa juzgada"*, apud SCHWAB, El objeto litigioso en el proceso civil, ob. cit., §4, p. 59; e BERZOSA FRANCOS, quando disse que *"la idea-base del concepto objeto del proceso es la afirmación de un derecho"*, Demanda, «causa petendi» y objeto del proceso, ob. cit., cap. II, p. 27, e também no cap. VIII, p. 225. Apesar de estes autores compartilharem da mesma ideia base acerca do objeto do processo, suas teorias não podem ser confundidas, pois, para LENT, defensor da concepção material, o conteúdo da afirmação do direito refere-se ao plano material, enquanto para NIKISCH e BERZOSA FRANCOS, defensores da concepção processual, o conteúdo da afirmação do direito refere-se ao plano processual, consequentemente liberam o objeto do processo de qualquer vínculo direto com o direito material. Para aprofundar melhor no estudo das diferenças entre as teorias de LENT e NIKISCH, vide por todos, SCHWAB, El objeto litigioso en el proceso civil, ob. cit., § 2, p. 14 e 15, e § 4, p. 61; e também TARZIA, Recenti orientamenti della dottrina germanica intorno all'oggetto del processo, ob. cit., p. 109 e 110. No âmbito do processo penal BAUMANN também sustenta que o objeto do processo está configurado pela afirmação de uma pretensão penal estatal (vid. nota 18), Derecho procesal penal, ob. cit., cap. 5, p. 271 e ss, especialmente p. 274 e ss.

[47] GUASP, *Derecho procesal civil*, ob. cit., p. 233.

peticiona, e quem *sabe, afirma* não pede nem peticiona.[48] E, em segundo lugar, porque o núcleo da expressão *"afirmación del derecho"* está relacionado ao conteúdo da petição, sendo assim, ao direito ou à relação jurídica afirmada pelo autor em juízo, e não à petição mesma, como *"espécie de forma de tutela jurídica"*, nos termos de Schwab.[49] Daí que seja preferível para identificar a ideia-base do objeto do processo, a força expressiva do conceito *petição (Begehren)* ao da afirmação do direito.[50] [51]

---

[48] Com isto se faz evidente que a expressão *afirmación del derecho* está muito mais ligada a uma declaração de ciência, e não a uma declaração de vontade. O problema está em que afirmando o direito se está declarando a existência deste direito, porque quem afirma algo sabe, tem ciência daquilo que está afirmando, do contrário não afirmaria, simplesmente pediria, peticionaria; e se está declarando a existência deste direito, como poderia justificar sua improcedência? LENT tentou responder a esta pergunta argumentando que *"non è un diritto in quanto effettivamente esistente, ma un diritto in quanto soltanto afermato"*, Contributo alla dottrina dell'oggetto del proceso, ob. cit., p. 437. No mesmo sentido, CERINO CANOVA, quando disse: *"Il diritto fatto valere nel processo è una situazione sostanziale determinata nel suo contenuto; è altresì un diritto soltanto ipotetico ed afermato, ma afermato come esistente al momento della domanda ed in quello della pronuncia"*, La domanda giudiziale ed il suo contenuto. In: *Commentario del Codice di Procedura Civile*, ob. cit., nº 15, p. 145. A dificuldade em aceitarem-se estas respostas é que não existe a categoria direito *"effettivamente esistente"* e direito *"soltanto afermato"* ou *"soltanto ipotetico ed afermato"*: o direito existe ou não existe, não há uma categoria intermediária de um direito *"soltanto ipotetico ed afermato"*. Além do mais, podemos acrescentar os argumentos expostos por PRIETO-CASTRO, segundo os quais *"si alguien tiene o no razón, si la postura que defiende es o no ajustada a Derecho (a la norma que regula el sector vital de que se trate), es algo que no saben ni los propios interesados, cuanto menos el juez"*, Tratado de Derecho Procesal, ob. cit., t. I, § 16, p. 77; GUASP, quando refere-se a relação jurídico-material, dizendo que: *"ni siquiera se sabe si existe hasta la sentencia"*, La Pretensión procesal, ob. cit., p. 58, e também nos *Estudios Jurídicos*, ob. cit., p. 594; e PONTES DE MIRANDA, ao dizer: *"Se só os que têm a pretensão tivessem direito ao uso dos remédios, haver-se-ia de começar do fim para o princípio: quem tem razão (direito, pretensão) tem ação, quem tem ação tem remédio processual. Ora, só se sabe quem tem 'razão' depois que se instaurou o processo (remédio), que se verificou ser procedente a ação (isto é, existir), por se terem produzido as provas, e se pronunciou a sentença, contendo o direito objetivo"*, Tratado das ações, São Paulo, RT, 1972, t. I, § 46, p. 273.

[49] *El objeto litigioso en el proceso civil*, ob. cit., §16, p. 245. No mesmo sentido, HEINITZ, quando afirma: *"Dal punto di vista da noi difeso non è neppure esatto il dire che oggetto della lite sia l'affermazione di un diritto, ma che tale affermazione possa farsi in modo rilevante esclusivamente attraverso allegazione di fatti"*, I limiti oggettivi della cosa giudicata, ob. cit., nº 15, p. 162.

[50] O autor que mais criticou a designação do objeto do processo como petição foi NIKISCH. Para ele, o objeto do processo não pode ser uma petição por várias razões, entre as quais assinala que aceita esta definição o objeto do processo seria idêntico à ação como ato e esta identidade não responderia à terminologia da ZPO, já que em muitas de suas disposições fica claro que ação e pretensão não são conceitos sinônimos, conforme destaca SCHWAB, *El objeto litigioso en el proceso civil*, ob. cit., § 4, p. 59; e BERZOSA FRANCOS, *Demanda, «causa petendi» y objeto del proceso*, ob. cit., cap. II, p. 20. Os argumentos formulados pelo autor para combater a expressão *petição*, acreditamos que já foram, por nós, rebatidos. Não obstante, convém esclarecer melhor que o fato de o objeto do processo estar designado por uma petição não supõe uma confusão com a ação enquanto ato, ainda que formalmente tanto a ação processual como a pretensão processual são considerados atos processuais, substancialmente cada ato processual apresenta um conteúdo diverso capaz de diferenciá-lo dos demais atos processuais. Para aprofundar melhor nas críticas a este autor, consultar por todos, SCHWAB, *El objeto litigioso en el proceso civil*, ob. cit., §16, p. 244 e ss.

[51] Com uma postura crítica e inovadora sobre as teorias contrapostas do «Begehren» (petição) e da «Rechtsbehauptung» (afirmação jurídica), vide ATTARDI, para quem: *"L''affermazione' non è tanto l'oggetto del processo, quanto il mezzo mediante cui l'oggetto stesso viene introdotto nel processo. E proprio per la funzione che le spetta, l'affermazione si rivela inidonea a individuare l'oggetto del processo nel senso di precisare quale sia il rapporto giuridico intorno al cui modo d'essere il giudice deve compiere la dichiarazione. Tale compito spetta alla 'richiesta del provvedimento', che determina infatti il sorgere nel giudice dell'obbligo*

A petição[52] também é relevante, pois delimita o conteúdo e o alcance das decisões judiciais[53] que se discute em um processo, já que estas, em virtude do princípio dispositivo,[54] se encontram vinculadas à própria vontade do autor,[55] segundo se depreende dos arts. 128[56] e 460[57] do CPC,

---

di provvedere (con forza di giudicato) limitamente al modo d'essere di quel rapporto giuridico cui la richiesta si riferisce", L'interesse ad agire, ob. cit., cap. I, nº 6, p. 59 e 60.

[52] Esta petição refere-se, certamente, à declaração de vontade petitória que compõe o conceito de pretensão processual, e não deve ser confundida com a *"tipologia peculiar interna"* desta, que é caracterizada pela *petição processual*, pois, como bem destaca GUASP: "*Es evidente, sin embargo, que no debe haber confusión alguna entre los conceptos de pretensión y de petición procesales. La pretensión es una petición, desde luego, pero no todas las peticiones procesales son pretensiones verdaderas. Todas las declaraciones de voluntad que emiten las partes en el proceso caen bajo el imperio del concepto de petición procesal, pero sólo aquella declaración de voluntad que constituye el fundamento objetivo del proceso puede ostentar en realidad el nombre pretensión procesal. Cabría decir que la primera es una petición final y las segundas meras peticiones instrumentales. La diferenciación puede venir dada por el criterio de que la pretensión se refiere autónomo y directamente a un bien de la vida, y las simples peticiones sólo se refieren a este bien de una manera subordinada indirecta, precisamente a través de la influencia que ejercen sobre la pretensión procesal. De este modo, la pretensión procesal se define como el fondo del proceso, las peticiones como el no fondo, forma en sentido amplio e impropio"*, La Pretensión procesal, ob. cit., p. 76, nota 75, e nos *Estudios Jurídicos*, ob. cit., p. 604, nota 75.

[53] Utilizamos a expressão *decisões judiciais* porque entendemos que a declaração de vontade contida na petição impõe limites precisamente a toda decisão judicial que a ela refere-se e não somente à sentença. Como bem aclara SERRA DOMÍNGUEZ, *"la congruencia es indispensable no sólo a la sentencia, sino también a toda resolución judicial. Toda resolución judicial supone una petición previa que debe resolverse. Y sólo tiene razón de ser en cuanto existe esta petición y dentro de sus límites. Una resolución incongruente es una resolución incorrecta"*, Incongruencia civil y penal. In: *Estudios de Derecho Procesal*. Barcelona: Ariel, 1969, p. 395. Nesta ordem de ideias, DE LA OLIVA. Sobre la congruencia de la sentencia civil. In: *Derecho y Proceso, Estudios Jurídicos en Honor del Profesor Martínez Bernal*. Murcia: Universidad de Murcia, 1980, p. 591, 593 e 594.

[54] Esta é a razão pela qual CARNACINI afirma que: *"l'estrinsecazione della tutela giurisdizionale ed i limiti di questa tutela dipendono da quella miccia che è la libera volontà della parte"*, Tutela guirisdizionale e tecnica del processo. In: *Studi in Onore di Enrico Redenti*. Milano: Giuffrè, 1951, v. II, nº 12, p. 745 (este artigo foi traduzido ao castelhano por A. Romo e publicado na Revista de la Facultad de Derecho de México, 1953, na tradução nº 12, p. 153). A este respeito, merece aprovação o exposto por PONTES DE MIRANDA, quando afirma que: *"A petição é que determina o conteúdo e a extensão do procedimento, faz nascer, com o despacho, a relação jurídica processual, induz, com a citação, litispendencia e determina, se não sobrevêm restrição, o conteúdo e a extensão da sentença"*, Tratado das ações, ob. cit., t. I, §48, p. 291. Para aprofundar melhor no estudo do princípio dispositivo e sua vinculação com as decisões judicias, vide PRIETO-CASTRO, *El principio de congruencia como limitación de las facultades de la jurisdicción*. In: *Trabajos y Orientaciones de Derecho Procesal*. Madrid: Revista de Derecho Privado, 1964, nº 19, p. 279 e ss; SERRA DOMÍNGUEZ, Incongruencia civil e penal, ob. cit., p. 393 e ss, especialmente p. 407 e ss; DE LA OLIVA. Sobre la congruencia de la sentencia civil, ob. cit., p. 591 e ss; GARCÍA PÉREZ, *El deber judicial de congruencia como manifestación del principio dispositivo y su alcance constitucional*. In: Revista General del Derecho, nº 583, abril/1993, p. 2879 e ss; e um excelente estudo jurisprudencial, PICÓ I JUNOY, *Las garantías constitucionales del proceso*, Barcelona, Bosch, 2012, p. 77 e ss. Para analisar este estudo desde a perspectiva da nova LEC 1/2000, consultar MONTERO AROCA, *Los principios políticos de la nueva ley de enjuiciamiento civil*, Valencia: Tirant lo Blanch, 2001, cap. X, nº 3, p. 81 a 94. No direito brasileiro consultar o que escrevi em *Provas Atípicas*, Porto Alegre: Livraria do Advogado, 1998, nº 1.2.2, p. 22 a 30.

[55] Neste particular convém esclarecer que esta petição da qual estamos falando é realizada unicamente pelo autor que serve para identificar o objeto do processo e não as demais petições feitas pelo autor e réu que servem para delimitar o objeto do debate, como mais adiante veremos.

[56] No mesmo sentido é a redação contida no art. 141 do projeto do novo CPC.

[57] Em igual sentido é a redação do art. 489 do projeto do novo CPC.

bem como dos arts. 216 e 218 da LEC Espanhola,[58] entre outras legislações estrangeiras.[59]

b) Petição fundamentada

Ao mesmo tempo em que o autor interpõe sua petição, ele também estabelece a afirmação sobre a qual se mantêm e justifica a decisão judicial solicitada. A petição, para que seja procedente, necessita estar justificada, motivada. Quando o autor fundamenta sua petição, através dos efeitos jurídicos extraídos de sua relação jurídica com o demandado, está justificando sua declaração feita através desta petição. Por isso, a declaração de vontade não se realiza através de uma simples petição, mas sim através de uma *petición (petitum) fundamentada (causa petendi)*.[60]

Estimo extramuros neste trabalho a análise detalhada do pedido e da causa de pedir, até porque este estudo já foi realizado em outra oportunidade quando analisamos epistemologicamente os limites objetivos da coisa julgada.[61]

c) Obtenção de uma sentença

Esta declaração de vontade necessita dirigir-se a alguém, que, em virtude do monopólio da jurisdição, é o Estado, através de seus órgãos jurisdicionais, configurando-se assim como o titular passivo da pretensão processual. Esta se dirige até o Estado com a finalidade de *obter uma sentença de um órgão jurisdicional*, pelo que o titular passivo da pretensão processual se distingue do titular passivo da pretensão material, que sempre tem por destinatário o obrigado.[62]

---

[58] A respeito da vigência do princípio dispositivo na nova LEC, vid. PICÓ I JUNOY, Los principios del nuevo proceso civil. In: *Instituciones del Nuevo Proceso Civil. Comentarios Sistemáticos a la Ley 1/2000.* Coord. por Alonso-Cuevillas. Barcelona: Difusión Jurídica, 2000, v. I, p. 30 e ss; e MONTERO AROCA, *Los principios políticos de la nueva ley de enjuiciamiento civil*, ob. cit., cap. IX, nº 2, p. 63 a 66.

[59] No direito comparado, especificamente no ordenamento italiano, consultar o magnífico comentário ao art. 115 do CPC italiano, sobre os poderes do juiz, realizado por TARRUFFO-CARRATTA, Poteri del giudice. In: *Commentario del Codice di Procedura Civile.* Coord. por Sergio Chiarloni, Bologna 2011, p.447 ss. Este escrito está sendo por mim traduzido para ser publicado em breve, juntamente com outros artigos do Prof. Taruffo, em livro na coleção que dirijo denominada *Clássicos Contemporâneos. Estudos em homenagem à Ovídio Baptista da Silva*, vol. 2, com o título provisório de "Ensaios sobre o processo civil: Escritos sobre processo e justiça civil".

[60] Colocando ênfase na fundamentação da declaração de vontade petitória do autor, MONTERO AROCA *et alii*, destaca: *"La pretensión es una declaración de voluntad petitoria que se caracteriza porque ha de estar fundada, esto es, que tiene que hacer referencia a un acontecimiento determinado de la vida"*, El nuevo proceso civil, ob. cit., cap. 7º, p. 187.

[61] *Análise epistemológica dos limites objetivos da coisa julgada*, ob. cit., p. 61 e ss. Todavia, para realçar nosso ponto de vista sobre o tema, identificamos como causa de pedir, que é o conceito mais complexo, o *"conjunto de fatos essenciais contemplados na situação de vantagem objetiva que servem de base à obtenção das consequências jurídicas pretendidas pela parte no processo em um determinado momento no tempo e espaço"*, ob. cit., p. 66. Para nosso regozijo este conceito serviu de base para PICÓ I JUNOY, em sua clássica obra intitulada *La modificación de la demanda en el proceso civil*, ob. cit., p. 28.

[62] As diferenças entre pretensão processual e pretensão material podem ser encontradas em meu livro *La pretensión procesal y la tutela judicial efectiva*, ob. cit., nº 9.6.3, p. 203 e ss

Todavia, esta declaração de vontade também pode ser dirigida para um árbitro, a fim de obter-se, igualmente, uma sentença, como bem esclarece o art. 475-N, inc. IV, do CPC que considera a decisão do árbitro uma sentença capaz de criar um título executivo judicial.[63]

4. Dicotomia entre objeto do processo e objeto do debate

Neste ponto, devemos clarear devido à confusão existente tanto nas leis processuais como na doutrina, a diferença entre objeto do processo (*a saber, o fundo, o "meritum causae"*)[64] e objeto de debate (*a saber, as questões relativas ao fundo, ao "'meritum causae"*) ou, como denomina Lent, *"l'oggetto del giudizio"*.[65] [66]

4.1. Objeto do processo

A fixação do objeto do processo[67] se realiza exclusivamente pela declaração de vontade petitória do autor,[68] razão pela qual a resistência do

---

[63] Em idêntico sentido é a redação do art. 512, inc. VII do projeto do novo CPC.

[64] De acordo com o exposto anteriormente, para nós, pretensão processual, mérito e objeto do processo são conceitos sinônimos, razão pela qual o *meritum causae* é a pretensão processual, isto é, *a declaração de vontade feita pelo autor através de uma petição fundamentada*, ou, como afirma GARBAGNATI, *"il gruppo delle questioni relative all'esistenza del fatto costitutivo del diritto fatto valere processualmente dall'attore ed alla scelta ed interpretazione delle norme giuridiche, da applicare al fatto medesimo"*, Questioni preliminari di merito e questioni pregiudiziali. In: Rivista di Diritto Processuale, 1976, p. 259 e 260.

[65] *Diritto processuale civile tedesco*, ob. cit., §24, p. 93.

[66] Esta diferença também é realizada por MONTERO AROCA, *Los principios políticos de la nueva ley de enjuiciamiento civil*, ob. cit., cap. X, nº 1, p. 73 a 76; *El nuevo proceso civil*, ob. cit., cap. 7º, p. 188 e 189; GUASP, *La Pretensión procesal*, ob. cit., p. 94, e também nos *Estudios Jurídicos*, ob. cit., p. 615, e no mesmo sentido, *Derecho procesal civil*, ob. cit., p. 251; HEINITZ, I *limiti oggettivi della cosa giudicata*, ob. cit., nº 13, p. 144; e SYDNEY SANCHES, *Objeto do processo e objeto litigioso do processo*. In: Ajuris, nº 16, 1979, p. 155, (apesar de que este autor identifica o que denomina *objeto do processo* com o que denominamos *objeto do debate*, e *objeto litigioso* com o que denominamos *objeto do processo*). Do mesmo modo DE LA OLIVA, porém com matizes distintas, pois, segundo o autor *"cabe afirmar que la contrapretensión es relevante para el objeto del proceso siempre que presente fundamentos fácticos y jurídicos distintos de la negación de los fundamentos fácticos y jurídicos de la pretensión actora. En tal caso, constituye un objeto accesorio del proceso civil. El objeto 'necesario' del proceso civil es, a la vez, el objeto 'principal': el objeto, que consideramos 'contingente, es 'accesorio'. Pero accesorio no significa prescindible, desdeñable o casi irrelevante: es imprescindible y es relevante. Accesorio significa, con toda precisión, que no se sustenta por sí solo, que su relevancia no es independiente, sino dependiente, que importa por su relación con lo principal"*, *Derecho procesal civil: el proceso de declaración*, ob. cit., § 25, p. 46.

[67] A este respeito, merece aprovação a crítica de TARZIA à doutrina que estuda o processo de execução, pois, segundo o autor, esta utiliza promiscuamente as expressões *"oggetto dell'esecuzione"* e *"oggetto del processo esecutivo"*, L'oggetto del processo di espropriazione, Milano: Giuffrè, 1961, p. 65 e ss, principalmente nota 169. Para o autor, *"l'oggetto del processo espropriativo è il bene che viene appreso per essere alienato"*, L'oggetto del processo di espropriazione, ob. cit., p. 77. Vale dizer, *"Il bene pignorato si profila, cioè, come l'oggetto del processo, non solo in un senso generico, in quanto costituisce la materia della attività espropriativa, ma in una accezione ben più specifica; esso, cioè, rappresenta l'elemento base della struttura del processo, che assicura l'unità delle varie fasi e ne puntualizza la identità rispetto a processi diversi"*,

demandado não altera as dimensões do objeto do processo conferidas exclusivamente pelo autor no ato de interposição da demanda.[69] Por isso Guasp afirma que, *"el demandado, mediante sus defensas, no puede hacer que*

L'oggetto del processo di espropriazione, ob. cit., p. 563 e 564. Em termos similares MONTERO AROCA, quando refere-se ao objeto da execução dizendo: "*Con la expresión objeto de la ejecución se está haciendo referencia a la pretensión, esto es, a la petición fundada que se hace a un órgano jurisdiccional, frente a otra persona, sobre un bien de la vida. (...) Se ha sostenido en ocasiones que el objeto de la ejecución es el patrimonio del ejecutado, pero esta opinión no puede aceptarse porque: 1) Se están excluyendo, sin más, todos los casos de ejecución no patrimonial existentes en nuestro Derecho, y 2) Sobre todo, se está confundiendo lo que es objeto del embargo (los bienes del patrimonio del ejecutado) con lo que es objeto de la ejecución (la pretensión)*", El nuevo proceso civil, ob. cit., cap. 26°, p. 591.

[68] A fixação do objeto do processo unicamente pela declaração de vontade petitória do autor é defendida por CARNELUTTI, *Lezioni di diritto processuale civile*, Padova: Cedam, 1986, vol. IV, n° 278, p. 18; LENT, *Contributo alla dottrina dell'oggetto del processo*, ob. cit., p. 432 e 433; SCHWAB, *El objeto litigioso en el proceso civil*, ob. cit., §16, p. 243; ROSENBERG, *Tratado de derecho procesal civil*, ob. cit., t. II, § 88, p. 30 e ss; HEINITZ, *I limiti oggettivi della cosa giudicata*, ob. cit., n° 13, p. 144; DE STEFANO, Per una teoria dell'oggetto del proceso. In: *Scritti Giuridici in Memoria di Piero Calamandrei*, ob. cit., p. 238; FABBRINI, *Scritti giuridici*, Milano: Giuffrè, 1989, vol. I, p. 402 e 403; GARBAGNATI, *Questioni preliminari di merito e questioni pregiudiziali*, ob. cit., p. 259 e 260; MANDRIOLI, *Corso di diritto processuale civile*, Torino: Giappichelli, 2000, vol. I, n° 18, ps. 63 e ss; FORNACIARI, *Presupposti processuali e giudizio di merito (L'ordine di esame delle questioni nel processo)*, Torino: Giappichelli, 1996; n° 29, p. 155; GUASP, *La Pretensión procesal*, ob. cit., p. 94, e também nos *Estudios Jurídicos*, ob. cit., p. 615, em igual sentido, *Derecho procesal civil*, ob. cit., p. 251; PRIETO-CASTRO, *Derecho procesal civil*, ob. cit., n° 63, p. 99; MONTERO AROCA, *Los principios políticos de la nueva ley de enjuiciamiento civil*, ob. cit., cap. X, n° 1, p. 75; *El nuevo proceso civil*, ob. cit., cap. 7°, p. 188 e também no cap. 18, p. 430; RAMOS MÉNDEZ, *Enjuiciamiento civil*, Barcelona: Bosch, 1997, t. I, n° 11.3.3, p. 201 a 203; GIMENO SENDRA et alii, *Derecho procesal civil*, ob. cit., v. I, p. 120; MUÑOZ JIMÉNEZ, Actos de las partes delimitadores del objeto del proceso: demanda, contestación, réplica, dúplica, escrito de ampliación y conclusiones. In: *El objeto del Proceso Civil, Cuadernos de Derecho Judicial*, Madrid: CGPJ, 1996, p. 153, 154 e 197; VÉSCOVI, *Teoría general del proceso*, Bogotá, Temis, 1984, cap. IV, n° 8, p. 84; PONTES DE MIRANDA, *Tratado das ações*, ob. cit., t. I, §48, p. 291 e 292; DINAMARCO, *O conceito de mérito em processo civil*. In: *Fundamentos do Processo Civil Moderno*, São Paulo: Malheiros, 2002, 5ª ed., n° 119, p 276. (este conceito foi evoluindo na concepção do autor que fixou posicionamento a partir da 4ª ed. – Este artigo também foi publicado na Repro, n° 34, 1984, n°18, p. 20 e ss); e SYDNEY SANCHES, Objeto do processo e objeto litigioso do processo, ob. cit., p. 155. Em sentido contrário LIEBMAN, quando inclui no '*meritum causae*', "*tanto le questioni 'preliminare di merito', quanto le eccezioni*", Manuale di diritto processuale civile, Milano: Giuffrè, 1984, t. I, n° 80, p. 152, nota 7; e PUGLIESE, para quem "*bisogna tenere presente che anche il convenuto può contribuire con le sue eccezioni a determinare l'oggetto della lite, estendendo il 'thema decidendum' o introducendo nuovi temi, il che può riflettersi sul 'petitum' e sulla 'causa petendi'*", Giudicato civile. In: *Enciclopedia del Diritto*, Milano: Giuffrè, 1969, t. XVIII, n° 23, p. 862.

[69] Nem sequer a compensação processual deduzida pelo demandado amplia o objeto do processo, pois, como destaca TAPIA FERNÁNDEZ, "*al poner el demandado un crédito compensable no lo 'hace valer' en el proceso para que se declare su existencia, sino la inexistencia del crédito del contrario, resulta que ese crédito compensable 'se hace valer' en el proceso; lo que quiere decir que verdaderamente queda incorporado al mismo, formando parte del objeto litigioso que se deberá debatir y resolver en dicho proceso*", La compensación en el proceso civil, Madrid: Trivium, 1988, p. 91. De igual modo, MUÑOZ JIMÉNEZ, afirma: "*Ni siquiera lo amplía la compensación, por más que ésta suponga la introducción en el proceso por obra del demandado de una relación material distinta de aquélla en que la pretensión del actor se funda, siempre que la voluntad del demandado constriña la efectividad de su contra crédito a neutralizar – o, eventualmente, reducir – el derecho de crédito de su adversario, sin reclamar el pago por exceso*", Actos de las partes delimitadores del objeto del proceso: demanda, contestación, réplica, dúplica, escrito de ampliación y conclusiones. In: *El objeto del Proceso Civil*, ob. cit., p. 198.

el proceso tenga una dimensión mayor, menor o distinta que la que el actor originariamente le dio con la formulación de su declaración inicial".[70]

Também Montero Aroca se manifesta neste sentido, quando diz que: "*El objeto del proceso no es distinto dependiendo de que el demandado oponga o no resistência expresa*".[71] Além do mais, podemos acrescentar o argumento segundo o qual a interposição da demanda por parte do autor produz efeitos, e entre estes efeitos, de ordem processual, está a litispendência. No direito brasileiro, a litispendência para o autor se dá no momento da propositura da demanda, art. 263 do CPC,[72] ao passo que para o réu ela se dá simplesmente com a citação sendo válida, art. 219 do CPC.[73][74] Podemos deduzir, portanto, que para a identificação da litispendência não importa nenhum tipo de manifestação concreta do demandado, já que se exige como requisitos para que esta exista somente '*a interposição da demanda*' e '*a citação válida*', e, tanto em um caso como em outro, a participação do demandado não interfere de maneira alguma no início daquela, pois como bem destacou Carnelutti, "*la chiave dell'istituto della litispendenza sta nella domanda*".[75] Logo, se a *litis* já está pendente (litispendência) e produz, entre outros efeitos, a proibição de *mutatio libelli* (art. 264 do CPC),[76]

---

[70] *Derecho procesal civil*, ob. cit., p. 251, e nos *Comentarios a la ley de enjuiciamiento civil*, ob. cit., t. II, v. I, p. 279. O autor fixa os limites da defesa, afirmando que: "*La oposición a la pretensión no integra el objeto del proceso, sino que contribuirá simplemente a acotar o delimitar el medio lógico en que dicho proceso se mueve*", La Pretensión procesal, ob. cit., p. 94, e também nos *Estudios Jurídicos*, ob. cit., p. 615.

[71] *El nuevo proceso civil*, ob. cit., cap. 7°, p. 189. Analogamente, PRIETO-CASTRO, quando afirma que "*las excepciones (en sentido lato), puesto que no constituyen objeto del proceso (en sentido estricto)...*", El principio de congruencia como limitación de las facultades de la jurisdicción, ob. cit., p. 312; e HEINITZ, quando disse: "*Le eccezioni semplici (non riconvenzionali) del convenuto non possono cambiarvi nulla; la difesa del convenuto può allegare fatti diversi da quelli che formano la premessa della pretesa dell'attore, ad esempio fatti estintivi, ma con ciò non si cambia il tema della decisione*", I limiti oggettivi della cosa giudicata, ob. cit., n° 13, p. 144.

[72] Com igual sentido o art. 310 do projeto do novo CPC.

[73] De forma idêntica é a redação do art. 238 do projeto do novo CPC.

[74] Assim se expressa também CHIOVENDA, ao dizer: "*quando parlo del 'momento' in cui la litispendenza si verifica, accenno al momento in cui la domanda giudiziale è comunicata alla parte contro cui è proposta: 'normalmente dunque alla notificazione della citazione'*", Sulla 'perpetuatio iurisdictionis'. In: *Saggi di Diritto Processuale Civile*. Milano: Giuffrè, 1993, vol. I, p. No processo civil espanhol a matéria está mais bem definida através do art. 410 da LEC, ao dizer que: "*La litispendencia, con todos sus efectos procesales, se produce desde la interposición de la demanda, si después es admitida*".

[75] *Lezioni di diritto processuale civile*, ob. cit., v. IV, n° 279, p. 21. De igual modo SERRA DOMÍNGUEZ, para quem "*la litispendencia surge coetáneamente al proceso tan pronto se ha presentado una demanda válida y eficaz*", vale dizer, "*la litispendencia se inicia en el momento de presentación de la demanda*", Litispendencia. In: Revista de Derecho Procesal Iberoamericana, 1969, p. 656 e 659. CHIOVENDA adota um conceito de litispendência em sentido amplo, ao defini-la como "*la esistenza d'una lite nella pienezza de' suoi effetti*", Rapporto giuridico processuale e litispendenza. In: *Saggi di Diritto Processuale Civile*, ob. cit., vol. II, p. 376. Para um estudo exaustivo da litispendência, consultar a clássica obra de MÁLAGA DIÉGUEZ, *La litispendencia*, Barcelona: Bosch, 2000.

[76] No mesmo sentido é a redação do art. 327 do projeto do novo CPC. No direito espanhol esta regra está prevista no art. 412.1 da LEC.

isto significa que só o autor é quem delimita o objeto do processo mediante sua declaração de vontade petitória.[77] [78]

Só a reconvenção[79] que trata da interposição pelo demandado de uma pretensão processual própria frente ao autor, assumindo assim a posição de "autor da reconvenção", poderá alterar o objeto do processo, cumulando, portanto, pretensões (é a chamada *"acumulación sucesiva por inserción"*).[80] Na reconvenção o réu do processo principal torna-se autor de uma pretensão processual própria e distinta da pretensão processual já deduzida pelo então autor que vem a tornar-se aqui, na reconvenção, réu. A forma em que a reconvenção deve ser apresentada em juízo não altera jamais o seu conteúdo, vale dizer, no atual CPC, art. 315, ela deve ser corretamente formulada através de uma petição inicial e não dentro da contestação, mas a jurisprudência aceita tal hipótese.[81] Todavia no novo CPC, art. 340,[82] a redação é muito melhor e está em consonância com o que afirmamos, pese ser interposta dentro da contestação.

---

[77] Também utiliza o argumento da litispendência para justificar a identificação do objeto do processo exclusivamente pelo ator, HEINITZ, *I limiti oggettivi della cosa giudicata*, ob. cit., nº 13, p. 144.

[78] A este respeito merece aprovação o exposto por MONTERO AROCA, quando diz: *"Las prohibiciones de transformación de la demanda que se contienen en el Ordenamiento procesal, como las de los arts. 412 y 426 LEC: Es cierto que estas normas prohíben también la transformación de la contestación de la demanda, pero el caso es que sólo podrá saberse si ha existido verdadera modificación ("alteración sustancial") cuando antes se haya determinado el objeto del proceso"*, El nuevo proceso civil, ob. cit., cap. 7º, p. 190. Para MUÑOZ JIMÉNEZ, a proibição da *'mutatio libelli'* também aplica-se, por idênticas razões, à defesa, Actos de las partes delimitadores del objeto del proceso: demanda, contestación, réplica, dúplica, escrito de ampliación y conclusiones. In: *El objeto del Proceso Civil*, ob. cit., p. 212.

[79] Sobre o particular, afirma acertadamente MONTERO AROCA, que *"la reconvención supone salir del objeto del proceso fijado en la demanda, y de las actitudes del demandado frente a la misma, para fijar un nuevo objeto del proceso, esto es, una nueva pretensión y, consiguientemente, un nuevo proceso. (...). Ésta no es en realidad una actitud del demandado frente a la demanda, sino el aprovechamiento de la existencia de un procedimiento iniciado por el actor para interponer frente al mismo otra pretensión"*, El nuevo proceso civil, ob. cit., cap. 16, p. 389. Em igual sentido, MUÑOZ JIMÉNEZ, Actos de las partes delimitadores del objeto del proceso: demanda, contestación, réplica, dúplica, escrito de ampliación y conclusiones. In: *El objeto del Proceso Civil*, ob. cit., p. 153 e 154. Para VÉSCOVI, *"aquí sí cambia el objeto del proceso, pero en realidad estamos ante un caso de acumulación de pretensiones dentro de aquel"*, Teoría general del proceso, ob. cit., cap. IV, nº 8, p. 84.

[80] Expressão utilizada por GUASP para definir: *"cuando a una pretensión hecha valer en un proceso 'se añade o incorpora' otra aún no deducida judicialmente"*, Derecho procesal civil, ob. cit., p. 268. O autor também utiliza esta expressão em *La Pretensión procesal*, ob. cit., p. 94, e também nos *Estudios Jurídicos*, ob. cit., p. 615; e nos *Comentarios a la ley de enjuiciamiento civil*, ob. cit., 1945, t. II, v. I, p. 327. Também empregam esta expressão, MONTERO AROCA et alii, *El nuevo proceso civil*, ob. cit., cap.16º, p. 389; e TAPIA FERNÁNDEZ, La reconvención. In *Los Procesos Declarativos. Cuadernos de Derecho Judicial*. Madrid: CGPJ, 2000, p. 198. Para aprofundar melhor no estudo desta forma de cumulação, vide por todos, GUASP, *Comentarios a la ley de enjuiciamiento civil*, ob. cit., 1943, t. I, p. 516 e ss, especialmente p. 531 e ss; e em *Derecho procesal civil*, ob. cit., p. 268 e ss.

[81] STJ, 5ª Turma, REsp 549.587/PE, rel. Min. Félix Fischer, j. 23.03.2004, DJ 10.05.2004, p. 335.

[82] *"Na contestação, é lícito ao réu propor reconvenção para manifestar pretensão própria, conexa com a ação principal ou com o fundamento da defesa"*.

4.2. Objeto do debate

Uma vez admitida a demanda com o objeto do processo definido exclusivamente pelo ator, o demandado deve ser validamente citado para que possa formular sua devida defesa. A resistência que este pode oferecer, como apontamos, não altera o objeto do processo, mas certamente pode ampliar os termos do debate,[83] na medida em que suas alegações podem conter exceções[84] tanto materiais (fatos impeditivos, modificativos ou extintivos),[85] como processuais.[86] Por isso, Kazuo Watanabe afirma que o demandado unicamente "*amplia a matéria de cognição, a área de atividade lógica do juiz, através da defesa*".[87]

Como consequência do princípio dispositivo, as decisões judiciais devem referir-se não só ao objeto do processo, que traz consigo um enfoque parcial do princípio, mas principalmente ao objeto do debate,[88] que representa uma visão completa do princípio, já que engloba tanto a pretensão processual deduzida pelo autor como as exceções apresentadas pelo demandado.[89] Como consequência, as decisões judiciais devem ser

---

[83] Nesta ordem de ideias FABBRINI, quando corretamente afirma que "*l'eccezione consiste nel potere di allargare la 'quaestio facti', lasciando invece immutati i limiti oggettivi del giudicato, ed ha per oggetto i fatti dotati di efficacia impeditiva, modificativa o estintiva rispetto alla situazione giuridica soggettiva sostanziale fatta valere dall'attore*", Scritti giuridici, ob. cit., v. I, p. 402 e 403. No mesmo sentido, GUASP, ao dizer que: "*La oposición a la pretensión no compone ni integra el objeto del proceso, misión reservada a la pretensión procesal, sino que normalmente fija tan sólo los límites de su examen*", Comentarios a la ley de enjuiciamiento civil, ob. cit., t. II, v. I, p. 279; e MUÑOZ JIMÉNEZ, Actos de las partes delimitadores del objeto del proceso: demanda, contestación, réplica, dúplica, escrito de ampliación y conclusiones. In: El objeto del Proceso Civil, ob. cit., p. 154. Para TAPIA FERNÁNDEZ, quando a mesma refere-se à exceção de compensação e à exceção de nulidade de um negócio jurídico, "*no se puede decir que los hechos nuevos introducidos por el demandado en el proceso no aumenten los límites de la controversia*", El objeto del proceso. Alegaciones. Sentencia. Cosa juzgada, Madrid: La Ley, 2000, p. 39.

[84] É interessante destacar que o primeiro 'Manual', se é que assim pode ser qualificado, de direito processual civil, escrito por DAMHOUDER, em holandês, no ano de 1626, já se referia às "*excipieren*" e a suas modalidades: "*Declinatoir, dilatoir, peremptoir*", Practycke in civile saecken, Gravenhage: VVeduwe, 1626, cap. CXX, p. 274.

[85] Para uma análise mais detalhada dos fatos extintivos e impeditivos e os limites ao poder do juiz, vide por todos, CHIOVENDA, Identificazione dele azioni. Sulla regola 'ne eat iudex ultra petita partium'. In: *Saggi di Diritto Processuale Civile*, ob. cit., vol. I, p. 157 e ss, especialmente os n° 7 e 8, p. 164 e ss.

[86] Para aprofundar melhor no estudo das exceções desde sua origem histórica até sua aplicação moderna, vide por todos o excelente artigo de CHIOVENDA, Sulla 'eccezione'. In: *Saggi di Diritto Processuale Civile*, ob. cit., vol. I, p. 149 e ss.

[87] *Da cognição no processo civil*, São Paulo: Bookseller, 2000, 2ª ed., n° 20.6, p. 108.

[88] O objeto do debate que se identifica com o *thema probandum* não pode ser confundido com o *objeto da prova*, pois, como já escrevi: "*ao falar de 'necessidade' ou 'tema' da prova, estamos 'selecionando os fatos' que devem ser provados e que interessam para cada processo, atribuindo a cada parte o ônus da prova. E, quando nos referirmos ao 'objeto' da prova, estamos apontando uma vastíssima e quase ilimitada possibilidade do que pode ser seu objeto*", Tendências modernas da prova. In: Ajuris, n° 65, p. 341; e também no meu livro Provas atípicas, Porto Alegre: Livraria do Advogado, 1998, n° 2.5, p. 75.

[89] Por isso afirma acertadamente PRIETO-CASTRO que: "*De acuerdo con la conducta que respecto de todos los materiales del proceso deba observar el órgano, es como su pronunciamiento final acerca del objeto tendrá que venir concebido*", El principio de congruencia como limitación de las facultades de la jurisdicción,

congruentes não só com a pretensão processual, mas também com as exceções opostas pelo réu.[90] Por esta razão Serra Dominguez define a incongruência como *"la falta de adecuación entre las pretensiones de las partes formuladas oportunamente y la parte dispositiva de la resolución judicial"*.[91]

Dentro desta perspectiva fica fácil perceber que a lide corresponde essencialmente ao objeto do debate, e não ao objeto do processo, ao mérito como quer o atual CPC,[92] já que lide significa, segundo Carnelutti, seu criador, *"un conflicto de intereses calificado por la pretensión de uno de los*

---

ob. cit., p. 297; No mesmo sentido, LENT, quando disse: *"Per riassumere complessivamente la situazione giuridica delle parti, cui compete il potere di iniziare il proceso (facendogli poi percorrere le successive fasi con i mezzi d'impugnazione), di determinare l'oggetto del giudizio ed i confini della decisione, si parla di 'principio di disposizione' (Dispositionsmaxime)"*, Diritto processuale civile tedesco, ob. cit., §24, p. 93; FABBRINI, quando refere-se às exceções, afirmando que o juiz *"ha il dovere, sanzionato a pena di nullità della sentenza, di accertare e valutare il fatto eccepito ai fini del contenuto da dare alla pronuncia di merito"*, Scritti giuridici, ob. cit., v. I, p. 403; SERRA DOMÍNGUEZ, Incongruencia civil y penal, ob. cit., p. 397; MONTERO AROCA et alii, El nuevo proceso civil, ob. cit., cap. 7°, p.188 e 189; MUÑOZ JIMÉNEZ, Actos de las partes delimitadores del objeto del proceso: demanda, contestación, réplica, dúplica, escrito de ampliación y conclusiones. In: *El objeto del Proceso Civil*, ob. cit., p. 154, e principalmente p. 213 e 214, com um grande número de jurisprudência; e SYDNEY SANCHES, *Objeto do processo e objeto litigioso do processo*, ob. cit., p. 155 (que de acordo com sua terminologia denomina-se *objeto do processo*, vid. nota 65). Em sentido contrário, GIMENO SENDRA, quando afirma que a determinação do objeto do processo, *"sirve para fijar el ámbito cognoscitivo de la decisión judicial, creando en el Juez la obligación de ser 'congruente' única y exclusivamente con lo solicitado en la pretensión del actor."* O demandado, *"a lo sumo establece el límite mínimo de la congruencia <citra petita>"*, et alii, *Derecho procesal civil*, ob. cit., v. I, p. 120; e SCHWAB, ao dizer que o conteúdo da sentença determina o alcance do objeto litigioso, contudo esse conteúdo não é o objeto litigioso, pois, *"si sostuviéramos que el contenido de la sentencia, o sea la resolución peticionada por el actor, constituye la pretensión procesal, caeríamos en el absurdo de decir que la resolución del tribunal recae sobre la resolución peticionada por el actor. El tribunal no dicta sentencia sobre la resolución peticionada, sino sobre la 'solicitud' del actor, mediante la cual éste peticiona una resolución determinada"*, El objeto litigioso en el proceso civil, ob. cit., §16, p. 243.

[90] No sentido do texto encontramos várias sentenças do Tribunal Supremo da Espanha, segunda as quais, *"El principio de congruencia implica que el Juez tenga en cuenta también las peticiones del demandado que en no pocos supuestos implican fundamentos autónomos aunque conexos con los aducidos por el demandante, que exigen por ello pronunciamiento específico"*, Ley de Enjuiciamento Civil y Leyes Complementarias, Madrid: Colex, 1997, art. 372, p. 168. A respeito, afirma acertadamente A. ROCCO, que *"il giudice debba pronunciare 'in base a tutti' gli elementi di fatto portati in appoggio delle pretese fatte valere dalle parti nelle loro domande, e 'solo in base' a questi elementi"*, La sentenza civile, Milano: Giuffrè, 1962, n° 42, p. 99.

[91] *Incongruencia civil y penal*, ob. cit., p. 395. Nos mesmos termos PRIETO-CASTRO, *El principio de congruencia como limitación de las facultades de la jurisdicción*, ob. cit., p. 315 e ss. O princípio da congruência está previsto, como vimos anteriormente, nos arts. 128 e 460 do CPC (que correspondem aos art. 141 e 489 do projeto do novo CPC). Neste particular, convém apontar dois equívocos realizados por SERRA DOMINGUEZ ao definir incongruência, para o autor a incongruência se dá pela inadequação *'entre las pretensiones de las partes'* e a *'parte dispositiva de la resolución judicial'*. O primeiro equívoco existe quando o autor afirma que ambas as partes formulam pretensões, o que não é verdade, como bem vimos, pois somente o autor deduz pretensão competindo ao réu defender-se da mesma. O segundo equívoco está em que a sentença trata os dois objetos em locais distintos, como a seguir veremos, pois enquanto o objeto do processo é realmente tratado na parte dispositiva da sentença, o objeto do debate é tratado na fundamentação da mesma.

[92] Basta analisar o que foi dito na exposição de motivos do CPC, n° 6: *"O projeto só usa a palavra lide para designar o mérito da causa. (...). A lide é, portanto, o objeto principal do processo e nela se exprimem as aspirações em conflito de ambos os litigantes"*.

interesados y por la resistencia del otro".[93] Desta forma, o conceito de lide é mais amplo que o objeto do processo e não pode, portanto, ser confundido com seu mérito, pois para que ela possa existir a presença do demandado é imprescindível, enquanto para a existência do objeto do processo a presença do réu é totalmente prescindível, dispensável.[94]

Desde esta perspectiva, pois, é oportuno assinalar, de acordo com a redação do art. 10 do novo CPC, que o juiz está proibido de utilizar qualquer fundamento a respeito do qual não se tenha dado às partes oportunidade de se manifestar, ainda que se trate de matéria sobre a qual deva decidir de ofício.[95]

Em definitivo, seguindo Guasp, entendemos que *"la tarea de limitar el contenido del proceso no ha confundirse, pues, con la de proporcionar su objeto, la cual es exclusiva del sujeto activo de la pretensión"*.[96] Deste modo concluímos que o objeto das decisões judiciais é maior que o objeto do processo. Em consequência, os elementos que identificam o objeto do processo são também distintos daqueles que identificam o objeto do debate, como a seguir veremos, se bem que as legislações processuais mais

---

[93] *Sistema de derecho procesal civil*. Trad. Niceto Alcalá-Zamora y Castillo y Santiago Sentís Melendo. Buenos Aires: Uthea, 1944, v. I, nº14, p. 44. A lide como característica da jurisdição foi criada por CARNELUTTI. Dentro das obras doutrinárias de CARNELUTTI, podemos distinguir, neste particular, duas fases: a primeira, na qual o autor entendia como jurisdicional tanto o processo de declaração como o processo de execução, porque, segundo seu conceito, a *resistência* é o elemento que qualifica a lide e essa pode *discutir ou lesionar* a pretensão, gerando, por conseguinte, uma *pretensão discutida* ou uma *pretensão insatisfeita*; no primeiro caso estamos diante do processo de declaração e, no segundo, diante do processo de execução, *Sistema de derecho procesal civil*, v. II, ob. cit., p. 12; *Instituciones del nuevo proceso civil italiano*. Trad. Jaime Guasp. Barcelona: Bosch, 1942, v. I, nº 9, p. 34. O autor confirma esta ideia em sua conhecida discussão com Calamandrei, ao dizer que existe lide *"quando taluno pretende la tutela di un suo interesse in contrasto con l'interesse di un altro e questi vi resiste mediante la lesione dell'interesse o mediante la contestazione della pretesa"*, Lite e proceso. In: *Studi di Diritto Processuale*, Padova: Cedam, 1939, p. 29. Posteriormente, em sua segunda fase, quando escreveu sua magnífica obra intitulada *Diritto e Processo*, em 1958, trouxe para dentro da jurisdição o processo voluntário, dizendo literalmente: *"La jurisdicción voluntaria 'es verdaderamente jurisdicción' resulta tanto del fin como del medio: del fin, porque ella constituye, lo mismo que la jurisdicción contenciosa, un remedio contra la desobediencia, aun cuando en potencia más bien que en acto; del medio, porque la reacción se cumple mediante la declaración de certeza, respecto de la cual ya sabemos que consiste en una elección oficial que se sustituye a la elección del particular; y precisamente en una elección hecha <u>super partes</u> y por eso <u>imparcial</u>"*, Derecho y proceso. Trad. Santiago Sentís Melendo, Buenos Aires: Ejea, nº 37, p. 74. Com isso queremos demonstrar, contrariamente à opinião majoritária, que existe lide no processo de execução e que a jurisdição voluntária é atividade jurisdicional, não o era somente na 1ª fase, contudo na medida em que o autor foi evoluindo o seu conceito de lide foi mudando. Com esta nota também reformo parcialmente meu ponto de vista anterior contido em meu livro *Provas atípicas*, ob. cit., p. 32, nota 72. Para analisar detalhadamente as diversas críticas sobre esta visão 'funcional' da jurisdição, vide meu livro *La pretensión procesal y la tutela judicial efectiva*, ob. cit., nº 2, nota 38.

[94] Imprópria, por esta razão, a redação do art. 4º do projeto do novo CPC que ainda teima em confundir lide com mérito, quando diz: *"As partes têm direito de obter em prazo razoável a solução integral do mérito, incluída a atividade satisfativa"*.

[95] *"O juiz não pode decidir, em grau algum de jurisdição, com base em fundamento a respeito do qual não se tenha dado às partes oportunidade de se manifestar, ainda que se trate de matéria sobre a qual deva decidir de ofício"*.

[96] *Derecho procesal civil*, ob. cit., p. 251.

modernas[97] e alguns autores[98] não efetuam a respectiva distinção entre ambos os objetos.

5. Elementos individualizadores do objeto do processo e do debate e suas relações com a sentença e a coisa julgada

Com base na distinção que fizemos entre objeto do processo e objeto do debate podemos identificar corretamente cada um deles e a partir daí identificar quais efetivamente são os seus elementos singularizadores.

Para individualizar o objeto do processo, dentro da nossa concepção, bastam unicamente dois elementos: **a)** o elemento objetivo, conhecido como *petitum* (Antrag) e, **b)** o elemento causal, que é chamado de *causa petendi* (Sacherhalt), já que o núcleo em torno do qual o processo e toda atividade das partes gira reside na petição fundamentada (*'meritum causae'*) apresentada pelo autor, isto é, o *thema decidendum*.[99]

De outro lado, para individualizar o objeto do debate são necessários três elementos: **a)** o elemento subjetivo, autor e réu; **b)** o elemento objetivo, *petitum*; e **c)** o elemento causal, *causa petendi*, já que em virtude de uma visão completa do princípio dispositivo que engloba tanto a pretensão processual do autor como as exceções do demandado, o núcleo em torno do qual giram as atividades das partes aqui constitui a análise de todas as questões relativas à procedência ou improcedência do pedido, e. g., questões prévias, quer sejam prejudiciais de mérito, art. 325 do CPC,[100] quer sejam preliminares de mérito, podendo apresentar uma defesa indireta de mérito, art. 326,[101] ou uma defesa indireta processual, art. 327 do CPC,[102] bem como aquelas matérias arguíveis *ex officio*, do § 4º, do art. 301 do CPC,[103] entre outras. Em efeito, o objeto da cognição judicial

---

[97] Assim, devemos destacar o art. 4º do *nouveau* CPC Francês, segundo o qual: "*L'objet du litige est déterminé par les prétentions respectives des parties. Ces prétentions sont fixées par l'acte introductif d'instance et par les conclusions en défense*"; e o art. 412.1º da nova LEC espanhola, quando indica: "*Establecido lo que sea objeto del proceso en la demanda, en la contestación y, en su caso, en la reconvención, las partes no podrán alterarlo posteriormente*".

[98] Entre os autores podemos destacar, LORCA NAVARRETE, *Introducción al derecho procesal*, ob. cit., tema IV, nº3, p. 92; TAPIA FERNÁNDEZ, *El Objeto del proceso. Alegaciones. Sentencia. Cosa juzgada*, ob. cit., p.17; GIMENO SENDRA et alii, *Derecho procesal civil*, ob. cit., v. I, p. 120; PICÓ I JUNOY, *El derecho a la prueba en el proceso civil*, Barcelona: Bosch, 1996, Cap. V, nº 2, p. 213; *Los principios del nuevo proceso civil*, ob. cit., p. 30; BERZOSA FRANCOS, *Demanda, «causa petendi» y objeto del proceso*, ob. cit., cap. II, p. 27; VINCENT e GUINCHARD, *Procédure civile*, ob. cit., nº 516, p. 449, entre outros.

[99] No mesmo sentido do texto KAZUO WATANABE, *Da cognição no processo civil*, ob. cit., nº 20.5, p. 106.

[100] No projeto do novo CPC esta questão está tratada no § 1º do art. 500.

[101] No projeto do novo CPC art. 347.

[102] No projeto do novo CPC esta questão está tratada nos arts. 348 e 349.

[103] No projeto do novo CPC § 5º do art. 334.

que corresponde ao objeto do debate é mais amplo que o objeto do processo. Esta é a razão pela qual Kazuo Watanabe acertadamente destaca que *"a cognição, porém, deve ser estabelecida sobre o objeto litigioso e sobre todas as 'questões de mérito'"*.[104]

Para finalizar, devemos apontar as relações existentes entre ambos os objetos: os requisitos da sentença e a coisa julgada.

Podemos afirmar com segurança que o objeto do processo é resolvido na parte dispositiva[105] da sentença.[106] Por isso é que Dinamarco corretamente afirma que: *"O dispositivo é portanto uma 'resposta' do órgão jurisdicional ao 'pedido' formulado pelo autor"*.[107] Consequentemente sobre o objeto do processo pesa a força da coisa julgada material, já que esta pressupõe necessariamente a análise obrigatória do mérito. E, portanto, os limites objetivos da coisa julgada material são fixados exclusivamente pelo objeto do processo, pela declaração petitória realizada unicamente pelo autor.

Por outro lado, o objeto do debate é solucionado, é tratado na fundamentação, na motivação da sentença,[108] que deve abarcar todas as questões relevantes postas em juízo pelas partes. Não foi sem rumo que o novo CPC, em seu inc. IV do § 1º do art. 486, obriga o juiz a *"enfrentar*

---

[104] *Da cognição no processo civil*, ob. cit., nº 20.6, p. 106.

[105] Corretíssima a crítica feita por DINAMARCO à redação do inc. III do art. 458 do CPC que trata do dispositivo da sentença. Para o autor: *"Por não estar atento a essas observações foi que o legislador de 1973 deu ao inc. III do seu art. 458 a redação que ali se vê, de bastante impropriedade. Não se creia que, como o Código disse, na parte dispositiva da sentença 'o juiz resolverá as questões, que as partes lhe submeteram'. Isso ele terá feito na segunda parte, ou seja, na 'motivação' da sentença"*, O conceito de mérito em processo civil, ob. cit., nº 106, p. 241. Infelizmente o projeto do novo CPC também não percebeu a notável crítica formulada por Dinamarco e manteve o mesmo equívoco redacional da atual legislação em seu inc. III do art. 486, quando diz que: *"o dispositivo, em que o juiz resolverá as questões principais que as partes lhe submeterem"*.

[106] Esta dedução é perfeitamente compatível com o que está previsto no art. 222.2, da LEC Espanhola, que prevê que: *"La cosa juzgada alcanza a las pretensiones de la demanda y de la reconvención, (...)"*. Vale dizer, se a coisa julgada material alcança unicamente a pretensão contida na demanda ou na reconvenção que deve ser formulada exclusivamente pelo reconvinte, o objeto do processo, e não o objeto do debate, é resolvido no dispositivo da sentença.

[107] O conceito de mérito em processo civil, ob. cit., nº 106, p. 242.

[108] De igual modo DINAMARCO quando afirma que *"essa construção assim concebida pressupõe que o mérito seja diferente das questões de mérito, i. é, que ele seja distinto dos pontos duvidosos cuja solução conduz à pronuncia de sua procedência ou improcedência"*, O conceito de mérito em processo civil, ob. cit., nº 106, p. 244. Daí afirmar acertadamente LIEBMAN que *"la questione pregiudiziale forma oggetto di 'cognizione', ma non di 'decisione'"*, Manuale di diritto processuale civile, ob. cit., t. I, nº 80, p. 154. Em sentido contrário CELSO NEVES, que mantém um conceito amplo de *'elementos objetivos do processo'*, no que inclui ademais do *'objeto litigioso'* as *'questões processuais lato sensu'*. Segundo o autor: *"Ao considerar o 'objeto litigioso', a doutrina atende, apenas, a um dos aspectos da realidade processual, despreocupada dos demais elementos que podem entrar e, comumente entram, em sua limitação objetiva, pela ocorrência de 'fatos processuais' de que resultam 'questões' que o juiz é levado a enfrentar e decidir, fora do alcance objetivo da 'lide'. Ora, não é apenas esta que define os lindes objetivos eventuais da relação jurídica processual, suscetíveis de alargamento pelos problemas que se podem verificar, no plano do 'pressuposto processual', dos 'supostos processuais' e das 'condições da ação', todos eles constituindo matéria de apreciação e decisão do juiz"*, Estrutura fundamental do processo civil, Rio de Janeiro: Forense, 1995, p. 250.

todos os argumentos deduzidos no processo capazes de, em tese, infirmar a conclusão adotada pelo julgador", sob pena de sua decisão não ser considerada fundamentada. Como resultado disso, as citadas 'questões relativas ao fundo', que são analisadas na fundamentação, ganham somente o peso da coisa julgada formal.[109] Contudo, os limites subjetivos da coisa julgada se projetam para ambas as partes.

A exclusão do elemento subjetivo na identificação do objeto do processo deve-se a sua irrelevância na fixação do mesmo, sendo assim, não forma parte de sua essência, vez que bastam o *petitum* e a *causa petendi*[110] para verificar a existência de cumulação de pretensões, descobrir se houve ou não modificação da demanda e impor os limites objetivos da coisa julgada e da litispendência.[111] Todavia, com isso, não queremos dizer que o elemento subjetivo não seja importante, já que ele delimita instituições chaves como a coisa julgada e a litispendência.[112] Deste modo, uma vez alterado o *petitum* e/ou a *causa petendi* não estaremos mais diante do mesmo processo, mas sim diante de outro distinto.

6. Aplicação desta dicotomia no novo CPC

Seria inútil realizar todo este estudo pormenorizado dos tipos de objeto se não pudéssemos aplicar estas diferenças na realidade trazida através do novo CPC e assim contribuir com uma adequada aplicação dos diversos institutos alcançados por este complexo e prático tema. Contudo, pelos estreitos limites impostos a este estudo, não podemos explicar as razões pelas quais eventuais redações contidas nos artigos estão, a nosso sentir, equivocadas, mas certamente o leitor conseguirá chegar a mesma conclusão analisando atentamente o que foi dito com o que pretende o artigo.

---

[109] De igual modo MONTESANO, quando analisa *"La sentenza <parziale> sulle <questioni preliminari di merito> non è una <sentenza di merito> e non ha oggetto e autorità esterni al proceso"*, Questioni preliminari e sentenze parziali di mérito. In: *Studi in Memoria di Roberto Bracco*. Padova: Cedam, 1976, p. 466 e ss.

[110] Em igual sentido, entre outros, RAMOS MÉNDEZ, *Enjuiciamiento civil*, ob. cit., t. I, nº 12.5, p. 242 e ss.

[111] Como afirma corretamente SERRA DOMÍNGUEZ, a litispendência produz *"efectos similares a los de la cosa juzgada. En realidad la litispendencia anticipa los efectos de la cosa juzgada eventual que puede producirse, al momento de la demanda. De ahí que sean las mismas las identidades requeridas para la cosa juzgada y para la litispendencia, por lo que con acierto ha podido afirmarse que la litispendencia descansa en la simple posibilidad de una cosa juzgada; es una cosa juzgada en potencia como ha demostrado FRANCHI"*, Litispendencia, ob. cit., p. 656. Por isso, podemos concluir, em linha de princípio, que os limites objetivos da coisa julgada se identificam com os limites objetivos da litispendência.

[112] Ao igual que o instituto da coisa julgada, não devemos confundir os limites objetivos com os subjetivos da litispendência, pois para identificar os limites objetivos nestas duas situações, bastam o *petitum* e a *causa petendi*, enquanto que para os limites subjetivos se necessita o elemento subjetivo (autor e réu).

O objeto do processo, o mérito e todas as suas implicações estão compreendidos no projeto do novo CPC nos: art. 4º; 6º; § 2º do art. 45; 115; 141; 239; 280; inc. II do art. 284; par. único do art. 297; § 3º do art. 302; inc. III do art. 307; 313; 319; 334; § 2º do art. 340; o julgamento antecipado do mérito (art. 352); do julgamento antecipado parcial do mérito (art. 353); inc. IV do art. 354; 430; 454; 482; 483; 484; 485; inc. III do art. 486; 487; 489; 490; 494; 495; 498; 499; 500; 505; inc. I do art. 506; § 6º do art. 522; 540; §§ 3º e 4º do art. 562; art. 597; inc. II do art. 666; inc. III do art. 770; art. 789; art. 813; § 3º do art. 915; par. único do art. 926; 936; 937; 963; § 2º do art. 963; inc. I do § 5º do art. 965; 973; inc. II e §§ 3º e 4º do art. 979; inc. I do art. 981; 984; § 2º do art. 984; § 4º do art. 1010; inc. II do art. 1012; 1038;

Por outra sorte, o objeto do debate com todas as suas consequências práticas deve ser vislumbrado no projeto do novo CPC nos: inc. II do art. 145; art. 367; inc. I do § 2º do art. 444; inc. II do art. 486; § 1º do art. 1010; inc. I e III do art. 1040.

— 4 —

Das normas fundamentais do processo e o novo Código de Processo Civil brasileiro: repetições e inovações

MARCO FÉLIX JOBIM[1]

ELAINE HARZHEIM MACEDO[2]

Sumário: Introdução; 1. Os princípios processuais constitucionais; 2. A normatividade adotada pelo novo Código de Processo Civil brasileiro; 2.1. Novidades e repetições normativas no novo Código de Processo Civil brasileiro; Considerações finais; Referencial bibliográfico.

Introdução

O advento da Constituição da República Federativa do Brasil, promulgada em 5 de outubro de 1988, não foi somente aplaudido pelo regulamentação do seu cunho de direito material, mas, de idêntica forma, em razão de trazer previsões constitucionais para matérias que irradiaram seus efeitos a várias disciplinas ligadas ao Direito, o que se comprova com a febre da chamada constitucionalização do Direito. Essa tomou ares para além de matérias de Direito público, alcançando, na acepção em que a teoria da dicotomia[3] jurídica se divide, no Direito privado,[4]

---

[1] Advogado e Professor Adjunto da Pontifícia Universidade Católica do Rio Grande do Sul na graduação e pós-graduação *lato* e *stricto sensu*. Mestre e Doutor em Direito.

[2] Advogada e Professora Adjunta da Pontifícia Universidade Católica do Rio Grande do Sul na graduação e pós-graduação *lato* e *stricto sensu*. Mestra e Doutora em Direito.

[3] Algumas diferenciações entre Direito Público e Privado estão na natureza do interesse, na qualidade dos sujeitos envolvidos, nos tipos de relação, na politicidade e na imperatividade, conforme se lê em DIMOULIS, Dimitri. *Manual de introdução ao estudo do Direito*: definição e conceitos básicos, norma jurídica. 4. ed. São Paulo: Revista dos Tribunais, 2011. O texto pode ser encontrado nas páginas 246-249.

[4] Não se esquecendo de que há, ainda, o que se poderia denominar de Direito misto. Ibid., p. 257. Refere: "Diante dessa situação, parte da doutrina vislumbrou a formação de um terceiro setor ao lado do direito público e do direito privado. Se um conjunto de normas for marcado pela coexistência de características de direito público e privado, devemos concluir que estamos no setor do 'direito misto'. Alguns autores denominam esse setor de 'direito social', considerando que sua característica

razão pela qual praticamente houve afetação em todas as áreas conhecidas do Direito, e, dentre elas, uma das mais afetadas, talvez, seja a do processo. Sérgio Gilberto Porto e Daniel Ustárroz[5] denominam esse fenômeno de o conteúdo processual na Constituição e não escondem o quão vasto ele se revela.

Diante desse fato, e sabendo-se que existem inúmeros dispositivos constitucionais aplicados ao processo,[6] dentre os quais podem ser citados toda a organização judiciária, as ações constitucionais, o controle de constitucionalidade de leis, os recursos aos tribunais superiores, o processo legislativo e os princípios processuais constitucionais, opta-se em realizar uma investigação principiológica, tendo em vista que se está às vésperas de implementação de um novo sistema processual civil para o país, tendo o legislador optado por elaborar uma principiologia inaugural nos primeiros artigos do novo CPC para que se irradiem como uma teoria geral a ser seguida em todo o Código de Processo Civil brasileiro.

Em razão disso, pretende-se adentrar na seara de reconhecer quais princípios estão duplicados, ou seja, fazem parte tanto do texto constitucional como da legislação processual a ser inserida futuramente no contexto brasileiro, quais os princípios que não existiam no texto constitucional e hoje serão parte integrante do texto inicial do Codex processual civil e, por fim, mas não menos importante, se se pode averiguar um conteúdo mais diferenciado entre os princípios colidentes entre as legislações, adentrando em avanços e retrocessos do sistema processual.

1. Os princípios processuais constitucionais

Os princípios processuais constitucionais[7] que ora se abordam são aqueles destinados a terem efeitos no processo civil brasileiro, tendo em vista o corte epistemológico de estudar a principiologia projetada, razão pela qual não serão abordados aqueles determinados princípios

---

preponderante é a regulamentação das relações entre grupos sociais (produtores e consumidores, trabalhadores e empregadores etc.) e não das relações entre o Estado e os indivíduos".

[5] PORTO, Sérgio Gilberto; USTÁRROZ, Daniel. *Lições de direitos fundamentais no processo civil*: o conteúdo processual da Constituição Federal. Porto Alegre: Livraria do Advogado, 2009. p. 11. Aduzem: "No Brasil, o vínculo entre Constituição e processo ficou mais evidente a partir da Constituição de 1988, em face das múltiplas previsões aplicáveis ao direito processual".

[6] Para fins didáticos, será nominado todo o processo existente na Constituição de processo constitucional. Sobre este ser o nome preferido, leia-se ZANETI JÚNIOR, Hermes. *A constitucionalização do processo*: o modelo constitucional da justiça brasileira e as relações entre processo e constituição. 2. ed. São Paulo: Atlas, 2014.

[7] Para conhecimento de quais são, não exaustivamente, ler DANTAS, Paulo Roberto de Figueiredo. *Direito Processual Constitucional*. 5. ed. São Paulo: Atlas, 2014.

mais afeitos às demais áreas, como o Direito Processual Penal, o Direito Processual do Trabalho ou o Direito Processual Tributário. Pode-se cogitar a existência de um trâmite ou rito processual pensado pelo constituinte originário e, mais atualmente, o reformador, quando se está falando nos princípios que norteiam o processo descrito na Constituição da República Federativa do Brasil.

Pode-se iniciar a leitura com o direito de acesso[8] ao Poder Judiciário,[9] insculpido no artigo 5º, inc. XXXV, ao dispor que "[...] a lei não excluirá da apreciação do Poder Judiciário lesão ou ameaça a direito". O cidadão, uma vez inserido no Poder Judiciário, a partir do ingresso de sua pretensão, assume a veste de jurisdicionado e tem a seu favor talvez o seu guia processual com a possibilidade de ter seu dia na Corte[10] com o princípio do devido processo legal,[11] ou do processo justo[12] ou do procedimento justo,[13] alocado no artigo 5º, inciso LIV, afirmando que "[...] ninguém será privado da liberdade ou de seus bens sem o devido processo legal". Com isso a parte tem, teoricamente, garantidos todos os outros direitos processuais constitucionais, tendo direito a um Juiz natural[14] e a um promotor natural no artigo 5º, LIII, quando o texto refere que "[...] ninguém será processado nem sentenciado senão por autoridade competente", não pode ele ser julgado em Tribunal que não aquele já previamente instalado, conforme previsão constante no art. 5º, XXXVII,[15] que textualiza que "[...] não haverá juízo ou tribunal de exceção [...]", tendo as partes

---

[8] E por acesso aqui não há que se confundir com o acesso pensado por Cappelletti e Garth, que pretendiam que, a partir das ondas, mais pessoas acessassem o Poder Judiciário ou a justiça, como refere o título da obra. Para tanto, ler CAPPELLETTI, Mauro; GARTH, Bryant. *Acesso à justiça*. Tradução de Ellen Gracie Northfleet. Porto Alegre: Sergio Antonio Fabris, 2002.

[9] PINA, Ketlen Anne Pontes. Princípio constitucional da inafastabilidade do controle jurisdicional: questões atuais. In: OLIVEIRA, Vallisney de Souza (Coord.). *Constituição e processo civil*. São Paulo: Saraiva, 2008. p. 38-90.

[10] Da expressão em inglês *A Day in Court*.

[11] Sobre o tema, indica-se a leitura de MARTEL, Letícia de Campos Velho. *Devido processo legal substantivo*: razão abstrata, função e características de aplicabilidade: a linha decisória da Suprema Corte estadunidense. Rio de Janeiro: Lumen Juris, 2005; MATTOS, Sérgio Luís Wetzel de. *Devido processo legal e a proteção de direitos*. Porto Alegre: Livraria do Advogado, 2009; e YOSHIKAWA, Eduardo Henrique de Oliveira. *Origem e evolução do devido processo legal substantivo*: o controle da razoabilidade das leis do século XVII ao XXI. São Paulo: Letras Jurídicas, 2007.

[12] Sobre a nomenclatura do processo justo, ler SARLET, Ingo Wolfgang; MARINONI, Luiz Guilherme; MITIDIERO, Daniel. *Curso de direito constitucional*. São Paulo: Revista dos Tribunais, 2012. Entre as páginas 615 e 623.

[13] Nomenclatura adotada pelo articulista para demonstrar que a principiologia processual constitucional traz um rito próprio mínimo a ser seguido em qualquer processo.

[14] Sobre ambos os princípios (juiz e promotor natural), recomenda-se a leitura de MIRANDA, Gustavo Senna. *Princípio do juiz natural e sua aplicação na lei de improbidade administrativa*. São Paulo: Revista dos Tribunais, 2007.

[15] Para compreensão de como se consolida e os perigos que existem na criação de um Tribunal para julgamento de determinados casos, assistir *O JULGAMENTO de Nuremberg*. Direção: Yves Simoneau. 1 DVD. 169 min. Warner Home. Ano de lançamento: 2000. Color.

garantidos os direitos ao contraditório e à ampla defesa[16] no artigo 5º, LV, ao expor que "[...] os litigantes, em processo judicial ou administrativo, e aos acusados em geral são assegurados o contraditório e a ampla defesa, com os meios e recursos a ele inerentes [...]", sendo, pois, inconfundíveis os princípios, sabendo que os atos do Estado-juiz podem ser controlados por qualquer pessoa tendo em vista a publicidade dos atos processuais[17] garantida no 5ª, inciso LX, ao aduzir que "[...] a lei só poderá restringir a publicidade dos atos processuais quando a defesa da intimidade ou o interesse social o exigirem", tendo, inclusive, uma garantia dupla, pois se encontra, também, na primeira parte do artigo 93, IX, ao dizer que "todos os julgamentos dos órgãos do Poder Judiciário serão públicos", para, após, na segunda parte do texto trazer outro princípio, o da motivação das decisões judiciais,[18] ao elencar que "[...] e fundamentadas todas as decisões, sob pena de nulidade",[19] sabendo-se que, em caso de miserabilidade, terão as partes garantida a assistência judiciária gratuita,[20] bastando a leitura do artigo 5º, LXXIV, quando refere que "o Estado prestará assistência jurídica integral e gratuita aos que comprovarem insuficiência de recursos", sendo, no mais das vezes, garantido ao jurisdicionado uma prestação célere de etapas processuais para que seu direito não pereça, assim como que seu processo seja julgado em um tempo razoável, ambos os princípios consolidados no texto do artigo 5º, LXXVIII,[21] ao expor que "a todos, no âmbito judicial e administrativo, são assegurados a razoável duração do processo e os meios que garantam a celeridade de sua tramitação", tendo, ainda, a garantia da segurança jurídica[22] *stricto sensu* com o respeito à coisa julgada, ao direito adquirido e ao ato jurídico perfeito conforme texto do artigo 5º, XXXVI, quando aduz que a lei não

---

[16] Sobre ambos os princípios (contraditório e ampla defesa), consultar SARLET, Ingo Wolfgang; MARINONI, Luiz Guilherme; MITIDIERO, Daniel. *Curso de direito constitucional*. São Paulo: Revista dos Tribunais, 2012. p. 643-655.

[17] Sobre o tema recomenda-se a leitura de ALMADA, Roberto José Ferreira de. *A garantia processual da publicidade*. São Paulo: Revista dos Tribunais, 2005.

[18] Sobre o tema, recomenda-se a leitura de SILVA, Ana de Lourdes Coutinho. *Motivação das decisões judiciais*. São Paulo: Atlas, 2012; e MOTTA, Cristina Reindolff da. *A motivação das decisões cíveis*: como condição de possibilidade para a resposta correta/adequada. Porto Alegre: Livraria do Advogado, 2012.

[19] Para melhor compreensão do tema das nulidades, recomenda-se a leitura de WAMBIER, Teresa Arruda Alvim. *Nulidades do processo e da sentença*. 7. ed. São Paulo: Revista dos Tribunais, 2014.

[20] Sobre o tema, recomenda-se a leitura de COSTA NETO, José Wellington Bezerra da. *Assistência judiciária gratuita*: acesso à justiça e carência econômica. Brasília, DF: Gazeta Jurídica, 2013.

[21] Para saber mais, recomenda-se a leitura de JOBIM, Marco Félix. *O direito à duração razoável do processo*: a responsabilidade civil do Estado em decorrência da intempestividade processual. 2. ed. Porto Alegre: Livraria do Advogado, 2012; e KOEHLER, Frederico Augusto Leopoldino. *A duração razoável do processo*. 2. ed. Salvador: JusPODIVM, 2013.

[22] Indicada sobre o tema da segurança jurídica a leitura de ÁVILA, Humberto. *Segurança jurídica*: entre permanência, mudança e realização do direito tributário. 2. ed. São Paulo: Malheiros, 2012.

prejudicará o direito adquirido, o ato jurídico perfeito e a coisa julgada,[23] estando, ainda, o jurisdicionado garantido quanto à não possibilidade de ter em seu processo uma prova obtida ilicitamente,[24] com a redação do artigo 5º, inciso LVI, e a previsão de que "[...] são inadmissíveis, no processo, as provas obtidas por meios ilícitos". Ao lado desses princípios acima apontados, tem sido alargada a principiologia, tanto por consagração de princípios por decisão dos tribunais, como no duplo grau de jurisdição,[25] assim como alguns apontados por escritos mais atualizados sobre o tema, como o princípio da paridade de armas e da colaboração processual.[26]

Realizando um esforço, pode-se concluir que existe um *iter* criado pelo legislador constitucional que institucionalizou um procedimento constitucional processual mínimo para o processo judicial a partir da esquematização sistemática[27] dos princípios acima apontados. Todas as garantias constitucionais revestidas de índole processual devem ser mantidas em qualquer processo,[28] sob pena de ferir-se a própria filosofia constitucional caso não cumprido algum dos princípios lá elencados. O respeito pelo caminho procedimental eleito para se chegar à legitimidade de uma decisão já foi assunto abordado por Niklas Luhmann.[29]

---

[23] Para saber mais sobre coisa julgada, recomenda-se a leitura de PORTO, Sérgio Gilberto. *Coisa julgada civil*. 4. ed. São Paulo: Revista dos Tribunais, 2011.

[24] Para uma melhor compreensão sobre a prova ilícita, recomenda-se a leitura de MARINONI, Luiz Guilherme; ARENHART, Sérgio Cruz. *Prova*. São Paulo: Revista dos Tribunais, 2009.

[25] Que na teoria não encontraria assento implícito da Constituição Federal. Ver: ROSAS, Roberto. *Direito processual constitucional*: princípios constitucionais do processo civil. 3. ed. São Paulo: Revista dos Tribunais, 1999. p. 21. Argumenta o autor que: "O princípio do duplo grau de jurisdição não está inscrito em nenhuma regra constitucional, apenas deduz-se da estrutura constitucional da duplicidade de pronunciamentos que o mesmo pertence à estrutura do Poder Judiciário".

[26] Sobre ambos os princípios, consultar SARLET, Ingo Wolfgang; MARINONI, Luiz Guilherme; MITIDIERO, Daniel. *Curso de direito constitucional*. São Paulo: Revista dos Tribunais, 2012. Entre as páginas 623 a 627 e 639 a 643.

[27] O que poderia ser feito por uma interpretação sistemática do próprio texto constitucional. Sobre o tema, leia-se FREITAS, Juarez. *A interpretação sistemática do Direito*. 5. ed. São Paulo: Malheiros, 2010.

[28] ZIPPELIUS, Reinhold. *Introdução ao estudo do Direito*. Tradução de Gercélia Batista de Oliveira Mendes. Belo Horizonte: Del Rey, 2006. p. xvi. Luiz Moreira aduz: "É da reunião destas garantias e princípios constitucionais do processo que se pode apontar a garantia do devido processo legal, que não se refere a nenhuma garantia ou princípio especificamente, mas a todos eles, em conjunto e simultaneamente, como garantidor de que a prestação jurisdicional se exprima de forma ilibada. Quer isto dizer que o processo só será válido e eficaz se e quando prosperarem todas as garantias e princípios constitucionais, sob pena de inexistência ou nulidade do processo ou ato processual, pois estes princípios e normas constitucionais se constituem como garantias fundamentais".

[29] Para tanto, recomenda-se a leitura de LUHMANN, Niklas. *Legitimação pelo procedimento*. Tradução de Maria da Conceição Côrte-Real. Brasília: Universidade de Brasília, 1980.

2. A normatividade adotada pelo novo Código de Processo Civil brasileiro

Aprovado nas duas casas do Congresso Nacional e devidamente sancionado, toma corpo o nova legislação pela numeração de 13.105/15, a qual irá revogar a Lei nº 5.869, de 1973, também conhecida como Código Buzaid[30] ou Código de Processo Civil brasileiro, consolidando, como prometido, uma legislação processual civil mais atualizada aos anseios sociais. Interessa ao presente estudo o capítulo I do livro I, intitulado de *Das normas fundamentais do processo civil*, na qual elenca, entre os artigos 1º e 12, alguns princípios e regras que mere-cem a atenção neste momento[31] de ainda se discutir o texto projetado.

De início, cabe elencar o artigo 1º[32] do novo CPC que, ao dispor sobre o que aparenta ser consenso na doutrina brasileira,[33] refere que "o processo civil será ordenado, disciplinado e interpretado conforme as normas da Constituição da República Federativa do Brasil, observando-se, ainda, as disposições deste Código", sendo que, após, consagra dois princípios vigentes no atual Código de 73, sendo eles o do dispositivo[34] e do impulso oficial[35] no artigo 2º,[36] "[...] ao referir que o processo começa por iniciativa da parte e se desenvolve por impulso oficial, salvo as exceções previstas em lei", para, após, listar, no artigo 3º[37] que "[...] não se

---

[30] Em homenagem a Alfredo Buzaid, um dos idealizadores do Código de Processo Civil de 1973. Interessante texto pode ser lido em MITIDIERO, Daniel. O processualismo e a formação do Código Buzaid. In: TELLINI, Denise; JOBIM, Geraldo Cordeiro; JOBIM, Marco Félix (Org.) *Tempestividade e efetividade processual*: novos rumos do processo civil brasileiro. Caxias do Sul: Plenum, 2010. p. 109-130.

[31] Cumpre esclarecer que ainda há poucas produções bibliográficas sobre o projeto do novo Código de Processo Civil sendo que, dentre as que existem, uma das mais recomendadas, embora ainda feita na época em que somente existia o anteprojeto, é: MARINONI, Luiz Guilherme; MITIDIERO, Daniel. *O projeto do CPC*: críticas e propostas. São Paulo: Revista dos Tribunais, 2010.

[32] "Art. 1º. O processo civil será ordenado, disciplinado e interpretado conforme os valores e as normas fundamentais estabelecidos na Constituição da República Federativa do Brasil, observando-se as disposições deste Código".

[33] Uma referência, apenas para não passar em branco a afirmação, pode ser a de Luiz Guilherme Marinoni, ao afirmar que toda lei deve estar em conformidade com a Constituição Federal e, especialmente, como refere, com os direitos fundamentais. Ler íntegra em MARINONI, Luiz Guilherme. *Teoria geral do processo*. 8. ed. São Paulo: Revista dos Tribunais, 2014. p. 21.

[34] Sobre o referido princípio, recomenda-se a leitura de LOPES, Maria Elizabeth de Castro. *O juiz e o princípio dispositivo*. São Paulo: Revista dos Tribunais, 2006.

[35] Sobre o tema, recomenda-se a leitura de PORTANOVA, Rui. *Princípios do processo civil*. 6. ed. Porto Alegre: Livraria do Advogado, 2005. O autor trabalha o princípio nas páginas 153 a 156.

[36] "Art. 2º. O processo começa por iniciativa da parte e se desenvolve por impulso oficial, salvo as exceções previstas em lei".

[37] "Art. 3º. Não se excluirá da apreciação jurisdicional ameaça ou lesão a direito. § 1º É permitida a arbitragem, na forma da lei. § 2º O Estado promoverá, sempre que possível, a solução consensual dos conflitos. § 3º A conciliação, a mediação e outros métodos de solução consensual de conflitos deverão ser estimulados por magistrados, advogados, defensores públicos e membros do Ministério Público, inclusive no curso do processo judicial".

excluirá da apreciação jurisdicional ameaça ou lesão a direito", complementando o artigo com outros dois parágrafos, o § 1º, referindo que "[...] é permitida a arbitragem,[38] na forma da lei", e o § 2º que "o Estado promoverá, sempre que possível, a solução consensual dos conflitos", tendo no § 3º a explicação de como se pode concretizar o anterior,[39] com "[...] a conciliação, a mediação e outros métodos[40] de solução consensual de conflitos deverão ser estimulados por magistrados, advogados, defensores públicos e membros do Ministério Público, inclusive no curso do processo judicial". Após, no artigo 4º,[41] resolve expor que "as partes têm direito de obter em prazo razoável a solução integral do processo, incluída a atividade satisfativa" e no artigo 5º,[42] resolve consagrar que "aquele que de qualquer forma participa do processo deve comportar-se de acordo com a boa-fé". Depois, no texto do artigo 6º,[43] consigna que: "Todos os sujeitos do processo devem cooperar entre si para que se obtenha, em tempo razoável, decisão de mérito justa e efetiva.". Já no artigo 7º,[44] consagra que: "É assegurada às partes paridade de tratamento em relação ao exercício de direitos e faculdades processuais, aos meios de defesa, aos ônus, aos deveres e à aplicação de sanções processuais, competindo ao juiz zelar pelo efetivo contraditório" e complementa esse artigo com a redação do artigo 8º,[45] ao aduzir que: "Ao aplicar o ordenamento jurídico, o juiz atenderá aos fins sociais e às exigências do bem comum, resguardando e promovendo a dignidade da pessoa humana e observando a proporcionalidade, a razoabilidade, a legalidade, a publicidade e a eficiência". No artigo 9º,[46]

---

[38] Englobando o tema, leia-se SALLES, Carlos Alberto de; LORENCINI, Marco Antônio Garcia Lopes; ALVES DA SILVA, Paulo Eduardo (Coord.). *Negociação, mediação e arbitragem*: curso básico para programa de graduação em Direito. Rio de Janeiro: Forense; São Paulo: Método, 2012. Os coordenadores e diversos outros articulistas refletem sobre temas de resolução alternativa de conflitos, em especial a arbitragem.

[39] Sobre as técnicas de resolução de conflitos como as apontadas no texto, recomenda-se a leitura de CALMON, Petrônio. *Fundamentos da mediação e da conciliação*. Rio de Janeiro: Forense, 2007.

[40] Sobre métodos inovadores de resolução de conflitos, recomenda-se a leitura de KEPPEN, Luiz Fernando Tomasi; MARTINS, Nadia Bevilaqua. *Introdução à resolução alternativa de conflitos*: negociação, mediação, levantamento de fatos, avaliação técnica independente. Curitiba: JM Livraria Jurídica, 2009.

[41] "Art. 4º. As partes têm direito de obter em prazo razoável a solução integral do processo, incluída a atividade satisfativa".

[42] "Art. 5º. Aquele que de qualquer forma participa do processo deve comportar-se de acordo com a boa-fé".

[43] "Art. 6º. Todos os sujeitos do processo devem cooperar entre si para que se obtenha, em tempo razoável, decisão de mérito justa e efetiva"

[44] "Art. 7º. É assegurada às partes paridade de tratamento no curso do processo, competindo ao juiz velar pelo efetivo contraditório".

[45] "Art. 8º. Ao aplicar o ordenamento jurídico, o juiz atenderá aos fins sociais e às exigências do bem comum, resguardando e promovendo a dignidade da pessoa humana e observando a proporcionalidade, a razoabilidade, a legalidade, a publicidade e a eficiência".

[46] "Art. 9º. Não se proferirá decisão contra uma das partes sem que esta seja previamente ouvida. Parágrafo único. O disposto no caput não se aplica à tutela antecipada de urgência e às hipóteses de tutela antecipada da evidência previstas nos incisos III e IV do art. 306".

a lei prevê que "não se proferirá decisão contra uma das partes sem que esta seja previamente ouvida", explicando, no parágrafo único e incisos, que há exceções quando afirma que "o disposto no *caput* não se aplica", "I. à tutela provisória de urgência"; "II. às hipóteses de tutela da evidência previstas no art. 309, incisos II e III"; "III. à decisão prevista no art. 699", no artigo 10,[47] consagrou-se a não surpresa,[48] ao expor que: "O juiz não pode decidir, em grau algum de jurisdição, com base em fundamento a respeito do qual não se tenha dado às partes oportunidade de se manifestar, ainda que se trate de matéria sobre a qual deva decidir de ofício" e, finalmente, no artigo 11[49] desses princípios iniciais, entendeu-se por afirmar a existência dos princípios da publicidade e da fundamentação das decisões judiciais ao elencar que "todos os julgamentos dos órgãos do Poder Judiciário serão públicos, e fundamentadas todas as decisões, sob pena de nulidade", havendo a ressalva no parágrafo único dos casos de segredo de justiça.

No artigo 12,[50] apesar de fazer parte do capítulo I e se tratar de normas fundamentais do processo, parece que não se trata de um princípio propriamente dito, tendo em vista que aparenta ter um caráter *mais de regra, bastando se deparar com a leitura do texto que aufere que "os órgãos jurisdicionais deverão obedecer à ordem cronológica de conclusão para proferir*

---

[47] "Art. 10. Em qualquer grau de jurisdição, o órgão jurisdicional não pode decidir com base em fundamento a respeito do qual não se tenha oportunizado manifestação das partes, ainda que se trate de matéria apreciável de ofício".

[48] É a consagração do *Überraschungsentscheidung*, segundo refere Nelson Nery Junior, ao dizer que não podem as partes ser surpreendidas por decisão fundada em fato ou circunstância de que a parte não tenha tomado conhecimento. NERY JUNIOR, Nelson. *Princípios do processo na Constituição Federal*: processo civil, penal e administrativo. 9. ed. São Paulo: Revista dos Tribunais, 2009. p. 221.

[49] "Art. 11. Todos os julgamentos dos órgãos do Poder Judiciário serão públicos, e fundamentadas todas as decisões, sob pena de nulidade. Parágrafo único. Nos casos de segredo de justiça, pode ser autorizada somente a presença das partes, de seus advogados, defensores públicos ou do Ministério Público".

[50] "Art. 12. *Art. 12.* Os juízes e os tribunais deverão obedecer à ordem cronológica de conclusão para proferir sentença ou acórdão. § 1º A lista de processos aptos a julgamento deverá estar permanentemente à disposição para consulta pública em cartório e na rede mundial de computadores. § 2º Estão excluídos da regra do *caput*: I – as sentenças proferidas em audiência, homologatórias de acordo ou de improcedência liminar do pedido; II – o julgamento de processos em bloco para aplicação de tese jurídica firmada em julgamento de casos repetitivos; III – o julgamento de recursos repetitivos ou de incidente de resolução de demandas repetitivas; IV – as decisões proferidas com base nos arts. 482 e 930; V – o julgamento de embargos de declaração; VI – o julgamento de agravo interno; VII – as preferências legais e as metas estabelecidas pelo Conselho Nacional de Justiça; VIII – os processos criminais, nos órgãos jurisdicionais que tenham competência penal; IX – a causa que exija urgência no julgamento, assim reconhecida por decisão fundamentada. § 3º Após elaboração de lista própria, respeitar-se-á a ordem cronológica das conclusões entre as preferências legais. § 4º Após a inclusão do processo na lista de que trata o § 1º, o requerimento formulado pela parte não altera a ordem cronológica para a decisão, exceto quando implicar a reabertura da instrução ou a conversão do julgamento em diligência. § 5º Decidido o requerimento previsto no § 4º, o processo retornará à mesma posição em que anteriormente se encontrava na lista. § 6º Ocupará o primeiro lugar na lista prevista no § 1º ou, conforme o caso, no § 3º, o processo: I – que tiver sua sentença ou acordão anulado, salvo quando houver necessidade de realização de diligência ou de complementação da instrução; II – quando ocorrer a hipótese do art. 1.037, inciso II".

sentença ou acórdão" sendo que, até mesmo, nos parágrafos do artigo, há maiores especificidades a serem lembradas, como no § 1º, que atesta que "a lista de processos aptos a julgamento deverá estar permanentemente à disposição para consulta pública em cartório e na rede mundial de computadores", o que não acaba nele, havendo mais e mais especificidades a seguir. Essa sistematização de como será a ordem processual nos Tribunais confere densificação ao texto que poderá ser interpretado mais por subsunção do que com ponderação, concedendo, pois, ares de regra ao dispositivo.[51] Aqui, desde já, cumpre a referência de que o texto não é de consonância, mesmo entre os entusiastas da lei, como pondera Lúcio Delfino[52] ao expor ser o referido artigo, assim como o 153 do mesmo texto processual, textos que atentam contra o advogado diligente, o que, nas suas palavras, não encontra, sequer, assento constitucional, contrariando o artigo 133 da Constituição Federal.

2.1. Novidades e repetições principiológicas no novo Código de Processo Civil brasileiro

O novo Código de Processo Civil brasileiro inicia no título do capítulo I a elencar que disciplina a partir dos primeiros artigos a normatividade fundamental do Direito processual, razão pela qual se chega ao pensamento de que não necessariamente há somente princípios elencados entre os artigos 1º e 12, mas também há regras a serem observadas, em especial as do artigo inaugural e do artigo final do referido capítulo I. Poder-se-ia, ainda, cogitar da existência, com base na nomenclatura adotada por Humberto Ávila,[53] de postulados normativos no artigo 8º, ao elencar a razoabilidade[54] e a proporcionalidade[55] como nortes ao julgador.

---

[51] Sobre o tema, consultar ÁVILA, Humberto. *Teoria dos princípios*: da definição à aplicação dos princípios jurídicos. 15. ed. São Paulo: Malheiros, 2014.

[52] Conferir a íntegra em: DELFINO, Lúcio. *O art. 153 do novo CPC vai contra o advogado militante.* Disponível em: http://www.conjur.com.br/2014-ago-01/lucio-delfino-artigo-153-cpc-advogado-diligente?utm_source=dlvr.it&utm_medium=twitter. Acesso: 07.08.2014.

[53] Ibid.

[54] Ibid., p. 277. Refere: "O postulado da razoabilidade aplica-se, primeiro, como diretriz que exige a relação das normas gerais com as individualidades do caso concreto, quer mostrando sob qual perspectiva a norma deve ser aplicada, quer indicando em quais hipóteses o caso individual, em virtude de suas especificidades, deixa de se enquadrar na norma geral. Segundo, como diretriz que exige uma vinculação das normas jurídicas com o mundo ao qual elas fazem referência, seja reclamando a existência de um suporte empírico e adequado a qualquer ato jurídico, seja demandando uma relação congruente entre a medida adotada e o fim que ela pretende atingir. Terceiro, como diretriz que exige a relação de equivalência entre duas grandezas".

[55] Ibid., p. 277. Aduz: "O postulado da proporcionalidade aplica-se nos casos em que exista uma relação de causalidade entre um meio e um fim concretamente perceptível. A exigência de realização de vários fins, todos constitucionalmente legitimados, implica a adoção de medidas adequadas, necessárias e proporcionais em sentido estrito".

Após, seguindo a leitura do texto, pode-se averiguar a existência de dois princípios conhecidos do Código Buzaid, sendo eles o do dispositivo e do impulso oficial, respectivamente nos artigos $2°$[56] e 262[57] do Código de Processo Civil de 1973, não havendo inovação no tocante ao conteúdo do texto, apenas deslocamento de ambos os princípios para um mesmo artigo.

Agora, importante a realização de uma leitura mais atenta do projetado artigo 3° do Código de Processo Civil, tendo em vista que densifica um pouco mais o atual direito de acesso do artigo 5°, inciso XXXV, da Constituição Federal, alocando no texto processual a possibilidade da realização da arbitragem, do incentivo à solução consensual dos conflitos, mostrando, inclusive, alguns caminhos, como a conciliação e a mediação, assim também deixando em aberto novas modalidades, incentivando aos profissionais do Direito que estimulem os meios alternativos de resolução de conflitos. Parece óbvio que, apesar das ressalvas, ainda serão aceitos processos judiciais das decisões[58] e resoluções advindas dos meios alternativos, tendo em vista o comando principiológico do art. 5°, XXXV, da Constituição Federal.

O artigo 4°, apesar de, aparentemente, trazer uma repetição do direito fundamental à duração razoável do processo,[59] aposta em ir além, referindo que esta tempestividade não apenas deve ser garantida na fase de conhecimento, mas também estar presente na fase do processo destinada à satisfação do direito da parte, o que pode trazer algumas consequências impensadas pelo legislador como, por exemplo, como garantir a duração razoável num cumprimento de sentença ou na execução de um título extrajudicial no qual a parte devedora não tem bens para satisfazer a dívida em ação cuja eficácia da sentença tenha sido de cunho condenatório?

A consagração do princípio da boa-fé processual, no sentido comportamental,[60] é agora um tema que irradia para todo o processo, o que não será de fácil administração em seu início, como lembra Ronaldo Cra-

---

[56] "Art. 2 Nenhum juiz prestará a tutela jurisdicional senão quando a parte ou o interessado a requerer, nos casos e forma legais".

[57] "Art. 262. O processo civil começa por iniciativa da parte, mas se desenvolve por impulso oficial".

[58] Não se nega que se pode declarar a nulidade de uma sentença arbitral, por exemplo, por expresso texto da lei de arbitragem. O que se quer dizer aqui é o Poder Judiciário continuará julgando qualquer caso em razão do livre acesso que muitas penas defendem.

[59] Em que pese ainda continuarem chamando o referido direito fundamental de celeridade processual. Ver, mais recentemente: GARCIA, Gustavo Filipe Barbosa. *Novo Código de Processo Civil*: principais modificações. Rio de Janeiro: Forense, 2015. p. 41.

[60] SANTANA, Alexandre Ávalo. Os princípios do novo CPC e a tutela eficiente em tempo razoável. In: FREIRE, Alexandre et al. (Org.) *Novas tendências do processo civil*: estudos sobre o projeto do novo Código de Processo Civil. Salvador: JusPODIVM, 2014. v. 2. p. 15-26. p. 23. Aduz: "No que se refere ao princípio da boa-fé adotado no projeto, é relevante destacar que sua compreensão deve se dar, justamente, na sua acepção objetiva, uma vez que o art. 5° aponta expressamente para um dever de

mer,[61] devendo todos aqueles que participam dele agir de tal forma, sendo, pois, uma inovação que inexistia desta forma no Código de 1973, em que pese existirem artigos que regulam o comportamento dos agentes do processo, como o artigo 14, que dispõe sobre os deveres das partes e de todos aqueles que de qualquer forma participam do processo. Na mesma linha, auxiliando na construção do princípio da boa-fé, tem-se a inovação de atribuir ao texto processual um modelo[62] de cooperação[63] processual entre todos os sujeitos do processo, em seu artigo 6º, para que se tente chegar a uma decisão final justa, efetiva e tempestiva.

O princípio da igualdade está garantido nos artigos primeiros da normatividade processual, ao trazer às partes a paridade de armas no curso do processo, sendo que isso se deve muito em razão da garantia do contraditório que deve ser velada pelo juiz, a partir da leitura do artigo 7º, sendo, pois, em parte, uma inovação. Discorrendo sobre novidade, o neoprocesso trará textualizado o respeito à promoção da dignidade da pessoa humana, elencará como diretrizes a serem seguidas pelo juiz a proporcionalidade, a razoabilidade, a legalidade, a publicidade e a eficiência,[64] não se esquecendo de que na aplicação deverão ser observados

---

conduta que se espera dos sujeitos processuais ao dispor que, todos que de alguma forma participarem do processo, devem 'comportar-se de acordo com a boa-fé'".

[61] CRAMER, Ronaldo. O princípio da boa-fé objetiva no projeto do novo CPC. In FREIRE, Alexandre. et al (org). *Novas tendências do Processo Civil*: estudos sobre o projeto do novo Código de Processo Civil. Salvador: JusPODIVM, 2014. v. III. p. 634. Refere o autor: "Não há como negar que, até ser incorporado à dogmática processual e acomodado junto a outros institutos, o princípio da boa-fé objetiva pode gerar insegurança e, até mesmo, alguma perplexidade, sobretudo se consideradas suas inauditas consequências".

[62] Sobre o que seria um modelo de cooperação, leia-se: MARINONI, Luiz Guilherme; ARENHART, Sérgio Cruz; MITIDIERO, Daniel. *Novo curso de Processo Civil*: teoria geral do Processo Civil. Vol. 1. São Paulo: Revista dos Tribunais, 2015. p. 494-495. Referem os autores; "A colaboração é um modelo que visa a organizar o papel das partes e do juiz na conformação do processo, estruturando-o como uma verdadeira comunidade de trabalho (*Arbeitsgemeinshaft*), em que se privilegia o trabalho processual em conjunto do juiz e das partes (*prozessualen Zusammenarbeit*). Em outras palavras: visa a dar feição ao formalismo do processo, dividindo de forma equilibrada o trabalho entre todos os seus participantes. Como modelo, a colaboração rejeita a jurisdição unilateral do fenômeno processual, privilegiando em seu lugar a própria ideia de processo como centro da sua teoria, concepção mais pluralista e consentânea à feição democrática ínsita ao Estado Constitucional".

[63] Sobre o modelo processual de colaboração, leia-se MITIDIERO, Daniel. *Colaboração no processo civil*: pressupostos sociais, lógicos e éticos. São Paulo: Revista dos Tribunais, 2009; BARREIROS, Lorena Miranda dos Santos. *Fundamentos constitucionais do princípio da cooperação processual*. Salvador: JusPODIVM, 2013; e DIDIER JR., Fredie. *Fundamentos do princípio da cooperação no Direito Processual Civil português*. Coimbra: Wolters Kluwer Portugal sob a marca Coimbra, 2010.

[64] Sobre o princípio da eficiência, ler: RAMOS, Gisela Gondin. *Princípios jurídicos*. Belo Horizonte: *Fórum, 2012*, p. 482-483. Refere: "O princípio da eficiência, que alguns doutrinadores preferem designar por Princípio da Eficácia Administrativa, foi incorporado ao art. 37 da Carta Magna pela Emenda Constitucional nº 19, de 1988. Ele revela as expectativas da sociedade no sentido de que os serviços públicos sejam prestados de boa vontade, com celeridade, segurança e conforto, regularidade, pontualidade, e de modo equânime. Exige o aproveitamento otimizado dos recursos materiais e humanos disponíveis, de molde a que os objetivos próprios do Estado possam ser alcançados da melhor maneira possível, tanto em termos quantitativos, como em termos qualitativos", e continua "O Princípio da Eficiência adquire especial relevância em face da discricionariedade administrativa,

ainda os fins sociais e as exigências do bem comum, tudo isso disposto na redação do artigo 8º.

Outra importante modificação a ser lembrada é a da inclusão do princípio da não surpresa no artigo 9º, expondo o texto que não se pode decidir sem que previamente as partes sejam ouvidas, criando, por evidente, as ressalvas legais, alargando-se o princípio para o texto do artigo 10. Já o texto do artigo 11 é uma repetição dos princípios da publicidade e da fundamentação das decisões judiciais que se encontra no texto constitucional, não havendo inovação quanto aos seus conteúdos, apenas no que concerne à publicidade há a especificação no parágrafo único sobre a quem pode ser autorizada a presença em juízo. O artigo 12, conforme já referido alhures, traz regras específicas de ordem cronológica para o julgamento dos processos, inovando no texto processual.

Considerações finais

O legislador, quando optou por elencar no capítulo I as normas que devem ser fundamentais a todo o processo civil, trabalhou bem ao textualizar algumas que já eram consenso na própria doutrina e nos tribunais, que já estavam fazendo uso contínuo e prolongado dos seus conceitos, como o princípio da não surpresa, o princípio da cooperação, o princípio da boa-fé processual e o princípio da paridade de armas. Na mesma linha, identificou o texto já nos artigos iniciais a importância de existir meios alternativos à resolução de conflitos, elencando alguns deles, como a arbitragem, a conciliação e a mediação e deixando em aberto o tema para que tantas outras formas possam vir a ser incorporadas pelo ordenamento jurídico brasileiro. Também, foi salutar dar estímulo aos profissionais do Direito que utilizem essas técnicas.

No que concerne a alguns princípios já conhecidos do processo constitucional, como o do acesso ao Poder Judiciário, do contraditório, da publicidade, da fundamentação das decisões, pouco fez de novo, apenas repetindo parte do texto da Constituição Federal, o que faz com que se pergunte se já não eram para ser seguidos independentemente de fazerem parte da lei. Da mesma forma, ao elencar como um dos escopos do processo a promoção da dignidade, sendo ela fundamento do Estado Democrático de Direito? E a eficiência, já não era um norte a ser seguido

---

quando se examina o respeito à ordem jurídica. De modo algum o agente público pode se valer dele para justificar o afastamento ou sacrifício da legalidade. A eficiência, na seara pública, representa a capacidade de resolver problemas e realizar os serviços de modo satisfatório em consonância com os parâmetros legais estabelecidos" e finaliza: "Enfim, é possível concluir que o princípio da eficiência exige a ampliação dos serviços públicos, com efetiva melhoria na qualidade da prestação, tudo com vistas à realização maximizada dos direitos fundamentais".

pela leitura do *caput* do artigo 37 da Constituição Federal? O da legalidade não era para ser observado? Se seguiu os princípio da administração pública, por qual razão a impessoalidade ficou de fora do texto processual?

Preocupa o Código projetado elencar a observação à proporcionalidade, a razoabilidade, atendendo o juiz ao aplicar o Direito aos fins sociais e às exigências do bem comum, tendo em vista que são ferramentas que não controlam, minimamente, a construção da decisão judicial se não tomados cuidados extras com o estudo do referido dispositivo.

Não é feliz o legislador quando vai tentar dar densidade ao princípio da tempestividade do processo, conforme já relatado no corpo do artigo, isso em razão de que, em alguns casos, seriamente prejudicada a tempestividade na atividade satisfativa do processo. Para ilustrar melhor, uma execução de título executivo extrajudicial será sempre frustrada se o executado não tiver patrimônio a ser alvo de constrição judicial.

Por fim, de aplausos a iniciativa de finalmente regrar os julgamentos obedecendo a uma ordem cronológica e informar, pormenorizadamente, como ela deve ser. Note-se que a evidência já existia previsão para tanto, de forma um pouco diferenciada, mas, elencando como normatividade fundamental, podem aqueles privilégios concedidos de forma desarrazoada, finalmente, estar perto do fim, o que somente ocorrerá com o controle do Poder Judiciário também, pela própria pessoa humana, alvo maior da prestação jurisdicional.

Referencial bibliográfico

ALMADA, Roberto José Ferreira de. *A garantia processual da publicidade*. São Paulo: Revista dos Tribunais, 2005.

ÁVILA, Humberto. *Segurança jurídica*: entre permanência, mudança e realização do direito tributário. 2. ed. São Paulo:Malheiros, 2012.

——. Teoria dos princípios: da definição à aplicação dos princípios jurídicos. 15. ed. São Paulo: Malheiros, 2014.

BARREIROS, Lorena Miranda dos Santos. *Fundamentos constitucionais do princípio da cooperação processual*. Salvador: JusPODIVM, 2013.

CALMON, Petrônio. *Fundamentos da mediação e da conciliação*. Rio de Janeiro: Forense, 2007.

CAPPELLETTI, Mauro; GARTH, Bryant. *Acesso à justiça*. Tradução de Ellen Gracie Northfleet. Porto Alegre: Sergio Antonio Fabris, 2002.

COSTA NETO, José Wellington Bezerra da. *Assistência judiciária gratuita*: acesso à justiça e carência econômica. Brasília, DF: Gazeta Jurídica, 2013.

CRAMER, Ronaldo. O princípio da boa-fé objetiva no projeto do novo CPC. In FREIRE, Alexandre. et al (org). *Novas tendências do Processo Civil*: estudos sobre o projeto do novo Código de Processo Civil. Salvador: JusPODIVM, 2014. v. III. p. 625- 634.

DANTAS, Paulo Roberto de Figueiredo. *Direito Processual Constitucional*. 5. ed. São Paulo: Atlas, 2014.

DELFINO, Lúcio. *O art. 153 do novo CPC vai contra o advogado militante*. Disponível em: http://www.conjur.com.br/2014-ago-01/lucio-delfino-artigo-153-cpc-advogado-diligente?utm_source=dlvr.it&utm_medium=twitter. Acesso: 07.08.2014.

DIDIER JR., Fredie. *Fundamentos do princípio da cooperação no Direito Processual Civil português*. Coimbra: Wolters Kluwer Portugal sob a marca Coimbra, 2010.

DIMOULIS, Dimitri. *Manual de introdução ao estudo do Direito*: definição e conceitos básicos, norma jurídica. 4. ed. São Paulo: Revista dos Tribunais, 2011.

FREITAS, Juarez. *A interpretação sistemática do Direito*. 5. ed. São Paulo: Malheiros, 2010.

GARCIA, Gustavo Filipe Barbosa. *Novo Código de Processo Civil*: principais modificações. Rio de Janeiro: Forense, 2015.

JOBIM, Marco Félix. *O direito à duração razoável do processo*: a responsabilidade civil do Estado em decorrência da intempestividade processual. 2. ed. Porto Alegre: Livraria do Advogado, 2012.

KEPPEN, Luiz Fernando Tomasi; MARTINS, Nadia Bevilaqua. *Introdução à resolução alternativa de conflitos*: negociação, mediação, levantamento de fatos, avaliação técnica independente. Curitiba: JM Livraria Jurídica, 2009.

KOEHLER, Frederico Augusto Leopoldino. *A duração razoável do processo*. 2. ed. Salvador: JusPODIVM, 2013.

LOPES, Maria Elizabeth de Castro. *O juiz e o princípio dispositivo*. São Paulo: Revista dos Tribunais, 2006.

LUHMANN, Niklas. *Legitimação pelo procedimento*. Tradução de Maria da Conceição Côrte-Real. Brasília: Universidade de Brasília, 1980.

MARINONI, Luiz Guilherme. *Teoria geral do processo*. 8. ed. São Paulo: Revista dos Tribunais, 2014.

——; ARENHART, Sérgio Cruz. *Prova*. São Paulo: Revista dos Tribunais, 2009.

——; ——; MITIDIERO, Daniel. *Novo curso de Processo Civil*: teoria geral do Processo Civil. Vol. 1. São Paulo: Revista dos Tribunais, 2015.

——; MITIDIERO, Daniel. *O projeto do CPC*: críticas e propostas. São Paulo: Revista dos Tribunais, 2010.

MARTEL, Letícia de Campos Velho. *Devido processo legal substantivo*: razão abstrata, função e características de aplicabilidade: a linha decisória da Suprema Corte estadunidense. Rio de Janeiro: Lumen Juris, 2005.

MATTOS, Sérgio Luís Wetzel de. *Devido processo legal e a proteção de direitos*. Porto Alegre: Livraria do Advogado, 2009.

MIRANDA, Gustavo Senna. Princípio do juiz natural e sua aplicação na lei de improbidade administrativa. São Paulo: Revista dos Tribunais, 2007.

MITIDIERO, Daniel. *Colaboração no processo civil*: pressupostos sociais, lógicos e éticos. São Paulo: Revista dos Tribunais, 2009.

——. O processualismo e a formação do Código Buzaid. In: TELLINI, Denise; JOBIM, Geraldo Cordeiro; JOBIM, Marco Félix (Org.) *Tempestividade e efetividade processual*: novos rumos do processo civil brasileiro. Caxias do Sul: Plenum, 2010. p. 109-130.

MOTTA, Cristina Reindolff da. *A motivação das decisões cíveis*: como condição de possibilidade para a resposta correta/adequada. Porto Alegre: Livraria do Advogado, 2012.

NERY JUNIOR, Nelson. *Princípios do processo na Constituição Federal*: processo civil, penal e administrativo. 9. ed. São Paulo: Revista dos Tribunais, 2009.

O JULGAMENTO de Nuremberg. Direção: Yves Simoneau. 1 DVD. 169 min. Warner Home. Ano de lançamento: 2000. Color.

PINA, Ketlen Anne Pontes. Princípio constitucional da inafastabilidade do controle jurisdicional: questões atuais. In: OLIVEIRA, Vallisney de Souza (Coord.). *Constituição e processo civil*. São Paulo: Saraiva, 2008. p. 38-90.

PORTANOVA, Rui. *Princípios do processo civil*. 6. ed. Porto Alegre: Livraria do Advogado, 2005.

PORTO, Sérgio Gilberto. *Coisa julgada civil*. 4. ed. São Paulo: Revista dos Tribunais, 2011.

——; USTÁRROZ, Daniel. *Lições de direitos fundamentais no processo civil*: o conteúdo processual da Constituição Federal. Porto Alegre: Livraria do Advogado, 2009.

RAMOS, Gisela Gondin. Princípios jurídicos. Belo Horizonte: Fórum, 2012.

ROSAS, Roberto. *Direito processual constitucional*: princípios constitucionais do processo civil. 3. ed. São Paulo: Revista dos Tribunais, 1999.

SALLES, Carlos Alberto de; LORENCINI, Marco Antônio Garcia Lopes; ALVES DA SILVA, Paulo Eduardo (Coord.). *Negociação, mediação e arbitragem*: curso básico para programa de graduação em Direito. Rio de Janeiro: Forense; São Paulo: Método, 2012.

SANTANA, Alexandre Ávalo. Os princípios do novo CPC e a tutela eficiente em tempo razoável. In: FREIRE, Alexandre et al. (Org.) *Novas tendências do processo civil*: estudos sobre o projeto do novo Código de Processo Civil. Salvador: JusPODIVM, 2014. v. 2. p. 15-26.

SARLET, Ingo Wolfgang; MARINONI, Luiz Guilherme; MITIDIERO, Daniel. *Curso de direito constitucional*. São Paulo: Revista dos Tribunais, 2012.

SILVA, Ana de Lourdes Coutinho. *Motivação das decisões judiciais*. São Paulo: Atlas, 2012.

WAMBIER, Teresa Arruda Alvim. *Nulidades do processo e da sentença*. 7. ed. São Paulo: Revista dos Tribunais, 2014.

YOSHIKAWA, Eduardo Henrique de Oliveira. *Origem e evolução do devido processo legal substantivo*: o controle da razoabilidade das leis do século XVII ao XXI. São Paulo: Letras Jurídicas, 2007.

ZANETI JÚNIOR, Hermes. *A constitucionalização do processo*: o modelo constitucional da justiça brasileira e as relações entre processo e constituição. 2. ed. São Paulo: Atlas, 2014.

ZIPPELIUS, Reinhold. *Introdução ao estudo do Direito*. Tradução de Gercélia Batista de Oliveira Mendes. Belo Horizonte: Del Rey, 2006.

— 5 —

Perfil da remessa necessária no novo Código de Processo Civil

FELIPE SCALABRIN[1]
GUSTAVO SANTANNA[2]

Sumário: 1. Introdução ; 2. Remessa necessária: perfil atual; 2.1. Nota histórica; 2.2. Natureza jurídica; 2.3. Cabimento; 2.4. Dispensa da remessa; 2.4.1. Dispensa com fundamento econômico; 2.4.2. Dispensa com fundamento jurisprudencial; 2.4.3. Dispensa por orientação administrativa; 3. Considerações conclusivas; Referências bibliográficas.

1. Introdução

O reexame necessário (remessa necessária, remessa oficial, duplo grau obrigatório), inusitado sucedâneo recursal do direito brasileiro previsto no art. 475 do Código Buzaid (CPC/73) e mantido no Novo Código de Processo Civil (NCPC), enseja uma reanálise obrigatória da sentença de 1º grau pelo respectivo tribunal competente. Com efeito, não se trata de recurso (é figura desprovida de voluntariedade ou taxatividade, dispensando maiores formalidades), mas sim de condição de eficácia da sentença.[3] Noutros termos: a sentença não irá produzir efeitos enquanto não realizada a remessa oficial.

---

[1] Mestre em Direito Público pela Universidade do Vale dos Sinos (UNISINOS), vinculado à linha Hermenêutica, Constituição e Concretização de Direitos. Membro do Grupo de Pesquisas em Direito Processual Civil vinculado ao CNPQ "O processo civil contemporâneo: do Estado Liberal ao Estado Democrático de Direito". Professor do curso de Direito da São Judas Tadeu – Faculdades Integradas/RS, professor do Programa de Pós-Graduação da Faculdade de Desenvolvimento do Rio Grande do Sul (FADERGS).

[2] Mestre em Direito Público pela Universidade do Vale dos Sinos (UNISINOS), vinculado à linha Hermenêutica, Constituição e Concretização de Direitos. Membro do Grupo de Pesquisas em Direito Processual Civil vinculado ao CNPQ "O processo civil contemporâneo: do Estado Liberal ao Estado Democrático de Direito". Especialista em Direito Ambiental Nacional e Internacional pela UFRGS. Professor do curso de Direito da São Judas Tadeu – Faculdades Integradas/RS, professor do Programa de Pós-Graduação da Universidade Federal do Rio Grande do Sul (UFRGS). Procurador-Geral do Município de Alvorada/RS.

[3] A natureza jurídica da remessa necessária é tratada no item 2.2, infra.

Trata-se de instituto vetusto no ordenamento brasileiro que, já em 1831, obrigava o juiz, em alguns casos, a "recorrer" das suas próprias sentenças proferidas contra a Fazenda Nacional.[4] Do século XIX aos dias atuais, a senilidade da remessa necessária já se faz sentir e não são poucas as críticas ao sistema que nitidamente representa um privilégio processual conferido ao Poder Público.

O presente texto tem por objetivo questionar a justificativa do reexame necessário – notadamente tendo em conta que o instituto está *mantido* no Novo Código de Processo Civil. Para tanto, será resumidamente rememorada a sua gênese, sua presença no ordenamento atual, as mudanças e inovações havidas no tema com o decorrer do tempo e, ainda, o perfil da remessa oficial no novel diploma processual.

2. Remessa necessária: perfil atual

2.1. Nota histórica

Para uma compreensão adequada da remessa oficial, urge apontar a sua gênese histórica. Trata-se, com efeito, de instrumento processual cuja origem remonta ao processo penal romano – posteriormente reconduzida ao direito lusitano.[5]

Na sua origem, a iniciativa do processo penal cabia à parte ofendida. Todavia, tal perspectiva logo foi superada por não responder satisfatoriamente à natureza das relações penais e à tutela dos interesses coletivos.[6] No direito romano, o processo penal, já público, proporcionava que o próprio Estado investigasse e realizasse a persecução do delito para a elucidação do fato. Ocorre que, com o advento da República, os poderes dos magistrados foram ampliados. Isso possibilitou, inclusive, a instauração de processo sem a provocação das partes. Neste verdadeiro procedimento ex-ofício, em que sequer havia acusação formal, o magistrado tinha poderes para realizar a instrução e pronunciar sentença. Trata-se, como aponta Buzaid, de manifestação do *princípio da oficiosidade*.[7]

O modelo processual romano acabou sendo incorporado ao direito canônico e assumiu um perfil inquisitorial: "a inquirição tinha lugar por ato do próprio magistrado, que iniciava o processo, quando, por insi-

---

[4] ASSIS. Araken de. *Manual dos Recursos*. 5ª ed. São Paulo: Revista dos Tribunais, 2013, p. 916. Uma breve síntese histórica, com maiores referências, é abordada no item 2.1, infra.

[5] MOREIRA, José Carlos Barbosa. Em defesa da revisão obrigatória das sentenças contrarias a fazenda pública. In: *Temas de Direito Processual (Nona série)*. São Paulo: Saraiva, 2007, p. 200.

[6] BUZAID, Alfredo. *Da apelação ex officio: no sistema do código do processo civil*. São Paulo: Saraiva, 1951, p. 13.

[7] Idem, p. 14-16.

nuação ou sem ela, lhe chegava ao conhecimento a existência de algum crime".[8]

Posteriormente, a tradição romano-canônica acabou por influenciar severamente o direito português que, já nas Ordenações Afonsinas (Século XIII), previa a atuação oficiosa do magistrado. Não passou sem críticas, porém, na medida em que: "a competência judicial para proceder ex-ofício podia turbar o ânimo do magistrado, influir em seu espírito e mesmo criar nele um estado tal que predispusesse a orientação da prova em determinado sentido".[9] Nessa linha, para evitar excessos por parte dos magistrados (cuja parcialidade já era questionada em face da atuação oficiosa), os lusitanos introduziram, com a Lei de 12 de março de 1355, ao processo inquisitório, a figura da *apelação ex officio*.[10] Posteriormente, com o advento das Ordenações Manuelinas, em 1521, o instituto foi mantido – o que também ocorreu em 1603 com as Ordenações Filipinas.[11]

No Brasil, a *apelação ex officio* surgiu pela primeira oportunidade em outubro de 1831, já como figura do processo civil sempre que o juiz proferisse sentença contra a Fazenda Pública.[12] Até a publicação do Código de 1939, os códigos estaduais processuais de Bahia, Minas Gerais, Distrito Federal, São Paulo, Santa Catarina, Pará, Ceará, Pernambuco e Rio Grande do Norte traziam em seus dispositivos a apelação de ofício (ou apelação necessária).[13]

Com a reunificação do sistema processual, ocorrida através do Código de Processo Civil de 1939, a apelação necessária, *ex officio*, foi prevista no art. 822.[14]

---

[8] BUZAID, op. cit., p. 18. Na mesma linha: "O processo inquisitório contrastava com o processo acusatório. Enquanto este era contraditório, público e oral, aquele era escrito e desenvolvia-se nas trevas do segredo". (Idem, ibidem, p. 19).

[9] Idem, p. 23.

[10] Acabados estes feitos, caso as partes não apelassem, deviam os juízes apelar a El-Rei pela justiça. (Idem, p. 24-25).

[11] Idem, p. 29.

[12] Idem, p. 32. A Lei n° 242, de 29 de novembro de 1841, em seu artigo 13, dispunha que: "serão appelladas *ex officio* para as Relações do Districto todas sentenças que forem proferidas contra a Fazenda Nacional em primeira instância, qualquer que seja a natureza dellas, e o valor excedente a cem mil réis, comprehendendo-se nesta disposição as justificações e habilitações de que trata o art. 99 da Lei de 4 de outubro de 1.831, não se estendendo contra a Fazenda Nacional as sentenças que se proferirem em causas Particulares, e que os Procuradores da Fazenda Nacional somente tenham assistido, porque destas só se appellará por parte da Fazenda, se os Procuradores della julgarem preciso". (Idem, p. 34). Também em: TOSTA, Jorge. *Do reexame necessário*. São Paulo: Revista dos Tribunais, 2005, p. 108.

[13] TOSTA, Jorge. *Do reexame necessário*. op. cit., p. 111-114.

[14] A apelação necessária ou ex-ofício será interposta pelo juiz mediante simples declaração na própria sentença. Parágrafo único. Haverá apelação necessária: I – das sentenças de declarem a nulidade di casamento; II – das que homologam o desquite amigável; III – das proferidas contra a União, o Estado ou o Município. Redação dada pelo Decreto-Lei n° 4.565 de 1942. A Constituição de 1934 (artigo 76) previa a possibilidade de o Presidente de qualquer Tribunal interpor recurso no caso de

Percebe-se que, resistente às mudanças do sistema processual, o reexame necessário não mais conta com as razões de sua gênese. Não é à toa que o arauto do CPC/73 – Alfredo Buzaid – teceu severa crítica a sua manutenção na ordem jurídica[15], o que não impediu que a remessa oficial fosse mantida sob a égide deste diploma processual. Ainda sob o panorama histórico, o reexame foi mantido no CPC/73 e passou por certa mitigação com o advento da Lei nº 10.352/01, que deu nova redação ao art. 475 para inserir situações de dispensa de reexame.

De fato, já na atualidade, ao menos no direito pátrio[16], há robusto sistema judicial e administrativo que torna a atuação oficiosa do magistrado medida altamente excepcional. Privilegia-se, com efeito, um modelo não inquisitorial e que assegura maior imparcialidade aos juízes. Não é à toa, pois, que o instituto sofra duros ataques – especialmente quanto a sua questionável constitucionalidade.[17]

2.2. Natureza jurídica

Conforme já apontado, houve intensa polêmica acerca da natureza jurídica da remessa necessária. Ainda que tenha surgido como *apelação*

---

divergência jurisprudencial, bem como na Constituição de 1937 nos casos de julgamento em recurso ordinário pelo Supremo Tribunal Federal das decisões de última ou única instância denegatórias de *habeas corpus*. (Idem, ibidem, p. 115-6)

[15] BUZAID, Alfredo. *Da apelação ex officio: no sistema do código do processo civil*, op. cit., p. 38. Com a visível intenção de justificar a existência do duplo grau obrigatório de jurisdição, o Ministro do Superior Tribunal de Justiça Humberto Gomes de Barros em voto proferido no Recurso Especial nº 29.800/MG, julgado em 16/12/92 expos: "em verdade, o instituto traduz uma deformação cultural, herdada de nossas origens: a falta de confiança do Estado em seus agentes e a leniência em sancionar quem pratica atos ilícitos em detrimento do interesse público. Se o juiz ou o advogado do Estado é desidioso ou prevaricador, outros povos civilizados o afastariam da magistratura. Nós, não: criamos uma complicação processual, pela qual, violentando-se o princípio dispositivo, obriga-se o juiz a recorrer". (VAZ, Paulo Afonso Brum. O reexame necessário no processo civil. *Revista do Tribunal Regional Federal da 4ª Região*, Porto Alegre, v. 1, n. 1, p. 50, jan./mar. 1990).

[16] No direito estrangeiro, mas com o nome de "consulta", encontramos na Argentina, Peru, Colômbia e Venezuela, sendo que somente nestes dois últimos países admite-se a "consulta" nas sentenças emitidas contra a Fazenda Pública, semelhantemente, ao reexame necessário. (TOSTA, Jorge. *Do reexame necessário*, op. cit., p. 122; WELSCH, Gisele Mazzoni. *O reexame necessário e a efetividade da tutela jurisdicional*. Porto Alegre: Livraria do Advogado Editora, 2010, p. 35).

[17] Nesse sentido: SHIMURA, Sérgio. Reanálise do duplo grau de jurisdição obrigatório diante das garantias constitucionais. In: FUX, Luiz; NERY JUNIOR, Nelson; WAMBIER, Teresa Arruda Alvim. *Processo e Constituição: estudos em homenagem ao professor José Carlos Barbosa Moreira*. São Paulo: Editora Revista dos Tribunais, 2006; GOMES, Magno Federici; MARTINS, Márcia de Azevedo. O reexame necessário e os princípios da igualdade e da proporcionalidade. *Revista IOB de direito civil e processual civil*, São Paulo, v.11, n. 65, p. 50-82, maio/jun. 2010; MAIA, Renato Vasconcelos. Inconstitucionalidade do reexame necessário face aos princípios da isonomia e da celeridade processual. *Revista da escola superior da magistratura de Pernambuco*, Recife, v. 11, n. 23, p. 259-288, jan./jun. 2006; WELSCH, Gisele Mazzoni. *O reexame necessário e a efetividade da tutela jurisdicional*, op. cit., p. 115 e ss.; SOUSA, Sílvio Ernane Moura de. *Duplo grau civil de jurisdição facultativo e obrigatório: uma visão crítica e atual do art. 475 do CPC à luz do tratamento paritário das partes no processo e da efetividade jurisdicional*. São Paulo: Editora Pillares, 2010, p. 152-169; TOSTA, Jorge. *Do reexame necessário*. op. cit., p. 124-145.

ex officio, e no Código de Processo Civil de 1939 integrasse o capítulo referente aos recursos (Livro VII, Título II), esta corrente doutrinária (que entendia a remessa necessária como um recurso) perdeu força quando da publicação do Código de 1973, quando então passou a integrar o Título VIII (do procedimento ordinário), Capítulo VIII (da sentença e da coisa julgada), ganhando mais adeptos a teoria sustentada inicialmente por Eliézer Rosa, segundo a qual o reexame necessário trata(va)-se de uma *condição de eficácia da sentença*.[18] Esta corrente é, atualmente, liderada por Nelson Nery Junior[19] e aponta que não pode ser considerado recurso já que: a) do ponto de vista topográfico, o artigo 475 do CPC estaria fora do capítulo referente aos recursos; b) pelo princípio da taxatividade somente é recurso o que a lei trata como tal; c) faltar-lhe-ia voluntariedade, ou seja, ânimo da parte em impugnar a decisão, e dialeticidade, uma vez que, no reexame, não haveria razões e contrarrazões, ou argumentos e contra-argumentos para a manutenção ou não da decisão.[20]

O NCPC afasta dúvidas quanto à natureza jurídica da remessa necessária, na medida em que aponta que a sentença está sujeita ao duplo grau de jurisdição "não produzindo efeito senão depois de confirmada pelo tribunal" (art. 496, caput, NCPC). Vale destacar, porém, que não se trata propriamente de inovação, mas sim de consolidação de uma postura doutrinária que já era majoritária.[21]

---

[18] BUZAID, Alfredo. *Da apelação ex officio: no sistema do código do processo civil*, op. cit., p. 47.

[19] NERY JUNIOR, Nelson. *Teoria Geral dos Recursos*, op. cit., p. 78.

[20] SHIMURA, Sérgio. Reanálise do duplo grau de jurisdição obrigatório diante das garantias constitucionais, op. cit., p. 606-607; ROSSI, Júlio César. O reexame necessário. *Revista dialética de direito processual*, São Paulo, n. 23, fev. 2005, p. 42. Ainda é preciso citar que, além das teorias que entendem o reexame necessário como recurso ou condição de eficácia, ainda há outras de menor expressão como aquelas que o enxergam como *impulso oficial*, capitaneada por PONTES DE MIRANDA, Francisco Cavalcanti. *Comentários ao Código de Processo Civil*. Rio de Janeiro: Forense, 1961. Tomo VII, [s.p.], ou como *ato complexo*, sustentada por MARQUES, Frederico. *Instituições de direito processual civil*. Rio de Janeiro: Forense, 1958, vol. IV, p. 369. Há, ainda, o entendimento (isolado) de que a o reexame necessário é unicamente "condição para o trânsito em julgado da sentença, não se tratando de condição de sua eficácia, uma vez que não transita em julgado não teria o mesmo significado semântico de não poderá ser executada." (VAZ, Paulo Afonso Brum. *O reexame necessário no processo civil*. op. cit., p. 50-51). Por fim, a teoria apresentada por Jorge Tosta (*Do reexame necessário*, op. cit., p. 169), sustenta que o reexame necessário tem natureza jurídica de *condição suspensiva ex lege*, em nada diferindo da sentença impugnada por recurso com efeito suspensivo, a não ser pela circunstância de ser uma suspensão originada da própria lei (*ex lege*).

[21] Além dos já citados, defendem a postura de que o reexame é condição de eficácia da sentença: CUNHA, Leonardo Carneiro da. *A Fazenda Pública em Juízo*. 10ª ed. São Paulo: Dialética, 2012, p. 225; THEODORO JR., Humberto. Curso de Direito Processual Civil. v.1. 54ª ed. Rio de Janeiro: Forense, 2013, p. 590; BUENO, Cassio Scarpinella. *Curso sistematizado de direito processual civil*. v. 5. 3ª ed. São Paulo: Saraiva, 2011, p. 457. MARINONI, Luiz Guilherme; MITIDIERO, Daniel. Marinoni. *Código de Processo Civil: comentado artigo por artigo*. 3.ed. São Paulo: Revista dos Tribunais, 2010, p. 453; NEVES, Daniel Amorim Assumpção. *Manual de Direito Processual Civil: volume único*. 5. ed. São Paulo: Método, 2013, p. 567.

2.3. Cabimento

Na estrutura dogmática estabelecida pelo novo Código, a remessa necessária é cabível em duas situações: a) em relação à sentença proferida contra a União, os Estados, o Distrito Federal, os Municípios e suas respectivas autarquias e fundações de direito público (art. 496, I, NCPC); b) em relação à sentença que julgar procedentes, no todo ou em parte, os embargos à execução fiscal (art. 496, II, NCPC).

Quanto ao tema, vale recordar que é indispensável que tenha ocorrido exame de mérito em ambos os casos. É por essa razão que o texto legal dita "proferida contra" (art. 496, I, NCPC) e "julgar procedente" (art. 496, II, NCPC).[22]

Além das hipóteses previstas no diploma processual, a legislação extravagante conta com diversos casos de remessa necessária, inalterados pelo novo diploma legal, destacando-se duas das principais: a) na sentença que concede a ordem em mandado de segurança (art. 14, § 1º, da Lei 12.016/09) e b) na sentença que extingue ação popular por carência de ação (terminativa) ou improcedência (de mérito) (art. 19 da Lei 4.717/05).[23]

De todo modo, seja do ponto de vista estrutural (excesso e acúmulo de demandas no segundo grau de jurisdição) ou da perspectiva ideológica (nem todas as demandas possuem o relevo que mereça uma segunda análise), fato é que a remessa oficial, a despeito de hipóteses amplas de cabimento, possui, também, restrições – casos em que, *de lege lata*, haverá dispensa do reexame.

2.4. Dispensa da remessa

A Lei 10.352/01 trouxe para o Código Buzaid casos em que seria dispensada a remessa oficial. Desse modo, mesmo que se enquadrasse

---

[22] Sérgio Shimura não aceita o reexame necessário quando a decisão for terminativa, por se tratar a remessa necessária uma exceção sua interpretação deve ter a menor abrangência possível (Reanálise do duplo grau de jurisdição obrigatório diante das garantias constitucionais. op. cit., p. 607). Nelson Nery Júnior defende que a sentença terminativa não é proferida *contra* a Fazenda Pública, motivo pelo qual não seria passível de reexame (*Teoria Geral dos Recursos*. op. cit., p. 82). No mesmo sentido: BARROS, Clemilton da Silva. Considerações prognósticas do reexame necessário no processo civil brasileiro. *Revista da Advocacia Geral da União*, ano 6, n. 14, dez. 2007, p. 74. É verdade que, em sede doutrinária, há quem defenda ser possível a remessa para qualquer espécie de sentença. Assim, por exemplo: SIMARDI, Cláudia A. Remessa obrigatória. In: NERY JUNIOR, Nelson; WAMBIER, Teresa Arruda Alvim. *Aspectos polêmicos e atuais dos recursos e de outros meios de impugnação às decisões judiciais*. São Paulo: Editora Revista dos Tribunais, 2002, v. 6, p. 119; GOMES, Magno Federici; MARTINS, Márcia de Azevedo. *O reexame necessário e os princípios da igualdade e da proporcionalidade*. op. cit., p. 5; TOSTA, Jorge. *Do reexame necessário*. op. cit., p. 238). DONOSO, Denis. Reexame necessário. Análise crítica e pragmática de seu regime jurídico. *Revista dialética de direito processual*, São Paulo, n. 87, p. 37, jun. 2010.

[23] E também: Lei nº 3.365/41 (Desapropriação) artigo 28, §1º; Lei nº 7.853/89 (dispõe sobre o apoio às pessoas portadoras de deficiência) artigo 4º, §1º; Lei Complementar nº 76/93 (desapropriação por interesse social, para fins de reforma agrária) artigo 13, §1.

nas situações do art. 475, I e II, não haveria reexame necessário: a) se a condenação (art. 475, I) ou a dívida (art. 475, II) não fossem superiores de 60 salários-mínimos ou b) houvesse sentença fundada em decisão do plenário do Supremo Tribunal Federal, de súmula do Supremo Tribunal Federal, ou ainda de súmula dos Tribunais Superiores em geral.

Além disso, a (curiosa) medida provisória nº 2180-53 previa inusitada situação de dispensa em seu art. 12.[24] Tal dispositivo afastava a incidência de reexame necessário das sentenças proferidas contra a União, inclusive a administração indireta, quando a própria União – através do seu quadro técnico – já tivesse se manifestado pela não interposição de recurso voluntário. Ainda que não se tratasse de recurso, se o próprio beneficiário do reexame estivesse proibido de recorrer em virtude de orientações de seus órgãos, a remessa já era dispensada.

O Novo Código de Processo Civil, com efeito, tornou mais sofisticado o esquema de dispensa da remessa necessária ao estabelecer que ela é viável: a) quando a condenação ou o proveito econômico obtido na causa for de valor certo e líquido inferior a quantias determinadas, a depender do ente federado (art. 496, § 2º, NCPC); b) quando a sentença estiver fundada em determinados precedentes (art. 496, § 3º, I, II, III, NCPC); c) quando a sentença estiver fundada em orientação no mesmo sentido da própria administração pública (art. 496, § 3º, IV, NCPC).

Cada situação acima descrita merece detalhamento.

2.4.1. Dispensa com fundamento econômico

É dispensada a remessa necessária quando a condenação ou o proveito econômico obtido na causa for de valor certo e líquido inferior a: a) mil salários mínimos para União e as respectivas autarquias e fundações de direito público; b) quinhentos salários mínimos para os Estados, o Distrito Federal, as respectivas autarquias e fundações de direito público, e os Municípios que constituam capitais dos Estados; c) cem salários mínimos para todos os demais municípios e respectivas autarquias e fundações de direito público (art. 496, § 2º, NCPC).

A ideia de vincular a reapreciação da causa à expressão econômica que lhe é dada não é novidade e já foi alvo de muitas críticas.

---

[24] Art. 12, MP n.º 2180-53. Não estão sujeitas ao duplo grau de jurisdição obrigatório as sentenças proferidas contra a União, suas autarquias e fundações públicas, quando a respeito da controvérsia o Advogado-Geral da União ou outro órgão administrativo competente houver editado súmula ou instrução normativa determinando a não-interposição de recurso voluntário.

No ponto, o estudo realizado por Flávio Galdino, *Introdução à teoria dos custos dos direitos: direitos não nascem em árvores*,[25] permite afirmar que partindo do pressuposto de que *todos os direitos possuem custos* não deve(ria), nem pode(ria) condicionar-se a remessa de ofício ao valor da condenação, pois a Administração Pública não deve ser vista como uma *instituição financeira* ou somente como uma *gestora financeira*, no sentido de que somente lhe interessam causas que possam impactar mais o seu orçamento. Ora, o Estado Democrático de Direito impõe que a Administração Pública haja em decorrência da (e limitada pela) juridicidade, ou seja, não está(ria), somente, sua ação ligada a recursos financeiros. Muito pelo contrário, cabe-lhe buscar, sim, a concretização/materialização dos interesses públicos primários previstos na Constituição:

> Desvirtuar-se desta ideia significaria dizer que um cidadão que tenha uma condenação contra o Estado no valor atual de R$ 32.600,00 (59,82 salários mínimos) teria mais direito que aquele cuja condenação supere R$ 32.700,00 (60 salários mínimos), ou que o direito do primeiro seria alcançado mais facilmente que do segundo. Considerando aqui que o objeto da ação e o motivo da condenação fossem os mesmos, os procuradores públicos poderiam recorrer, se fosse o caso, de ambas (buscando a prevalência do interesse público primário) decisões e não somente de uma delas em decorrência do valor de sua condenação, supondo-se, a título exemplificativo, que sejam ações movidas postulando ressarcimento de despesas de internação hospitalar nas quais as pessoas tiveram que arcar, mas que deveriam ter sido suportados pelo Sistema Único de Saúde, e que para isso, por exemplo, tivessem de se despojar de alguns (ou todos, muitas vezes) bens, tudo para que não viessem a perder suas vidas em decorrência da omissão estatal. O duplo grau de jurisdição obrigatório em situação fáticas e jurídicas idênticas fere(ria), necessariamente, a igualdade. Condicionar o duplo grau de jurisdição obrigatório ao valor leva à seguinte conclusão: o interesse público está(ria) presente somente nas ações acima de 60 salários mínimos, porque é nestas em que há a remessa necessária para salvaguardar o *interesse público*, o que não é uma verdade. De forma nenhuma se pode visualizar a omissão do Estado trazendo-lhe um *benefício*. Quanto mais duradoura a omissão (ilícita), maior o valor da condenação frente à Administração Pública, e menos célere será a prestação jurisdicional face ao reexame obrigatório. Logo, condicionar o duplo grau obrigatório de jurisdição ao valor da condenação é inaceitável no atual sistema jurídico-social nacional.[26]

Desse modo, se antes já era merecida, agora a crítica deve ser *ainda mais contundente*: além de vincular a remessa oficial ao valor da condenação, o novel diploma processual estabelece uma *desigualdade processual entre os entes públicos*. É dizer que o interesse público defendido vale mais ou menos a depender da espécie de ente federado. Assim, por exemplo, se o Município de São Paulo é condenado a pagar 400 salários mínimos

---

[25] GALDINO, Flávio. *Introdução à teoria dos custos dos direitos: direitos não nascem em árvores*. Rio de Janeiro: Lumen Juris, 2005. Mesma linha de raciocínio é extraída das obras de CALIENDO, Paulo. *Direito tributário e análise econômica do direito: uma visão crítica*. Rio de Janeiro: Elsevier, 2009; AMARAL, Gustavo. *Direito, escassez & escolha*. Rio de Janeiro: Renovar, 2002 e LEAL, Rogério Gesta. *Impactos econômicos e sociais das decisões judiciais: aspectos introdutórios*. Porto Alegre: ENFAM, 2010.

[26] SANTANNA, Gustavo. *Administração Pública em Juízo*. Porto Alegre: Verbo Jurídico, 2013, p. 151.

ao autor, haverá reexame necessário e, se a mesma condenação fosse imposta do Estado de Roraima não haveria remessa. Ocorre que, sem espaço para dúvidas[27], o orçamento de Roraima é muito inferior ao da cidade de São Paulo de modo que fica a reflexão: qual deles necessitaria da prerrogativa processual? O exemplo reforça a ideia de que simplesmente reduzir o interesse público a números – ainda mais posicionando todos os Estados Federados ou todos os Municípios brasileiros no mesmo patamar – é um equívoco.

2.4.2. Dispensa com fundamento jurisprudencial

Também é dispensado o reexame necessário quando a sentença estiver fundada em: a) súmula de tribunal superior; b) acórdão proferido pelo Supremo Tribunal Federal ou pelo Superior Tribunal de Justiça em julgamento de recursos repetitivos; c) entendimento firmado em incidente de resolução de demandas repetitivas ou de assunção de competência (art. 496, § 3º, I, II, III, NCPC). Trata-se, com efeito, de valorização dos precedentes.

Não se pode negar o aprimoramento do NCPC em relação ao antigo texto legal, que previa como causas de dispensa apenas a existência de jurisprudência do plenário do Supremo Tribunal Federal ou súmula de tribunal superior (art. 475, § 3º, CPC/73). Agora, ganhará ainda mais destaque o julgamento das demandas sob o rito dos recursos repetitivos – que passam a ser legítimos *paradigmas jurisprudenciais* ou, quem sabe, *precedentes obrigatórios*.

Havia, neste ponto, uma desatualização do Código Buzaid, afinal, o julgamento de demandas repetitivas é tão relevante quanto a edição de uma súmula de jurisprudência (técnica em franco desuso).

De fato, de que adiantaria determinar a remessa dos autos para o segundo grau de jurisdição quando o julgado já está fundamentado em tese consolidada pelos tribunais superiores? A remessa obrigatória do CPC/73 provocava inútil acúmulo de trabalho nos tribunais que eram obrigados a proferir julgamento acerca de temáticas já consolidadas e que, inclusive, haviam sido observadas pelo juízo *a quo*. Restava ao relator, com efeito, julgar improcedente de plano a remessa com arrimo na disposição recursal pertinente (art. 557, CPC/73).[28]

---

[27] Conforme veiculado pela imprensa, o orçamento estimado da cidade de são, entre despesas e receitas gira em torno de cinquenta bilhões, ao passo que o orçamento de Rondônia fica na margem de sete bilhões. Disponível em: <http://www.rondoniagora.com/noticias> e <http://www.prefeitura.sp.gov.br/cidade/secretarias/planejamento/noticias>. Acesso em 02/02/2015.

[28] CUNHA, Leonardo Carneiro da. A *Fazenda Pública em Juízo*. 10ª ed. São Paulo: Dialética, 2012, p. 225.

A proibição de remessa necessária quando a sentença estiver fundada em orientações jurisprudenciais consolidadas (súmulas e demandas repetitivas) faz parte da onda brasileira de valorização dos precedentes – tema que tem sido amplamente debatido em âmbito doutrinário e que escapa dos estreitos limites deste estudo.[29] Sem qualquer pretensão de exaurimento, vale destacar que "se as Cortes definem o sentido dos textos, é evidente que a autoridade do direito também está nos precedentes, pois a decisão judicial não mais define a exata interpretação da lei (declara a vontade da lei), mas atribui sentido ao direito. A tarefa jurisdicional não está limitada a revelar a lei ou declarar algo que sempre esteve à disposição, mas sim, define o adequado sentido do texto, adicionando algo à ordem jurídica – que passa a ser composta, também, pelo precedente".[30][31]

Há que se atentar, por fim, para o fato de que o fundamento de determinada norma processual sempre é de índole material. A concepção dualista do direito firmada na distinção entre normas processuais e normas materiais não mais se justifica na medida em que tais normas estão em constante diálogo. Nesse sentido, a remessa necessária pode ser reinterpretada (não como prerrogativa do Poder Público) como instrumento

---

[29] Para aprofundar, merecem destaque as seguintes obras: STRECK, Lenio Luiz; ABBOUD, Georges. *O que é isto – o precedente judicial e as súmulas vinculantes?*. Porto Alegre: Livraria do Advogado, 2013; MARINONI, Luiz Guilherme. *O STJ enquanto corte de precedentes: recompreensão do sistema processual da corte suprema*. São Paulo: Revista dos Tribunais, 2013; MARINONI, Luiz Guilherme. *Precedentes obrigatórios*. São Paulo: Revista dos Tribunais, 2010; RAMIRES, Maurício. *Crítica à aplicação de precedentes no direito brasileiro*. Porto Alegre: Livraria do Advogado, 2010; TUCCI, José Rogério Cruz e. *Precedente judicial como fonte do direito*. São Paulo: Revista dos Tribunais, 2004.

[30] CUNHA, Guilherme Cardoso Antunes da; REIS, Maurício Martins. Por uma teoria dos precedentes obrigatórios conformada dialeticamente ao controle concreto de constitucionalidade. *Revista de Processo*, São Paulo, v.39, n.235, p.263-292, set. 2014, p. 265.

[31] Guilherme Cardoso Antunes da Cunha e Maurício Marins Reis, no texto já citado, alertam para o perigo de um precedente ser obrigatório ou vinculante por imposição legal, na medida em que a sua consistência é o que definiria tal status. Destacam, porém, que até mesmo neste cenário, é possível que os precedentes obrigatórios sejam benéficos: "Sendo assim, já se disse que os precedentes, dessa forma, têm valor inestimável para a *applicatio* e, nesse andar, para o alcance de uma resposta constitucionalmente adequada à Constituição. Mas os precedentes não podem implicar uma reprodução automática do que foi decidido anteriormente (com a aplicação indiscriminada de verbetes, súmulas e ementas, como ocorre atualmente na prática judiciária brasileira). Na verdade, a postura do juiz frente à tradição é a de diálogo, não de submissão, ou seja, não podem ser utilizados de maneira lógico-subsuntiva. Isto porque o precedente dinamiza o sistema jurídico, não o engessa, pois a interpretação do precedente deve levar em conta a totalidade do ordenamento jurídico e toda a valoração e a fundamentação que o embasam. Logo, sempre que o precedente for a base de uma nova decisão, seu conteúdo é passível de um ajuste jurisprudencial em relação às circunstâncias do caso concreto.Diante disso, o critério normativo utilizado a partir de determinado precedente deverá ser controlado pela faticidade.É dizer: a coerência do sistema deve ser levada em conta pela decisão, fazendo com que os critérios normativos adotados pelos precedentes sejam observados, no que couber, em relação aos fatos postos na causa concreta. Portanto, a decisão de uma corte, ao definir a interpretação, não elabora parâmetro para o controle da legalidade das decisões, mas erige critério decisional, verdadeiro modo de ser do direito ou o próprio direito em determinado contexto histórico." (*Por uma teoria dos precedentes obrigatórios conformada dialeticamente ao controle concreto de constitucionalidade*, op. cit., p. 285).

processual de *defesa do interesse público*.³² Por seu turno, quando já houver consolidada tese jurídica em determinado sentido através de pronunciamento dos tribunais (seja através de súmula, seja através de julgamento de demandas ou recursos repetitivos), isto significa dizer que o sentido dado ao interesse público já foi debatido e consolidado nas instâncias judiciárias de modo que o fundamento material da norma processual já estaria atendido, razão pela qual seria dispensada a remessa.

2.4.3. Dispensa por orientação administrativa

Como já adiantado, também é dispensado o reexame necessário quando a sentença for proferida contra a União, suas autarquias e fundações públicas, quando a respeito da controvérsia o Advogado-Geral da União ou outro órgão administrativo competente houver editado súmula ou instrução normativa determinando a não interposição de recurso voluntário (art. 12, medida provisória nº 2180-53). Curiosamente, a regra atinge apenas a administração pública federal, conferindo tratamento processual diferenciado ao interesse público tutelado pela União em relação ao interesse público dos demais entes federados. Trata-se de perspectiva, repisa-se, consternada com o interesse da Administração Pública (a União), mas não com a noção de *interesse público geral a ser protegido*.³³

Pode-se defender que o NCPC reduz a disparidade anterior e traz mudanças ao estabelecer que não haverá remessa quando a sentença estiver fundada em "entendimento coincidente com orientação vinculante firmada no âmbito administrativo do próprio ente público, consolidada em manifestação, parecer ou súmula administrativa" (art. 496, §2º, IV, NCPC). A nova regra possui leque subjetivo mais amplo (atinge qualquer "ente público" e não apenas a União) e é objetivamente maior (basta que a sentença esteja de acordo com a orientação administrativa vinculante que também não haverá reexame, isto é: desinteressa para a norma se o ente público está, ou não, ordenando que não haja recurso).

Como efeito, o dispositivo em comento revela, novamente, a preferência legislativa pela *proteção do interesse público* e não por atribuir uma prerrogativa processual à Administração Pública. Ora, se o ente público já fixou a sua orientação a respeito do sentido do interesse público para aquela situação (mediante ato vinculativo) e, chamado ao debate, o Poder Judiciário seguiu a mesma orientação, isto significa que houve

---

[32] No mesmo sentido, José Carlos Barbosa Moreira, ao refutar a tese de que o reexame é resquício de um Estado Autoritário: "O interesse público, justamente por ser público – ou seja, da coletividade como um todo – é merecedor de proteção especial, num Estado Democrático não menos que alhures" (Em defesa da revisão obrigatória das sentenças contrarias a fazenda pública. In: Temas de Direito Processual (Nona série). 2007, pp. 209-210).

[33] SANTANNA, Gustavo. *Administração Pública em Juízo*, op. cit., p. 155.

atendimento do interesse público e, portanto, está dispensada a remessa. Vale lembrar, no ponto, que tal dispositivo se harmoniza com a concepção segundo a qual a remessa necessária não pode prejudicar o ente público (súmula 45, STJ).[34]

É verdade que, na grande maioria dos casos, as súmula administrativas surgem somente após a consolidação jurisprudencial da matéria. Isto é o que ocorre, por exemplo, com as Súmulas da AGU:

> As Súmulas da AGU representam a consolidação da jurisprudência iterativa dos Tribunais, entendida como as decisões judiciais do Tribunal Pleno ou de ambas as Turmas do Supremo Tribunal Federal, dos órgãos Especiais ou das Seções Especializadas dos Tribunais Superiores, ou de ambas as Turmas que as compõem, em suas respectivas áreas de competência, que consagram entendimento repetitivo, unânime ou majoritário, dos seus membros, acerca da interpretação da Constituição ou de lei federal em matérias de interesse da União, suas autarquias e fundações (art. 2º, parágrafo único, do Ato Regimental n. 1/2008).[35]

Ainda assim, a medida racionaliza a atuação processual do ente público e estimula, em todas as esferas da federação, a constante busca pela sedimentação de determinadas orientações para que haja tratamento igualitário a todos os casos.

3. Considerações conclusivas

O presente texto buscou apresentar as principais inovações em matéria de remessa necessária (reexame necessário) diante do advento do Novo Código de Processo Civil, de modo que podem ser destacadas as seguintes conclusões:

a) A remessa necessária – verdadeira condição de eficácia da sentença – é instituto que continuará presente com o novo Código (art. 496, NCPC);

---

[34] Mesmo com a existência da súmula do Superior Tribunal de Justiça nº 45 (no reexame necessário, é defeso, ao Tribunal, agravar a condenação imposta à Fazenda Pública, originada a partir do julgamento do Recurso Especial nº 14.238) e defensores desta linha como TOSTA, Jorge. *Do reexame necessário*, op. cit., p. 221 e BARROS, Clemilton da Silva. *Considerações prognósticas do reexame necessário no processo civil brasileiro*, op. cit., p. 81, há quem sustente ser plenamente possível o agravamento da situação da Fazenda Pública na remessa necessária, uma vez que este instituto na sua origem não fora criado com o intuito de proteger a Fazenda Pública, posição esta lideradas por NERY JUNIOR, Nelson. *Teoria geral dos recursos*, op. cit., p. 85, e tendo como seguidores, dentre outros autores, ROSSI, Júlio César. *O reexame necessário*, op. cit., p.47, SOUSA, Sílvio Ernane Moura de. *Duplo grau civil de jurisdição facultativo e obrigatório: uma visão crítica e atual do art. 475 do CPC à luz do tratamento paritário das partes no processo e da efetividade jurisdicional*, op. cit. p. 79. Essa não é, porém, a posição dominante nos tribunais.

[35] FANTIN, Adriana Aghinoni; ABE, Nilma de Castro (coord.). *Súmulas da AGU comentadas*. São Paulo: Saraiva, 2013, p. 35.

b) As suas razões históricas já não se fazem presentes de modo que, como está mantido, o reexame necessário deve passar por uma releitura a partir da noção de interesse público;

c) A remessa necessária é cabível nas seguintes situações: a) em relação à sentença proferida contra a União, os Estados, o Distrito Federal, os Municípios e suas respectivas autarquias e fundações de direito público (art. 496, I, NCPC); b) em relação à sentença que julgar procedentes, no todo ou em parte, os embargos à execução fiscal (art. 496, II, NCPC);

d) Há, também, casos de cabimento na legislação extravagante e que não foram alterados pelo novo Código;

e) É dispensada a remessa necessária quando a condenação ou o proveito econômico obtido na causa for de valor certo e líquido inferior a: a) mil salários mínimos para União e as respectivas autarquias e fundações de direito público; b) quinhentos salários mínimos para os Estados, o Distrito Federal, as respectivas autarquias e fundações de direito público, e os Municípios que constituam capitais dos Estados; c) cem salários mínimos para todos os demais municípios e respectivas autarquias e fundações de direito público (art. 496, § 2º, NCPC). Trata-se de dispensa com fundamento econômico, o que, de certo modo, é contraditório com a proteção do interesse público;

f) Também é dispensado o reexame necessário quando o pronunciamento estiver calcado em: a) súmula de tribunal superior; b) acórdão proferido pelo Supremo Tribunal Federal ou pelo Superior Tribunal de Justiça em julgamento de recursos repetitivos; c) entendimento firmado em incidente de resolução de demandas repetitivas ou de assunção de competência (art. 496, § 3º, I, II, III, NCPC). Trata-se de dispensa que está em harmonia com a crescente valorização dos precedentes;

g) Além disso, não haverá remessa quando a sentença estiver fundada em "entendimento coincidente com orientação vinculante firmada no âmbito administrativo do próprio ente público, consolidada em manifestação, parecer ou súmula administrativa" (art. 496, § 2º, IV, NCPC).

Com a acuidade que lhe é própria, Barbosa Moreira (sob a égide do Código pretérito) destacara "a inconveniência de eliminar o art. 475 em qualquer reforma futura do estatuto processual. Restrições podem ser admissíveis, e eventualmente dignas de aplauso, desde que justificadas no plano da razoabilidade".[36] Nessa linha, ainda que criticável a manutenção da remessa necessária, mesmo com uma duvidosa tentativa de apontar o *custo do interesse público* (art. 496, § 2º, NCPC), não se pode negar a melhoria digna de aplauso presente na ampliação das hipóteses

---

[36] MOREIRA, José Carlos Barbosa. Em defesa da revisão obrigatória das sentenças contrarias a fazenda pública. In: *Temas de Direito Processual (Nona série)*. São Paulo: Saraiva, 2007, p. 210.

de dispensa para valorizar os precedentes e reforçar a atuação do ente público na sedimentação das suas próprias orientações administrativas.

Referências bibliográficas

AMARAL, Gustavo. *Direito, escassez & escolha*. Rio de Janeiro: Renovar, 2002.

ASSIS. Araken de. *Manual dos Recursos*. 5ª ed. São Paulo: Revista dos Tribunais, 2013.

BARROS, Clemilton da Silva. Considerações prognósticas do reexame necessário no processo civil brasileiro. *Revista da Advocacia Geral da União*, ano 6, n. 14, dez. 2007.

BUENO, Cassio Scarpinella. *Curso sistematizado de direito processual civil*. v. 5. 3ª ed. São Paulo: Saraiva, 2011.

BUZAID, Alfredo. *Da apelação ex officio: no sistema do código do processo civil*. São Paulo: Saraiva, 1951.

CALIENDO, Paulo. *Direito tributário e análise econômica do direito*: uma visão crítica. Rio de Janeiro: Elsevier, 2009.

CUNHA, Guilherme Cardoso Antunes da; REIS, Maurício Martins. Por uma teoria dos precedentes obrigatórios conformada dialeticamente ao controle concreto de constitucionalidade. *Revista de Processo*, São Paulo, v.39, n.235, p.263-292, set. 2014.

CUNHA, Leonardo Carneiro da. *A Fazenda Pública em Juízo*. 10ª ed. São Paulo: Dialética, 2012.

DONOSO, Denis. Reexame necessário. Análise crítica e pragmática de seu regime jurídico. *Revista dialética de direito processual*, São Paulo, n. 87, p. 37, jun. 2010.

FANTIN, Adriana Aghinoni; ABE, Nilma de Castro (coord.). *Súmulas da AGU comentadas*. São Paulo: Saraiva, 2013.

GALDINO, Flávio. *Introdução à teoria dos custos dos direitos*: direitos não nascem em árvores. Rio de Janeiro: Editora Lumen Juris, 2005.

GOMES, Magno Federici; MARTINS, Márcia de Azevedo. O reexame necessário e os princípios da igualdade e da proporcionalidade. *Revista IOB de direito civil e processual civil*, São Paulo, v.11, n. 65, p. 50-82, maio/jun. 2010.

LEAL, Rogério Gesta. *Impactos econômicos e sociais das decisões judiciais*: aspectos introdutórios. Porto Alegre: ENFAM, 2010.

MAIA, Renato Vasconcelos. Inconstitucionalidade do reexame necessário face aos princípios da isonomia e da celeridade processual. *Revista da escola superior da magistratura de Pernambuco*, Recife, v. 11, n. 23, p. 259-288, jan./jun. 2006.

MARINONI, Luiz Guilherme; MITIDIERO, Daniel. *Código de Processo Civil: comentado artigo por artigo*. 3.ed. São Paulo: Revista dos Tribunais, 2010

MARQUES, Frederico. *Instituições de direito processual civil*. Rio de Janeiro: Forense, 1958, vol. IV.

MOREIRA, José Carlos Barbosa. Em defesa da revisão obrigatória das sentenças contrarias a fazenda publica. In: *Temas de Direito Processual (Nona série)*. São Paulo: Saraiva, 2007.

NEVES, Daniel Amorim Assumpção. *Manual de Direito Processual Civil: volume único*. 5. ed. São Paulo: Método, 2013.

PONTES DE MIRANDA, Francisco Cavalcanti. *Comentários ao Código de Processo Civil*. Rio de Janeiro: Forense, 1961. Tomo VII.

ROSSI, Júlio César. O reexame necessário. *Revista dialética de direito processual*, São Paulo, n. 23, fev. 2005.

SANTANNA, Gustavo. *Administração Pública em Juízo*. Porto Alegre: Verbo Jurídico, 2013.

SHIMURA, Sérgio. Reanálise do duplo grau de jurisdição obrigatório diante das garantias constitucionais. In: FUX, Luiz; NERY JUNIOR, Nelson; WAMBIER, Teresa Arruda Alvim. *Processo e Constituição: estudos em homenagem ao professor José Carlos Barbosa Moreira*. São Paulo: Revista dos Tribunais, 2006.

SIMARDI, Cláudia A. Remessa obrigatória. In: NERY JUNIOR, Nelson; WAMBIER, Teresa Arruda Alvim. *Aspectos polêmicos e atuais dos recursos e de outros meios de impugnação às decisões judiciais*. São Paulo: Revista dos Tribunais, 2002, v. 6.

SOUSA, Sílvio Ernane Moura de. *Duplo grau civil de jurisdição facultativo e obrigatório*: uma visão crítica e atual do art. 475 do CPC à luz do tratamento paritário das partes no processo e da efetividade jurisdicional. São Paulo: Pillares, 2010.

THEODORO JR., Humberto. *Curso de Direito Processual Civil*. v.1. 54ª ed. Rio de Janeiro: Forense, 2013

TOSTA, Jorge. *Do reexame necessário*. São Paulo: Revista dos Tribunais, 2005.

VAZ, Paulo Afonso Brum. O reexame necessário no processo civil. *Revista do Tribunal Regional Federal da 4ª Região*, Porto Alegre, v. 1, n. 1, p. 50, jan./mar. 1990.

WELSCH, Gisele Mazzoni. *O reexame necessário e a efetividade da tutela jurisdicional*. Porto Alegre: Livraria do Advogado, 2010.

— 6 —

Tutelas de urgência e seus efeitos colaterais

FERNANDO SPECK DE SOUZA[1]

ZULMAR DUARTE DE OLIVEIRA JUNIOR[2]

Sumário: 1. Liminarmente; 2. Da liminar à tutela antecipada no CPC/1973: universalização da tutela de urgência; 3. Crítica à inexistência de padronização legislativa no CPC/1973; 4. Da tutela antecipada à tutela provisória no CPC/2015: ajustes e uniformização dos pressupostos nas tutelas provisórias; 5. A manutenção do tratamento diferenciado em algumas hipóteses; 6. O mau uso das tutelas provisórias e seus efeitos colaterais; 7. Princípio da cooperação; 8. Considerações finais.

1. Liminarmente

A recente entrada em vigor da Lei n. 13.105, de 16 de março de 2016 – o Novo Código de Processo Civil (CPC/2015) –, impõe que sejam revisitados alguns institutos que marcaram a Lei n. 5.869, de 11 de janeiro de 1973 – o Código de Processo Civil de 1973 (CPC/1973) –, bem assim o estado da arte da matéria em sua roupagem atual. Antes, contudo, é conveniente destacar algo que não é novo: o embate distanciou-se da fronteira da dogmática para centrar suas armas no conflito entre celeridade e segurança.

A tensão permanente entre o fazer rápido e o fazer bem e o antagonismo entre celeridade e segurança são alvos de contínua e permanente atenção. Busca-se uma conjuração dialética na qual a síntese é o processo rápido e justo. Nessa perspectiva, a ampliação das tutelas de urgência no processo civil representou uma acentuada tendência justificada pela ne-

---

[1] Especialista em Gestão do Poder Judiciário (Unisul) e em Direito Constitucional (Unisul). Membro da Rede de Pesquisa de Direito Civil Contemporâneo (RDCC). Juiz de Direito (TJSC).

[2] Especialista em Direito Civil e Processo Civil (Cesulbra). Delegado para a Região Sul da Associação Brasileira de Direito Processual (ABDPro). Membro do Instituto Brasileiro de Direito Processual (IBDP), do Instituto dos Advogados Brasileiros (IAB) e do Centro de Estudos Avançados do Processo (Ceapro). Professor da Unisul e de diversos cursos de pós-graduação. Advogado (SC).

cessidade de aceleração processual, principalmente sob o ponto de vista da parte autora.[3]

Mais do que isso, a propensão para as tutelas de urgência, por sua óbvia premência, convolou-se em diretriz tanto ao legislador reformador do CPC/1973, quanto para a confecção do CPC/2015.

A ideia vencedora das tutelas de urgências se converteu em realidade no processo brasileiro. Porém, como entre o ideal e o real existe certa distância, a implementação daquela não ocorreu sem efeitos colaterais.

Sobre um desses efeitos deter-se-á este trabalho, não para refutar o instituto da tutela provisória, mas para buscar sua minimização. Ora, tal como na Medicina, os efeitos colaterais provocados por determinado remédio muitas vezes são aceitos frente ao mal remediado. É a típica relação custo-benefício. Em casos tais, o efeito colateral é absorvido acriticamente pelo sistema.

Antes, contudo, abordar-se-á a evolução do instituto, desde a sua inclusão no CPC/1973 até a uniformização dos pressupostos, que vigorou no CPC/2015.

Por óbvio, não se pretende esgotar o tema nos limites deste breve estudo – o que, aliás, é impossível –, mas apenas apontar um efeito diverso daqueles considerados quando se enfoca a temática da tutela de urgência.

O sabor de novidade ao leitor familiarizado ficará certamente por conta da perspectiva diversa pela qual será analisado o instituto, com ênfase em um dano marginal ocasionado pela própria tutela provisória, distinto do outro que a sua concessão pretende remediar,[4] não sem antes promover-se a comparação entre o antigo regime e o atual.

2. Da liminar à tutela antecipada no CPC/1973: universalização da tutela de urgência

Conquanto destituída de exclusividade, a lei é a principal das fontes do Direito. Prova disso é o princípio segundo o qual "ninguém é obrigado a fazer ou deixar de fazer alguma coisa senão em virtude de lei" (art. 5º, inc. II, da Constituição). Contudo, ela não é capaz de acompanhar os

---

[3] MARINONI, Luiz Guilherme. *Tutela antecipatória, julgamento antecipado e execução imediata da sentença*. 4. ed. São Paulo: Revista dos Tribunais, 2000.

[4] A tutela antecipada objetiva conjurar o fator temporal que sempre conspira contra o processo, causando prejuízos tanto endoprocessuais quanto metaprocessuais. É, nas palavras de Italo Andolina, o "dano marginal de indução processual" [CRUZ E TUCCI, José Rogério. *Tempo e processo: uma análise empírica das repercussões do tempo na fenomenologia processual (civil e penal)*. São Paulo, 1997. Disponível em: <http://www.tucci.adv.br>. Acesso em: 1º abr. 2014].

fenômenos sociais na mesma velocidade em que estes ocorrem. Logicamente, tal se dá porque a norma é estática, ao passo que tais fenômenos são dinâmicos. Situações jurídicas novas são criadas a todo o momento, o que torna a lei desatualizada. Os projetos de lei que ainda estão em votação, dependendo da velocidade do processo legislativo, já entram em vigor com lacunas. Evidente concluir que a lei é incapaz de abarcar todos os fenômenos jurídicos e sociais. Assome-se a isso as próprias limitações do texto e dos signos linguísticos, insuscetíveis de abarcar o contexto nas suas multifacetadas versões.

A conclusão não é recente. A própria lei há muito já prevê que o juiz não se exime de decidir sob a alegação de lacuna ou obscuridade da lei/ordenamento jurídico (arts. 140 do CPC/2015 e 126 do CPC/1973), podendo valer-se da analogia, dos costumes e dos princípios gerais do direito (art. 4º da Lei de Introdução às Normas de Direito Brasileiro - LINDB).

Nada obstante, impõe-se ao legislador atualizar as leis, não só para criar dispositivos que acompanhem a evolução da sociedade, mas para modificar aqueles que se tornaram obsoletos ou que precisam ser dinamizados, adaptando-se à nova realidade. Com o CPC/1973 não foi diferente. Tal norma, considerada por Alfredo Buzaid um "instrumento jurídico eminentemente técnico, preordenado a assegurar a observância da lei",[5] necessitava, com a máxima dinâmica possível, se adequar às constantes mudanças da sociedade brasileira para que continuasse sendo efetivo. Sua redação original, todavia, não mais foi capaz de dar vazão à enxurrada de processos que, em menos de 20 anos, passou a ingressar diariamente nas várias unidades do Poder Judiciário. O crescimento populacional, a criação de novos direitos a partir da Constituição de 1988, o avanço da informática e da ciência, dentre outros, provocaram um aumento exponencial no número de processos judiciais, exigindo dos tribunais e do legislador a criação de meios de aceleração do procedimento.

Provavelmente por isso, o CPC/1973, até a sua total revogação, foi modificado por mais de uma centena de normas distintas, dentre leis e medidas provisórias.[6] O instituto da tutela antecipada, em particular, buscando atender a tal ideário, foi inserto no CPC/1973 no ano de 1994, dentro de um movimento que o reformou sensivelmente.

A doutrina da efetividade do processo e a jurisprudência fizeram surgir um verdadeiro movimento tendente a modificar o CPC/1973,

---

[5] Cf. RAATZ, Igor; SANTANNA, Gustavo da Silva. *Elementos da história do processo civil brasileiro: do Código de 1939 ao Código de 1973*. Disponível em: <http://www.academia.edu>. Acesso em: 20 mar. 2014.

[6] A lista de leis modificadoras consta da página da Câmara de Deputados, disponível em: <http://www2.camara.leg.br/legin/fed/lei/1970-1979/lei-5869-11-janeiro-1973-357991-norma-pl.html>. Acesso em: 11 out. 2016.

tendo-se instituído uma Comissão de Juristas que se deteve a encontrar soluções para a questão. A partir de então, foram elaborados vários projetos de lei que paulatinamente se integraram ao CPC/1973 (*v.g.* Leis n°s 8.455/92, 8.710/93 e 8.898/94). Mas o movimento reformador não parou por aí. Com o advento das Leis n°s 8.950, 8.951, 8.952 e 8.953, todas de 13 de dezembro de 1994, foram modificados 84 dispositivos do CPC/1973. A novidade mais significativa foi a introdução do instituto da tutela antecipada genérica (art. 273 do CPC/1973).[7]

As reformas foram, de fato, importantíssimas. Difícil imaginar, nos dias de hoje, o processo civil sem a existência das tutelas de urgência, o que obrigava os demandantes a aguardar a finalização do processo para ter algum contato com o bem da vida perseguido. A solução, antes da sua implementação, era buscar, de alguma forma, proteger o direito tutelado por meio de uma medida cautelar, preparatória ou incidental, em ambiente bastante restrito, pois, ao menor sinal de satisfatividade, a via era obstada. Tal se deve ao fato de que, quando da edição do CPC/1973, as "liminares" se restringiam às demandas cautelares (art. 804 do CPC/1973) e a alguns procedimentos especiais, tais como as ações possessórias (art. 924 do CPC/1973), a nunciação de obra nova (art. 934 do CPC/1973), os embargos de terceiro (art. 1.051 do CPC/1973) e a apreensão e depósito de coisas vendidas a crédito com reserva de domínio (art. 1.071 do CPC/1973). De forma extravagante havia, ainda, a liminar em mandado de segurança (Lei n. 1.533/51, que foi substituída pela Lei n. 12.016/09) e a possibilidade de concessão de alimentos provisórios (art. 4º da Lei n. 5.478/68).

No ano de 1990, foi promulgada a Lei n. 8.078/90 – o Código de Proteção e Defesa do Consumidor (CDC). Em comparação com as medidas então existentes, referido diploma ampliou significativamente o rol das tutelas de urgência, por meio da edição do art. 84, § 3º. Passou-se a admitir a antecipação da tutela satisfativa nas ações que tinham por objeto o cumprimento de obrigação de fazer nas relações de consumo. Ainda, o dispositivo serviu de base para a redação do art. 461 que estava por ser modificada no CPC/1973.

Mas foi no ano de 1994, por meio da Lei n. 8.952, remarque-se, que foram incluídos no CPC/1973 dois dispositivos que permitiram a utilização da tutela antecipada em todas as demais demandas, ou seja, de forma generalizada: arts. 273 e o 461, § 3º. A adoção do instituto foi inicialmente sugerida por Ovídio Baptista da Silva em julho de 1983 (1º Congresso Nacional de Direito Processual Civil – Porto Alegre), passando a constar de anteprojeto de 1985. Posteriormente, dez anteprojetos foram elaborados por comissão integrada por Sálvio de Figueiredo Teixeira, Athos Gusmão

---

[7] FIGUEIRA JR, Joel Dias. *Liminares nas ações possessórias*. 2. ed. São Paulo: Revista dos Tribunais, 1999. p. 198-9.

Carneiro, Fátima Nancy Andrighi, Ada Pellegrini Grinover, José Carlos Barbosa Moreira, Celso Agrícola Barbi, José Eduardo Carreira Alvim, J. M. Arruda Alvim, Sério Sahione Fadel, Sidnei Beneti, Kazuo Watanabe, Petrônio Calmon Filho, Donaldo Armelin e Humberto Theodoro Júnior. Um desses anteprojetos foi justamente o que deu origem à referida Lei n. 8.952, de 13 de dezembro de 1994. Posteriormente, no ano de 2002, foi editada a Lei n. 10.444, que alterou o art. 273 do CPC/1973,[8] instituindo a fungibilidade entre medidas cautelares e satisfativas (inclusão do § 7º), bem como entre a tutela genérica e a específica (modificação do § 3º).

Como se depreende, o estabelecimento das tutelas de urgência constituiu uma grande mudança no processo vigente, visando trazer mais celeridade na obtenção de resultados no processo. Entretanto, o uso indevido do instituto, muito longe de agilizar o processo, ocasiona propriamente a sua desaceleração, com o incremento desnecessário da atividade processual, o que decorria, quando em vigor o CPC/1973, de pelo menos duas circunstâncias específicas: (*i*) a ausência de um vetor normativo uniforme e (*ii*) a formulação infundada de pleitos antecipados. Tais tópicos serão explorados nos itens que seguem.

3. Crítica à inexistência de padronização legislativa no CPC/1973

Se, de um lado, a criação da tutela antecipada trouxe um alento aos litigantes brasileiros, de outro, impôs imensas dificuldades, dadas as nomenclaturas diversas para os pressupostos das várias espécies de medidas que conduziam à prestação liminar da tutela jurisdicional.

Desafortunadamente, como se sabe, o equívoco da linguagem empregada resulta em incompreensões no trato dos institutos. Como advertia Sampaio Dória, os homens dissentem mais em virtude da equivocidade da linguagem que usam, do que pelas concepções que têm da realidade em si. As ideias "não provêm das palavras senão das realidades que elas exprimem".[9] A esse respeito, vale registrar que, para a concessão da tutela antecipada genérica, o art. 273 do CPC/1973 exigia a presença dos seguintes requisitos: a) prova inequívoca; b) verossimilhança da alegação; c) fundado receio de dano irreparável ou de difícil reparação (ou abuso de direito de defesa, ou o manifesto propósito protelatório do réu); e d) inexistência de perigo de irreversibilidade do provimento antecipado.

---

[8] CARNEIRO, Athos Gusmão. *Da antecipação de tutela: exposição didática*. 7. ed. Rio de Janeiro: Forense, 2010. p. 21-2.

[9] Cf. CARVALHO, Marta Maria Chagas de. *Coleção Educadores*: Sampaio Dória. Recife: Fundação Joaquim Nabuco, Editora Massangana, 2010. p. 63. Disponível em: <http://www.dominiopublico.gov.br/download/texto/me4716.pdf>. Acesso em: 1º abr. 2014.

A dificuldade na interpretação do art. 273 do CPC/1973 já se iniciava pela conjugação dos dois primeiros pressupostos (prova inequívoca e verossimilhança), que iam, segundo se afirmava, além do tradicional *fumus boni juris* a que os operadores do Direito estavam tão acostumados.

Para Fredie Didier Jr., Paula Sarno Braga e Rafael Alexandria de Oliveira, a primeiro dizia respeito aos meios de prova, enquanto que a verossimilhança estava ligada ao grau de convicção do magistrado. A despeito de tal distinção, referidos autores são claros no sentido de que ambos são interligados.[10] Isto é, não existia contradição entre prova inequívoca e verossimilhança.[11]

De outro modo, a compreensão do conceito de verossimilhança era repleto de dificuldades, sendo identificado como o *quod plerumque accidit*. Ou seja, utilizavam-se das regras de experiência para apurar se fatos daquela categoria ocorriam normalmente em circunstâncias similares e se o fato sob julgamento se apresentava com a aparência de ser verdadeiro.[12] Melhor exemplificando, "[s]ubstancialmente, é verossímil aquilo

---

[10] DIDIER JR. Fredie; BRAGA, Paula Sarno; OLIVEIRA, Rafael Alexandria de. *Curso de direito processual civil*. 6. ed. Bahia: JusPODIVM, 2011. v. 3: teoria da prova, direito probatório, teoria do precedente, decisão judicial, coisa julgada e antecipação dos efeitos da tutela. p. 499: "Partindo da premissa de que prova inequívoca e juízo de verossimilhança são pressupostos interligados, mas com significados distintos, sustentamos que a palavra 'prova', no que diz respeito à antecipação dos efeitos da tutela, deve ser compreendida como meio de prova, e não como 'grau de convicção' do magistrado. O legislador, quando quis se referir ao grau de convicção acerca das alegações da parte, refere-se à verossimilhança ('...Desde que, existindo prova inequívoca, se convença da verossimilhança, da alegação...'), que nada mais é do que um juízo de probabilidade. E prova inequívoca, decerto, só pode ser entendida como aquela que não é equívoca, e que serve de fundamento para a convicção quanto à *probabilidade das alegações*" (destaque do original).

[11] VAZ, Paulo Afonso Brum. *Manual da tutela antecipada*: doutrina e jurisprudência. Porto Alegre: Livraria do Advogado, 2002. p. 136-7: "A contradição entre as expressões prova inequívoca e verossimilhança (a prova inequívoca transmite muito mais do que a idéia de verossimilhança) é só aparente. Quis o legislador reforçar a necessidade de se contar com algo mais do que mera fumaça do bom direito, contraindicando o provimento antecipado quando a prova apresentada se revela equívoca. Verossimilhança e prova inequívoca são conceitos que se completam exatamente para sinalizar que a tutela somente pode ser antecipada na hipótese de juízo de máxima probabilidade, a quase certeza, mesmo que de caráter provisório, evidenciada por suporte fático revelador de razões irretorquíveis de convencimento judicial".

[12] CALAMANDREI, Piero. *Direito processual civil*: estudos sobre processo civil. Tradução de Luiz Abezia e Sandra Drina Fernandez Barbery. Campinas: Bookseller, 1999. v. 3. p. 275: "Também aqui, para julgar se um fato é verossímil ou inverossímil, recorremos, sem necessidade de uma direta investigação histórica a respeito de sua verdade em concreto, a um critério de ordem geral já adquirido precedentemente mediante a observação de *quod plerumque accidit*: já que a experiência nos ensina que fatos daquela mesma categoria ocorrem normalmente em circunstâncias similares às que se observam no caso concreto, se infere desta experiência que também o fato em questão se apresenta com a aparência de ser verdadeiro; e, pelo contrário, se conclui que é inverossímil quando, mesmo podendo ser, parece, não obstante, em contraste com o critério surgido pela normalidade. [...]. É evidente que todos este juízos de possibilidade ou impossibilidade, verossimilitude ou inverossimilitude, têm um caráter eminentemente relativo: não só porque a conclusão pode ser diferente segundo se julgue em abstrato ou em concreto (é dizer, levando em conta a qualidade subjetiva da pessoa a que o fato se atribui: impossibilidade objetiva e impossibilidade subjetiva); senão também porque os limites entre possibilidade e impossibilidade, ou entre verossimilitude e inverossimilitude, são sempre variáveis, segundo o nível de cultura do julgador, segundo se demonstra com o progresso

que corresponde ao *id quod plerumque accidit*: se um determinado evento verifica-se geralmente de certo modo em um determinado dia da semana, é verossímil que o mesmo evento verifique-se no futuro, ou que se tenha verificado no passado naquele dia da semana".[13]

Percebe-se, portanto, que a regra do extinto art. 273 do CPC/1973 atomizara o antigo *fumus boni juris*. Para a antecipação da tutela, não bastava a fumaça do bom direito, mas prova que conduzisse à verossimilhança da alegação. Ou seja, a prova capaz de, naquele ponto do processo, constituir uma verdade processual.[14] A prova, portanto, não precisava ser plena, embora devesse ser suficiente para convencer o magistrado a antecipar a tutela. Nesse momento, surgia a verossimilhança, que importava em uma dupla apreciação: primeiro, fazia-se um juízo de probabilidade da situação fática e, posteriormente, verificava-se se a tese sustentada na petição inicial tinha respaldo na ordem jurídica.[15] Dentro dessa ótica, o juiz, que antes se contentava com o *fumus boni juris*, precisava de uma prova suficiente e da demonstração de um direito plausível e com respaldo na ordem jurídica para antecipar a tutela.

A despeito de tais dificuldades, o rigorismo tinha uma razão de ser: sendo a tutela antecipada satisfativa, era lícito que se exigisse mais do que o *fumus boni juris* – próprio das cautelares – para a sua concessão.[16] Tal diferença, contudo, extrapolava o âmbito das medidas cautelares, persistindo em relação às demais tutelas satisfativas, de modo que, para a concessão da tutela antecipada genérica (art. 273 do CPC/1973), a demonstração da plausibilidade do direito invocado era mais rigorosa do que para o deferimento da tutela específica (art. 461, § 3º, do CPC/1973),[17]

---

da ciência, que cada dia faz entra no domínio da possibilidade ou verossimilitude o que até o dia de ontem a experiência vulgar conceituava impossível ou absurdo".

[13] TARUFFO, Michele. *Uma simples verdade*: o juiz e a construção dos fatos. Tradução de Vitor de Paula Ramos. São Paulo: Marcial Pons, 2012. p. 111.

[14] PASSOS, José Joaquim Calmon de. *Comentários ao código de processo civil*. 9. ed. Rio de Janeiro: Forense, 2004. v. 3: arts. 270 a 331. p. 40: "Quando se fala em prova inequívoca não se pretende mencionar uma prova que não comporta dúvida de qualquer espécie, sim de prova que, produzida no tempo e pelos meios legais, constitui a *prova do processo,* vale dizer, constitui a *verdade processual* que é a única com a qual pode operar o magistrado" (destaque do original).

[15] VAZ, Paulo Afonso Brum. *Manual da tutela antecipada* cit., p. 136-7: "Num primeiro momento, faz-se um juízo de probabilidade quanto à situação fática refletida na inicial. Positivo este juízo, porque os fatos aparentemente são verossímeis, impõe-se verificar se as conseqüências jurídicas pretendidas pelo autor são também plausíveis, vale dizer, se a tese jurídica contida na inicial é provida de relevância, tem respaldo na ordem jurídica".

[16] PASSOS, José Joaquim Calmon de. *Comentários ao código de processo civil* cit., p. 40: "[H]ouve por bem o legislador ir além da proteção cautelar, favorecendo quem já em condições de ter seu direito reconhecido com o benefício da antecipação da tutela, submetida a certos temperamentos, como sejam, a ponderação do risco da irreversibilidade de suas conseqüências e a possibilidade de sua revogação".

[17] NERY JUNIOR, Nelson; NERY, Rosa Maria de Andrade. *Código de processo civil comentado e legislação processual civil extravagante em vigor*. 7. ed. São Paulo: Revista dos Tribunais, 2003, p. 782, nota 14 ao art. 461: "É interessante notar que, para o adiantamento da tutela de mérito, na ação condenatória

o que, salvo melhor juízo, não se justificava. Kazuo Watanabe, a propósito, chegou a comparar a relevância da fundamentação do § 3º do art. 461 com o *fumus boni juris* das ações cautelares.[18] Nesse ponto, o que definia, sob a égide do CPC/1973, o maior rigor na demonstração da aparência do direito na tutela antecipada era a espécie de provimento (genérico ou específico), a despeito de ambos serem satisfativos. Ou seja, se genérico, mais rigoroso.

Mas as diferenças não paravam por aí. Outro requisito essencial à antecipação da tutela genérica era que da sua concessão não resultasse qualquer irreversibilidade (art. 273, § 2º, do CPC/1973). No ponto, o rigor se justificava – tanto que foi mantido no CPC/2015 (art. 300, § 3º) –, já que antecipar de forma irreversível significa conceder a vitória da causa ao autor, em prejuízo à ampla defesa.[19] Ocorre que o art. 461, § 3º, do CPC/1973 não possuía exigência semelhante, de modo que a irreversibilidade, em tese, não era impeditivo legal para a concessão da antecipação em tutelas específicas.

Enfim, em comparação com as ações cautelares, era plenamente justificável o rigorismo dos requisitos do art. 273 do CPC/1973, dados os efeitos que a antecipação da tutela pode causar. O que não se justificava era a diferença em relação à tutela específica (art. 461, § 3º, do CPC/1973). Tanto era assim que em casos excepcionais a jurisprudência defendia que o juiz não poderia deixar de conceder a antecipação da tutela ao argumento da irreversibilidade, sob pena de permitir que o direito mais relevante desse lugar ao formalismo jurídico, admitindo-se, inclusive, a ocorrência de dano irreparável ou de difícil reparação.[20]

---

em obrigação de fazer ou não fazer, a lei exige menos do que para a mesma providência na ação de conhecimento *tout court* (CPC 273). É suficiente a mera probabilidade, isto é, a relevância do fundamento da demanda, para a concessão da tutela antecipatória da obrigação de fazer ou não fazer, ao passo que o CPC 273 exige, para as demais antecipações de mérito: a) a prova inequívoca; b) o convencimento do juiz acerca da verossimilhança da alegação; c) ou o *periculum in mora* (CPC 273 I) ou o abuso do direito de defesa do réu (CPC 273 II)".

[18] WATANABE, Kazuo. *Reforma do Código de processo civil*. Coord. Sálvio de Figueira Teixeira. São Paulo: Saraiva, 1996. p. 47: "O § 3º do art. 461 admite a concessão da tutela antecipatória. Os requisitos são a *relevância do 'fundamento da demanda'* (que é mais do *fumus boni iuris* do processo cautelar) e o *receio de ineficácia do provimento final* (é a situação de perigo, ou o *periculum in mora*)" (destaque do original).

[19] ZAVASCKI, Teori Albino. *Antecipação da tutela*. 2. ed. São Paulo: Saraiva, 1999. p. 97: "No particular, o dispositivo observa estritamente o princípio da salvaguarda do núcleo essencial: antecipar irreversivelmente seria antecipar a própria vitória definitiva do autor, sem assegurar ao réu o exercício do seu direito fundamental de se defender, exercício esse que, ante a irreversibilidade da situação de fato, tornar-se-ia absolutamente inútil, como inútil seria, nestes casos, o prosseguimento do próprio processo".

[20] Nesse sentido: "Preenchidos os requisitos legais, a vedação constante do § 2º do mesmo dispositivo, não pode servir de obstáculo a sua concessão, se o juiz, orientando-se pelo princípio da proporcionalidade, outorgar a tutela para evitar que o bem menor suplante e sacrifique o bem jurídico de maior relevância" (TJSC, Agravo de Instrumento n. 04.006902-2, de Criciúma, Des. Wilson Augusto do Nascimento, Terceira Câmara de Direito Civil, j. 25/6/2004). Ou ainda: "Nas ações de indeni-

Verifica-se, pois, que as diferenças até então existentes entre os requisitos da tutela antecipada genérica e os da especifica, no CPC/1973, prejudicavam os jurisdicionados, permitindo que se confundisse com facilidade os institutos. Tal dicotomia, inclusive, dava ensejo a problemas sob a ótica do andamento processual, pois se exigia trabalho redobrado do magistrado, que era obrigado a adaptar o pleito formulado em razão da fungibilidade (art. 273, §§ 3º e 7º, do CPC/1973).

Nessa toada, ao invés de uma sistematização dos institutos, com a criação de conceitos ou mesmo tipos aplicáveis à tutela de urgência, com o consequente aproveitamento da disciplina comum, o que se tinha era a dispersão da matéria num sem número de particularidades contraproducentes.

No ponto, o CPC/2015 representou um avanço, trabalhando a tutela de urgência (Título II do Livro V da Parte Geral) como conceito genérico do qual seriam espécies a tutela satisfativa e a tutela cautelar, atribuindo uniformidade à disciplina (Livro V da Parte Geral).

4. Da tutela antecipada à tutela provisória no CPC/2015: ajustes e uniformização dos pressupostos nas tutelas provisórias

O Livro V da Parte Geral do CPC/2015 é dedicado à tutela provisória (satisfativa e cautelar). No projeto aprovado pela Câmara de Deputados, fora mantida a expressão "tutela antecipada". O Senado Federal, no entanto, houve por bem modificá-la para "tutela provisória", prestigiando a divisão tradicional entre esta e a tutela definitiva. Com isso, facilitou-se a compreensão do instituto, dado que, com o tratamento da tutela satisfativa e da tutela cautelar num mesmo livro, haveria certa dificuldade para que a comunidade jurídica se acostumasse com uma espécie denominada "tutela antecipada cautelar".[21]

A aproximação entre a tutela de urgência satisfativa e cautelar não foi apenas topográfica. O parágrafo único do art. 294 do CPC/2015, que trata apenas da tutela de urgência, deixa clara a adoção de um regime ju-

---

zação advindas de acidente de trânsito, estando evidenciada a responsabilidade pelo sinistro e a necessidade do lesado, está autorizada a concessão de tutela antecipada a fim de conceder pensão mensal para pagamentos dos gastos com tratamentos médicos. Embora defeso ao julgador conceder a tutela antecipada quando houver perigo de irreversibilidade do provimento, necessário se faz sopesar os interesses em conflito, a fim de resguardar o direito fundamental à vida" (TJSC, Agravo de Instrumento n. 2006.010984-9, de Criciúma, rel. Des. Fernando Carioni, Terceira Câmara de Direito Civil, j. 3/10/2006).

[21] NEVES, Daniel Amorim Assunpção. *Novo Código de Processo Civil – Lei 13.105/2015*: inovações, alterações, supressões comentadas. São Paulo: Método, 2015. p. 207.

rídico único para ambas.²² Ou seja, naquilo que foi possível, uniformizou-se o tratamento procedimental. Não mais se diferencia, no CPC/2015, *fumus boni juris* de prova inequívoca da verossimilhança da alegação, igualando-se, assim, o grau de "probabilidade do direito" (art. 300 do CPC/2015) para a concessão da tutela satisfativa ou cautelar. Quanto ao *periculum in mora* e o fundado receio de dano irreparável ou de difícil reparação, que sempre tiveram o mesmo conteúdo (vide arts. 273, inc. I, e 798 do CPC/1973), agora vêm descritos no art. 330 do CPC/2015 como "o perigo de dano ou o risco ao resultado útil do processo". Nesse ponto, conquanto a primeira hipótese pareça mais adequada à tutela satisfativa e a segunda à tutela cautelar, em ambos os casos o fundamento é a impossibilidade de espera em razão do tempo.²³ Nesse sentido, é o teor do Enunciado n. 143 do Fórum Permanente de Processualistas Civis (FPPC): "A redação do art. 300, *caput*, superou a distinção entre os requisitos da concessão para a tutela cautelar e para a tutela satisfativa de urgência, erigindo a probabilidade e o perigo na demora a requisitos comuns para a prestação de ambas as tutelas de forma antecipada".²⁴

Outro aspecto interessante diz respeito ao fato de que, diversamente do que ocorria com o art. 273, *caput*, do CPC/1973, que condicionava a concessão da tutela antecipada "a requerimento da parte" – o que era flexibilizado pelo Superior Tribunal de Justiça –, o CPC/2015 não possui tal limitador. De outro lado, não há no novel diploma dispositivo semelhante ao art. 797 do CPC/1973.²⁵

A possibilidade de o juiz condicionar a concessão da medida provisória à prestação de caução (art. 804 do CPC/1973), própria das cautelares, mas extensiva às medidas satisfativas pela doutrina e pela jurisprudência, foi mantida e aprimorada, pois além de estar expressamente prevista para ambas as categorias, pode ser dispensada se a parte que terá de prestá-la for hipossuficiente (art. 300, § 1º, do CPC/2015).²⁶

Outros aspectos que permaneceram inalterados devem ser destacados. A tutela provisória de urgência pode ser concedida liminarmente ou

---

²² WAMBIER, Teresa Arruda Alvim; CONCEIÇÃO, Maria Lúcia Lins; RIBEIRO, Leonardo Ferres da Silva; MELLO, Rogerio Licastro Torres de. *Primeiros comentários ao novo Código de Processo Civil*: artigo por artigo. São Paulo: Revista dos Tribunais, 2015. p. 487.

²³ NEVES, Daniel Amorim Assunpção. *Novo Código de Processo Civil* cit., p. 207-208.

²⁴ Disponível em:<http://portalprocessual.com/wp-content/uploads/2015/06/Carta-de-Vit%C3%B3ria.pdf>. Acesso em: 12 out. 2016: "O enunciado foi [originalmente] formulado com base na versão da Câmara dos Deputados, aprovada em 26.03.2014; na versão final do CPC-2015, a redação do dispositivo foi alterada. Na redação, final, o termo "tutela antecipada", tal como constava da versão da Câmara, foi substituído por "tutela provisória"; de outro lado, o termo "satisfativa", que constava da versão da Câmara, foi substituído por "antecipada". Na versão final, a redação final do art. 300 ficou bem distinta da redação da Câmara" (nota 59).

²⁵ NEVES, Daniel Amorim Assunpção. *Novo Código de Processo Civil* cit., p. 209.

²⁶ Idem, p. 209 e 212.

após justificação prévia (art. 300, § 2º, do CPC/2015), mantendo-se regra já consagrada nos arts. 461, § 3º, e 804 do CPC/1973.[27] A fungibilidade entre tutela satisfativa e tutela cautelar do art. 273, § 7º, do CPC/1973 foi igualmente mantida no CPC/2015 (art. 305, p. único). O impedimento à concessão da tutela provisória diante do perigo da irreversibilidade, antes tratado no art. 273, § 2º, do CPC/1973, agora consta do art. 303, § 3º, do CPC/2015.[28]

Há, entretanto, diferenças que devem ser ressaltadas. A tutela cautelar não mais demanda *ação autônoma*, devendo ser requerida no bojo do processo.[29] O CPC/2015 passa a prever o *pedido antecedente autônomo* nos casos em que a tutela de urgência (satisfativa ou cautelar) for contemporânea à propositura da ação, e o *pedido meramente incidental* para as tutelas de urgência formuladas posteriormente (art. 294, p. único, do CPC/2015).[30] Importante esclarecer que tal regra se aplica à tutela da evidência.[31]

Na tutela antecipada satisfativa, a petição inicial pode limitar-se a um mero requerimento antecedente (art. 303, *caput*, do CPC/2015), que será aditado nos mesmos autos em 15 dias ou mais, nos casos de concessão da urgência (art. 303, § 1º, inc. I, e § 3º, do CPC/2015), ou emendado em até cinco dias, nas hipóteses de indeferimento da tutela antecipada (art. 300, § 6º, do CPC/2015), sendo que, em ambas as situações, não atendida a ordem de aditamento ou emenda, o processo será extinto (arts. 303, §§ 2º e 6º, do CPC/2015). No procedimento da tutela cautelar antecedente, o art. 305, *caput*, do CPC/2015 exige que a petição inicial indique a lide e seu fundamento e que contenha a exposição sumária do direito que se objetiva assegurar e a demonstração do perigo de dano ou risco ao resultado útil do processo. Por sua vez, efetivada a tutela cautelar, o art. 308, *caput*, do CPC/2015 prevê que seja formulado, nos mesmos autos, o pedido principal em 30 dias, que também poderá ser elaborado em forma de aditamento (art. 308, § 2º, do CPC/2015). Ainda, o art. 308, § 1º, do CPC/2015 faculta que o pedido principal seja proposto conjuntamente com o de tutela cautelar. Ou seja, nos casos de tutela antecipada satisfativa, a regra é a sua inserção no bojo da petição inicial, facultando-se que seja formulado por mero requerimento antecedente (art. 303,

---

[27] NEVES, Daniel Amorim Assumpção. *Novo Código de Processo Civil* cit., p. 212.
[28] Nesse aspecto, faz-se remissão ao que foi dito anteriormente quanto à possibilidade de concessão, em casos excepcionais, da tutela provisória mesmo diante do perigo da irreversibilidade.
[29] WAMBIER, Teresa Arruda Alvim; CONCEIÇÃO, Maria Lúcia Lins; RIBEIRO, Leonardo Ferres da Silva; MELLO, Rogerio Licastro Torres de. *Primeiros comentários ao novo Código de Processo Civil* cit., p. 488.
[30] NEVES, Daniel Amorim Assumpção. *Novo Código de Processo Civil* cit., p. 210.
[31] WAMBIER, Teresa Arruda Alvim; CONCEIÇÃO, Maria Lúcia Lins; RIBEIRO, Leonardo Ferres da Silva; MELLO, Rogerio Licastro Torres de. *Primeiros comentários ao novo Código de Processo Civil* cit., p. 489.

caput, do CPC/2015), a ser posteriormente aditado (art. 303, § 1º, inc. I, do CPC/2015) ou emendado (art. 303, § 6º, do CPC/2015). Ao contrário, na tutela antecipada cautelar, a regra é que o pedido que visa à liminar seja formulado de forma autônoma, com posterior apresentação do principal (art. 308, *caput*, do CPC/2015), facultando-se que ambos sejam promovidos conjuntamente (art. 308, § 1º, do CPC/2015).

Grande novidade é que a decisão que concede a tutela antecipada torna-se estável se não for atacada por recurso (art. 304, *caput*, do CPC/2015). Em tal hipótese, o processo será extinto (art. 304, § 1º, do CPC/2015) e o resultado somente poderá ser revertido por meio de outra demanda (art. 304, § 2º, do CPC/2015) a ser proposta no prazo de dois anos (art. 304, § 5º, do CPC/2015). A despeito de tal prazo, a medida a ser proposta não se confunde com a ação rescisória, pois o art. 304, § 6º, do CPC/2015 é expresso no sentido de que a decisão que concede a tutela não faz coisa julgada, salvo, em última análise, numa possível interpretação ampliativa do art. 966, § 2º, do CPC/2015, que admite a propositura de ação rescisória contra decisões terminativas, as quais, como se sabe, não fazem coisa julgada material.[32]

Ainda, a tutela provisória conserva a sua eficácia na pendência do processo, podendo ser modificada ou revogada a qualquer tempo (art. 296, *caput*, do CPC/2015, correspondente aos arts. 273, § 4º, e 807, *caput*, do CPC/1973). Assim, havendo agravo de instrumento (art. 1.015, inc. I, do CPC/2015), enquanto não concedido o efeito suspensivo (art. 1.019, inc. I, do CPC/2015), a decisão continuará produzindo efeitos. Por sua vez, a apelação contra sentença que confirma, concede ou revoga a tutela provisória não estará sujeita ao efeito suspensivo (art. 1.012, inc. V, do CPC/2015).[33] Quanto à regra prevista no art. 807, parágrafo único, do CPC/1973, no sentido de que a medida cautelar conservava sua eficácia durante o período de suspensão do processo, esta foi estendida para as demais tutelas provisórias (art. 296, p. único, do CPC/2015).

Conquanto o CPC/2015 não tenha repetido as regras dos arts. 461 e 461-A do CPC/1973, não resta dúvida que o juiz pode impor a prestação de multa para o caso de descumprimento do preceito. Essa conclusão advém do disposto no art. 297 do CPC/2015, que contém regra semelhante àquelas previstas nos arts. 798 e 799 do CPC/1973, conferindo ao juiz, portanto, um poder geral de efetivação. Além das *astreintes*, o novo dispositivo admite, ainda, que o juiz, a bem da efetivação da tutela, autorize ou vede a prática de determinados atos, ordene a guarda judicial, a

---

[32] NEVES, Daniel Amorim Assunpção. *Novo Código de Processo Civil* cit., p. 211.
[33] WAMBIER, Teresa Arruda Alvim; CONCEIÇÃO, Maria Lúcia Lins; RIBEIRO, Leonardo Ferres da Silva; MELLO, Rogerio Licastro Torres de. *Primeiros comentários ao novo Código de Processo Civil* cit., p. 489.

busca e apreensão de pessoas ou coisas, o depósito ou bloqueio de bens, a prestação de caução, a penhora de bens etc., sempre à vista do caso concreto.[34] A propósito, dispõe o Enunciado n. 31 do Fórum Permanente de Processualistas Civis (FPPC) que "[o] poder geral de cautela está mantido no CPC".[35]

Feitas as considerações precedentes, é importante ressaltar que a despeito da aproximação havida entre a tutela de urgência satisfativa e a tutela de urgência cautelar, ambas possuem naturezas distintas. O objeto desta última é o de conservar direitos (art. 301 do CPC/2015), razão pela qual, por exemplo, nela não se discute sobre a irreversibilidade da medida.[36]

Sobre a tutela da evidência, é notório que o CPC/2015 ampliou profundamente as hipóteses de cabimento (art. 311 do CPC/2015). Embora não houvesse menção expressa a seu respeito, doutrina e jurisprudência sustentavam que ela estava presente no CPC/1973, a exemplo do art. 273, inc. II.[37] A tutela da evidência, embora também seja provisória e satisfativa, não é fundada na urgência (art. 311 do CPC/2015),[38] mas no alto grau de probabilidade do direito invocado.[39] Em tais casos, o direito se mostra tão evidente que não faz sentido privar o autor da tutela imediata, cabendo àquele que aparentemente não tem razão suportar o tempo do processo.[40] Interessante registrar que a tutela da evidência será incidental nas hipóteses do art. 311, incs. I e IV, do CPC/2015 e liminar nas hipóteses do art. 311, incs. II e III, do mesmo diploma. Nessas duas últimas hipóteses, o legislador presume desde logo que a defesa será inconsistente (art. 311, parágrafo único, do CPC/2015).[41]

Por fim, uma outra correção operada pelo CPC/2015 diz respeito ao art. 273, § 6º, do CPC/1973, que admitia a antecipação da tutela "quando um ou mais dos pedidos cumulados, ou parcela deles, mostrar-se incon-

---

[34] GAJARDONI, Fernando da Fonseca; DELLORE, Luiz; ROQUE, Andre Vasconcelos; OLIVEIRA JR., Zulmar Duarte de. *Teoria geral do processo*: comentários ao CPC de 2015 – parte geral. São Paulo: Método, 2015. p. 863.

[35] Disponível em: <http://portalprocessual.com/wp-content/uploads/2015/06/Carta-de-Vit%C3%B3ria.pdf>. Acesso em: 12 out. 2016.

[36] GAJARDONI, Fernando da Fonseca; DELLORE, Luiz; ROQUE, Andre Vasconcelos; OLIVEIRA JR., Zulmar Duarte de. *Teoria geral do processo* cit., p. 855.

[37] Idem, p.851.

[38] Idem, p. 853 e 922.

[39] WAMBIER, Teresa Arruda Alvim; CONCEIÇÃO, Maria Lúcia Lins; RIBEIRO, Leonardo Ferres da Silva; MELLO, Rogerio Licastro Torres de. *Primeiros comentários ao novo Código de Processo Civil* cit., p. 487.

[40] GAJARDONI, Fernando da Fonseca; DELLORE, Luiz; ROQUE, Andre Vasconcelos; OLIVEIRA JR., Zulmar Duarte de. *Teoria geral do processo* cit., p. 855 e 923.

[41] MARINONI, Luiz Guilherme; ARENHART, Sérgio Cruz; MITIDIERO, Daniel. *Novo Código de Processo Civil comentado*. 2. ed. São Paulo: Revista dos Tribunais, 2016. p. 394.

troverso". A doutrina desde há muito sustentava que tal hipótese, em verdade, consistia em verdadeiro caso de julgamento parcial do mérito.[42] Tal equívoco topográfico foi corrigido no art. 356, inc. I, do CPC/2015, segundo o qual "o juiz decidirá parcialmente o mérito quando um ou mais dos pedidos formulados ou parcela deles [...] mostrar-se incontroverso".

5. A manutenção do tratamento diferenciado em algumas hipóteses

A despeito da uniformização operada pelo CPC/2015, infelizmente, permanecem algumas divergências. Exemplo dessa constatação é o das ações possessórias, cuja concessão da liminar obedece a um regime próprio (art. 562 do CPC/2015), que, à primeira vista, foi mantida por razões eminentemente históricas.

Ainda, as medidas antecipatórias previstas em leis esparsas não foram revogadas pelo CPC/2015, em razão não apenas da regra *lex specialis derogat generali*[43] (art. 2º, § 2º, da LINDB[44]), mas de previsão expressa do CPC/2015 (art. 1.046, § 2º). Logo, os pedidos de liminar em mandado de segurança (art. 7º, inc. III, da Lei n. 12.016/09), em ação de despejo (art. 59, § 1º, da Lei n. 8.245/91), os requerimentos de alimentos provisórios (art. 4º da Lei n. 5.478/68) e os pleitos antecipatórios de obrigação de fazer nas ações de consumo (art. 84, § 3º, do CDC), por exemplo, devem observar os dispositivos ora mencionados.

Nada impede, contudo, que formulado equivocadamente o pedido, seja aplicado o princípio da fungibilidade pelo magistrado.

6. O mau uso das tutelas provisórias e seus efeitos colaterais

Já foi referido que se passaram mais de 20 anos desde que o instituto da tutela antecipada foi inserido, de forma geral, no CPC/1973. Se, naquela época (1994), o volume de processos existente fez com que o

---

[42] DIDIER JR., Fredie; BRAGA, Paula Sarno; OLIVEIRA, Rafael Alexandria de. *Curso de direito processual civil* cit., p. 537: "A mais importante observação que se deve fazer sobre o § 6º do art. 273 diz respeito à sua natureza jurídica: não se trata de tutela antecipada, mas, sim, de resolução parcial da lide (mérito). A topografia do instituto está equivocada".
[43] BOBBIO, Norberto. *Teoria do ordenamento jurídico*. Tradução de Ari Marcelo Solon. 2. ed. São Paulo: Edipro, 2014. p. 97.
[44] "Art. 2º [...] § 2º A lei nova, que estabeleça disposições gerais ou especiais a par das já existentes, não revoga nem modifica a lei anterior".

legislador criasse tal mecanismo, não é difícil mensurar que a estatística processual de hoje exige ainda mais do instituto. Porém, além das incompreensões derivadas da formatação equivocada do instituto, inegavelmente a tutela de urgência tem sido empregada sem o devido senso de responsabilidade.

É lugar comum na variedade de demandas apresentadas ao Poder Judiciário a formulação do pleito antecipatório em hipóteses que não preenchem os requisitos específicos ou até em circunstâncias que são objeto de vedação legal. Esse mau uso do instituto dá ensejo a uma desaceleração procedimental, com o aumento desnecessário da atividade processual, pois acaba por forçar uma fase decisória no umbral do processo, especificamente sobre o pedido de tutela antecipada formulado. Tal situação não passou despercebida pelo legislador de 1973, que, por meio do art. 811 – mantido no CPC/2015 (art. 302) –, previu penalidades para o mau uso das liminares em medidas cautelares.[45]

Entende-se, contudo, que o CPC/2015 poderia ter avançado mais. O seu art. 302 comina penalidades para os casos em que a liminar é deferida incorretamente. Isto é, para os prejuízos advindos da sua concessão, sobretudo se o pedido é julgado improcedente.

Contudo, não é incomum a formulação de pedidos de antecipação de tutela sem o mínimo de fundamento ou incorrendo em manifesta vedação legal. Tais pleitos, por óbvio, serão indeferidos na origem, não havendo como se aplicar o disposto no art. 302 do CPC/2015.

Ainda assim, não há dúvida que a não observância dos requisitos necessários quando da formulação do pedido atenta propriamente contra a lealdade processual, uma vez que gerará um incidente processual desnecessário, com inútil desempenho da atividade jurisdicional, que precisará se debruçar sobre aquele pleito para fundamentar uma decisão denegatória. Vale lembrar, como acentuava Francisco Campos, demonstrar o óbvio é "tarefa penosa e sem termo".[46]

Demais disso, o prejuízo extrapola a esfera da parte contrária para atingir toda uma gama de litigantes que aguarda o momento do exame de seu pleito. Em termos de macrossistema, a formulação de pedidos inúteis atrasa o andamento de todos os demais processos.

De que serve a Caio – ou acima dele, à paz social, à segurança das relações interpessoais – um pleito de tutela antecipada formulado sem observância dos requisitos legais ou nas hipóteses em que expressamen-

---

[45] O art. 811 do CPC/1973, referente às medidas cautelares, era perfeitamente aplicável às tutelas de urgência satisfativas. Nesse sentido: STJ, REsp 1191262/DF, rel. Min. Luis Felipe Salomão, Quarta Turma, j. 25/09/2012, DJe 16/10/2012.

[46] Cf. STF, HC n. 88087/RJ, rel. Min. Sepúlveda Pertence, Primeira Turma, j. 17/10/2006, DJ de 15/12/2006.

te vedado? Na espécie, necessário que a punição pelo uso indevido da tutela provisória abranja o pleito inconsequente, sem observância dos pressupostos legais, como, por exemplo, naquelas hipóteses em que a instrução do processo é absolutamente necessária à demonstração do alegado. Descabe sustentar a probabilidade do direito quando tal demonstração depender do que será colhido durante a instrução processual.

Em termos gerais, a punição pelo mau uso da tutela antecipada já pode ser extraída do art. 80, inc. VI, do CPC/2015, que reputa litigante de má-fé aquele que "provocar incidente manifestamente infundado".

Melhor seria, todavia, que o CPC/2015 houvesse avançado na temática, inserindo sanção específica ao pedido infundado de tutela provisória. Sem dúvida, a hipótese debelaria o mau uso do instituto nos casos de má-fé processual, resolvendo boa parte dos problemas, embora não todos, porque muitos dos pedidos infundados decorrem da inexistência de padronização sobre a qual se tratou alhures.

De fato, a tutela provisória constitui excelente ferramenta para a defesa de direitos, que merece todos os encômios. Basta pensar no período pretérito ao instituto da antecipação da tutela, época em que era inviável qualquer forma de provimento satisfativo antes da sentença.

O grande problema que se enfrenta, porém, é que o remédio da tutela antecipada, que veio para acelerar o trâmite dos processos no Brasil, está sendo, em razão de seu mau uso, um dos responsáveis pelo agravamento do emperramento da máquina judiciária, provocando um inchamento no número de processos que aguardam, estocados, a prestação da tutela jurisdicional.

Do uso excessivo do remédio da tutela provisória por parte dos litigantes – os doentes processuais – derivam danos marginais, dentre eles o maior tempo processual e o dispêndio inútil da atividade processual. Esse efeito colateral representa verdadeira violação ao disposto no art. 5º, inc. LXXVIII, da Constituição, segundo o qual "a todos, no âmbito judicial e administrativo, são assegurados a razoável duração do processo e os meios que garantam a celeridade de sua tramitação".

7. Princípio da cooperação

O princípio da cooperação é mais um daqueles que estrutura e qualifica o contraditório, expressão concreta de uma das dimensões em que se projeta, especificamente, a garantia constitucional do devido processo legal, impondo que os litigantes encarem o processo como uma atividade cooperativa, prestigiando o diálogo e o equilíbrio. A propósito, já se fala de um processo de corte colaborativo, a exigir uma postura bifronte do magistrado.[47]

O art. 6º do CPC/2015 prevê que "[t]odos os sujeitos do processo devem cooperar entre si para que se obtenha, em tempo razoável, decisão de mérito justa e efetiva". Eis o ponto. O princípio da cooperação constitui mais uma esperança no sentido de que os problemas antes relatados sejam debelados.

O princípio da cooperação também é previsto no Código de Processo Civil português, aprovado pela n. Lei 41/2013, de 26 de junho de 2013,[48] que dispõe, expressamente, o seguinte: "Na condução e intervenção no processo, devem os magistrados, os mandatários judiciais e as próprias partes cooperar entre si, concorrendo para se obter, com brevidade e eficácia, a justa composição do litígio" (art. 7º, item 1).

Não se nega que alguns dos postulados do princípio da cooperação já constavam do CPC/1973, como era o caso dos seus arts. 342 e 355 e seguintes. O fato é que a inclusão da expressão "cooperação", como princípio, enfatiza a necessidade de observância do tema no processo. Aliás, o princípio da cooperação é um desdobramento do princípio do contraditório; segundo aquele, o processo é fruto da atividade colaborativa entre o juiz e as partes, dentro de uma verdadeira democracia. As partes devem, assim, participar mais ativamente do processo, fornecendo ao juiz subsídios para a prolação de uma sentença eficaz.

Pelo princípio da cooperação, busca-se legitimar o procedimento através da prática de atos procedimentais corretos, tanto das partes quanto dos juízes. A partir dele, todos – juiz, autor, réu e Ministério Público – passam a ser corresponsáveis pelo efetivo andamento processual. Não se fala em disputa ou em individualismo, mas em cooperação mútua e boa-fé.

Dentre os deveres atinentes ao princípio da cooperação previstos no CPC/2015, destacam-se: a) o de contribuir para a rápida solução da lide; b) o de proceder com boa-fé; c) o de não formular pretensão ou defesa destituídas de fundamento; d) o de não produzir provas, nem praticar atos inúteis; e) o de cumprir as decisões de caráter executivo ou mandamental e não criar embaraços à sua efetivação; f) o de declinar e atualizar o endereço onde serão recebidas as intimações; g) o de não opor resistência injustificada ao andamento do processo; h) o de não proceder

---

[47] MITIDIERO, Daniel. *Colaboração no processo civil*: pressupostos sociais, lógicos e éticos. 2. ed. São Paulo: Revista dos Tribunais, 2011. p. 81: "O juiz do processo cooperativo é um juiz isonômico na condução do processo e assimétrico no quando da decisão das questões processuais e materiais da causa. Desempenha duplo papel, pois, ocupa dupla posição; paritário no diálogo, assimétrico na decisão. Visa-se alcançar, com isso, um 'ponto de equilíbrio'".

[48] Disponível em: <http://www.cej.mj.pt/cej/recursos/ebooks/ProcessoCivil/0351803665.pdf>. Acesso em: 12 out. 2016.

de modo temerário em qualquer ato do processo; i) o de não provocar incidentes infundados; j) o de não interpor recursos protelatórios; k) o de adotar as providências necessárias para a citação do réu nos dez dias seguintes ao despacho inicial; l) o de colaborar para o descobrimento da verdade; m) o da parte de praticar o ato que lhe for determinado, dentre outros.[49] Vê-se, pois, que o princípio da cooperação, além de ser uma das faces do princípio do contraditório, é sucedâneo da lealdade processual.

Trazendo tais postulados para a lealdade que deve nortear a formulação de pedidos de tutela provisória, crê-se que a cooperação também deve extrapolar os limites do processo, da relação *inter* partes, ganhando contornos de direito coletivo. Toda coletividade de partes tem direito à celeridade processual nesta ou naquela unidade. E é dever de cidadania de todas as partes zelar por isso.

Sem dúvida, uma atitude cooperativa do litigante implica necessariamente em abster-se de formular pedidos de tutela antecipada destituídos de fundamento, postura colaborativa tanto com o Poder Judiciário, quanto com a outra parte, como, finalmente, com a própria sociedade.

Consequentemente, deve o magistrado tolher pedidos de antecipação de tutela que desvirtuem a finalidade do processo e atrasem o trâmite dos demais, de molde a atender o princípio da razoável duração do processo (art. 5º, inc. LXXVIII, da Constituição).

8. Considerações finais

A tutela antecipada representou uma evolução no contexto do CPC/1973, privilegiando a celeridade e a efetividade processual, permitindo a fruição antecipada do bem da vida postulado.

A inserção da tutela antecipada no espectro das tutelas de urgência do CPC/1973, antes restritas às cautelares e a alguns procedimentos especiais, não se fez sem o rompimento da cultura reinante, revirando as bases processuais até então assentadas.

Em si, a ideia de uma decisão que possibilite a fruição do bem da vida no início do processo, a par da demonstração, no seu limiar, da correção das razões e do receio da espera, é plenamente lógica e justificável.

Por outro lado, a incorporação do instituto no ordenamento processual não ocorreu sem danos colaterais, dentre eles os pleitos indevidos de antecipação da tutela, o que implica na desaceleração procedimental.

---

[49] SOUZA, Artur César de. O princípio da cooperação no projeto do novo Código de Processo Civil. *Revista de Processo* v. 225/2013, p. 65-80. São Paulo: Revista dos Tribunais, nov. 2013.

Essa ampliação incorreta e inconsequente dos pedidos antecipatórios, que em certa medida poderia ser atribuída ao regramento heterogêneo de suas diferentes espécies – gerando manifesta confusão dos respectivos limites –, agora, com a edição do CPC/2015, não tem mais razão de ser, dada a uniformização dos pedidos antecipatórios, salvo raras exceções.

Todavia, se por um lado, está-se livre da confusão procedimental, em razão da uniformização procedimental, de outro, há a necessidade de conscientização quando da formulação de pedidos em tal sentido, que muitas vezes são requeridos de forma desleal, sem qualquer respaldo factual-normativo.

Por conseguinte, o manejo indevido da tutela de urgência merece ser penalizado, porquanto sua simples apresentação implica num incremento da atividade processual, com atraso no andamento do processo, além de obstaculizar a análise de pedidos adequadamente formulados.

Outrossim, o princípio da cooperação, verdadeira dimensão da lealdade processual, exige que os litigantes se abstenham de formular pedidos destituídos dos pressupostos legais ou expressamente vedados em lei.

— 7 —

Fonte normativa da legitimação extraordinária no novo Código de Processo Civil: a legitimação extraordinária de origem negocial[1]

FREDIE DIDIER JR.[2]

Sumário: 1. Conceito de legitimação extraordinária; 2. Fonte normativa da legitimação extraordinária; 3. Legitimação extraordinária ativa de origem negocial; 4. Legitimação extraordinária passiva de origem negocial; 5. O chamamento à autoria como exemplo histórico de legitimação extraordinária de origem negocial; 6. Legitimação extraordinária de origem negocial e pendência do processo.

1. Conceito de legitimação extraordinária

A principal classificação da legitimação *ad causam* é a que a divide em *legitimação ordinária* e *legitimação extraordinária*. Trata-se de classificação que se baseia na relação entre o legitimado e o objeto litigioso do processo.

Há legitimação ordinária quando houver correspondência entre a situação legitimante e as situações jurídicas submetidas à apreciação do magistrado. "Coincidem as figuras das partes com os polos da relação jurídica, material ou processual, real ou apenas afirmada, retratada no pedido inicial".[3] Legitimado ordinário é aquele que defende em juízo interesse próprio. "A regra geral da legitimidade somente poderia residir na correspondência dos figurantes do processo com os sujeitos da lide".[4]

---

[1] Publicado na *Revista de Processo*, São Paulo, RT, 2014, n. 232.

[2] Livre-docente (USP), Pós-doutorado (Universidade de Lisboa), Doutor (PUC/SP) e Mestre (UFBA). Professor-associado de Direito Processual Civil da Universidade Federal da Bahia. Diretor Acadêmico da Faculdade Baiana de Direito. Membro do Instituto Brasileiro de Direito Processual, do Instituto Ibero-americano de Direito Processual, da Associação Internacional de Direito Processual e da Associação Norte e Nordeste de Professores de Processo. Advogado e consultor jurídico. www.frediedidier.com.br facebook.com/FredieDidierJr

[3] ARMELIN, Donaldo. *Legitimidade para agir no direito processual civil brasileiro*. São Paulo: RT, 1979, p. 117.

[4] ASSIS, Araken de. "Substituição processual". *Revista Dialética de Direito Processual*. São Paulo: Dialética, 2003, n. 09, p. 12.

Há *legitimação extraordinária* (legitimação anômala ou substituição processual) quando não houver correspondência total entre a situação legitimante e as situações jurídicas submetidas à apreciação do magistrado. *Legitimado extraordinário é aquele que defende em nome próprio interesse de outro sujeito de direito.*

É possível que, nestes casos, o objeto litigioso *também* lhe diga respeito, quando então o legitimado reunirá as situações jurídicas de legitimado ordinário (defende direito *também* seu) e extraordinário (defende direito *também* de outro);[5] é o que acontece, p. ex., com os condôminos, na ação reivindicatória da coisa comum, art. 1.314 do Código Civil. Enfim, na legitimação extraordinária confere-se a alguém o poder de conduzir processo que versa sobre direito do qual não é titular ou do qual não é titular exclusivo.

Há legitimação extraordinária *autônoma* quando o legitimado extraordinário está autorizado a conduzir o processo independentemente da participação do titular do direito litigioso. "O contraditório tem-se como regularmente instaurado com a só presença, no processo, do legitimado extraordinário".[6] É o caso da administradora de consórcio, que é substituta processual do grupo de consórcio (sociedade não personificada), nos termos do art. 3º da Lei n. 11.795/2008.

2. Fonte normativa da legitimação extraordinária

A legitimação extraordinária deve ser encarada como algo excepcional e deve decorrer de autorização do *ordenamento jurídico*, conforme prevê o art. 18 do novo CPC brasileiro – não mais da "lei" como exige o art. 6º do CPC-73.[7]

O NCPC adotou a lição de Arruda Alvim,[8] Barbosa Moreira[9] e Hermes Zaneti Jr.[10] segundo os quais seria possível a atribuição de *legitimação extraordinária* sem previsão expressa na lei, desde que seja possível iden-

---

[5] ARMELIN, Donaldo. *Legitimidade para agir no direito processual civil brasileiro,* p. 119-120.

[6] MOREIRA, José Carlos Barbosa. "Apontamentos para um estudo sistemático da legitimação extraordinária". Em: *Revista dos Tribunais.* São Paulo: RT, 1969, n. 404, p. 10.

[7] Art. 6º, CPC/1973: "Ninguém poderá pleitear, em nome próprio, direito alheio, salvo quando autorizado por lei".

[8] *Código de Processo Civil Comentado.* São Paulo: RT, 1975, v. 1, p. 426. Nesse sentido, também, NERY Jr., Nelson; NERY, Rosa. *Código de Processo Civil comentado.* 11ª ed. São Paulo: RT, 2011, p. 190.

[9] "Notas sobre o problema da efetividade do processo". *Temas de Direito Processual Civil – terceira série.* São Paulo: Saraiva, 1984, p. 33, nota 7.

[10] ZANETI Jr., Hermes. "A legitimação conglobante nas ações coletivas: a substituição processual decorrente do ordenamento jurídico". In: Araken de Assis; Eduardo Arruda Alvim; Nelson Nery Jr.; Rodrigo Mazzei; Teresa Arruda Alvim Wambier; Thereza Alvim (Coord.). *Direito Civil e processo: estudos em homenagem ao Professor Arruda Alvim.* São Paulo: Revista dos Tribunais, 2007, p. 859-866.

tificá-la no *ordenamento jurídico*, visto como sistema. A inspiração legislativa é clara.

Há inúmeros exemplos de legitimação extraordinária que decorre da lei: *i)* legitimação para as ações coletivas (art. 5º da Lei n. 7.347/1985; art. 82 do CDC); *ii)* legitimação para a propositura das ações de controle concentrado de constitucionalidade (art. 103, CF/1988); *iii)* legitimação para impetração do mandado de segurança do terceiro titular de direito líquido e certo que depende do exercício do direito por outrem (art. 3º, Lei n. 12.016/2009); *iv)* legitimação do *denunciado à lide* para defender os interesses do denunciante em relação ao adversário comum (arts. 127-128, NCPC); *v) legitimação* do Ministério Público para o ajuizamento de ação de investigação de paternidade (art. 2º, § 4º, Lei n. 8.560/1992); *vi)* legitimação do capitão do navio para pedir arresto, para garantir pagamento do frete (art. 527 do Código Comercial); *vi)* legitimação do credor e do Ministério Público para propor ação revocatória falimentar – substituem a massa falida (art. 132 da Lei n. 11.101/2005); *vii)* legitimação para impetração do *habeas corpus* (art. 654 do Código de Processo Penal); *viii)* legitimação do representante da entidade onde está abrigado o interditando para a ação de interdição (art. 746, III, NCPC); *ix)* credor solidário para a ação de cobrança ou de execução da obrigação solidária (art. 267 do Código Civil) etc.

Sob a vigência do CPC/1973, é pacífico o entendimento de que não se admite *legitimação extraordinária negocial*:[11] por um negócio jurídico, não se poderia atribuir a alguém a legitimação para defender interesses de outrem em juízo. Isso porque o art. 6º do CPC/1973 reputa a lei, e apenas ela, a fonte normativa de legitimação extraordinária.

O art. 18 do NCPC exige, para atribuição da legitimação extraordinária, autorização do "ordenamento jurídico", e não mais da lei. Além disso, o art. 189 do NCPC consagrou a atipicidade da negociação processual – o tema foi tratado no capítulo sobre a teoria dos fatos jurídicos processuais. *Negócio jurídico* é fonte de norma jurídica, que, por isso mesmo, também compõe o *ordenamento jurídico*.[12] *Negócio jurídico pode ser fonte normativa da legitimação extraordinária.*

Este negócio jurídico é processual, pois atribui a alguém o poder de conduzir validamente um processo.

---

[11] NERY Jr., Nelson; NERY, Rosa. *Código de Processo Civil comentado*. 11ª ed. São Paulo: RT, 2011, p. 190; MARINONI, Luiz Guilherme; MITIDIERO, Daniel. *Código de Processo Civil comentado artigo por artigo*. São Paulo: RT, 2008, p. 101.

[12] KELSEN, Hans. *Teoria Pura do Direito*. João Baptista Machado (trad.) 6ª ed. São Paulo: Martins Fontes, 2000, p. 284-290; PEDROSO, Antonio Carlos de Campos. *Normas jurídicas individualizadas – teoria e aplicação*. São Paulo: Saraiva, 1993, p. 21-24; 35-43.

Não há, assim, qualquer obstáculo *a priori* para a *legitimação extraordinária de origem negocial*. E, assim sendo, o direito processual civil brasileiro passará a permitir a *legitimação extraordinária atípica*, de origem negocial.

Mas é preciso fazer algumas considerações.

Em primeiro lugar, a solução do problema é diversa, se se tratar de legitimação extraordinária ativa ou passiva.

3. Legitimação extraordinária ativa de origem negocial

A negociação sobre legitimação extraordinária ativa é mais simples e não exige nenhum outro requisito, além dos exigidos para os negócios processuais em geral.

A negociação pode ser para *transferir* ao terceiro a *legitimidade* ou apenas para *estender* a ele essa legitimidade.

É possível a *ampliação da legitimação ativa*, permitindo que terceiro *também* tenha legitimidade para defender, em juízo, direito alheio. Cria-se, aqui, uma *legitimação extraordinária concorrente*.

É possível, também, negociação para *transferir* a *legitimidade ad causam* para um terceiro, sem transferir o próprio direito, permitindo que esse terceiro possa ir a juízo, em nome próprio, defender direito alheio – pertencente àquele que lhe atribui negocialmente a legitimação extraordinária. Nesse caso, teremos uma *legitimação extraordinária exclusiva decorrente de um negócio jurídico:* somente esse terceiro poderia propor a demanda. Não há óbice algum: se o titular do direito pode transferir o próprio direito ao terceiro ("pode o mais"), pode transferir apenas a legitimidade *ad causam*, que é uma situação jurídica que lhe pertence ("pode o menos").

Essa transferência implica verdadeira renúncia dessa posição jurídica, por isso há de ser interpretada restritivamente (art. 114 do Código Civil). Assim, no silêncio, o negócio há de ser interpretado como se o sujeito apenas quisesse *estender* a legitimação ativa, e não transferi-la.

A negociação assumirá nuances diversas, se se tratar de *legitimação* para a defesa de *direito relativo* (sujeito passivo determinado; direito de crédito, por exemplo) ou para a defesa de *direito absoluto* (sujeito passivo indeterminado; propriedade intelectual, por exemplo).

No primeiro caso, é razoável aplicar, por analogia, algumas regras sobre a cessão de crédito (arts. 286-296, Código Civil). Não apenas pelo *dever de informar*, dever anexo decorrente do princípio da boa-fé contratual. Em certa medida, a transferência da legitimidade para cobrar a prestação devida é uma transformação do conteúdo de um contrato: fez-se o negócio com a informação de que *determinada* pessoa, e apenas ela, iria a juízo discutir eventual inadimplemento.

Assim, a atribuição negocial de legitimação extraordinária é ineficaz em relação ao futuro réu, se este não for notificado; "mas por notificado se tem o devedor que, em escrito público ou particular, se declarou ciente da cessão feita" (art. 290 do Código Civil, aplicado por analogia). Aceita-se, ainda, qualquer meio de prova da notificação;[13] o que o art. 290 do Código Civil faz é presumi-la nesses casos. Demais disso, todas as defesas que o réu poderia opor ao *legitimado ordinário* poderá opor ao legitimado extraordinário negocial (art. 294 do Código Civil, aplicado por analogia).[14] O futuro réu tem o direito de ser cientificado do negócio, embora não faça parte dele nem precise autorizá-lo.

No caso de legitimação extraordinária para *direitos absolutos*, não há qualquer necessidade de notificação do futuro réu, que, de resto, é desconhecido, pois será aquele que vier a praticar o ilícito extracontratual. O réu não faz parte do negócio processual e nem precisa dele tomar ciência. Até porque não se sabe quem será o réu. Aquele que violar o direito absoluto poderá ser demandado por quem tenha legitimação para tanto, ordinária ou extraordinária.

Um exemplo pode ajudar. Imagine uma negociação empresarial em que uma sociedade transfere para outra sociedade a totalidade da sua participação societária em uma terceira sociedade (objeto do negócio). Mas não há transferência da titularidade das patentes de que essa terceira sociedade (objeto do negócio) era proprietária. Embora não transfira a propriedade das patentes, a vendedora atribui à compradora a legitimidade de defender essas patentes em juízo. *Legitimação extraordinária*, portanto: a empresa compradora defenderá em juízo as patentes da empresa vendedora.[15]

Outro exemplo. Nos Juizados Especiais, o comparecimento do autor, à audiência de conciliação, é obrigatório; se o autor não comparecer, o processo é extinto sem exame do mérito (art. 51, I, Lei n. 9.099/1995). Há pessoas que têm sérias dificuldades de comparecer à audiência de conciliação, mas são obrigadas a isso. Basta pensar em pessoas idosas, ou muito doentes, ou com dificuldades de locomoção, ou cuja profissão exige viagens constantes etc. É comum que pessoas muito doentes se valham dos Juizados para obter providência de urgência relacionada ao direito à saúde; ela está acamada e não tem como comparecer à audiência; muita

---

[13] Como bem apontou Antonio do Passo Cabral, em conversa travada com o autor.

[14] Art. 294 do Código Civil: "O devedor pode opor ao cessionário as exceções que lhe competirem, bem como as que, no momento em que veio a ter conhecimento da cessão, tinha contra o cedente".

[15] Ao que parece, foi isso o que aconteceu na venda da Motorola pelo Google à Lenovo: Google ficou com as patentes da Motorola, mas permitiu que a Lenovo, que passaria a ser dona da Motorola, pudesse defendê-las em juízo (http://oglobo.globo.com/sociedade/tecnologia/google-apple-o-resto-11495305?topico=pedro-doria).

vez a solução é simplesmente adiar *sine die* a realização da audiência, tudo para cumprir o disposto na Lei dos Juizados, que, nesse aspecto, dificulta o acesso à justiça. *Pois a legitimação extraordinária negocial resolveria esse problema*: o legitimado extraordinário não só compareceria à audiência, como autor, como também conduziria todo o restante do processo.

É importante lembrar: o negócio é para a transferência de legitimação *ad causam* ativa. Não se cuida de *transferência do direito* – não se trata, portanto, de *cessão de crédito*. Não há transferência da situação jurídica material, enfim.

4. Legitimação extraordinária passiva de origem negocial

Bem diferente é a atribuição negocial de legitimação extraordinária passiva.

Não pode o futuro réu *transferir* sua legitimação passiva a um terceiro. Ou seja, não pode o réu, permanecendo titular de uma situação jurídica passiva (um dever obrigacional, por exemplo), atribuir a um terceiro a legitimação para defender seus interesses em juízo. Seria uma espécie de *fuga* do processo, ilícita por prejudicar o titular da situação jurídica ativa (o futuro autor). *Não se admite que alguém disponha de uma situação jurídica passiva por simples manifestação de sua vontade*.

Nada impede, porém, que o futuro autor participe desse negócio processual e concorde com a atribuição de legitimação extraordinária passiva a um terceiro. Preenchidos os requisitos gerais da negociação processual, não se vislumbra qualquer problema: o sujeito concordou em demandar contra esse terceiro, que defenderá em juízo interesses de alguém que concordou em lhe atribuir essa legitimação extraordinária. Aplica-se aqui, por analogia, a regra da assunção de dívida, permitida com a concordância expressa do credor (art. 299 do Código Civil).[16]

Pode o futuro réu, no entanto, *ampliar* a legitimação passiva, atribuindo a terceiro legitimação extraordinária para defender seus interesses em juízo. Nesse caso, não há qualquer prejuízo para o autor, que nem precisa ser notificado dessa negociação. Isso porque, havendo *legitimação passiva concorrente*, escolherá o autor contra quem quer demandar. A ampliação dos legitimados passivos somente beneficia o autor. A notificação do futuro autor é, na verdade, um ônus do futuro réu: é do seu interesse que o futuro autor saiba que pode propor a demanda contra uma terceira pessoa.

---

[16] Art. 299 do Código Civil: "É facultado a terceiro assumir a obrigação do devedor, com o consentimento expresso do credor, ficando exonerado o devedor primitivo, salvo se aquele, ao tempo da assunção, era insolvente e o credor o ignorava".

Um exemplo. Pode o locador atribuir à administradora do imóvel, com quem mantém contrato, a legitimação extraordinária para também poder ser ré em ação de revisão do valor dos alugueres ou de ação renovatória.

A ampliação da legitimação passiva, com a atribuição de legitimação extraordinária a um terceiro, não permite que qualquer dos possíveis réus, uma vez demandado, *chame ao processo* (arts. 130-132, CPC) o outro legitimado. Há, aqui, apenas colegitimação; não há, nesse caso, solidariedade passiva na obrigação discutida.

É importante lembrar: o negócio é para *ampliação* de legitimação *ad causam* passiva. Não se cuida de *transferência da dívida* – não se trata, portanto, de *assunção de dívida*. Não há transferência da situação jurídica material, enfim.

Nada impede que os contratantes insiram no contrato cláusula que vede a transferência ou ampliação da legitimação *ad causam*.

5. O chamamento à autoria como exemplo histórico de legitimação extraordinária de origem negocial

Legitimação extraordinária negocial não é novidade em nossa história.

No CPC/1939, havia uma hipótese *típica* de negócio processual, em que se atribuía a alguém a legitimação extraordinária para a defesa de direito de outrem em juízo. Isso acontecia no *chamamento à autoria*. Uma parte convocava um terceiro para sucedê-la em juízo; se esse terceiro aceitasse essa provocação, haveria sucessão processual: eis o negócio processual.

O *chamamento à autoria* era espécie de intervenção de terceiro que existia à época. A parte chamava o terceiro que lhe havia transferido a coisa ou o direito real, que era objeto do processo; se esse *terceiro-chamado* aceitasse o chamamento, assumiria a causa, no lugar do *chamante*, para defender os interesses deste em juízo. O chamamento à autoria poderia redundar, então, em uma sucessão processual, com a troca de sujeitos do processo, transformando-se o terceiro em parte para a defesa dos interesses da parte que provocou a sua intervenção (arts. 95, § 1º, e 97, CPC/1939).[17]

---

[17] Art. 95 do CPC/1939: "Aquele que demandar ou contra quem se demandar acerca de coisa ou direito real, poderá chamar à autoria a pessoa de quem houve a coisa ou o direito real, afim de resguardar-se dos riscos da evicção. §1º Se for o autor, notificará o alienante, na instauração do juízo, para assumir a direção da causa e modificar a petição inicial". Art. 97 do CPC/1939: "Vindo a juízo o denunciado, receberá o processo no estado em que este se achar, e a causa com ele prosseguirá, sendo defeso ao autor litigar com o denunciante".

A situação aí era ainda mais grave, pois, feito o chamamento pelo réu, o autor era *obrigado* a demandar contra o legitimado extraordinário passivo (chamado), caso ele aceitasse o chamamento à autoria (art. 97, *parte inicial*, CPC/1939).

6. Legitimação extraordinária de origem negocial e pendência do processo

A atribuição de legitimação extraordinária negocial, durante o processo já instaurado, somente é possível com a concordância de ambas as partes. Isso porque haveria sucessão processual, caso houvesse a mudança negocial do legitimado. Esse fenômeno está regulado pelo art. 109 do NCPC, que exige o consentimento de todos.

— 8 —

A mediação[1] judicial no novo CPC

HUMBERTO DALLA BERNARDINA DE PINHO[2]

Sumário: 1. Escorço histórico; 2. O novo Código de Processo Civil; 3. Os Projetos de Lei do Ministério da Justiça e do Senado Federal; 4. O desafio da implementação da mediação judicial no Brasil; Bibliografia.

1. Escorço histórico

No Brasil, a partir dos anos 90 do século passado, começou a haver um interesse pelo instituto da mediação, sobretudo por influência da legislação argentina editada em 1995.[3]

Por aqui, a primeira iniciativa legislativa ganhou forma com o Projeto de Lei nº 4.827/98, oriundo de proposta da Deputada Zulaiê Cobra, tendo o texto inicial levado à Câmara uma regulamentação concisa, estabelecendo a definição de mediação e elencando algumas disposições a respeito.[4]

Na Câmara dos Deputados, já em 2002, o projeto foi aprovado pela Comissão de Constituição e Justiça e enviado ao Senado Federal, onde recebeu o número PLC 94, de 2002.

O Governo Federal, no entanto, como parte do Pacote Republicano, que se seguiu à Emenda Constitucional nº 45, de 8 de dezembro de 2004 (conhecida como "Reforma do Judiciário"), apresentou diversos Projetos

---

[1] De acordo com a redação do P.L. 7.169/14, que aguarda aprovação na Câmara dos Deputados.

[2] Professor Associado de Direito Processual Civil na UERJ. Promotor de Justiça no Estado do Rio de Janeiro. Membro do I.B.D.P. e do I.I.D.P.. Membro das Comissões instituídas pelo Ministério da Justiça (PLS 434/13) e pelo Sen. Ricardo Ferraço (PLS 517/11) para elaboração do Projeto de Lei de Mediação no Brasil.

[3] Ley 24.573, posteriormente substituída pela Ley 26.589/10.

[4] Para um histórico completo da evolução legislativa brasileira, remetemos o leitor a PINHO, Humberto Dalla Bernardina de [organizador]. *Teoria Geral da Mediação à luz do Projeto de Lei e do Direito Comparado*, Rio de Janeiro: Lumen Juris, 2008.

de Lei modificando o Código de Processo Civil, o que levou a um novo relatório do P.L. 94.

Foi aprovado o substitutivo (Emenda nº 1-CCJ), ficando prejudicado o projeto inicial, tendo sido o substitutivo enviado à Câmara dos Deputados no dia 11 de julho. Em 1º de agosto, o projeto foi encaminhado à CCJC, que o recebeu em 7 de agosto. Desde então, dele não se teve mais notícia até meados de 2013 quando voltou a tramitar, provavelmente por inspiração dos projetos que já tramitavam no Senado.[5]

O Projeto, em sua última versão, logo no art. 1º, propunha a regulamentação da mediação paraprocessual civil que poderia assumir as seguintes feições: a) prévia; b) incidental; c) judicial; e d) extrajudicial.

A mediação prévia poderia ser judicial ou extrajudicial (art. 29). No caso da mediação judicial, o seu requerimento interromperia a prescrição e deveria ser concluído no prazo máximo de 90 dias

A mediação incidental (art. 34), por outro lado, seria obrigatória, como regra, no processo de conhecimento, salvo nos casos: a) de ação de interdição; b) quando for autora ou ré pessoa de direito público, e a controvérsia versar sobre direitos indisponíveis; c) na falência, na recuperação judicial e na insolvência civil; d) no inventário e no arrolamento; e) nas ações de imissão de posse, reivindicatória e de usucapião de bem imóvel; f) na ação de retificação de registro público; g) quando o autor optar pelo procedimento do juizado especial ou pela arbitragem; h) na ação cautelar; i) quando na mediação prévia não tiver ocorrido acordo nos cento e oitenta dias anteriores ao ajuizamento da ação.

A mediação deveria ser realizada no prazo máximo de noventa dias e, não sendo alcançado o acordo, dar-se-ia continuidade ao processo. Assim, a mera distribuição da petição inicial ao juízo interromperia a prescrição, induziria litispendência e produziria os demais efeitos previstos no art. 263 do Código de Processo Civil.

Ademais, caso houvesse pedido de liminar, a mediação só teria curso após o exame desta questão pelo magistrado, sendo certo que eventual interposição de recurso contra a decisão provisional não prejudicaria o processo de mediação.

Em 2010, o Conselho Nacional de Justiça editou a Resolução nº 125, com base nas seguintes premissas:[6]

---

[5] PINHO, Humberto Dalla Bernardina de. Marco Legal da Mediação no Brasil, in GABBAY, Daniela Monteiro. TAKAHASHI, Bruno. Justiça Federal: inovações nos mecanismos consensuais de solução de conflitos, Brasília: Gazeta Jurídica, 2014, pp. 35/90.

[6] Para um estudo mais completo sobre a Resolução 125 e seus efeitos no desenvolvimento da mediação no Brasil confira-se PELUSO, Antonio Cezar. RICHA, Morgana de Almeida [coordenadores]. *Conciliação e Mediação: estruturação da política judiciaria nacional*, Rio de Janeiro: Forense, 2011.

a) o direito de acesso à Justiça, previsto no art. 5°, XXXV, da Constituição Federal, além da vertente formal perante os órgãos judiciários, implica acesso à ordem jurídica justa;

b) nesse passo, cabe ao Judiciário estabelecer política pública de tratamento adequado dos problemas jurídicos e dos conflitos de interesses, que ocorrem em larga e crescente escala na sociedade, de forma a organizar, em âmbito nacional, não somente os serviços prestados nos processos judiciais, como também os que possam sê-lo mediante outros mecanismos de solução de conflitos, em especial dos consensuais, como a mediação e a conciliação;

c) a necessidade de se consolidar uma política pública permanente de incentivo e aperfeiçoamento dos mecanismos consensuais de solução de litígios;

d) a conciliação e a mediação são instrumentos efetivos de pacificação social, solução e prevenção de litígios, e que a sua apropriada disciplina em programas já implementados no país tem reduzido a excessiva judicialização dos conflitos de interesses, a quantidade de recursos e de execução de sentenças;

e) é imprescindível estimular, apoiar e difundir a sistematização e o aprimoramento das práticas já adotadas pelos tribunais;

f) a relevância e a necessidade de organizar e uniformizar os serviços de conciliação, mediação e outros métodos consensuais de solução de conflitos, para lhes evitar disparidades de orientação e práticas, bem como para assegurar a boa execução da política pública, respeitadas as especificidades de cada segmento da Justiça.

O art. 1° da Resolução institui a Política Judiciária Nacional de tratamento dos conflitos de interesses, com o objetivo de assegurar a todos o direito à solução dos conflitos por meios adequados, deixando claro que incumbe ao Poder Judiciário, além da solução adjudicada mediante sentença, oferecer outros mecanismos de soluções de controvérsias, em especial os chamados meios consensuais, como a mediação e a conciliação, bem assim prestar atendimento e orientação ao cidadão.[7]

Para cumprir tais metas, os Tribunais deverão criar os Núcleos Permanentes de Métodos Consensuais de Solução de Conflitos, e instalar os Centros Judiciários de Solução de Conflitos e Cidadania.

---

[7] Sobre o uso da mediação enquanto política pública: SPENGLER, Fabiana Marion; SPENGLER NETO, Theobaldo. *Mediação enquanto política pública: a teoria, a prática e o projeto de lei*. Santa Cruz do Sul, Edunisc, 2010. http://www.unisc.br/portal/pt/editora/e-books/95/mediacao-enquanto-politica-publica-a-teoria-a-pratica-e-o-projeto-de-lei-.html.

A Resolução trata ainda da capacitação dos conciliadores e mediadores, do registro e acompanhamento estatístico de suas atividades e da gestão dos Centros.[8]

2. O novo Código de Processo Civil

Em 2009, foi convocada uma Comissão de Juristas, presidida pelo Ministro Luiz Fux, com o objetivo de apresentar um novo Código de Processo Civil.

Em tempo recorde, foi apresentado um Anteprojeto, convertido em Projeto de Lei (n° 166/10), submetido a discussões e exames por uma Comissão especialmente constituída por Senadores, no âmbito da Comissão de Constituição e Justiça do Senado Federal.

Em dezembro de 2010, foi apresentado um substitutivo pelo Senador Valter Pereira, que foi aprovado pelo Pleno do Senado com duas pequenas alterações. O texto foi então encaminhado à Câmara dos Deputados, onde foi identificado como Projeto de Lei n° 8.046/10.[9]

No início de 2011 foram iniciadas as primeiras atividades de reflexão sobre o texto do novo CPC, ampliando-se, ainda mais, o debate com a sociedade civil e o meio jurídico, com a realização conjunta de atividades pela Comissão, pela Câmara dos Deputados e pelo Ministério da Justiça.

Em agosto, foi criada uma comissão especial para exame do texto, sob a presidência do Dep. Fabio Trad.

Já no ano de 2013, sob a presidência do Dep. Paulo Teixeira, foi apresentado um Substitutivo no mês de julho e uma Emenda Aglutinativa Global em outubro. De dezembro de 2013 a março de 2014, foram apresentados e votados diversos destaques. No dia 26 de março, o Pleno da Câmara aprovou a versão final, que já foi remetida ao Senado para exame.

De volta ao Senado, o texto passou por novo exame, tendo sido votado em dezembro de 2014 em dois momentos: primeiro o texto base, e depois os destaques apresentados sobre pontos controvertidos.

Finalmente, em janeiro de 2015, foi disponibilizado do texto definitivo.

---

[8] PINHO, Humberto Dalla Bernardina de. *O novo desenho da mediação no direito brasileiro*, in MOURA, Solange Ferreira de. PINHO, Humberto Dalla Bernardina de. *Coletânea de artigos científicos: celebração ao XIV Intercâmbio dos cursos de Direito da Estácio*, Santa Cruz do Sul: Essere nel mondo, 2014, pp. 46/59.

[9] Todas as informações sobre as etapas do processamento do Novo CPC podem ser encontradas em nossa página em www.facebook.com/humberto.dalla.

No CPC 2015, podemos identificar a preocupação da Comissão com os institutos da conciliação e da mediação, especificamente nos artigos 165 a 175.

A lei se preocupa, especificamente, com a atividade de mediação feita dentro da estrutura do Poder Judiciário. Isso não exclui, contudo, a mediação prévia ou mesmo a possibilidade de utilização de outros meios de solução de conflitos (art. 175).

O tema é tratado na Parte Geral, Título IV, Capítulo III, Seção V, sob a rubrica de "auxiliares da justiça".

Resolvendo, portanto, antiga discussão, fica claro que conciliares e mediadores judiciais são auxiliares do juiz.

Isso se coaduna com o art. 139, inciso V, que dispõe incumbir ao magistrado promover, a qualquer tempo, a autocomposição, preferencialmente com o auxílio dos conciliadores e mediadores judiciais.

A fim de viabilizar as funções desses auxiliares, o art. 165, repisando o que já se encontra hoje na Resolução nº 125/10 do CNJ, determina que os Tribunais *"criarão centros judiciários de solução consensual de conflitos, responsáveis pela realização de sessões e audiências de conciliação e mediação, e pelo desenvolvimento de programas destinados a auxiliar, orientar e estimular a autocomposição"*.

Importante frisar, aqui, a relevância de a atividade ser conduzida por mediador profissional. Em outras palavras, a função de mediar não deve, como regra, ser acumulada por outros profissionais, como juízes, promotores e defensores públicos. A lei prestigia esse entendimento. Resta, agora, disciplinar e uniformizar os cursos de formação a serem ofertados pelas Escolas Judiciais e por Escolas igualmente credenciadas junto ao Ministério da Justiça e ao CNJ.

Assim sendo, de fato é melhor que a audiência preliminar seja conduzida por um auxiliar do magistrado, até mesmo como garantia de sua imparcialidade. Neste ponto específico, como um juiz poderia não levar em consideração algo que ouviu numa das sessões de mediação? Como poderia não ser influenciado, ainda que inconscientemente, pelo que foi dito, mesmo que determinasse que aquelas expressões não constassem, formal e oficialmente, dos autos?

Em certos casos, é bem verdade, a audiência terá que ser conduzida pelo juiz. É o caso de requerimento de medidas de urgência que demandem alguma atividade de justificação prévia, ou os casos envolvendo hipossuficientes, nos quais seja necessário o contato imediato do julgador com as partes.

Não custa lembrar que, na sistemática do novo CPC, a audiência preliminar (art. 332) vai ocorrer logo após o recebimento da inicial, não sendo o caso de improcedência liminar do pedido (art. 330), ou de conversão da ação individual em coletiva (art. 331), antes mesmo da oferta da contestação pelo réu.

No art. 165, §§ 2º e 3º, a Comissão de Juristas, após anotar que a conciliação e a mediação devem ser estimuladas por todos os personagens do processo, refere uma distinção objetiva entre essas duas figuras. A diferenciação se faz pela postura do terceiro e pelo tipo de conflito.

Assim, o conciliador pode sugerir soluções para o litígio, ao passo que o mediador auxilia as pessoas em conflito a identificarem, por si mesmas, alternativas de benefício mútuo.

A conciliação é a ferramenta mais adequada para os conflitos puramente patrimoniais, ao passo que a mediação é indicada nas hipóteses em que se deseje preservar ou restaurar vínculos.

Importante ressaltar que a versão original do PLS 166/10 exigia que o mediador fosse inscrito nos quadros da OAB. Com o Relatório e o Substitutivo apresentados em 24 de novembro de 2010, prestigiou-se o entendimento de que qualquer profissional pode exercer as funções de mediador, e a versão ora em exame no Senado também segue nessa linha.

O art. 166 trata dos princípios que informam a conciliação e a mediação. São eles:

(i) independência,

(ii) imparcialidade,

(iii) autonomia da vontade,

(iv) confidencialidade,

(v) oralidade,

(vi) informalidade, e

(vii) decisão informada.

Nesse sentido, parece-me necessário, num primeiro momento, afinar os textos do PL da mediação e do PL 8046/10. Não é razoável que duas leis federais, que estão sendo gestadas quase que simultaneamente, tratem do tema de forma diversa.

Por outro lado, é o caso de se avaliar se não deveríamos ter princípios diversos para a mediação judicial e para a extrajudicial.

Isto porque, em se tratando de atividade realizada por determinação judicial e / ou no âmbito de um processo judicial, não há como se afastar a principiologia fundamental, prevista tanto na Carta de 1988, como texto do Novo CPC, eminentemente entre os arts 1º e 12.

A propósito do tema, temos chamado a atenção para a necessidade de se compatibilizar as ferramentas e técnicas dos meios alternativos com as garantias processuais, sob pena de se correr o risco de alcançar a pacificação com sacrifício dispositivos que não podem ser afastados pela vontade das partes.[10]

Até mesmo porque, o art. 3º, ao tratar do Princípio da Inafastabilidade, prevê, no § 2º, que o "Estado promoverá, sempre que possível, a solução consensual dos conflitos" e, no § 3º, que a "conciliação, a mediação e outros métodos de solução consensual de conflitos deverão ser estimulados por magistrados, advogados, defensores públicos e membros do Ministério Público, inclusive no curso do processo judicial".

E aqui, será necessária uma larga dose de ponderação entre o princípio da pacificação, ou princípio da busca da solução consensual mais adequada, e os demais princípios consagrados no texto, a saber:

a) celeridade – PL 8046/10, art. 4º;

b) boa-fé – PL 8046/10, art. 5º;

c) cooperação – PL 8046/10, art. 6º;

d) isonomia – PL 8046/10, art. 7º;

e) dignidade da pessoa humana – PL 8046/10, art. 8º;

f) ampla defesa – PL 8046/10, art. 9º;

g) efetivo contraditório – PL 8046/10, art. 10;

h) publicidade e fundamentação das decisões – PL 8046/10, art. 11;

Os §§ 1º e 2º do art. 166 trazem preocupação específica com a confidencialidade.

Por sua vez, o art. 173 determina que a violação, por parte do conciliador ou mediador de qualquer dos deveres previstos nos dispositivos suprarreferidos terá como consequência a sua exclusão do cadastro.

A confidencialidade se insere no rol das obrigações de não fazer. Trata-se da proibição imposta ao mediador de não expor a terceiros ao processo de mediação, as informações obtidas durante o seu desenrolar.

A confidencialidade é regra universal em termos de mediação, até porque é uma das propaladas vantagens desse procedimento e que atrai muitos interessados. observada na maior parte das mediações.[11]

---

[10] Veja-se nossa palestra proferida no dia 07 de junho de 2013, na Faculdade de Direito da Universidad Carlos III, em Madrid, cujo áudio está disponível em http://humbertodalla.podomatic.com/entry/2013-06-12T01_31_55-07_00.

[11] "(...) Nos Estados Unidos, talvez seja o aspecto da mediação que é mais valorizado. Os processos judiciais, de um modo geral, são apresentados publicamente. Somente são resguardados, por segredo de justiça em função de lei ou decisão da Suprema Corte. Os mediadores estão, por dever ético, impedidos de discutir com pessoas alheias ao processo o que é revelado nas sessões de mediação, a não ser que essas revelações sejam autorizadas pelos participantes ou por ordem judicial (...)". SERPA, Maria de Nazareth. *Teoria e Prática da Mediação de Conflitos*. Rio de Janeiro: Lumens Iuris, p. 243-244.

Ademais, a confiança é o ponto central da mediação. Nesse passo, a confidencialidade é o instrumento que confere este elevado grau de compartilhamento para que as partes se sintam a vontade para revelar informações íntimas, sensíveis e muitas vezes estratégicas, que certamente não exteriorizariam num procedimento orientado pela publicidade.

Importante assentar, ainda, que a confidencialidade resguarda a proteção do processo em si e de sua real finalidade, permitindo, com isso que, não se chegue a resultados distorcidos em favor daquele que se utilizou de comportamentos não condizentes com a boa-fé.[12]

Desse modo, uma vez compreendida a confidencialidade sob esses termos, verifica-se que ela se consubstancia em um importante fator de garantia de funcionalidade da própria mediação em si.

Não é por outro motivo que o Código Civil[13] e o Código de Processo Civil de 1973[14] expressamente ratificam esse entendimento, mediante a positivação do segredo profissional.

O PL da mediação, por sua vez, excepciona a regra da confidencialidade nas seguintes situações (art. 31, §§ 3º e 4º do Substitutivo apresentado ao P.L. 7.169/14, na Câmara dos Deputados):

a) ocorrência de crime de ação pública;

b) o dever das pessoas discriminadas no §1º prestarem informações à Administração Tributária após o termo final da mediação.

O art. 168 trata dos cadastros nacional e local de conciliadores e mediadores, e do registro de profissionais habilitados, com indicação de sua área profissional e especialização.

Esse registro conterá, ainda, informações sobre a *performance* do profissional, indicando, por exemplo, o número de causas de que participou, o sucesso ou o insucesso da atividade e a matéria sobre a qual versou o conflito. Esses dados serão publicados periodicamente e sistematizados para fins de estatística.

---

[12] *"(...) Se, entretanto, fosse possível que o mediador testemunhasse em juízo sobre as informações que obteve em razão da mediação, uma parte de má-fé poderia utilizar o processo de mediação para obter uma vantagem estratégica em uma futura disputa judicial. (...) sendo permitida a oitiva de mediadores, a testemunhas, a encenação perante o mediador de fatos irreais que podem beneficiar, no judiciário, a parte responsável pelo fingimento seria de grande tentação para partes de má-fé (...) Assim, permitindo que o mediador seja testemunha, seria possível que uma parte não colaborasse com o processo de mediação e fosse premiada pelo comportamento não cooperativo, pervertendo o sistema de incentivos descrito no início desse ponto (...)".* A Confidencialidade na mediação. In Estudos em Arbitragem, Mediação e Negociação. vol. II. André Gomma de Azevedo (org.). Brasília: Grupos de pesquisa. 2004.

[13] Art. 229 *"Ninguém pode ser obrigado a depor sobre fato: I – a cujo, respeito, por estado ou profissão, deva guardar segredo."*

[14] Art. 406 *"A testemunha não é obrigada a depor de fatos: II – a cujo respeito, por estado ou profissão, deva guardar sigilo."*

Aqui vale uma observação.

É digno de elogio esse dispositivo por criar uma forma de controle externo do trabalho do mediador, bem como dar mais transparência a seu ofício.

Por outro lado, é preciso que não permitamos certos exageros. Não se pode chegar ao extremo de ranquear os mediadores, baseando-se apenas em premissas numéricas. Um mediador que faz 5 acordos numa semana pode não ser tão eficiente assim. Aquele que faz apenas uma, pode alcançar níveis mais profundos de comprometimento e de conscientização entre as partes envolvidas.

Da mesma forma, um mediador que tem um *ranking* de participação em 10 mediações, tendo alcançado o acordo em todas, pode não ser tão eficiente assim. É possível que tenha enfrentado casos em que as partes já tivessem uma pré-disposição ao acordo ou mesmo que o "nó a ser desatado não estivesse tão apertado".

Me preocupa muito a ideia do apego às estatísticas e a busca frenética de resultados rápidos. Esses conceitos são absolutamente incompatíveis com a mediação.

O art. 168 dispõe que as partes *"podem escolher, de comum acordo, o conciliador, o mediador ou a câmara privada de conciliação e de mediação"*. O legislador privilegia a autonomia da vontade. Não sendo possível a escolha consensual, haverá distribuição entre os profissionais cadastrados junto ao Tribunal (parágrafo 1º).

O art. 169, por sua vez, garante remuneração a mediadores e conciliadores, de acordo com a tabela vigente em cada Tribunal, e observados os parâmetros definidos pelo Conselho Nacional de Justiça, ressalvada a possibilidade de trabalho voluntário, que, na prática, é o que ocorre hoje na maioria das Cortes do país.

Como mediadores e conciliadores são auxiliares do juízo, a eles podem ser aplicadas as hipóteses de impedimento e suspeição. As hipóteses legais de impedimento estão elencadas no art. 144.

Embora o art. 170 mencione apenas o impedimento, cremos que podem se aplicáveis também os casos de suspeição, previstos no art. 145. Em ambos os casos, o profissional deve comunicar o fato ao juiz da causa ou ao coordenador do centro judiciário de solução de conflitos e cidadania, para fins de nova distribuição.

O art. 171 trata da impossibilidade temporária para o exercício das funções, enquanto o art. 172 prevê a chamada "quarentena". Dessa forma, o conciliador e o mediador *"ficam impedidos, pelo prazo de um ano, contado do término da última audiência em que atuaram, de assessorar, representar ou patrocinar qualquer das partes"*.

O art. 173 trata das sanções aplicáveis aos conciliadores e mediadores. A sanção mais grave é a exclusão do cadastro, que poderá ser determinada após regular procedimento administrativo, caso o profissional:

(i) venha a agir com dolo ou culpa na condução da conciliação ou da mediação sob sua responsabilidade, ou violar qualquer dos deveres decorrentes do art. 166, §§ 1º e 2º;

(ii) atue em procedimento de mediação ou conciliação, apesar de impedido ou suspeito.

Em hipóteses menos graves, o juiz da causa ou o juiz coordenador do centro de conciliação e mediação pode determinar o afastamento por período de até 180 dias.

Finalmente, o art. 174 trata da atividade consensual envolvendo a Fazenda Pública, nos níveis federal, estadual e distrital, e municipal. Isso pode ser instrumentalizado pelas câmaras especializadas ou por órgãos institucionais e profissionais independentes, na forma de lei específica (hoje a previsão se encontra no P.L. 7.169/14), nas seguintes hipóteses:

(i) dirimir conflitos envolvendo órgãos e entidades da administração pública;

(ii) avaliar a admissibilidade dos pedidos de resolução de conflitos, por meio de conciliação, no âmbito da administração pública; e

(iii) promover, quando couber, a celebração de termo de ajustamento de conduta.

Como visto, a preocupação da Comissão é com a mediação judicial. A lei não veda a mediação prévia ou a extrajudicial, apenas opta por não regulá-la, deixando claro que os interessados podem fazer uso dessa modalidade recorrendo aos profissionais liberais disponíveis no mercado.[15] A mediação extrajudicial, tanto na modalidade física, como eletrônica, vem regulada no já referido P.L. 7.169/14, em tramitação na Câmara dos Deputados.

3. Os projetos de Lei do Ministério da Justiça e do Senado Federal

Com o advento do Projeto do Código de Processo Civil, no ano de 2011, o Senador Ricardo Ferraço apresentou ao Senado o Projeto de Lei 517/11, propondo a regulamentação da mediação judicial e extrajudicial, de modo a criar um sistema afinado tanto com o futuro CPC como com a Resolução nº 125 do CNJ.

---

[15] PINHO, Humberto Dalla Bernardina de. *The Legal Framework of Mediation in Brazilian Law*, in Panorama of Brazilian Law, year 2, number 2, 2014, pp. 113/141.

Em 2013, foram apensadas ao PLS 517 mais duas iniciativas legislativas: o PLS 405/13, fruto do trabalho realizado por Comissão instituída pelo Senado, e presidida pelo Min. Luis Felipe Salomão, do Superior Tribunal de Justiça, e o PLS 434/13, fruto de Comissão instituída pelo CNJ e pelo Ministério da Justiça, presidida pelos Mins. Nancy Andrighi e Marco Buzzi, ambos do STJ, e pelo Secretário da Reforma do Judiciário do Ministério da Justiça, Flavio Croce Caetano.[16]

Abordaremos, em primeiro lugar, o texto do PLS 517.

Já com a Resolução 125 do CNJ em vigor, diante das perspectivas de regramento da mediação judicial pelo Novo CPC, e ante a necessidade de tratar de questões concernentes à integração entre a adjudicação e as formas autocompositivas, em agosto de 2011, tivemos a oportunidade de apresentar sugestões ao Senador Ricardo Ferraço, então envolvido com os trabalhos da terceira edição do Pacto Republicano.

Formamos grupo de trabalho ao lado das professoras Tricia Navarro e Gabriela Asmar e nos dedicamos à tarefa de redigir um novo Anteprojeto de Lei de Mediação Civil. Após exame da Consultoria do Senado, foi apresentado o Projeto de Lei do Senado que tomou o número 517,[17] e que já segue o procedimento legislativo no Senado Federal.

Projeto trabalha com conceitos mais atuais e adaptados à realidade brasileira. Assim, por exemplo, no art. 2º dispõe que "mediação é um processo decisório conduzido por terceiro imparcial, com o objetivo de auxiliar as partes a identificar ou desenvolver soluções consensuais".

Quanto às modalidades, o art. 5º admite a mediação prévia e a judicial, sendo que em ambos os casos pode, cronologicamente, ser prévia, incidental ou ainda posterior à relação processual.

É comum encontrarmos referências à mediação prévia e incidental, mas raramente vemos a normatização da mediação posterior, embora esteja se tornando cada vez mais comum (obviamente, há necessidade de se avaliar os eventuais impactos sobre a coisa julgada, o que não será analisado neste trabalho).

Outra inovação pode ser vista no critério utilizado para conceituar a mediação judicial e a extrajudicial. Optou-se por desvincular a classificação do local da realização do ato, adotando-se como parâmetro a iniciativa da escolha.

---

[16] PINHO, Humberto Dalla Bernardina de. *Disposições Gerais do P.L. 7.169/14, in* Revista Eletrônica de Direito Processual, ano 8, volume especial: *A Nova Lei de Mediação Brasileira: comentários ao P.L. 7.169/14*, pp. 35/61, outubro / 2014, disponível em http:www.redp.com.br.

[17] O texto pode ser consultado no sítio do Senado Federal, em http://www.senado.gov.br.

Assim, pelo art. 6º, "a mediação será judicial quando os mediadores forem designados pelo Poder Judiciário e extrajudicial quando as partes escolherem mediador ou instituição de mediação privada".

Não foram estabelecidas restrições objetivas ao cabimento da mediação. Basta que as partes desejem, de comum acordo, e que o pleito seja considerado razoável pelo magistrado (art. 7º).

A mediação não pode ser imposta jamais, bem como a recusa em participar do procedimento não deve acarretar qualquer sanção a nenhuma das partes (§ 2º), cabendo ao magistrado, caso o procedimento seja aceito por todos, decidir sobre eventual suspensão do processo (§ 4º) por prazo não superior a 90 dias (§ 5º), salvo convenção das partes e expressa autorização judicial.

Ainda segundo o texto do Projeto, o magistrado deve "recomendar a mediação judicial, preferencialmente, em conflitos nos quais haja necessidade de preservação ou recomposição de vínculo interpessoal ou social, ou quando as decisões das partes operem consequências relevantes sobre terceiros" (art. 8º).

Por outro lado, caso se verifique a inadequação da mediação para a resolução daquele conflito, pode o ato ser convolado em audiência de conciliação, se todos estiverem de acordo (art. 13).

Enfim, sem ingressar nas questões específicas do Projeto, importante ressaltar a intenção de uniformizar e compatibilizar os dispositivos do Novo CPC e da Resolução nº 125 do CNJ, regulando os pontos que ainda estavam sem tratamento legal.

Também no início de 2013 foi constituída comissão sob a Presidência do Min. Luis Felipe Salomão, integrante do Superior Tribunal de Justiça, com o objetivo de atualizar a Lei de arbitragem[18] e apresentar anteprojeto de Lei de mediação.[19]

Este Projeto tomou o número 405/13 e trata apenas da mediação extrajudicial física e eletrônica (mediação *on line*).

No texto, a mediação é definida no art. 1º, parágrafo único, como "a atividade técnica exercida por terceiro imparcial e sem poder decisório que, escolhido ou aceito pelas partes interessadas, as escuta, e estimula, sem impor soluções, com o propósito de lhes permitir a prevenção ou solução de disputas de modo consensual".

O art. 2º estabelece que pode ser objeto de mediação toda matéria que admita composição. Contudo, os acordos que envolvam direitos in-

---

[18] A comissão, ao final dos trabalhos apresentou dois textos. Um sobre arbitragem, que foi recebido como PLS 406/13 e outro sobre mediação extrajudicial (PLS 405/13).
[19] http://www12.senado.gov.br/noticias/materias/2013/04/03/comissao-de-juristas-apresentara-proposta-de-modernizacao-da-lei-de-arbitragem-em-seis-meses. Consulta em 20 de abril de 2013.

disponíveis deverão ser objeto de homologação judicial, e havendo interesse de incapazes, a oitiva do Ministério Público será necessária antes da homologação judicial.

O art. 15 determina que se considera instituída a mediação na data em que for firmado o termo inicial de mediação e o art. 5º dispõe que: "as partes interessadas em submeter a solução de seus conflitos à mediação devem firmar um termo de mediação, por escrito, após o surgimento do conflito, mesmo que a mediação tenha sido prevista em cláusula contratual".

O termo final da mediação, firmado pelas partes, seus advogados e pelo mediador, constitui título executivo extrajudicial, independentemente da assinatura de testemunhas (arts. 22 e 23), e as partes poderão requerer a homologação judicial do termo final de mediação, a fim de constituir título executivo judicial.

Finalmente, o art. 21 autoriza a realização de mediação via internet ou por outra forma de comunicação não presencial.

Em maio de 2013, o Ministério da Justiça, por intermédio da Secretaria de Reforma do Judiciário, em parceria com o Conselho Nacional de Justiça, convocou uma comissão de especialistas para apresentar um anteprojeto de lei sobre mediação judicial, extrajudicial, pública e *on line*.[20]

Em seu art. 3º, o texto determina que pode ser objeto de mediação toda matéria que verse sobre direitos disponíveis ou de direitos indisponíveis que admitam transação. Caso os acordos versem sobre direitos indisponíveis, somente terão validade após a oitiva do M.P. e homologação judicial.

Por outro lado, não haverá mediação judicial nos casos de: a) filiação, adoção, pátrio poder e nulidade de matrimônio; b) interdição; c) recuperação judicial e falência; e d) medidas cautelares. Isto porque, por força do art. 26, "a petição inicial será distribuída simultaneamente ao juízo e ao mediador, interrompendo-se os prazos de prescrição e decadência".

Quanto à mediação extrajudicial, o art. 19 determina que as partes interessadas em submeter a solução de seus conflitos à mediação devem firmar um termo inicial de mediação, por escrito, após o surgimento do conflito, mesmo que a mediação tenha sido prevista em cláusula contratual, e, ainda, no art. 25, que o termo final de mediação tem natureza de título executivo extrajudicial e, quando homologado judicialmente, de título executivo judicial.

---

[20] http://www2.camara.leg.br/camaranoticias/radio/materias/ULTIMAS-NOTICIAS/441916-GRUPO-DE-JURISTAS-VAI-PROPOR-MARCO-LEGAL-DA-MEDIACAO-E-CONCILIACAO-NO-BRASIL.html

No que se refere à mediação pública, o art. 33 autoriza os órgãos da Administração Pública direta e indireta da União, dos Estados, do Distrito Federal e dos Municípios, bem como o Ministério Público e a Defensoria Pública a submeter os conflitos em que são partes à mediação pública.

Assim, poderá haver mediação pública nos conflitos envolvendo: a) entes do Poder Público; b) entes do Poder Público e o particular; c) direitos difusos, coletivos ou individuais homogêneos.

Por fim, a mediação *on line*, na forma do art. 36, poderá ser utilizada como meio de solução de conflitos nos casos de comercializações de bens ou prestação de serviços via internet, com o objetivo de solucionar quaisquer conflitos de consumo no âmbito nacional.

Em novembro de 2013 foram marcadas audiências públicas com o objetivo de discutir os três projetos e amadurecer as questões controvertidas que ainda cercam o tema. O Relator da matéria do Senado, Sen. Vital do Rego, apresentou um Substitutivo ao PLS 517/11 com o objetivo de congregar o que há de melhor nas três iniciativas. Foram, então, apresentadas duas emendas pelo Sen. Pedro Taques e três pelo Sen. Gim Agnello. A primeira emenda do Sen. Taques foi acolhida integralmente, e a segunda, parcialmente. As três apresentadas pelo Sen. Agnello foram desacolhidas.[21]

Ultimada a votação, o texto do Substitutivo foi remetido à Câmara, onde foi recebido como Projeto de Lei 7.169/14. Foram designadas audiências públicas no decorrer do ano de 2014 e foi apresentado um Substitutivo pelo Dep. Sergio Zveiter, relator da matéria na CCJ. Até o fechamento deste texto não estava disponível a versão definitiva, que deverá, então retornar ao Senado, para depois seguir para a Presidência da República.

O Substitutivo ao Projeto de Lei nº 7.169/14 adota a seguinte definição para mediação:

> Art. 1º Esta Lei dispõe sobre a mediação como meio alternativo de solução de controvérsias entre particulares e sobre a composição de conflitos no âmbito da Administração Pública.
>
> § 1º Considera-se mediação a atividade técnica exercida por terceiro imparcial e sem poder decisório, que, escolhido ou aceito pelas partes, as auxilia e estimula a identificar ou desenvolver soluções consensuais para a controvérsia".

---

[21] http://www12.senado.gov.br/noticias/materias/2013/12/11/projeto-que-disciplina-a-mediacao-judicial-e-extrajudicial-e-aprovado-pela-ccj.

4. O desafio da implementação da mediação judicial no Brasil

Como o substitutivo trata da mediação extrajudicial e judicial e também das modalidades prévia e incidental (a redação original do Projeto de Lei do Senado nº 517 tratava, ainda, da mediação posterior), é necessário apresentar algumas considerações que ponderem os princípios da voluntariedade e da efetividade do processo.

Visto isso, e admitindo expressamente todas as vantagens da mediação, em qualquer etapa ou procedimento, é forçoso reconhecer que o melhor modelo é aquele que admoesta as partes a procurar a solução consensual, com todas as suas forças, antes de ingressar com a demanda judicial.[22]

Não parece ser ideal a solução que preconiza apenas um sistema de mediação incidental muito bem aparelhado, eis que já terá havido a movimentação da máquina judiciária, quando, em muitos dos casos, isto poderia ter sido evitado.

Por outro lado, não concordamos com a ideia de uma mediação obrigatória. É da essência desses procedimentos a voluntariedade.[23] Essa característica não deve ser comprometida, mesmo que sob o argumento de que se trata de uma forma de educar o povo e implementar uma nova forma de política pública.[24]

Mas parece ser uma ideia que cresce e ganha novos adeptos a cada dia, que em certos casos a mediação e a conciliação devem ser etapas regulamentares do procedimento, na medida em que tais ferramentas se mostram as mais adequadas[25] ao deslinde daquele conflito em especial.[26]

Pensar em uma instância prévia e obrigatória de conciliação, em hipóteses em que se discute apenas uma questão patrimonial, ou impor

---

[22] PINHO, Humberto Dalla Bernardina de. A mediação e o Código de Processo Civil projetado, in *Revista de Processo*, ano 37, vol. 207, São Paulo: Revista dos Tribunais, 2012, pp. 213/238.

[23] BESSO, Chiara. *La Mediazione Italiana: Definizioni e Tipologie*. Artigo disponível no vol. VI da Revista Eletrônica de Direito Processual, disponível no endereço http://www.redp.com.br, acesso em 10 de janeiro de 2011.

[24] Para maiores detalhes sobre a questão, remetemos o leitor para PINHO, Humberto Dalla Bernardina de. PAUMGARTTEN, Michele Pedrosa. *Mediación Obligatoria: una versión moderna del autoritarismo procesal*. Revista Eletrônica de Direito Processual, *texto disponível em http://www.redp.com.br*, vol.10, p. 210 – 225, 2012.

[25] ANDREWS, Neil. *La « doppia elica » della giustizia civile: i legami tra metodi privati e pubblici di risoluzione delle controversie, Rivista Trimestrale di Diritto e Procedura Civil*, Giuffrè Editore, Milano, 2010, fascicolo secondo, p. 529.

[26] PINHO, Humberto Dalla Bernardina de. PAUMGARTTEN, Michele Pedrosa. *A experiência ítalo-brasileira no uso da mediação em resposta à crise do monopólio estatal de solução de conflitos e a garantia do acesso à justiça*, in Revista Eletrônica de Direito Processual, volume 8, disponível em http://www.redp.com.br.

sanções pela não aceitação de um acordo razoável (como o pagamento das custas do processo ou dos honorários advocatícios, mesmo em caso de vitória, quando aquele valor é exatamente o que foi decidido pelo magistrado na sentença), podem ser soluções válidas.[27] São exemplos do direito inglês[28] e do direito norte-americano[29] que merecem ser estudados.

Mas nunca numa mediação, onde há questões emocionais profundas, muitas vezes inconscientes, que demandam tempo, amadurecimento e mútua confiança para serem expostas e resolvidas.[30]

Sujeitar a admissibilidade da ação a uma tentativa prévia e obrigatória de mediação, num caso de grande complexidade, acarretará uma das seguintes situações:[31]

a) as partes farão uma mediação simulada e, após duas ou três sessões, dirão que o acordo é impossível, preenchendo, dessa forma, a condição legal que lhe foi imposta;

b) as partes se submeterão a um procedimento superficial, e verdadeira questão subjacente aquele conflito, que funciona como motor propulsor oculto de toda aquela litigiosidade, não será sequer examinada;

c) as partes se recusarão a participar do ato, por saberem que não há condições de viabilidade no acordo, e o juiz rejeitará a petição inicial, por ausência de condição de procedibilidade, o que, provavelmente, vai acirrar ainda mais os ânimos.

Nenhuma dessas hipóteses parece estar de acordo com a índole pacificadora da moderna concepção da jurisdição.

Contudo, é forço reconhecer que é necessário buscar uma solução para a hipótese nas quais a mediação é a solução mais indicada, mas as partes a recusam sem uma razão plausível.

Não se pode permitir que o Judiciário seja utilizado, abusado ou manipulado pelos caprichos de litigantes que, simplesmente, querem brigar ou levar o conflito a novas fronteiras.

---

[27] Para maior aprofundamento desta questão sugerimos a leitura de MANCUSO, Rodolfo de Camargo. *A resolução dos conflitos e a função judicial no Contemporâneo Estado de Direito*. São Paulo: Revista dos Tribunais, 2009.

[28] ANDREWS, Neil. (trad. Teresa Alvim Arruda Wambier). *O Moderno Processo Civil: formas judiciais e alternativas de resolução de conflitos na Inglaterra*, São Paulo: Revista dos Tribunais, 2009, p. 30.

[29] Como exemplo, podemos citar a Regra 68 das F.R.C.P: OFFER OF JUDGMENT. Texto disponível no sítio http://www.uscourts.gov, acesso em 12 de setembro de 2013.

[30] PINHO, Humberto Dalla Bernardina de. PAUMGARTTEN, Michele Pedrosa. Os efeitos colaterais da crescente tendência à judicialização da mediação, *in* Revista Eletrônica de Direito Processual, voume 10, jan-jun 2013.

[31] PINHO, Humberto Dalla Bernardina de. PAUMGARTTEN, Michele Pedrosa. *Mediación Obligatoria: una versión moderna del autoritarismo procesal*. Revista Eletrônica de Direito Processual. *texto disponível em http://www.redp.com.br*, vol.10, p. 210 – 225, 2012.

Reafirmamos, aqui, nossa opinião no sentido de que as partes deveriam ter a obrigação de demonstrar ao Juízo que tentaram, de alguma forma, buscar uma solução consensual para o conflito.

Sustentamos, como já dito antes,[32] ampliação no conceito processual do interesse em agir, acolhendo a ideia da adequação, dentro do binômio necessidade-utilidade, como forma de racionalizar a prestação jurisdicional e evitar a procura desnecessária pelo Poder Judiciário, ou mesmo abuso do direito de ação.

Poderíamos até dizer que se trata de uma interpretação neoconstitucional do interesse em agir, que adéqua essa condição para o regular exercício do direito de ação às novas concepções do Estado Democrático de Direito.

Interessante observar que Neil Andrews refere em sua obra o dever das partes de explicar o motivo da recusa em se submeter aos meios alternativo.[33]

Mas esta é apenas uma das facetas desta visão. A outra e, talvez, a mais importante, seja a consciência do próprio Poder Judiciário de que o cumprimento de seu papel constitucional não conduz, obrigatoriamente, à intervenção em todo e qualquer conflito.

Tal visão pode levar a uma dificuldade de sintonia com o Princípio da Indelegabilidade da Jurisdição, na esteira de que o juiz não pode se eximir de sua função de julgar, ou seja, se um cidadão bate as portas do Poder Judiciário, seu acesso não pode ser negado ou dificultado, na forma do artigo 5º, inciso XXXV, da Carta de 1988.[34]

O que deve ser esclarecido é que o fato de um jurisdicionado solicitar a prestação estatal não significa que o Poder Judiciário deva, sempre e necessariamente, ofertar uma resposta de índole impositiva, limitando-se a aplicar a lei ao caso concreto. Pode ser que o Juiz entenda que aquelas partes precisem ser submetidas a uma instância conciliatória, pacificadora, antes de uma decisão técnica.[35]

E isto fica muito claro no novo CPC, na medida em que o art. 139 confere uma série de poderes ao juiz, sobretudo no que se refere à dire-

---

[32] PINHO, Humberto Dalla Bernardina de Pinho. *A Mediação e a necessidade de sua sistematização no processo civil brasileiro*, in REDP – ANO 4 – 5º volume – Janeiro a Junho de 2010, disponível em http://www.redp.com.br, p. 147.

[33] ANDREWS, Neil. (trad. Teresa Alvim Arruda Wambier). *O Moderno Processo Civil: formas judiciais e alternativas de resolução de conflitos na Inglaterra*, São Paulo: Revista dos Tribunais, 2009, p. 273.

[34] PINHO, Humberto Dalla Bernardina de. Reflexiones sobre la mediación judicial y las garantías constitucionales del proceso, in Revista Confluencia: Análisis, Experiencias y Gestión de Conflictos, Año 2, Número 2, Bogotá: Ibañez, 2014, p. 74/88.

[35] PINHO, Humberto Dalla Bernardina de. Mediação: a redescoberta de um velho aliado na solução de conflitos, in: Acesso à Justiça: efetividade do processo (org. Geraldo Prado). Rio de Janeiro: Lumen Juris, 2005, p. 105/124.

ção do processo, mencionando expressamente a adequação e a flexibilização mitigada enquanto instrumentos para se alcançar a efetividade.[36]

Nesse passo, é evidente que a maior preocupação do juiz será com a efetiva pacificação daquele litígio, e não, apenas, com a prolação de uma sentença, como forma de resposta técnico-jurídica à provocação do jurisdicionado.

Se o novo CPC exige do juiz uma fidelidade absoluta aos Princípios Constitucionais, convertendo-se, de forma inquestionável, num agente preservador das garantias constitucionais, por outro lado, outorga-lhe instrumentos para que possa conhecer o conflito a fundo, compreendendo suas razões, ainda que meta-jurídicas, a fim de promover a sua pacificação.

Bibliografia

ANDREWS, Neil. La «doppia elica» della giustizia civile: i legami tra metodi privati e pubblici di risoluzione delle controversie, *Rivista Trimestrale di Diritto e Procedura Civil*, Giuffrè Editore, Milano, 2010, fascicolo secondo, p. 529.

BARBOSA MOREIRA, José Carlos. *Breve noticia sobre la conciliación em el proceso civil brasileño*, in Temas de Direito Processual, 5ª série, Rio de Janeiro: Saraiva, 1994, pp. 95/101.

BESSO, Chiara. L'attuazione della direttiva europea n. 52 del 2008: uno sguardo comparativo, *Rivista Trimestrale di Diritto e Procedura Civil*, Giuffrè Editore, Milano, 2012, fascicolo terzo, p. 863.

CADIET, Loic. *I modi alternativi di regolamento dei conflitti in Francia tra tradizione e modernità*, in Rivista Trimestrale di Diritto e Procedura Civile, v. 60, n. 4, Giuffrè: Milano, 2006, p. 1181.

CHASE, Oscar. I Metodi Alternativi di Soluzione delle controversie e la cultura del processo: il caso degli stati uniti d´america, in VARANO, Vicenzo. L´altra giustizia. I Metodi Alternativi di Soluzione delle Controversie nel Diritto Comparato, Giuffré, Milano, 2007, pp. 131/156

COMOGLIO, Luigi Paolo. Mezzi Alternativi di Tutela e Garanzie Costituzionali, in Revista de Processo, vol 99, p. 249/293.

COSTA E SILVA, Paula. *A nova face da justiça*: Os meios extrajudiciais de resolução de controvérsias. Lisboa: Coimbra Editora, 2009.

DE PALO, Giuseppe; TREVOR, Mary B. *E U Mediation. Law and Practice*. Oxford, University Press, 2012.

FISS, O.M. *Against Settlement*, 93 Yale Law Journal 1073-90, may 1984.

FONSECA, Elena Zucconi Galli. La nuova mediazione nella prospettiva europea: note a prima lettura, *Rivista Trimestrale di Diritto e Procedura Civil*, Giuffrè Editore, Milano, 2010, fascicolo secondo, p. 653.

FULLER, Lon. *The forms and limits of adjudication*, 92 Harvard Law Review, 353, 1978.

---

[36] PINHO, Humberto Dalla Bernardina de. O Novo CPC e a Mediação: reflexões e ponderações. In. *Revista de Informação Legislativa*, ano 48, nº 190, tomo I, abril-junho/2011, pp. 219/236.

MIRIMANOFF Jean A. Une nouvelle culture : la gestion des conflits, in: APJ/PJA, février 2009, www.gemme.ch

MUÑOZ, Helena Soleto. La Mediación: Método de Resolución Alternativa de Conflictos en el Proceso Civil Español, in Revista Eletrônica de Direito Processual, ano 3, vol. 3, janeiro a junho de 2009, disponível no site http://www.redp.com.br.

NOLAN-HALEY, Jacqueline. Is Europe Headed Down the Primrose Path with Mandatory Mediation? *North Carolina Journal of Interna-tional Law and Commercial Regulation*, Carolina do Norte, v. 37, p. 01-31, fev. 2012.

PINHO, Humberto Dalla Bernardina de [organizador]. *Teoria Geral da Mediação à luz do Projeto de Lei e do Direito Comparado*, Rio de Janeiro: Lumen Juris, 2008.

——. *Direito Processual Civil Contemporâneo*, vol. 1, 5a edição, São Paulo: Saraiva, 2013

——. DUZERT, Yann. Mediação no Brasil: uma forma de negociar baseada na abordagem de ganhos mútuos. *In*. ARROW J. Kenneth et alli (orgs). *Barreiras para Resolução de Conflitos*, Saraiva: São Paulo, 2001, pp. 327/349.

——. PAUMGARTTEN, Michele Pedrosa. *Mediación Obligatoria: una versión moderna del autoritarismo procesal*. Revista Eletrônica de Direito Processual. *texto disponível em http://www.redp.com.br*, vol.10, p. 210 – 225, 2012.

SPENGLER, Fabiana Marion. *Da jurisdição à mediação: por uma outra cultura no tratamento de conflitos*. Ijuí: Unijuí, 2010, (Coleção direito, política e cidadania; 21).

TARUFFO, Michele. *Cultura e Processo*. Rivista Trimestrale di Diritto e Procedura Civile, MIlano: Giuffré, 2009, pp. 63/91.

— 9 —

Sobre el proyecto en curso de reformas al Código Procesal Civil de Brasil

JORGE W. PEYRANO[1]

Sumario: I. Introducción; II. Fuerte apoyo a las soluciones alternativas de los conflictos; III. Cooperación procesal; IV. Favorecimiento de los contratos procesales en materia autocomponible; V. Subrayado de la actividad procesal saneadora del trámite; VI. La incorporación de la doctrina de las cargas probatorias dinámicas; VII. Profesión de fe activista en materia de atribuciones judiciales; VIII. Procedimiento "a medida" o circunstanciado; IX. Agrupamiento de tutelas que no presuponen un conocimiento completo; X. Algunas particularidades respecto de la sentencia y de la cosa juzgada; XI. Entronización significativa del principio de moralidad; XII. Final.

I. Introducción

Presenta un estado parlamentario avanzado el proyecto de nuevo ordenamiento procesal civil brasileño. Se nos ha invitado a efectuar un breve comentario acerca de dicha empresa legislativa. Ante todo queremos consignar nuestro agradecimiento por el envite. Siempre hemos sostenido la opinión de que la procesalística brasileña es, realmente, seria, creativa y audaz; prendas que no es usual que concurran de consuno. Así que constituye un honor responder afirmativamente a la invitación que nos formulara gentilmente el amigo –y prestigioso doctrinario– Darci Guimaraes Ribeiro.

Por supuesto que no llevaremos a cabo un estudio integral de tamaño edificio procesal que no sólo está conformado por un gran número de disposiciones, sino que, además, muchas de ellas son frondosas. Nos limitaremos, en cambio, a analizar algunos pocos aspectos que nos han llamado la atención.

Ahora bien: es plausible que se haya encarado la reforma procesal civil que nos ocupa? En otra ocasión, señalamos cuándo, a nuestro entender,

---

[1] Profesor titular de Derecho Procesal de la Facultad de Derecho de la Universidad Nacional de Rosario - Argentina.

corresponde atreverse a realizar cometido tan difícil: "Cuándo procede una reforma? A nuestro modo de ver ello se justifica cuando se han generado nuevas y probadas herramientas procesales de difícil o imposible asimilación pretoriana. Es que es así. Existen instrumentos procesales no legislados que pueden ser objeto de una fácil aplicación pretoriana. Pero también existen otros que no admiten con tanta sencillez su incorporación mediante el ingenio y el coraje civil de los jueces. Cuando el rimero de esos instrumentos operativos procesales todavía no legislados se encuentra colmado, se impone la necesidad de incorporar a éstos –vía reforma procesal– al texto expreso de los códigos".[2] Si se estiman acertadas estas reflexiones, debe considerarse atinada y deseable la reforma procesal civil bajo la lupa porque ha venido a incorporar muchas instituciones procesales ausentes de la letra escrita del ordenamiento procesal civil brasileño en vigor. Eso sí: pensamos que se está ante una hipótesis de una reforma procesal civil parcial importante, ya que no se trata de un nuevo proceso civil brasileño porque los paradigmas sustanciales de lo que se tenía no se han alterado.

II. Fuerte apoyo a las soluciones alternativas de los conflictos

Numerosas disposiciones del P.E.C. (de ahora en adelante, llamaremos así al Proyecto en curso de nuevo Código Procesal Civil de Brasil) abordan la temática, demostrando el énfasis puesto en el tratamiento de este asunto por el proyectista. Así, por ejemplo, los artículos 3, 139, 166/76, 335 y 366 constituyen una buena muestra de lo consignado.

Destacamos el artículo 335 que comprende una pormenorizada regulación de las audiencias de conciliación y mediación, incluyendo bienvenidas sanciones a la parte inasistente a la convocatoria; régimen disciplinario que, claramente, revela que sobre aquélla pesa un verdadero deber procesal de comparecer, tesis que desde siempre hemos defendido y cuya insatisfacción representa una ofensa a la dignidad de los estrados judiciales.[3]

III. Cooperación procesal

Acertadamente, los artículos 6, 385, 386 y 387 del P.E.C consagran el principio de cooperación procesal que pende sobre todos los partici-

---

[2] PEYRANO, Jorge W., ¿"Cuándo y cómo se debe reformar un código procesal civil?", en Jurisprudencia Santafesina nº 50, p. 162.

[3] PEYRANO, Jorge W., "Compendio de Reglas Procesales en lo Civil y Comercial", Rosario 1997, Editorial Zeus, p. 51: "La providencia que dispone la comparecencia de las partes a una audiencia de conciliación, resulta irrecurrible. Las partes convocadas tienen el deber de asistir a la susodicha audiencia; deber que no involucra –claro está– el de conciliarse. El tribunal convocante puede recurrir al auxilio de la fuerza pública para obtener la comparecencia de la parte renuente a cumplir con el mencionado deber".

pantes de la lid judicial, inclusive sobre los terceros y los absolutamente extraños al proceso de que se trate. Es la idea sustentada por la doctrina italiana clásica acerca de la existencia de un verdadero Servicio Público Judicial que legitima no sólo que pueda exigirse a las partes un mínimo de colaboración en la empresa procesal común "de dar a cada uno lo suyo", sino que también establece igual requerimiento respecto de "extraños" al juicio convalidando así la obligatoriedad de prestar declaración testimonial, de rendir prueba de informes, de allegar a la causa documental privada relacionada con ella en poder de terceros etc.. Hemos descripto al principio de cooperación procesal de la siguiente manera: "Se trata de un principio que, a diferencia de otros, florece en cargas[4] y en deberes[5] procesales que pesan no sólo sobre las partes, sino también sobre terceros absolutamente ajenos al proceso (*"penitus extranei"*). Empero, en todos los supuestos su funcionamiento revela que el proceso civil debe ser considerado como una empresa común cuyo feliz resultado (la solución adecuada de lo debatido) exige la colaboración de ambas partes y también, eventualmente, la de otros sujetos compelidos legalmente a prestar su asistencia para la consecución del mencionado logro".[6]

En Argentina, recientes códigos procesales civiles locales han incorporado expresamente el referido principio procesal. Así, el artículo 791 del Código Procesal Civil de San Juan que reza "todos los habitantes están obligados a prestar la colaboración más adecuada para el buen resultado de la jurisdicción". Por supuesto, la falta de cooperación judicial del justiciable redundará en una desventaja procesal para éste. Ahora bien: creemos –con atrevimiento– que no es encomiable el encabezamiento del artículo 386 del P.E.C.[7] que, a todas luces, recibe el falso dogma conocido como *"nemo tenetur edere contra se"*. Es que el mencionado brocárdico es algo así como un pasaje del folklore jurídico, según clasificara agudamente un autor a estos preceptos de origen desconocido, que por tradición, comodidad o pereza se vienen transmitiendo a lo largo del tiempo.[8] Mercader, sin dejar de negarle validez, se preocupa por poner de resalto que *nemo tenetur edere contra se* es aforismo romano, pero de procedencia bárbara fluido de la jurisdicción germánica cuando el pleito se resolvía en una lucha ante la asamblea popular. Entonces se justificaba que ningún combatiente fuera obligado a colocarse en una posición desventajosa. La ordenanza cuidaba de asegurarles posibilidades iguales. Esta idea,

---

[4] PEYRANO, Jorge W., "El principio de cooperación procesal", en La Ley, boletín del 8 de febrero de 2010.

[5] Ibídem.

[6] Ibídem.

[7] Artículo 386 del P.E.C.: "Preservado o direito de nao produzir prova contra si própia…"

[8] COUTURE, Eduardo, "Sobre el precepto *nemo tenetur edere* contra se, en "Revista de Derecho Procesal", año 1993, p. 53.

por motivos de afinidad, fue asimilada después a las garantías públicas del procesal penal, especialmente cuando el Derecho reaccionó contra las crueldades medioevales.[9]

IV. Favorecimiento de los contratos procesales en materia autocomponible

Merece un juicio elogioso la inclusión de previsiones (vide artículos 191 y 380 del P.E.C.) sobre los contratos o negocios procesales en materia autocomponible, tan olvidados por la doctrina y la legislación contemporáneas. No mucho tiempo ha, describimos a los negocios jurídicos procesales de la siguiente forma: "es un acto jurídico de parte, bilateral o plurilateral, que contiene un acuerdo de voluntades que incluye al menos una mínima regulación normativa diferente de la programada por el ordenamiento para el proceso de que se trata y con aptitud para prevalecer por sobre el criterio o voluntad en contrario del órgano jurisdiccional. Dicha regulación normativa distinta de la programada por el ordenamiento surtirá efectos a partir de la celebración del acuerdo de voluntad o a contar desde que se lo haga valer en un proceso".[10] En verdad, los llamados contratos o negocios jurídicos procesales son conocidos desde larga data y en la época procedimentalista fueron considerandos con benevolencia. Pero hoy, el advenimiento del procesalismo y la consiguiente visión más pública del proceso civil determinaron la adopción de una actitud reticente y más bien contraria a los procesos contractuales, que son los que reconocen, hasta cierto punto, que las partes puedan crear algunas normas procesales en ejercicio de la autonomía de la voluntad. Afortunadamente, un sector de la doctrina autoral contemporánea comenzó a discriminar casos, conservando así la susodicha reticencia sólo cuando se trataba de asuntos relacionados con el orden público procesal. Francia, últimamente, registra una revalorización de los contratos procesales, confirmando así una tendencia de viejo cuño.

V. Subrayado de la actividad procesal saneadora del trámite

Haciendo honor a sus ancestros procesales (la obra de Buzaid, por ejemplo), el P.E.C. contiene una pluralidad de normas orientadas a purgar el procedimiento de vicios adquiridos en su decurso. Así, el artículo

---

[9] MERCADER, Amílcar, "La jurisdicción y la prueba. Investigaciones en el cuerpo humano" en La Ley, tomo 23, p. 134.
[10] PEYRANO, Jorge W., "Teoría y práctica de los negocios jurídicos procesales", en "Herramientas procesales", Buenos Aires 2013, Editorial Nova Tesis, p. 326.

139 (IX) y el artículo 364. El tenor del artículo 945 (VIII) confirma el interés del legislador por el asunto, consagrando una suerte de saneamiento "in extremis" en la instancia revisora.

VI. La incorporación de la doctrina de las cargas probatorias dinámicas

El artículo 380 del P.E.C. ha sumado al proceso civil brasileño la doctrina de las cargas probatorias dinámicas, también conocida como "de la solidaridad de la prueba" o "de la mayor facilidad probatoria". Claro está que nada podemos expresar en contra de dicha incorporación, aunque abrigamos ciertos reparos menores sobre algún flanco de su regulación. Seguidamente, haremos algunos aportes respecto de la aparición y evolución de la mencionada doctrina, que, excepcionalmente, se aparta de las reglas ortodoxas de distribución de la carga de la prueba.

Corrido el tiempo, aparecieron mecanismos tendientes a tomar nota y en alguna medida remediar desequilibrios existentes entre las partes a la hora de acreditar sus versiones fácticas. Dichos mecanismos involucran, en mayor o menor dosis, un apartamiento de la regla de igualdad procesal probatoria, escolarmente concebida, conforme la cual cabe partir –siempre y en todos los casos– de probar cabalmente los presupuestos de hecho de los contradictorios; siendo inaceptable que merced a distorsiones probatorias u otros artilugios se alivie o sobrecargue el esfuerzo probatorio de alguno de los litigantes.

Entre los referidos mecanismos destaca la llamada doctrina de las cargas probatorias dinámicas. Se dio a conocer hace varios lustros (*circa* 1978) y en su origen fue solamente una solución pretoriana; que en su variante más difundida se traduce en que frente a situaciones excepcionales que dificultan la tarea probatoria de una de las partes, se debe desplazar el esfuerzo probatorio respectivo hacia la contraria, por encontrarse ésta en mejores condiciones de acreditar algún hecho o circunstancia relevante para la causa.

Luego, la doctrina que nos ocupa fue objeto de un verdadero espaldarazo científico en el curso del XVII Congreso Nacional Argentino de Derecho Procesal donde, entre otras cosas, se declaró lo siguiente: "La temática del desplazamiento de la carga de la prueba reconoce hoy como capítulo más actual y susceptible de consecuencias prácticas a la denominada doctrina de las cargas probatorias dinámicas, también conocida como principio de solidaridad o de efectiva colaboración de las partes con el órgano jurisdiccional en el acopio del material de convicción. Constituye doctrina ya recibida la de las cargas probatorias dinámicas. La misma importa un apartamiento excepcional de las normas legales sobre la distribución de la carga de la prueba, a la que resulta procedente recurrir sólo cuando la aplicación de aquéllas arroja consecuencias manifiestamente disvaliosas. Dicho apartamiento se traduce en nuevas reglas de reparto de la imposición probatoria ceñidas a las circunstancias del caso y renuentes a enfoques apriorísticos (tipo de hecho a probar, rol de actor o demandado, etc.). Entre las referidas nuevas reglas se destaca aquella consistente en hacer recaer el *onus probandi* sobre la parte que está en mejores condiciones profesionales, técnicas o fácticas para producir la prueba respectiva".

Después, se produjo su asunción por la Corte Suprema de Justicia de Argentina en "Pinheiro"; precedente que sirviera de firme puntada inicial a la consolidación de una jurisprudencia, hoy casi sin fisuras que aplica la doctrina en comentario aún a despecho de la inexistencia de texto legal expreso sobre el punto.

En la actualidad y en el plano legislativo, no son todas sino sólo algunas provincias argentinas que han preferido su regulación explícita. Podemos enumerar, por orden cronológico a La Pampa, Corrientes, Santiago del Estero y San Juan. Siempre en el plano de lo legal (o paralegal), a continuación pasaremos revista a construcciones normativas significativas que han sumado a la doctrina en cuestión a sus textos: el artículo 217 de la Ley de Enjuiciamiento Civil española; el artículo 12 del Código Modelo de Procesos Colectivos para Iberoamérica del Instituto Iberoamericano de Derecho Procesal y el artículo 167 del nuevo Código Procesal Civil de Colombia .

Como advertirá el lector, el crecimiento y propagación de la doctrina que venimos analizando ha sido incesante y poderoso. No puede ello extrañar porque representa un homenaje a las circunstancias del caso que, en determinadas oportunidades, no es que aconseje, sino que exige aligerar el esfuerzo probatorio que soporta alguna de las partes en litigio.

Ahora bien: en lo medular, qué es, de que se trata la mencionada doctrina? Pues desde un punto de vista si se quiere más especulativo, se caracteriza porque procura respetar las diferencias y de algún modo privilegiar la consagración de un Derecho flexible (como quería Carbonnier) o dúctil. Ferrajoli permanentemente predica sobre la necesidad de respetar las diferencias y la conveniencia de no permanecer indiferente frente a lo distinto, vale decir acerca de lo impostergable de un hacer algo en pos del referido respeto. Conocido es que al filósofo francés, de raíces estructuralistas Gilles Deleuze –autor, junto a otros muchos libros, de "Diferencia y repetición" (1968)– se lo reconoce como el pensador de la "diferencia". Básicamente, sus enseñanzas parten de que la "repetición", el canon, el orden establecido, contribuyen a construir "codificaciones" que posibilitan su más sencillo consumo por los usuarios del sistema de que se trate. Claro está que ello presenta la desventaja de la "cristalización" de los conocimientos y la palmaria dificultad resultante por abrirse a lo nuevo y diferente.

Durante un largo lapso y aun luego de haber sido plenamente incorporado al lenguaje procesal el concepto de "carga probatoria", se diseñaron las reglas de la carga de la prueba como algo estático, conculcando así, a nuestro entender, el espíritu de su primer mentor, quien siempre concibió a su teoría del proceso como una consideración dinámica de los fenómenos procedimentales.

Ocurrió entonces que, adoptando una visión excesivamente estática de la cuestión, los doctrinarios "fijaron" (y aquí este verbo deber ser entendido de un modo literal) las reglas de la carga de la prueba de una manera demasiado rígida, y sin miramientos, además, para las circunstancias del caso; circunstancias que, eventualmente, podrían llegar a aconsejar alguna otra solución.

De tal guisa, por ejemplo, se decía que en cualquier caso y contingencia los hechos constitutivos (es decir, los invocados por el actor en el escrito de demanda) deben ser probados por quien demanda dentro de un proceso de conocimiento, mientras que los hechos impeditivos, modificativos o extintivos –o en general, cualesquiera que alegara el demandado y que fueran distintos de los invocados por el actor– debían ser acreditados por el demandado. Y punto.

Hasta tiempos no demasiado distantes, el tema no se prestaba a mayores sutilezas. Básicamente, las reglas de la carga probatoria seguían siendo estáticas y no eran otras que las arriba reseñadas, en cuanto a lo fundamental. Pero ya más modernamente, la praxis –una vez más– alertó a la doctrina respecto de que dichas bases resultaban a veces insuficientes o bien inadecuadas.

En otras palabras, se empezó a reparar en que ni eran bastantes ni contaban con la flexibilidad que sería de desear. Por ello fue que, paulatinamente y al impulso de decisiones judiciales que procuraban la justicia del caso, comenzaron a nacer reglas acerca de la carga de la prueba que, inclusive, desbordaron el encuadre que realizó del tema el legislador contemporáneo.

Resulta ser que la vida y hasta el propio sentido común permitieron descubrir coyunturas en las cuales el referido apriorismo en materia de esfuerzos probatorios, funcionaba mal. Así, v.gr, la regla de distribución de las cargas probatorias según la cual se debe colocar la carga respectiva en cabeza de la parte que se encuentre en mejores condiciones para producirla. Así, por ejemplo, establecida la separación de hecho sin voluntad de unirse, se encuentra en mejores condiciones (por conocer las intimidades de la pareja) de probar su inocencia (o la culpabilidad del otro cónyuge) en orden a conservar su vocación hereditaria, el cónyuge supérstite que los causahabientes del cónyuge fallecido.

Cabe decir que, en líneas generales, el P.E.C. no se aparta de la doctrina autoral y legal prevaleciente en la materia. Parte en su párrafos I y II con la regulación de la distribución normal y ortodoxa de la carga de la prueba, con mucha cercanía con las ideas chiovendianas y no tanto con las de Rosenberg. Luego, en varios apartados del párrafo II del artículo 380 del P.E.C., desarrolla la doctrina de las cargas probatorias dinámicas, que contempla las siguientes particularidades en su modalidad brasileña. Veamos. Prevé que de considerar el juez interviniente que se está ante un supuesto de aplicación de la referida doctrina debe emitir un pronunciamiento fundamentado, lo que ciertamente deberá ocurrir antes del dictado de la sentencia de mérito. Aquí finca nuestro disenso. Ello puede generar un sinnúmero de cuestiones procedimentales, (incidentes, recursos, imputaciones de prejuzgamiento, etc.) que pueden entorpecer la marcha del proceso principal; presentando, además, el inconveniente de que en la mayoría de los casos le resultará muy difícil al tribunal determinar en los albores de la causa si una parte se encuentra objetivamente en dificultades para levantar una carga probatoria. Por añadidura, cabe puntualizar que la difusión obtenida por la doctrina en cuestión provoca que en la actualidad los justiciables saben a qué atenerse según fuere la índole de la causa. Un letrado puede ignorar que a su cliente médico cirujano demandado por una mala praxis quirúrgica, muy posiblemente le será aplicable la susodicha doctrina probatoria? Otra singularidad brasileña en la temática, está representada por la posibilidad –antiguamente mal condenada irrestrictamente por la doctrina italiana– de que el *onus probandi* pueda alterarse por imperio de acuerdos procesales (conf. artículo 380 parágrafo 2) apartado 3) del P.E.C.)

VII. Profesión de fe activista en materia de atribuciones judiciales

De los contenidos, entre otros, de los artículos 139 y 142 del P.E.C. se infiere, claramente, una profesión de fe activista en lo atinente a poderes y deberes funcionales del órgano jurisdiccional.

Si bien son varias las características propias del activismo procesal,[11] la principal es la confianza en los jueces y el trascendente protagonismo

---

[11] PEYRANO, Jorge W., "Sobre el activismo judicial", en "Activismo y garantismo procesal", publicación de la Academia Nacional de Derecho y Ciencias Sociales de Córdoba, Córdoba 2009, página 11 y siguientes.

que se les reconoce a la hora de dirigir y encauzar el debate procesal. No son "convidados de piedra". Al activismo democrático le repugna la imagen de una Justicia minusválida que es ciega y nada puede decir ni hacer si no dicen o hacen los justiciables. El artículo 139 del P.E.C. es un muestrario de atribuciones judiciales propias de un juez activista: aseguramiento de la prestación judicial efectiva dentro de un plazo razonable, fuerte reacción ante conductas procesales maliciosas, procurar una igualdad procesal razonable. Claro está que el artículo 143 del P.E.C. viene a balancear las cosas porque instrumenta ejemplares sanciones ante el cumplimiento defectuoso (o el incumplimiento) de los poderes o deberes depositados en manos de los tribunales.

VIII. Procedimiento "a medida" o circunstanciado

De alguna manera relacionada con la señalada profesión activista del P.E.C., se da asimismo la posibilidad de diseñar jurisdiccionalmente un procedimiento más adaptado a las necesidades del caso. Tal lo que pregona el artículo 139 párrafo VI del P.E.C. En Argentina y en el campo de la tutela de los derechos del consumidor y del usuario, se ha contemplado también la posibilidad de una suerte de adaptación del procedimiento según fueren las circunstancias del caso. Así, el artículo 53 de la ley 24.240 modificado por la ley 26.361 establece: "En las causas iniciadas por ejercicio de los derechos establecidos en esta ley regirán las normas del proceso de conocimiento más abreviado que rijan en la jurisdicción del tribunal ordinario competente, a menos que a pedido de parte el juez por resolución fundada y basado en la complejidad de la pretensión, considere necesario un trámite de conocimiento más adecuado". Es más: se advierte –siempre en materia autocomponible– cierta aceptabilidad de un rediseño procedimental proveniente del acuerdo de partes. Todo ello se encuentra en línea con tendencias europeas que propician adaptaciones procedimentales "a medida". Cadiet expresa que "la adaptación jurisdiccional "a medida" (*sur mesure*), que cada asunto sea tratado a su ritmo. Las situaciones de urgencia requieren decisiones inmediatas, lo que conlleva el desarrollo de procedimientos, de *refere*, de tramitación abreviada y urgente, o *sur requete*, donde el auto es acordado por el juez a instancia de parte, sin necesidad de emplazar a la parte contraria, los asuntos complejos necesitan más cuidado en la instrucción preparatoria de los elementos el debate que los asuntos simples, de ahí la institución de los circuitos procedimentales a velocidad variable, haciendo o no intervenir a un magistrado especializado, la instancia debe tener por objetivo principal la solución más rápida y más apropiada del fondo del litigio".[12]

IX. Agrupamiento de tutelas que no presuponen un conocimiento completo

El P.E.C., elogiablemente, agrupa el tratamiento de las tutelas anticipadas de urgencia y evidencia. Comienza por el montaje de una afiatada parte general (artículos 295/300), asignando a los artículos 301/305 la regulación de la tutela anticipada de urgencia y al artículo 306 la de evidencia.

La primera ha sido aceptada en la Argentina, principalmente por vía pretoriana, a partir de un precedente emanado de la Corte Suprema de Justicia de la Nación.[13] La segunda, la que más nos interesa porque es desconocida en la Argentina, parte de la premisa de que se registra una fortísima verosimilitud del derecho alegado por la actora, dada por la presencia de situaciones previstas por el legislador o por la mala fe procesal evidenciada por la demandada.

Es menester insistir acerca de que la tutela anticipada de evidencia no puede ser el resultado de una apreciación subjetiva judicial acerca de que le asistiría razón al requirente, sino que su despacho favorable depende de que pueda considerarse incurso el caso en algunos de los supuestos expresamente previstos por el legislador brasileño. En cierto modo, se está ante una hipótesis de verosimilitud del Derecho tasada previamente por el legislador.

X. Algunas particularidades respecto de la sentencia y de la cosa juzgada

En el terreno de los recaudos que debe reunir la redacción de una sentencia judicial, el artículo 499 del P.E.C., aparte de procurar erradicar las fundamentaciones aparentes o dogmáticas, compele al juez a que precise las razones de ser de su decisión. Merece ser destacado el inusual interés puesto en preservar el *clare loqui* (hablar claro) en ocasión de confeccionar la sentencia, condenando el uso de conceptos jurídicos indeterminados cuando ello viene a dificultar la comprensión del texto.

---

[12] CADIET, Loic, "Las nuevas tendencias del procedimiento civil en Francia", en "Reforma procesal civil", publicación de la Asociación Argentina de Derecho Procesal, Santa Fe 2010, Editorial Rubinzal Culzoni, p. 108.

[13] Se trata de la causa "Camacho Acosta", comentada por Roland Arazi, en Revista de Derecho Procesal N° 1, Editorial Rubinzal Culzoni.

Tal requerimiento (hablar claro), es tan acuciante en el quehacer procesal que algunos lo califican como un verdadero principio.[14] Más aún: algún código procesal civil ha instrumentado una suerte de prohibición destinada a los magistrados consistente en la veda de utilizar en sus resoluciones expresiones oscuras, elusivas, indeterminadas o ambiguas, tales como "ocurra ante quien corresponda", "como se pide", etc.[15]

Además, el artículo 519 del P.E.C. disciplina expresamente lo que rara vez contemplan los códigos procesales civiles: el dogma conforme al cual el fallo judicial firme cubre lo deducido y lo deducible. Dicho dogma es aludido por Micheli cuando enseña: "Un aspecto particularmente significativo de la eficacia del fallo se tiene en que la sentencia pasada en cosa juzgada precluye la proponibilidad de una demanda en un nuevo proceso para plantear nuevas cuestiones que habían podido ser presentadas al juez en el anterior proceso que ha dado lugar a la providencia, la cual ha venido a ser definitiva. Se suele decir que el fallo cubre lo deducido y lo deducible y, por consiguiente, no sólo las cuestiones sobre las cuales el juez ha decidido expresamente, sino también aquellas que habrían podido ser planteadas a dicho juez y no lo fueron".[16]

XI. Entronización significativa del principio de moralidad

Los contenidos de los artículos 139 y 142 del P.E.C. y las sanciones contempladas por sus artículos 79/81, constituyen palmarios síntomas de que el principio de moralidad ha sido fuertemente privilegiado por el proyectista brasileño. Ello se encuentra en línea con las tendencias actuales que han abandonado un liberalismo procesal agotado y desprestigiado, que siempre favorece al abogado diestro y escrupuloso, pero casi nunca a Diké.

Bien puede calificarse al principio de moralidad, también conocido como de probidad, de lealtad o de buena fe procesal, como "Ave Fénix" del proceso. En efecto, estamos presenciando su resurrección de las cenizas. Más aún: hoy contemplamos el avance incontenible de la idea moral en calidad de rectora del proceso; lo que se traduce, a veces, en una verdadera "inflación" legislativa, tendiente a asegurar la eticidad del debate

---

[14] BARACAT, Edgar, "Otro principio procesal: clare loqui? La interpretación de los actos procesales. Voluntad declarada vs. voluntad interna", en "Principios procesales", obra colectiva del Ateneo de Estudios del Proceso Civil de Rosario, Santa Fe 2011, Ed. Rubinzal Culzoni, T II, p. 72.

[15] Aludimos al artículo 275 del vigente Código de Procedimiento Civil de Ecuador que reza: "los decretos, autos y sentencias expresarán con claridad lo que se manda o resuelva; y en ningún caso harán uso de frases oscuras o indeterminadas como "ocurra ante quien corresponda", "venga en forma", "como se pide", etc.

[16] MICHELI, Gian Antonio, "Curso de Derecho Procesal Civil" traducción de Santiago Sentís Melendo, Buenos Aires 1970, Ejea, volumen I, p. 336.

judicial. Fenómeno que no siempre produce los dividendos apetecidos. El predominio de la corriente ideológica liberal, que tuvo su auge en el siglo XIX, había conspirado para hacer que el proceso fuera una contienda en la que solía triunfar el más hábil o el más astuto. Quizá la ratio más relevante del abandono generalizado de la idea ética que presidía ciertos debates judiciales, v.g. el romano y el español medieval, radicara en la desaparición del tinte religioso que ofrecían aquéllos con anterioridad al triunfo del pensamiento que hacía profesión de fe del dogma *laissez faire, laissez passer*. Corriente de pensamiento que, como es sabido, propiciaba un rígido deslinde entre moral y religión por un lado y derecho por otro. Como consecuencia de la ulterior decadencia de la ideología liberal a ultranza o a impulso de una nueva sensibilidad social que se resistía a imprimir el sello de "formalmente lícito" a lo que era intrínsecamente injusto, lo cierto es que ha triunfado coetáneamente un movimiento de moralización del proceso.

Por fortuna, se ha mantenido la tradición brasileña de homenajear el principio de moralidad procesal.

XII. Final

Toda obra humana, –y un código procesal, lo es– suele contener imperfecciones y omisiones, pero también, habitualmente, ofrece aciertos y previsiones. Lo importante es que el balanceo entre el debe y el haber resulte favorable a este último. Y es lo que ocurre en el caso. Creemos que "la puesta al día" de la construcción procesal civil brasileña es francamente positiva, por lo menos ante nuestros ojos no acostumbrados a manejarse en regulaciones procesales que le son ajenas y que no aplica ni sufre.

Nos parece que el P.E.C. bosqueja una figura del juez acorde a los tiempos que corren que reclaman su injerencia en campos otrora ajenos, y para que pueda internarse eficientemente en ellos los dota de facultades contundentes que son más bien deberes funcionales. Cuán lejos –se encuentra el juez brasileño forjado por los artículos 245/84 del P.E.C., del bosquejado por la Constitución española de Cádiz de 1812 según la cual "los tribunales no pueden ejercer otras funciones que las de juzgar y hacer que se ejecute lo juzgado". En la actualidad, el juez brasileño (el de hoy y el que vendrá) y también el argentino, pueden hacer y hacen mucho más. Afortunadamente.

— 10 —

Cooperação judicial internacional no novo Código de Processo Civil

JOSÉ MARIA TESHEINER[1]

Sumário: Introdução; 1. Cooperação judicial internacional; 2. Sentença estrangeira; 3. Carta rogatória; 4. Auxílio direto; Anexo – Tratados celebrados pelo Brasil; Bibliografia.

Introdução

A cooperação judicial internacional envolve basicamente os temas da citação em País estrangeiro, da produção de provas em País estrangeiro; do cumprimento de sentença e de laudo arbitral estrangeiros e do cumprimento de outros atos processuais determinados no estrangeiro.

O Código de Processo Civil regula a matéria nos artigos 26 a 41 (Da Cooperação internacional) e 960 a 965 (Da homologação de decisão estrangeira e da concessão do *exequatur* à carta rogatória).

Inova o Código com a previsão, agora nele expressa, do auxílio direto.

1. Cooperação judicial internacional

Em princípio, a cooperação jurídica internacional funda-se em tratado internacional (art. 26). Independe, porém, de tratado internacional, a homologação de sentença estrangeira (art. 26, § 2º). Também independentemente de tratado internacional, podem realizar-se no Brasil atos de cooperação internacional com base em reciprocidade, manifestada por via diplomática (art. 26, § 1º).

---

[1] Professor de Processo Civil na PUCRS, Desembargador aposentado do Tribunal de Justiça do Rio Grande do Sul.

Os principais atos de cooperação internacional dizem respeito ao cumprimento de sentença estrangeira, ao cumprimento de carta rogatória e ao auxílio direto.

A cooperação jurídica internacional para execução de decisão estrangeira dá-se por meio de carta rogatória ou de ação de homologação de sentença estrangeira, de acordo com o art. 960. (art. 40).

O auxílio direto, apesar do nome, não ocorre por comunicação direta entre o juiz brasileiro e a autoridade estrangeira. É exigida a intermediação de duas autoridades centrais: a brasileira e a estrangeira. O pedido de cooperação jurídica internacional oriundo de autoridade brasileira competente é encaminhado à autoridade central para posterior envio ao Estado requerido para lhe dar andamento (art. 37). O pedido de cooperação oriundo de autoridade brasileira competente e os documentos anexos que o instruem são encaminhados à autoridade central, acompanhados de tradução para a língua oficial do Estado requerido (art. 38).

Quando encaminhado ao Estado brasileiro por meio de autoridade central ou por via diplomática (o que não ocorre no pedido de homologação de sentença estrangeira, que é formulado pela parte), considera-se autêntico o documento que instrui pedido de cooperação jurídica internacional, inclusive tradução para a língua portuguesa, dispensando-se ajuramentação, autenticação ou qualquer procedimento de legalização (art. 41).

Dependendo da matéria de que se trata, a função de autoridade central pode ser exercida por órgãos diversos. Na falta de designação específica no respectivo tratado, no Brasil, essa função compete ao Ministério da Justiça (art. 26, § 4º).

A cooperação jurídica internacional pode ter por objeto: I – citação, intimação e notificação judicial e extrajudicial; II – colheita de provas e obtenção de informações; III – homologação e cumprimento de decisão; IV – concessão de medida judicial de urgência; V – assistência jurídica internacional; VI – qualquer outra medida judicial ou extrajudicial não proibida pela lei brasileira (art. 27). Depende particularmente de tratado a prática de ato coercitivo, como arresto e sequestro, rogado por Estado estrangeiro.

Para atender aos pedidos de cooperação, o Brasil exige: I – o respeito às garantias do devido processo legal no Estado requerente; II – a igualdade de tratamento entre nacionais e estrangeiros, residentes ou não no Brasil, em relação ao acesso à justiça e à tramitação dos processos, assegurando-se assistência judiciária aos necessitados; III – a publicidade processual, exceto nas hipóteses de sigilo previstas na legislação brasileira ou na do Estado requerente; IV – a existência de autoridade central para recepção e transmissão dos pedidos de cooperação; V – a espontaneidade na transmissão de informações a autoridades estrangeiras (art. 26).

Outrossim, não se praticam atos que contrariem ou que produzam resultados incompatíveis com as normas fundamentais que regem o Estado brasileiro (art. 27, § 3º) ou que configurem manifesta ofensa à ordem pública (art. 39).

2. Sentença estrangeira

A homologação de sentença estrangeira é requerida pela parte interessada, por ação (ação de homologação de sentença estrangeira). Pode também ser requerida pela Procuradoria-Geral da República, na qualidade de instituição intermediária, nos termos do artigo 2º da Convenção de Nova Iorque sobre prestação de alimentos no estrangeiro, promulgada pelo Decreto 56.826/1965 (STJ, Corte Especial, SEC 10.380, Min. Mauro Campbell Marques, relator, j. 18/3/2015).

O cumprimento de sentença estrangeira pode também ser determinado por meio de carta rogatória, isto é, por solicitação do Estado estrangeiro, de conformidade com tratado internacional, como nas relações entre o Brasil e os Estados que compõem o Mercosul. Equipara-se à sentença estrangeira o laudo arbitral estrangeiro (art. 960, § 3º).

As exigências para a homologação de laudo arbitral estrangeiro são até menores do que para a homologação de sentença estrangeira, pois esta supõe citação para o processo mediante rogatória, ao passo que, no procedimento arbitral, procede-se à citação na forma nele prevista, por exemplo, mediante simples carta expedida pela via postal (STJ, Corte Especial, SEC 10.702, Min. Laurita Vaz, Relatora, j. 23/3/2015; SEC 8.847/EX, Rel. Ministro João Otávio de Noronha, julgado em 20/11/2013)

Atualmente, o procedimento da homologação de sentença estrangeira obedece ao disposto na Resolução n. 9, de 4/5/2055.

A homologação deve ser requerida pela parte interessada, devendo a petição inicial conter as indicações constantes da lei processual, e ser instruída com a certidão ou cópia autêntica do texto integral da sentença estrangeira e com outros documentos indispensáveis, devidamente traduzidos e autenticados. É admissível pedido de tutela de urgência.

A parte adversa é citada para, no prazo de 15 (quinze) dias, contestar o pedido.

A defesa somente pode versar sobre autenticidade dos documentos, inteligência da decisão e observância dos requisitos da homologação, a saber: I – haver sido proferida por autoridade competente; II – terem sido as partes citadas ou haver-se legalmente verificado a revelia; III – ter transitado em julgado; e IV – estar autenticada pelo cônsul brasileiro e acompanhada de tradução por tradutor oficial ou juramentado no Brasil. Importante requisito para a homologação é que a decisão homologanda não ofenda a soberania nacional ou a ordem pública.

No caso de revelia, dá-se curador especial ao revel.

A seguir, dá-se vista dos autos ao Ministério Público pelo prazo de dez dias, que pode impugnar o pedido.

Não havendo contestação, o pedido é julgado pelo Presidente do Superior Tribunal de Justiça, de cuja decisão cabe agravo regimental. Havendo contestação, o processo é distribuído para julgamento pela Corte Especial, cabendo ao Relator os demais atos relativos ao andamento e à instrução do processo.

A homologação pode ser parcial. Ao julgar o pedido, o Tribunal não examina o mérito do pronunciamento judicial estrangeiro, limitando-se ao chamado juízo de delibação.

Nos termos do artigo 23 do novo Código de Processo Civil, compete à autoridade judiciária brasileira, com exclusão de qualquer outra: I – conhecer de ações relativas a imóveis situados no Brasil; II – em matéria de sucessão hereditária, proceder a confirmação de testamento particular, inventário e partilha de bens situados no Brasil, ainda que o autor da herança seja de nacionalidade estrangeira ou tenha domicílio fora do território nacional; III – em divórcio, separação judicial ou dissolução de união estável, proceder a partilha de bens situados no Brasil, ainda que o titular seja de nacionalidade estrangeira ou tenha domicílio fora do território nacional.

Para que tenha eficácia no Brasil, é indispensável que o réu haja sido citado por rogatória, se residente no Brasil ((SEC 8.800/EX, Rel. Ministro Napoleão Nunes Maia Filho, Corte Especial, julgado em 18/12/2013, DJe 06/02/2014; (SEC 7.901/EX, Rel. Ministro Arnaldo Esteves Lima, Corte Especial, julgado em 20/11/2013, DJe 12/12/2013; SEC 7.171/EX, Rel. Ministra Nancy Andrighi, Corte Especial, julgado em 20/11/2013, DJe 02/12/2013).

Também não se homologa a sentença estrangeira, ao entendimento de que ofende a soberania nacional ou a ordem pública (SEC 3.512/EX, Rel. Ministro Ari Pargendler, Corte Especial, julgado em 16/09/2013, DJe 26/09/2013; SEC 2.410/EX, Rel. Ministro Francisco Falcão, Rel. p/ Acórdão Ministra Nancy Andrighi, Corte Especial, julgado em 18/12/2013, DJe 19/02/2014).

Estabelece o Código que a ação proposta perante tribunal estrangeiro não induz litispendência e não obsta a que a autoridade judiciária brasileira conheça da mesma causa e das que lhe são conexas, ressalvadas as disposições em contrário de tratados internacionais e acordos bilaterais em vigor no Brasil (art. 24). A pendência de causa perante a jurisdição brasileira não impede a homologação de sentença judicial estrangeira quando exigida para produzir efeitos no Brasil (art. 24, parágrafo único; AgRg na SE 4.091/EX, Rel. Min. Ari Pargendler, Corte Especial, julgado em 29/08/2012).

Tendo sido antes proferida no Brasil sentença com força de coisa julgada, não se homologa a sentença estrangeira superveniente (SEC 4.830/EX, Rel. Ministro Castro Meira, Corte Especial, julgado em 16/09/2013, DJe 03/10/2013; SEC 8.451/EX, Rel. Ministro João Otávio de Noronha, Corte Especial, julgado em 15/05/2013, DJe 29/05/201).

Homologada a sentença estrangeira, já não cabe pronunciamento da autoridade judicial brasileira sobre a mesma matéria. Haveria ofensa à coisa julgada. Todavia, em questões como a de alimentos e guarda de filhos, cabe a invocação da cláusula *rebus sic stantibus* (SEC 8.285/EX, Rel. Ministro Sidnei Beneti, Corte Especial, julgado em 18/12/2013, DJe 03/02/2014; SEC 7.331/EX, Rel. Ministro Humberto Martins, Corte Especial, julgado em 02/10/2013, DJe 16/10/2013).

Homologada, a sentença estrangeira é executada por carta de sentença, no Juízo Federal competente.

3. Carta rogatória

Foi vetado o artigo 35: "Dar-se-á por meio de carta rogatória o pedido de cooperação entre órgão jurisdicional brasileiro e órgão jurisdicional estrangeiro para prática de ato de citação, intimação, notificação judicial, colheita de provas, obtenção de informações e cumprimento de decisão interlocutória, sempre que o ato estrangeiro constituir decisão a ser executada no Brasil", em face do entendimento de que o dispositivo imporia que determinados atos fossem praticados exclusivamente por meio de carta rogatória, o que afetaria a celeridade e efetividade da cooperação internacional que, nesses mesmos casos, poderia ser processada pela via de auxílio direto.

Tratou-se, como se vê, de pré-excluir interpretação restritiva do auxílio direto, agora com previsão expressa no Código.

A carta rogatória contém pedido de cooperação entre órgão jurisdicional nacional e órgão jurisdicional estrangeiro para a prática de ato de citação, intimação, notificação judicial, colheita de provas, obtenção de informações e de cumprimento de decisão interlocutória. Por força de tratados celebrados pelo Brasil, quebrou-se a tradição de não se admitir, aqui, o cumprimento de cartas rogatórias executórias.

A carta rogatória passiva é enviada pelo Estado estrangeiro à respectiva Embaixada do Brasil e encaminhada por esta ao Ministério das Relações Exteriores, que a encaminha ao Superior Tribunal de Justiça.

O procedimento, no Tribunal, é o estabelecido na Resolução n. 9, de 4/5/2005, procedimento de jurisdição contenciosa, com observância do devido processo legal.

Recebida a carta, o Presidente determina a citação da parte adversa para, no prazo de 15 dias, impugnar o pedido. Eventualmente, pode determinar a realização da medida, sem ouvir a parte, quando de seu conhecimento prévio puder resultar sua ineficácia.

A defesa somente pode versar sobre autenticidade dos documentos, inteligência da decisão e observância de seus requisitos.

Requisito importante é o de que o pedido não ofenda a soberania nacional ou a ordem pública.

Revel o requerido, nomeia-se-lhe curador.

A seguir, dá-se vista ao Ministério Público, pelo prazo de dez dias, o qual pode oferecer impugnação.

Havendo impugnação, o Presidente pode determinar sua distribuição para julgamento pela Corte Especial, se a carta tiver por objeto a carta.

Ao decidir, o Presidente não examina o mérito do pronunciamento judicial estrangeiro, limitando-se ao juízo de delibação.

Da decisão do Presidente, concedendo ou negando o *exequatur*, cabe agravo regimental.

Da decisão da Corte Especial, cabe recurso extraordinário para o Supremo Tribunal Federal, presentes os pressupostos do artigo 102 da Constituição.

São incabíveis embargos infringentes, embargos de divergência e recurso ordinário.

Concedido o exequatur, a carta é remetida para cumprimento pelo Juízo Federal competente.

No cumprimento da carta rogatória cabem embargos, oponíveis pelo interessado ou pelo Ministério Público, no prazo de dez dias.

Esses embargos são julgados pelo Presidente do Superior Tribunal de Justiça, de cuja decisão cabe agravo regimental para o Órgão Especial.

Cumprida a carta rogatória, ela é devolvida ao Presidente do STJ, no prazo de 10 (dez) dias, e por este remetida, em igual prazo, por meio do

Ministério da Justiça ou do Ministério das Relações Exteriores, à autoridade judiciária de origem.

4. Auxílio direto

Cabe o auxílio direto, diz o Código, quando a medida não decorre diretamente de decisão de autoridade jurisdicional estrangeira a ser submetida a juízo de delibação no Brasil (art. 28).

A solicitação é encaminhada pela autoridade central estrangeira à autoridade central brasileira, na forma estabelecida em tratado (art. 29).

O Código estabelece presunção de autenticidade dos documentos encaminhados pela autoridade central (art. 29, *in fine*), dispensando-se, pois, ajuramentação, autenticação ou qualquer procedimento de legalização (art. 41).

Hipótese importante de auxílio direto ocorre quando a autoridade estrangeira solicita decisão da autoridade judicial brasileira, caso em que, recebido o pedido de auxílio, a autoridade central o encaminha à Advocacia-Geral da União, que requer a medida ao juízo federal do lugar em que deva ser executada. Cabe ao Ministério Público Federal requerer a medida, se indicado como autoridade central, nos termos do tratado celebrado pelo Brasil. Observe-se que, nesses casos, a decisão é do juiz brasileiro, ainda que deva atender ao estabelecido em tratado celebrado pela Brasil.

Cabe referir aqui especialmente os pedidos, formulados pela Advocacia-Geral da União, perante Juiz Federal, de retorno de criança indevidamente conduzida para o Brasil, ou aqui, retida, por um de seus pais.

Em que outros casos cabe o auxílio direto?

Nos termos do artigo 30 do Código, o auxílio direto pode ter por objeto: I –obtenção e prestação de informações sobre o ordenamento jurídico e sobre processos administrativos ou jurisdicionais findos ou em curso; II – colheita de provas, salvo se a medida for adotada em processo, em curso no estrangeiro, de competência exclusiva de autoridade judiciária brasileira; III – qualquer outra medida judicial ou extrajudicial não proibida pela lei brasileira.

"O auxílio direto inclui, em especial, as medidas cautelares e antecipatórias aforadas diretamente no Brasil, que possuam fundamento em processo no exterior (v.g., quebras de sigilo)", (Ricardo Perlingeiro).[2]

---

[2] PERLINGEIRO, Ricardo. A jurisdição internacional na América Latina: competência internacional, reconhecimento e execução de decisão judicial estrangeira em matéria civil. *Revista de Processo*, v. 197, p. 299, Jul./2011.

Nesses casos, autoridade central brasileira comunicar-se-á diretamente com suas congêneres e, se necessário, com outros órgãos estrangeiros responsáveis pela tramitação e pela execução de pedidos de cooperação enviados e recebidos pelo Estado brasileiro, respeitadas disposições específicas constantes de tratado (art. 31). Em outras palavras, dispensa-se a intervenção da Embaixada e do Ministério das Relações Exteriores.

Estabelece o artigo 32 que, no caso de auxílio direto para a prática de prestação jurisdicional que, segundo a lei brasileira, não exija prestação jurisdicional, a autoridade central adotará as providências necessárias para o seu cumprimento (art. 32). Incluem-se, entre esses casos, a notificação extrajudicial, a obtenção e prestação de informações sobre o ordenamento jurídico e sobre processos administrativos ou jurisdicionais findos ou em curso e qualquer medida extrajudicial não proibida pela lei brasileira.

No cível, poder-se-ia pensar no uso de justificação proposta pela Advocacia Geral da União, com vistas à produção de provas para avaliação por juiz estrangeiro, mas não parece que se possa lançar mão de expediente semelhante no crime.

Dispondo-se Juiz Federal a ouvir testemunhas, independentemente de *exequatur* do STJ, em atendimento a pleito de órgão judicante de Genebra, para instruir processo criminal em curso na Suíça, foi interposta reclamação, atendida pelo Vice-Presidente daquele Tribunal, por decisão liminar, que foi, todavia, cassada pela Corte Especial, ao julgar agravo regimental interposto pelo Ministério Público. Impetrado *habeas corpus*, decidiu o Supremo Tribunal Federal que a prática de atos decorrentes de pronunciamento de autoridade judicial estrangeira, em território nacional, objetivando o combate ao crime, pressupõe carta rogatória a ser submetida, sob o angulo da execução, ao crivo do Superior Tribunal de Justiça, não cabendo potencializar a cooperação internacional a ponto de colocar em segundo plano formalidade essencial à valia dos atos a serem praticados (STF, 1ª Turma, HC 85.558, Min. Marco Aurélio, relator, j. 4/4/2006).

Anexo – Tratados celebrados pelo Brasil

DECRETO-LEI Nº 18.871, de 13 de agosto de 1929. Promulga o Código Bustamente – Código de Derecho Internacional Privado.

DECRETO Nº 56.435, DE 8 DE JUNHO DE 1965. Promulga a Convenção de Viena sobre Relações Diplomáticas de 1961.

DECRETO Nº 56.826, de 2 de Setembro de 1965. Promulga a Convenção sôbre a prestação de alimentos no estrangeiro.

DECRETO Nº 61.078, DE 26 DE JULHO DE 1967. Promulga a Convenção de Viena sobre Relações Consulares de 1963.

DECRETO Nº 166 DE 3 DE JULHO DE 1991. Promulga o Convênio de Cooperação Judiciária em Matéria Civil, entre o Governo da República Federativa do Brasil e o Reino da Espanha.

DECRETO Nº 1.212, DE 3 DE AGOSTO DE 1994. Promulga a Convenção Interamericana sobre a Restituição Internacional de Menores, adotada em Montevidéu, em 15 de julho de 1989.

DECRETO Nº 1.476, DE 2 DE MAIO DE 1995. Promulga o Tratado Relativo à Cooperação Judiciária e ao Reconhecimento e Execução de Sentenças em Matéria Civil, entre a República Federativa do Brasil e a República Italiana, de 17 de outubro de 1989.

DECRETO Nº 1.560, DE 18 DE JULHO DE 1995. Promulga o Acordo de Cooperação Judiciária em Matéria Civil, Comercial, Trabalhista e Administrativa, entre o Governo da República Federativa do Brasil e o Governo da República Argentina, de 20 de agosto de 1991.

DECRETO Nº 1.850, DE 10 DE ABRIL DE 1996. Promulga o Acordo de Cooperação Judiciária em Matéria Civil, Comercial, Trabalhista e Administrativa, entre o Governo da República Federativa do Brasil e o Governo da República Oriental do Uruguai, de 28 de dezembro de 1992.

DECRETO Nº 1.899, DE 9 DE MAIO DE 1996. Promulga a Convenção Interamericana sobre Cartas Rogatórias, de 30 de janeiro de 1975.

DECRETO Nº 2.022, DE 7 DE OUTUBRO DE 1996. Promulga o Protocolo Adicional à Convenção Interamericana sobre Cartas Rogatórias, concluído em Montevidéu, em 8 de maio de 1979.

DECRETO Nº 2.067, DE 12 DE NOVEMBRO DE 1996. Promulga o Protocolo de Cooperação e Assistência Jurisdicional em Matéria Civil, Comercial, Trabalhista e Administrativa. Protocolo de Las Lenãas de 1992 (Mercosul)

DECRETO Nº 2.411, DE 2 DE DEZEMBRO DE 1997. Promulga a Convenção Interamericana sobre Eficácia Extraterritorial das Sentenças e Laudos Arbitrais Estrangeiros, concluída em Montevidéu em 8 de maio de 1979.

DECRETO Nº 2.428, DE 17 DE DEZEMBRO DE 1997. Promulga a Convenção Interamericana sobre Obrigação Alimentar, concluída em Montevidéu, em 15 de julho de 1989.

DECRETO Nº 2.626, DE 15 DE JUNHO DE 1998. Promulga o Protocolo de Medidas Cautelares, concluído em Ouro Preto, em 16 de dezembro de 1994.

DECRETO Nº 2.740, DE 20 DE AGOSTO DE 1998. Promulga a Convenção Interamericana sobre Tráfico Internacional de Menores, assinada na Cidade do México em 18 de março de 1994.

DECRETO Nº 3.087, DE 21 DE JUNHO DE 1999. Promulga a Convenção Relativa à Proteção das Crianças e à Cooperação em Matéria de Adoção Internacional, concluída na Haia, em 29 de maio de 1993.

DECRETO Nº 3.413, DE 14 DE ABRIL DE 2000. Promulga a Convenção sobre os Aspectos Civis do Seqüestro Internacional de Crianças, concluída na cidade de Haia, em 25 de outubro de 1980.

Bibliografia

ABADE, Denise Neves. *Direitos fundamentais na cooperação jurídica internacional*. São Paulo: Saraiva, 2013.

ANDOLINA, Italo Augusto. Spazio di libertà, sicurezza e giustizia e cooperazione giudiziaria in materia civile. *Revista de Processo*, São Paulo, v. 35, n. 183, p. 224-238, mai. 2010.

———. La cooperazione internazionale nel processo civile. Profile della esperienza europea: verso un modelo de integrazione trans-nazionale. *Revista de processo*, São Paulo, ano 22, n. 88, p. 108-127, out.-dez. 1997

ARAUJO, Nadia de. *Cooperação jurídica internacional no Superior Tribunal de Justiça: comentários à Resolução nº 9/2005*. Rio de Janeiro: Renovar, 2010.

———. A Conferencia de Haia de Direito Internacional Privado: reaproximação do Brasil e análise das convenções processuais. *Revista de Arbitragem e Mediação*, vol. 35/2012, p. 189, Out / 2012.

———. Prefácio. In: CASELLA, Paulo B.; SANCHEZ, Rodrigo E. (orgs.). *Cooperação Judiciária internacional*. Rio de Janeiro: Renovar, 2002.

BORN, Gary B.; RUTLEDGE, Peter B. *International civil litigation in United States Courts*. USA: Wolters Kluwer Law & Business, 2011.

BRASIL. Secretaria Nacional de Justiça. Departamento de Recuperação de Ativos e Cooperação Jurídica Internacional. Manual de cooperação jurídica internacional e recuperação de ativos: cooperação em matéria civil / Secretaria Nacional de Justiça, Departamento de Recuperação de Ativos e Cooperação Jurídica Internacional (DRCI). – 3. ed. Brasília : Ministério da Justiça, 2012.

CASTRO, Amilcar de. *Direito Internacional Privado*. 5. ed. Rio de Janeiro, Forense, 2002.

CERVINI, Raúl; TAVARES, Juarez. *Princípios de cooperação judicial penal internacional no protocolo do Mercosul*. São Paulo: Editora Revista dos Tribunais, 2000.

DIDIER, Fredie. *Leituras complementares de Processo Civil*. Salvador: JvsPodium, 2006.

HILL, Flávia Pereira. A cooperação jurídica internacional no Projeto de novo Código de Processo Civil – O alinhamento do Brasil aos modernos contornos do Direito Processual. *Revista de Processo*. vol. 205/2012, p. 347, Mar.2012.

LOULA, Maria Rosa Guimarães. *Auxílio direto*: novo instrumento de cooperação jurídica internacional civil. Belo Horizonte: Fórum, 2010.

MANUAL de Cooperação Jurídica Internacional e Recuperação de Ativos – Matéria Cível. Departamento de Recuperação de Ativos e Cooperação Jurídica Internacional, Secretaria Nacional de Justiça, Ministério da Justiça. 3ª ed. Brasília: 2012. 483 p.

MAURIQUE, Jorge Antonio. Anotações sobre a convenção de Haia. Revista de Doutrina da 4ª Região, Porto Alegre, n. 28, mar. 2009. Disponível em: <http://www.revistadoutrina.trf4.jus.br/artigos/edicao028/jorge_maurique.html> Acesso em: 10 abr. 2014.

MIRANDA, Pontes de. *Comentários ao Código de Processo Civil*. Rio de Janeiro: Forense, 1997.

NERY JR., Nelson; NERY, Rosa Maria de Andrade. *Código de Processo Civil Comentado*. São Paulo: Revista dos Tribunais, 2007.

PERLINGEIRO, Ricardo. A jurisdição internacional na America Latina: competência internacional, reconhecimento e execução de decisão judicial estrangeira em matéria civil. *Revista de Processo*, v. 197, p. 299, Jul./2011.

———. Auxílio direto, carta rogatória e homologação de sentença estrangeira. *Revista de Processo*, v., 128, p. 287, Out/2005.

PIMENTEL, Bernardo. *Carta Rogatória*: observações a luz da Emenda constitucional 45, de 2004.

RAMOS, Fabiana D'Andrea. A assistência jurídica recíproca no combate ao crime transnacional. *Revista de Processo*, v. 216/2013, p. 189, Fev. 2013.

RESCHSTEINER, Beat Walter. *Direito Internacional Privado*. 6 ed. São Paulo Saraiva, 2003.

STRENGER, Irineu. *Direito processual internacional*. São Paulo, LTr, 2003.

TIBURCIO, Carmen. A dispensa da rogatória no atendimento de solicitações provenientes do exterior. *Revista de Processo*, v. 126, p. 115. Ago. 2005. Doutrinas Essenciais de Direito Internacional. vol. 4. p. 943, Fev / 2012.

——. A dispensa de rogatória no atendimento de solicitações provenientes do exterior. *Revista de Processo*, São Paulo, v. 30, n. 126, p. 115-118, ago. 2005.

——. As inovações da EC 45/2004 em matéria de homologação de sentenças estrangeiras. *Revista de Processo*, v. 132, p. 123, Fev/2006. Doutrinas Essenciais de Direito Internacional, vol. 4, p. 949, Fev / 2012.

ZAVASCKI, Teori Albino. Cooperação jurídica internacional e a concessão de exequatur. *Revista Interesse Público*, V. 12, n-61, p. 13-28, 2010.

— 11 —

Garantias constitucionais da publicidade dos atos processuais e da motivação das decisões no novo CPC[1]

JOSÉ ROGÉRIO CRUZ E TUCCI[2]

Sumário: 1. Princípios constitucionais da publicidade dos atos processuais e da motivação das decisões; 2. Garantia da publicidade dos atos processuais; 3. Garantia da motivação das decisões; 4. Nota conclusiva; Bibliografia.

1. Princípios constitucionais da publicidade dos atos processuais e da motivação das decisões

A publicidade e o dever de motivação estão consagrados, pela moderna doutrina processual, na esfera dos direitos fundamentais, como pressupostos do direito de defesa e da imparcialidade e independência do juiz.

A publicidade do processo constitui um imperativo de conotação política, introduzido, nos textos constitucionais contemporâneos, pela ideologia liberal, como verdadeiro instrumento de controle da atividade dos órgãos jurisdicionais.

É por essa razão que os especialistas têm destacado sua respectiva importância, como, p. ex., Stalev, ao afirmar que a publicidade se consubstancia numa "garantia para o procedimento legal e imparcial dos tribunais, tanto como a veracidade das alegações das partes e das testemunhas, devido à influência disciplinadora propiciada pela possibilidade que concede ao povo de vigiar os atos e termos do processo. Ao mesmo tempo, a publicidade desvela a vertente pedagógica da justiça.

---

[1] De acordo com a versão aprovada pelo SF, em 17.12.14, antes da sanção presidencial.
[2] Advogado em São Paulo. Ex-Presidente da AASP. Diretor e Professor Titular da Faculdade de Direito da USP.

No mundo, a publicidade é a mais adequada técnica para uma boa justiça e um dos melhores meios para a educação jurídica do povo".[3]

Na mesma linha, Couture, ao conceber a publicidade e transparência dos atos processuais como a própria essência do modelo democrático de governo, que representa um elemento necessário "para a aproximação da Justiça aos cidadãos".[4]

Na verdade, já agora segundo aduz Fairén Guillén, a garantia em tela vem baseada na exigência política de evitar a desconfiança popular na administração da justiça, até porque a publicidade consiste num mecanismo apto a controlar a falibilidade humana dos juízes; num meio pelo qual o povo supervisiona a atuação do Poder Judiciário; num instrumento para fomentar o interesse popular pela justiça.[5]

Saliente-se, por outro lado, que, ao lado da publicidade, é absolutamente imprescindível que o "pronunciamento da Justiça, destinado a assegurar a inteireza da ordem jurídica, realmente se funde na lei; e é preciso que esse fundamento se manifeste, para que se possa saber se o império da lei foi na verdade assegurado. A não ser assim, a garantia torna-se ilusória: caso se reconheça ao julgador a faculdade de silenciar os motivos pelos quais concede ou rejeita a proteção na forma pleiteada, nenhuma certeza pode haver de que o mecanismo assecuratório está funcionando corretamente, está deveras preenchendo a finalidade para a qual foi criado".[6]

Com efeito, considerando a dimensão de seu significado jurídico-político, desponta, na atualidade, a necessidade de controle (extraprocessual) "generalizado" e "difuso" sobre o *modus operandi* do juiz no tocante à administração da justiça. E isso implica, como bem observa Taruffo, que: "os destinatários da motivação não são somente as partes, os seus advogados e o juiz da impugnação, mas também a opinião pública entendida em seu complexo, como opinião *quisque de populo*".[7]

Daí por que, a exemplo da publicidade dos atos processuais, o dever de motivação dos atos decisórios vem catalogado entre as garantias

---

[3] *Fundamental Guarantees of Litigation in Civil Proceedings: A Survey of the Laws of the European People's Democracies*, Fundamental Guarantees of the Parties in Civil Litigation, org. Cappelletti e Vigoriti, p. 406. Cf., ainda, Tucci e Cruz e Tucci, *Constituição de 1988 e processo*, p. 76, pesquisa ali feita à qual me reporto, em parte, no presente estudo. V., a propósito, Joan Picó i Junoy, *Las garantías constitucionales del proceso*, p. 116 ss.; e, na literatura pátria, Roberto José Ferreira de Almada, *A garantia processual da publicidade*, coord. Bedaque e Cruz e Tucci, p. 86 ss.

[4] *Fundamentos del derecho procesal civil*, p. 87.

[5] *Un proceso actual, oral, concentrado y económico: él del Tribunal de las Aguas de Valencia*, Studi in onore di Enrico Tullio Liebman, v. 4, p. 2.859.

[6] Cf. Barbosa Moreira, *A motivação das decisões judiciais como garantia inerente ao Estado de Direito*, p. 118.

[7] *La motivazione della sentenza civile*, p. 406-407.

estabelecidas nas Constituições democráticas com a primordial finalidade de assegurar a transparência das relações dos jurisdicionados perante o poder estatal e, em particular, nas circunstâncias em que é exigida a prestação jurisdicional.[8]

Vittorio Colesanti, com idêntico raciocínio, entende ser oportuno afirmar "que a garantia da motivação representa a derradeira manifestação do contraditório, no sentido de que o dever imposto ao juiz de enunciar os fundamentos de seu convencimento traduz-se no de considerar os resultados do contraditório, e, ao mesmo tempo, de certificar que o *iter* procedimental se desenvolveu mediante a marca da (possível) participação dos interessados".[9]

Embora não tendo inserido as respectivas garantias da publicidade e do dever de motivação no rol dos *Direitos e Garantias Fundamentais*, o legislador constituinte brasileiro as situou nas disposições gerais atinentes ao Poder Judiciário. Seja como for, ambas, com efeito, foram contempladas na Constituição Federal em vigor, como autênticas *garantias processuais*.[10]

2. Garantia da publicidade dos atos processuais

Em recente ensaio que escrevi sobre a garantia do contraditório no novo CPC, tive oportunidade de afirmar, sem receio de equivocar-me, que constitui tarefa ingente a construção de nova codificação, qualquer que seja o seu objeto.

No tocante ao processo civil, colocando em destaque essa evidente dificuldade, Carnelutti chamava a atenção para a diferença entre a arquitetura científica e a arquitetura legislativa, sendo certo que esta não deve desprezar os valores e dogmas conquistados pela ciência processual.[11]

A dogmática é muito importante para iluminar o legislador, quanto a isso não há dúvida!

---

[8] Cf., ainda, Taruffo, *La motivazione della sentenza civile*, p. 398; e, também, o precedente estudo de Tucci e Cruz e Tucci, *Constituição de 1988 e processo*, p. 77. V., mais recentemente, a respeito do dever de motivação, Jacques Normand, *Le domaine du principe de motivation*, La motivation – Travaux de l'Association Henri Capitant, p. 17 ss.; Augusto Chizzini, *Sentenza nel diritto processuale civile*, Digesto delle discipline privatistiche – sezione civile, 18, p. 256 ss.; Ignacio Colomer Hernández, *La motivación de las sentencias*, *passim*; e, entre nós, Maria Thereza Gonçalves Pero, *A motivação da sentença civil*, *passim*; Beclaute Oliveira Silva, *A garantia fundamental à motivação da decisão judicial*, *passim*.

[9] *Principio de contraddittorio e procedimenti speciali*, p. 612.

[10] Art. 93, IX, da CF: *"todos os julgamentos dos órgãos do Poder Judiciário serão públicos, e fundamentadas todas as decisões, sob pena de nulidade, podendo a lei, se o interesse público o exigir, limitar a presença, em determinados atos, às próprias partes e a seus advogados, ou somente a estes"*.

[11] Francesco Carnelutti, *Intorno al projetto preliminare del Codice di Procedura Civile*, p. 7.

Confesso, todavia, que hoje não vejo muita utilidade em rotular determinado modelo processual de "liberal" ou "autoritário", "inquisitivo" ou dispositivo", etc., porque – é certo – tais dicotomias não têm o condão de resolver os problemas reais que emergem da *praxis* forense. A tal propósito, permito-me invocar importante consideração formulada por Consolo, e repetida por Trocker, no sentido de que, em época moderna, relegando a ideologia a um plano secundário, o processualista deve envidar esforço para: "a) dar relevo ao papel constitucional da justiça e da tutela jurisdicional em uma sociedade civil moderna em constante evolução; b) garantir a efetividade da tutela jurisdicional para conferir pleno valor às situações subjetivas reconhecidas de forma substancial; e c) proporcionar a todos os cidadãos os instrumentos para conseguir uma justa composição das controvérsias".

A partir destas premissas, complementa Consolo, secundado por Trocker: "não custa repetir que o processo não pode converter-se num fim em si mesmo. O processo constitui apenas um meio, e suas regras devem adequar-se às necessidades de seus destinatários; ou seja, da sociedade e das partes. Também por isso, torna-se imprescindível abordar os problemas da justiça de forma pragmática, elaborar e acompanhar as reformas processuais com base em estudos críticos, aptos a revelar os pontos concretos e problemáticos da experiência jurídica ainda não resolvidos. E isso significa que o processualista não deve conformar-se ou mesmo satisfazer-se com o estudo da retórica do processo e com as suas respectivas exposições abstratas. Afirmou-se corretamente: quando analisamos os problemas da justiça civil, temos que nos acostumar, ao menos algumas vezes, a aguçar os nossos olhos".[12]

A esse respeito, nota-se, sem qualquer esforço, que o novo CPC, desde o respectivo Anteprojeto, não desprezou a moderna principiologia que emerge da Constituição Federal. Pelo contrário, destacam-se em sua redação inúmeras regras que, a todo o momento, procuram assegurar o devido processo legal. Até porque, os fundamentos de um Código de Processo Civil devem se nortear, em primeiro lugar, nas diretrizes traçadas pelo texto constitucional.[13]

E, assim, nesse contexto particular, devo dizer que a legislação processual recém-aprovada merece ser elogiada.

No que concerne à garantia da publicidade, verifica-se, de logo, que o novo diploma legal, além de manter-se fiel aos dogmas clássicos do

---

[12] Claudio Consolo, *Dieci anni di riforme della giustizia civile (la trattazione della causa nella fase introduttiva del processo*, Rassegna Forense, p. 343-344; e, com ele, Nicolò Trocker, *Poderes del juez y derechos de las partes en el proceso civil: las enseñanzas de Calamandrei y las reformas procesales en Europa*, p. 112-113.

[13] V., nesse sentido, Luiz Guilherme Marinoni e Daniel Mitidiero, *O Projeto do CPC – críticas e propostas*, p. 15.

processo liberal, assegurando, como regra, a *publicidade absoluta* ou *externa*,[14] mostra considerável aperfeiçoamento em relação à legislação em vigor.

Em primeiro lugar, como regra de caráter geral, praticamente repetindo o mandamento constitucional (art. 93, IX), dispõe o projetado art. 11, *caput*, que: "*Todos os julgamentos dos órgãos do Poder Judiciário serão públicos, e fundamentadas todas as decisões, sob pena de nulidade*".

A exceção vem preconizada no respectivo parágrafo único, com a seguinte redação: "Nos casos de segredo de justiça, pode ser autorizada somente a presença das partes, de seus advogados, de defensores públicos ou do Ministério Público".

Coerente com estas premissas, o art. 188 do novo CPC preceitua que: "Os atos processuais são públicos. Tramitam, todavia, em segredo de justiça os processos: I – em que o exija o interesse público ou social; II – que versem sobre casamento, separação de corpos, divórcio, separação, união estável, filiação, alimentos e guarda de crianças e adolescentes; III – em que constem dados protegidos pelo direito constitucional à intimidade; IV – que versem sobre arbitragem, inclusive sobre cumprimento de carta arbitral, desde que a confidencialidade estipulada na arbitragem seja comprovada perante o juízo. Parágrafo único. O direito de consultar os autos de processo que tramite em segredo de justiça e de pedir certidões de seus atos é restrito às partes e aos seus procuradores. O terceiro que demonstrar interesse jurídico pode requerer ao juiz certidão do dispositivo da sentença, bem como de inventário e partilha resultante de divórcio ou separação".

Mais condizente com o atual ordenamento jurídico, o novel texto manteve, em linhas gerais, a regra do art. 155 do Código em vigor.

Cabem aqui, pois, algumas observações. Nota-se que o dispositivo projetado continua utilizando, como já visto, a anacrônica expressão "segredo de justiça", em vez daquela muito mais técnica, qual seja, "regime de publicidade restrita".

Ademais, o interesse a preservar, muitas vezes, não é apenas de conotação "pública", mas, sim, "privada" (como, p. ex., casos de erro médico, nos quais a prova produzida pode vulnerar a dignidade da pessoa

---

[14] É aquela que autoriza o acesso, na realização dos respectivos atos processuais, não apenas das partes, mas ainda do público em geral; *publicidade restrita* ou *interna*, pelo contrário, é aquela na qual alguns ou todos os atos se realizam apenas perante as pessoas diretamente interessadas e seus respectivos procuradores judiciais, ou, ainda, somente com a presença destes.
Observa-se, pois, que a doutrina processual mais recente abandonou a utilização (aliás, atécnica e de todo inapropriada) da expressão "segredo de justiça". Prefere-se, pois, o emprego das locuções "*regime de publicidade absoluta*" e "*regime de publicidade restrita*". V., e. g., Tome García, *Proteción procesal de los derechos humanos ante los tribunales ordinarios*, p. 116; Fairén Guillén, *Los princípios procesales de oralidad y de publicidad general y su carácter técnico o político*, p. 325.

envolvida),[15] ou seja, de um ou de ambos os litigantes, devendo o juiz, norteado pelo inc. X do art. 5º da Constituição Federal, valer-se do princípio da proporcionalidade, para determinar a "publicidade restrita" na tramitação do respectivo processo. Observe-se que a própria Constituição Federal autoriza a publicidade restrita para proteger a intimidade das partes.[16]

Andou bem o legislador, ao zelar, de forma expressa (inc. III), pela garantia constitucional da privacidade/intimidade de informações respeitantes às partes ou mesmo a terceiros (art. 5º, XII, CF). Mas, isso não basta. Há também outros dados, que, embora não preservados pela mencionada garantia, quando revelados, em muitas circunstâncias, acarretam inequívoco prejuízo a um dos litigantes. Refiro-me, em particular, às ações concorrenciais, que têm por objeto dados atinentes à propriedade intelectual, ao segredo industrial, ao cadastro de clientes, etc. Estas informações, igualmente, merecem ser objeto de prova produzida em "regime de publicidade restrita".

Lembre-se, outrossim, que, além das situações arroladas no supratranscrito art. 188, o novo CPC também permite excepcionalmente que se realizem *inaudita altera parte* inúmeros atos processuais, como, *v. g.*, preveem inúmeros dispositivos, uma vez que o interesse preponderante é do próprio requerente, cuja tutela jurisdicional pleiteada poderia sofrer o risco de ineficácia, sempre que a outra parte pudesse ter prévio conhecimento à efetivação daquela.

Acrescente-se que no capítulo *Da Audiência de Instrução e Julgamento*, o art. 365 do novo diploma, de forma incisiva (e até redundante), reza que: "*A audiência será pública, ressalvadas as exceções legais*".

3. Garantia da motivação das decisões

Já, por outro lado, quanto ao dever de motivação, partindo-se da regra geral insculpida no já transcrito art. 11, fácil é concluir que, em prin-

---

[15] Cf., também, Pontes de Miranda, *Comentários ao Código de Processo Civil*, t. 3, 2ª ed., p. 71, ao enfatizar que: "... Hoje em dia, os respeitáveis interesses do Estado em que se ignore a posição de certos serviços estratégicos, bem como os dos particulares... são tão dignos de proteção quanto o decoro e a moralidade pública". V., sobre o tema, Luigi Montesano, "*Pubblico*" e "*privato*" *in norme del Codice Civile sulla tutela giurisdizionale dei diritti*, Scritti in onore di Elio Fazzalari, v. 2, p. 15 ss.
Aduza-se, por outro lado, que, a teor de acórdão da 4ª T. do STJ, de relatoria do MIn. Fernando Gonçalves, no julgamento do REsp. n. 253.058-MF, restou assentado que: "Nos casos de pessoas públicas, o âmbito de proteção dos direitos da personalidade se vê diminuído, sendo admitidas, em tese, a divulgação de informações aptas a formar o juízo crítico dos eleitores sobre o caráter do candidato".

[16] Art. 5º, LX, da CF: "*a lei só poderá restringir a publicidade dos atos processuais quando a defesa da intimidade ou o interesse social o exigirem*".

cípio, o CPC aprovado não admite pronunciamento judicial, de natureza decisória, despida de adequada fundamentação.

E, desse modo, preceitua o art. 486, II, que o modelo ideal de sentença deve conter, entre os seus requisitos formais, *"os fundamentos, em que o juiz analisará as questões de fato e de direito"*.

Reproduzindo, portanto, o disposto no art. 458, II, do atual diploma processual, o novo CPC impõe o dever de motivação como pressuposto de validade dos atos decisórios (art. 11 c/c. art. 486, II).

A despeito de não ter traçado a distinção entre as espécies de provimentos decisórios, a legislação projetada, no que respeita o dever de motivação, a exemplo da vigente, preocupa-se mais com a forma do que com o conteúdo.

Não obstante, é de entender-se que as decisões interlocutórias, as sentenças terminativas (i. é, "sem resolução do mérito"), os acórdãos interlocutórios e, ainda, as decisões monocráticas que admitem ou negam seguimento a recurso, comportam fundamentação mais singela, sem embargo da excepcional possibilidade de o juiz ou tribunal deparar-se com situação que imponha motivação complexa.

As sentenças e os acórdãos definitivos (i. é, "com resolução do mérito") devem preencher, rigorosamente, a moldura traçada no supra-apontado art. 486, ou seja, conter, no plano estrutural, os elementos essenciais neste reclamados.

Importa registrar, outrossim, que, a teor do art. 500 do novo diploma: "A decisão que julgar total ou parcialmente o mérito tem força de lei nos limites da questão principal expressamente decidida".

De resto, segundo entendimento doutrinário e jurisprudencial generalizado, a falta de exteriorização da *ratio decidendi* do pronunciamento judicial acarreta a sua invalidade. E nulas, do mesmo modo, restarão as decisões administrativas dos tribunais, sempre que não fundamentadas, aplicando-se-lhes a cominação prevista no inc. IX do art. 93 da Constituição Federal e expressamente reiterada no já referido art. 11 do novo CPC.

Resulta, ainda, importante esclarecer que o aprovado art. 10 veda, com todas as letras, o "fundamento surpresa", ao estabelecer que: *"O juiz não pode decidir, em grau algum de jurisdição, com base em fundamento a respeito do qual não se tenha dado às partes oportunidade de se manifestar, ainda que se trate de matéria sobre a qual deva decidir de ofício"*.

Essa regra robustece o princípio do contraditório ao assimilar a moderna exigência de cooperação entre os protagonistas do processo.[17]

---

[17] V., a propósito, Carlos Alberto Alvaro de Oliveira, *Poderes do juiz e visão cooperativa do processo*, Revista da Faculdade de Direito da Universidade Lisboa, p. 194-195.

Como bem enfatiza Daniel Mitidiero, nos quadrantes de um processo estruturado a partir da necessidade de colaboração, torna-se absolutamente indispensável que as partes tenham a possibilidade de manifestação sobre todos os aspectos da causa que possam servir de alicerce para a decisão, "inclusive quanto àquelas questões que o juiz pode apreciar de ofício".[18]

É evidente que essa importante premissa não se aplica nas situações em que o réu ainda não foi citado. Com efeito, não se entrevê qualquer antinomia entre o enunciado dos dispositivos acima mencionados e a regra do art. 330 do novo diploma processual, que continua autorizando a rejeição liminar da petição inicial, até mesmo antes da citação.

Já, sob diferente enfoque, o texto legal aprovado revela acentuada preocupação com o dever de motivação das sentenças em hipóteses pontuais. Com efeito, mesmo preferindo incorrer em inescondível redundância, o legislador procurou ser incisivo, para deixar bem claro que, em determinações situações mais delicadas, o juiz deve redobrar o seu esforço para fundamentar os seus respectivos atos decisórios.

Vale destacar, nessa linha argumentativa, o disposto no art. 370, II, § 1º, assim redigido: "Nos casos previstos em lei ou diante de peculiaridades da causa, relacionadas à impossibilidade ou à excessiva dificuldade de cumprir o encargo nos termos do caput ou à maior facilidade de obtenção da prova do fato contrário, poderá o juiz atribuir o ônus da prova de modo diverso, desde que o faça por *decisão fundamentada*. Neste caso, o juiz deverá dar à parte a oportunidade de se desincumbir do ônus que lhe foi atribuído".

Observa-se aí situação típica de decisão interlocutória que impõe motivação mais elaborada, não sendo suficiente, em tese, aquela concisão típica dessa categoria de provimento judicial. Diante desta hipótese, o julgador terá de enfrentar "*as peculiaridades da causa*", declinando as razões que o convenceram a determinar a inversão do ônus subjetivo da prova, legalmente distribuído nos incisos I e II do art. 370.

Fundamentação complexa ou, no mínimo, mais trabalhada, também vem exigida pela regra do art. 296, *in verbis*: "Na decisão que conceder, negar, modificar ou revogar a tutela provisória, *o juiz justificará as razões de seu convencimento de modo claro e preciso*".

Entende-se perfeitamente a *mens legislatoris*. É que, nestas situações, em princípio, o provimento jurisdicional, mesmo que reversível, poderá acarretar sérias e imediatas consequências na esfera de direitos da parte contra a qual aquele foi deferido.

---

[18] *Colaboração no processo civil*, p. 136.

Ainda, por outra ótica, o novo CPC prevê importante regra, no parágrafo único do art. 486, § 1º, no sentido de que: "Não se considera fundamentada a decisão judicial, seja ela interlocutória, sentença ou acórdão que:... II – empregar conceitos jurídicos indeterminados, *sem explicar o motivo concreto de sua incidência no caso*".

Abstração feita da imperfeita e questionável desta redação em forma indireta, nas hipóteses de incidência de conceitos (*rectius*: termos)[19] indeterminados, cláusulas gerais e princípios jurídicos, exige-se, geralmente, um raciocínio hermenêutico-axiológico mais pormenorizado, embasado muitas vezes pelo recurso à ponderação, para justificar a escolha, dentre as opções possíveis (lembre-se do juiz Hércules na problemática alvitrada por Dworkin), daquela mais adequada para a situação concreta. A esse respeito, escrevi, anos atrás, que o "novo Código Civil agasalhou expressamente, nos arts. 113, 421 e 422, o princípio da boa-fé objetiva. Cumpre notar, todavia, que antes da positivação desse regramento impunha-se ao julgador que o acolhia extensa motivação da sentença para justificar a adoção de preceito não contemplado em nosso ordenamento jurídico".[20]

Na verdade, os aludidos novos dispositivos legais acerca do dever de motivação, inseridos no novel CPC, reforçam a ideia de que a moderna concepção de "processo justo" não compadece qualquer resquício de discricionariedade judicial, até porque, longe de ser simplesmente "la bouche de la loi", o juiz proativo de época moderna deve estar comprometido e zelar, tanto quanto possível, pela observância, assegurada aos litigantes, da garantia do devido processo legal![21]

Assim sendo, conclui-se que a inserção destas regras – aparentemente redundantes – prenuncia inequívoco avanço da legislação processual civil.

4. Nota conclusiva

Em síntese final, destaco que o tratamento dispensado pelo novo CPC aos princípios da publicidade e do dever de motivação apresenta inegável evolução em relação ao diploma em vigor.

---

[19] V., quanto à incongruência da expressão, a importante obra de Michael Streck, *Generalklausel und unbestimmter Begriff im Recht der allgemeinen Ehewirkungen*, p. 21, que, inclusive, justifica constar ela do título de seu livro.

[20] *Precedente judicial como fonte do direito*, p. 290-291. Consulte-se sobre o tema Canaris, *Pensamento sistemático e conceito de sistema na ciência do direito*, trad. A. Menezes Cordeiro, 2ª ed., p. 273 ss.

[21] V., sob análogo aspecto, a respeito dos poderes do juiz, Bedaque, Discricionariedade judicial, *Revista Forense*, v. 354, p. 187.

Bibliografia

ALMADA, Roberto José Ferreira de. *A garantia processual da publicidade*, coord. Bedaque e Cruz e Tucci, São Paulo: RT, 2005.

BARBOSA MOREIRA, José Carlos. A motivação das decisões judiciais como garantia inerente ao Estado de Direito, *RBDP*, 16, 1978.

BEDAQUE, José Roberto dos Santos. Discricionariedade judicial, *Revista Forense*, v. 354, 2001.

BUENO, Cassio Scarpinella. *Projetos de novo Código de Processo Civil comparados e anotados*, São Paulo: Saraiva, 2014, .

CANARIS, Claus-Wilhelm. *Pensamento sistemático e conceito de sistema na ciência do direito*, trad. A. Menezes Cordeito, 2ª ed. Lisboa: Fundação C. Gulbenkian, 1996.

CARNELUTTI, Francesco. Intorno al projetto preliminare del Codice di Procedura Civile, Milano: Giuffrè, 1937.

CHIZZINI, Augusto. *Sentenza nel diritto processuale civile*, Digesto delle discipline privatistiche – sezione civile, 18, 4ª ed., Torino: Utet, 2008.

COLESANTI, Vittorio. Principio de contraddittorio e procedimenti speciali, *RDP*, 1975 (4).

COLOMER HERNÁNDEZ, Ignacio. *La motivación de las sentencias*, Valencia: Tirant lo Blanch, 2002.

CONSOLO, Claudio. *Dieci anni di riforme della giustizia civile* (la trattazione della causa nella fase introduttiva del processo, Rassegna Forense, 2001.

COUTURE, Eduardo J. *Fundamentos del derecho procesal civil*, 3ª ed., Buenos Aires: Depalma, 1966.

CRUZ E TUCCI, José Rogério. *Precedente judicial como fonte do direito*, São Paulo: RT, 2004.

DALL'AGNOL, Antonio. *Comentários ao Código de Processo Civil*, v. 2, 2ª ed., São Paulo: RT, 2007.

FAIRÉN GUILLÉN, Victor. Los principios procesales de oralidad y de publicidad general y su carácter técnico o político, *RDPrIA*, 1975 (2-3).

——. *Un proceso actual, oral, concentrado y económico*: él del Tribunal de las Aguas de Valencia, Studi in onore di Enrico Tullio Liebman, v. 4, Milano: Giuffrè, 1979.

MARINONI, Luiz Guilherme e MITIDIERO, Daniel. *O Projeto do CPC – críticas e propostas*, São Paulo: RT, 2010.

Mitidiero, Daniel. *Colaboração no processo civil*, São Paulo: RT, 2009.

MONIZ DE ARAGÃO, Egas Dirceu. *Comentários ao Código de Processo Civil*, v. 2, 4ª ed., Rio de Janeiro: Forense, 1983.

MONTESANO, Luigi. *"Pubblico" e "privato" in norme del Codice Civile sulla tutela giurisdizionale dei diritti*, Scritti in onore di Elio Fazzalari, v. 2, Milano: Giuffrè, 1993.

NORMAND, Jacques. *Le domaine du principe de motivation*, La motivation – Travaux de l'Association Henri Capitant, Paris: LGDJ, 2000.

OLIVEIRA, Carlos Alberto Alvaro de. Poderes do juiz e visão cooperativa do processo, R*evista da Faculdade de Direito da Universidade Lisboa*, v. 44, 2003.

PERO, Maria Thereza Gonçalves. *A motivação da sentença civil*, São Paulo: Saraiva, 2001.

PICÓ I JUNOY, Joan. *Las garantías constitucionales del proceso*, Barcelona: Bosch, 1997.

PONTES DE MIRANDA, F. C. *Comentários ao Código de Processo Civil*, t. 3, 2ª ed., Rio de Janeiro: Forense, 1979.

SILVA, Beclaute Oliveira. *A garantia fundamental à motivação da decisão judicial*, Salvador: Podium, 2007.

STALEV, Zhivko. *Fundamental Guarantees of Litigation in Civil Proceedings: A Survey of the Laws of the European People's Democracies*, Fundamental Guarantees of the Parties in Civil Litigation, org. Cappelletti e Vigoriti, Milano-New York, Giuffrè-Oceana, 1973.

STRECK, Michael. *Generalklausel und unbestimmter Begriff im Recht der allgemeinen Ehewirkungen*, Bonn: Ludwig Röhrscheid, 1969.

TARUFFO, Michele. *La motivazione della sentenza civile*, Padova: Cedam, 1975.

TOME GARCÍA, José Antonio. *Protección procesal de los derechos humanos ante los tribunales ordinarios*, Madrid: Montecorvo, 1987.

TROCKER, Nicolò. Poderes del juez y derechos de las partes en el proceso civil: las enseñanzas de Calamandrei y las reformas procesales en Europa, Teoría & derecho – *Revista de Pensamiento Jurídico*, trad. esp. de Laura Volpe, Valencia: Tirant lo Blanch, 7, 2010.

TUCCI, Rogério Lauria Cruz e; TUCCI, José Rogério. *Constituição de 1988 e processo*, São Paulo: Saraiva, 1989.

— 12 —

A inconstitucionalidade da ponderação de normas no NCPC

LENIO LUIZ STRECK[1]

Sumário: 1. Notas preliminares; 2. A institucionalização da ponderação no NCPC; 3. A complexidade da "tese da ponderação"; 4. Mas é disso que trata o NCPC? De todo modo, temos de resolver o imbróglio; 5. Conclusão: o § 2º. Do art. 489 do NCPC, ao permitir "ponderação de regras", institucionaliza o juiz criador de direito – por isso, viola a separação de poderes.

1. Notas preliminares

Este texto começa por pedir desculpas a todos que professam fé – ou certa quantidade de fé – na ponderação. Aceito discutir a ponderação – e tenho feito isso amiúde – no plano da elaboração da argumentação-fundamentação de decisões. Entretanto, tenho enormes dificuldades em aceitar que a ponderação seja transformada em determinação legal. Nesse sentido, imaginemos se o novo Código de Processo Civil (NCPC) dissesse que o "juiz buscará a resposta correta" ou "o juiz atuará como Hércules"... Ou, ainda, que, na decisão, *o juiz usará o método x ou y*... Ou falasse nos métodos de Savigny. Não seria adequado, pois não? Pois "ponderação" também não pode! Por isso, tenho de dar um salto sobre a origem (*Ursprung*) do problema. Não dá para ficar no periférico.

2. A institucionalização da ponderação no NCPC

O texto do NCPC tem muitos avanços, expressivos avanços, como venho dizendo. Mas tem algumas coisas esquisitas. Bizarras. Nesse rol está o parágrafo 2º do artigo 489, vazado nos seguintes termos:

---

[1] Professor titular da Unisinos-RS e Unesa-RJ; Doutor e Pós-Doutor em Direito; Membro catedrático da Academia Brasileira de Direito Constitucional – ABDCONST. Advogado sócio de Streck, Trindade & Rosenfield Advogados Associados.

§ 2. No caso de colisão entre normas, o juiz deve justificar o objeto e os critérios gerais da ponderação efetuada, enunciando as razões que autorizam a interferência na norma afastada e as premissas fáticas que fundamentam a conclusão.

Devo dizer, desde logo, que o direito se constitui em e com uma linguagem que adquire especificidade própria. Assim, se a lei diz que três pessoas disputarão uma *cadeira* no (para o) Senado, nenhum jurista pensará que a disputa se travará *sobre o móvel de quatro pernas*. Então a palavra *normas* não pode ser lida como sinônimo de leis ou regras. Elementar, pois não? Eis o valor da ciência jurídica. Poder dizer coisas que se pode comprovar e que estão consolidadas na e pela tradição (no sentido hermenêutico da palavra). Do mesmo modo, parece evidente que a palavra *ponderação* também não pode ser entendida como simplesmente alguém dizendo "*ponderando* melhor, vou fazer tal coisa...".

Se estivermos entendidos, podemos estar certos de que, quando o legislador fala em "ponderação", está se referindo à longa tradição representada pela recepção (embora absolutamente equivocada), em *terrae brasilis*, da ponderação (*Abwägung*) da Teoria da Argumentação proposta por R. Alexy.[2] Com certeza, nosso legislador,[3] ao invocar uma "colisão entre (*sic*) normas" (*sic*), reportou-se a isso, o que acarreta gravíssimas consequências. Já falei muito e já critiquei sobremaneira o *ab-uso* disso que por aqui chamamos de "ponderar". Posso afirmar, com dados empíricos, que seu (ab)uso – em terras brasileiras – tem sido problemático. Para termos uma ideia, Fausto de Moraes, Prêmio Capes 2014, sob minha orientação na Unisinos, mostrou, em tese doutoral, que a nossa Suprema Corte, nas quase duzentas vezes que lançou mão da ponderação nos últimos dez anos, *em nenhum dos casos o fez nos moldes propostos por seu criador alemão*.

Surpreende, portanto, que o NCPC incorpore algo que não deu certo. Pior: não satisfeito em falar da *ponderação*, foi mais longe na tropelia epistêmica: fala em *colisão entre normas* (seria um abalroamento hermenêutico?) o que vai trazer maiores problemas ainda, pela simples razão de que, na linguagem jurídica, *regras e princípios são...normas*. E são. Já ninguém duvida disso. Logo, o que vai haver de "ponderação de regras" não tem limite. Ou seja, sem exageros, penso que o legislador cometeu um equívoco. Ou as tais "normas-que-entram-em-colisão" seriam os tais "postulados", "meta-normas" pelas quais se faz qualquer coisa com o

---

[2] Posso, aqui, usar até um adversário de Gadamer, E. D. Hirsch Jr (in *Validity in Interpretation*. New Yor, Yale University Press, 1967, pp. 70 e segs), para dizer que um conceito compartilhado pode unir a particularidade do significado com a sociabilidade da interpretação. Com isso, fica difícil dizer que a palavra "ponderação" nada tem a ver com Alexy.

[3] Utilizo a palavra "legislador" no sentido que cunhei, a partir de Santiago Nino, em *Hermenêutica Jurídica e(m) crise – uma exploração hermenêutica da construção do direito*. 11ª ed. Porto Alegre: Livraria do Advogado, 2014.

direito? Isso tem nome: *risco de estado de natureza hermenêutico*, eis o espectro que ronda, no mau sentido, o direito brasileiro.

3. A complexidade da "tese da ponderação"

Vou demonstrar o que estou falando. Ou seja, vou contar como é a teoria criada por Alexy e então os leitores poderão tirar suas conclusões acerca do que vem por aí. Tomemos fôlego. Robert Alexy é um autor sofisticado. Originalmente, Robert Alexy desenvolve sua Teoria da Argumentação Jurídica a partir da tese professada no Tribunal Constitucional alemão de que a Constituição seria uma "ordem concreta de valores". Alexy não diz que a ponderação feita pelo Tribunal Alemão seria irracional, mas acentua que ela seria passível de racionalidade pela teoria que ele propôs. Para tanto, elabora o seu conceito e validade do Direito a partir da conjugação dos elementos da legalidade conforme o ordenamento jurídico, da eficácia social e, ao final, de uma correção material que chamará de pretensão de correção.

Assim, o ponto central sobre a relação entre Direito e Moral em Alexy se dá a partir da incorporação de direitos fundamentais ao sistema jurídico, uma vez que se trata de enunciados com uma vagueza semântica maior que a das meras regras jurídicas. Desenvolve, assim, uma teoria dos direitos fundamentais que tem como uma de suas características centrais a noção de que nos casos em que o litígio jurídico pode ser resolvido pela mera previsão de uma regra, aplica-se a técnica da subsunção (casos fáceis); no entanto, devido à abertura semântica das normas de direitos fundamentais, o autor acrescentará a noção de que estes se tratam de princípios com natureza de mandamentos de otimização, *tendo em vista que podem entrar em colisão* e, para resolver o conflito, deve o intérprete recorrer a uma ponderação (nos casos difíceis).

O sopesamento (ponderação), através do que Alexy chamará de máxima da proporcionalidade, será o modo que o autor encontrará para resolver os conflitos jurídicos em que há *colisão de princípios* [atenção: *é colisão de princípios e não, genericamente, de normas]* sendo um procedimento composto por três etapas: a adequação, necessidade e a proporcionalidade em sentido estrito [atenção juristas pindoramenses: *há um procedimento composto por três etapas*]. Enquanto as duas primeiras se encarregam de esclarecer as possibilidades fáticas, a última será responsável pela solução das possibilidades jurídicas do conflito, recebendo do autor o nome de lei do sopesamento (ou da ponderação) que tem a seguinte redação: "quanto maior for o grau de não-satisfação ou de afetação de um princípio, tanto maior terá que ser a importância da satisfação do outro".

Recorrendo ao simbolismo lógico, o autor vai elaborar, então, a sua "fórmula do peso", uma equação que representa a máxima da proporcionalidade em sentido estrito e através dela permitir ao intérprete atribuir graus de intervenção e importância (leve, moderado ou sério-forte) a cada um dos princípios a fim de estabelecer qual prevalecerá [*atenção, Pindorama: entenderam como é "simples" isso?*]. A resposta obtida pela ponderação resultará numa *norma de direito fundamental atribuída*[4] (*zugeordnete Grundrechtnorm*) que, fruto da resolução dessa colisão, será uma regra aplicada subsuntivamente ao caso concreto (e que servirá para resolver também outros casos).

Aliás, levada a ferro e fogo, em Alexy sempre haverá subsunção (tanto nos casos fáceis, resolvidos por regras, como nos casos difíceis, quando ao final é uma regra atribuída que será aplicada também por subsunção). Entretanto, Alexy reconhece que os direitos fundamentais não são passíveis de serem logicamente refinados a ponto de excluir impasses, admitindo, de fato, que há uma discricionariedade interpretativa, tanto do Judiciário como do Legislativo, para chegar ao resultado do impasse.

Refutando a objeção de que a tal ponderação seria um procedimento realizado de forma precipitada ou que consistiria em uma "fórmula vazia", Alexy sustenta que mesmo que a ponderação não estabeleça um parâmetro pelo qual se termine com a discricionariedade, ela oferece um critério racional ao *associar a lei de colisão que deverá ser conjugado com uma teoria da argumentação jurídica racional que inclui uma teoria da argumentação prática geral*. Essas considerações fazem Alexy assumir uma teoria do discurso jurídico não apenas analítica, mas também normativa, uma vez que não se restringe à análise formal da estrutura lógica das proposições em questão, marchando em direção da busca por "critérios para a racionalidade do discurso".

Dessa forma, tendo em vista que a argumentação jurídica depende de argumentos do discurso prático geral, a sua incerteza não pode nunca ser eliminada por completo, ainda que ocorra sob "condições que elevam consideravelmente seus resultados". Alexy conclui que "a racionalidade da argumentação jurídica, na medida em que é determinada pela lei, é por isso sempre relativa à racionalidade da legislação", encontrando seus limites no âmbito de um ordenamento jurídico que pressupõe como válido um conceito de Direito vinculado a uma Moral que atua como pretensão de correção de forma a impedir situações de notória injustiça. Peço desculpas, mas tinha que explicar isso, para mostrar a complexidade da TAJ, da qual a ponderação é um dos componentes fulcrais.

---

[4] Roberto Ludwig (ver nota na sequências) traduz como "norma de direito fundamental associada".

4. Mas é disso que trata o NCPC? De todo modo, temos de resolver o imbróglio

A pergunta fundamental é: *É disso que trata o NCPC?* Ou é de uma ponderação tupiniquim de que fala o legislador? Uma ponderação *fake*? Uma gambiarra hermenêutica? Uma ponderação "tipo-o-juiz-escolhe-um-dos-princípios-ou-regras-em-colisão" e...*fiat lux*, eis-aí-o-resultado-ponderativo? Parece, assim, que a ponderação do NCPC está a quilômetros-luz do que propõe Alexy (e também à mesma distância da ponderação inventada originalmente no início do século XX por Philipe Heck, na sua Jurisprudência dos Interesses).

Vamos falar a sério e admitir que o legislador não se houve bem? É melhor falarmos disso antes que os juízes levem a sério esse dispositivo e comecem a fazer aquilo que foi *um dos ingredientes do caos* em que se encontra a operacionalidade do direito, a ponto de, no julgamento do famoso *caso Elwanger*, dois ministros do STF terem dito que lançaram mão da ponderação (sim, essa mesma "ponderação" de que trata o novo CPC) e...chegaram a resultados absolutamente discrepantes: em nome da ponderação, um concedia a ordem de *Habeas Corpus* e o outro não.

Já que o dispositivo não foi vetado, preparemo-nos para o risco da institucionalização do amplo poder discricionário, que vai na contramão do artigo 93, X, da CF e do dispositivo que determina que a jurisprudência seja estável, coerente e íntegra (art. 926) e daquele que diz que as partes não podem ser surpreendidas (artigo 10), e que só poderá ser corrigido pelo respeito ao processo constitucional.

O malsinado dispositivo servirá para que o juiz ou tribunal escolha, de antemão, quem tem razão, ideológica-subjetivamente. Por exemplo, em caso de a amante buscar metade da herança, poderá dizer (lembremos de recente decisão do TJ-MA): há um conflito entre normas (entre o Código Civil e o principio da afetividade) e poderá decidir, ponderando, contra a lei e a Constituição; ou, como denuncia Sergio Barroso de Mello,[5] em ações de seguro, "juízes ignoram códigos", porque escolhem "a questão social" (ou seja, basta ao juiz dizer que há um conflito entre normas e, bingo!, estará ponderando e decidindo conforme o novo CPC). Será que isso que queremos?

Ou seja: de um lado, ganhamos excluindo o livre convencimento do novo CPC; de outro, poderemos perder, dando poderes ao juiz de dizer: *aqui há uma colisão entre normas* (quando todos sabemos que regras e princípios são normas); logo, se o juiz alegar que "há uma colisão entre

---

[5] Cf. <http://www.conjur.com.br/2015-jan-04/fimde-entrevista-sergio-barroso-mello-advogado-area-seguros>.

normas" (sic), escolhe a regra jurídica n X ou o princípio Y. Bingo: e ali estará a decisão. E tudo começará de novo. Teremos perdido 20 anos de teoria do direito.

Observe-se que, por si só, é absolutamente a-técnica a expressão "colisão de (ou "entre" – *sic*) normas". O sopesamento de que fala Alexy nem de longe é o *balancing* de que fala Dworkin. Ele e Alexy não têm nada a ver. Suas teorias são antitéticas. Água e azeite. Logo, há, aqui, um grave equívoco teórico. Quem disse que a ponderação (seja lá o que o legislador quis dizer com essa expressão) é necessária? Por exemplo, é possível demonstrar que essa história de colisão não passa de um álibi retórico para exercer a escolha arbitrária. Posso demonstrar que onde se diz existir uma "tal" colisão, na verdade o que existe é apenas um artifício para exercitar uma "livre escolha". Jusfilósofos como Juan Garcia Amado ironizam essa "manobra pseudo-argumentativa" que é lançar mão da ponderação. O caso Elwanger é um bom exemplo, em que nada havia a "ponderar" (o melhor texto sobre isso é de Marcelo Cattoni): bastava aplicar a lei que dizia que *racismo é crime hediondo*. Na verdade, posso demonstrar que o argumento da "colisão" sempre chega atrasado.[6] Sempre.

E que história é essa de o aludido parágrafo segundo falar em *premissas fáticas que fundamentam a conclusão*? Quer dizer que o juiz primeiro decide e depois busca a fundamentação? É assim, é? E colocamos isso na lei? Ora, isso não se sustenta por *trinta segundos de discussão filosófica*. Acreditar que o juiz primeiro conclui e depois busca as "premissas fáticas" é recuar no tempo em duzentos anos. É confessar que ele é livre para decidir e que a fundamentação é apenas um ornamento. Mais ainda – para explicar isso de forma mais sofisticada – é cair na armadilha do *dilema da ponte* trabalhado por mim em *Verdade e Consenso:*[7] como é possível que eu atravesse o "abismo gnosiológico do conhecimento" para, ao chegar do outro lado (conclusão), *voltar-para-construir-a-ponte-pela-qual-acabei-de-cruzar*. Ou seja, é uma aporia. Um dilema sem saída. Sem solução.

---

[6] Tenho muito medo que a tal "ponderação" do NCPC se transforme em escolhas do tipo que o então Prof. Luis Roberto Barroso contou em palestra <http://www1.folha.uol.com.br/poder/2013/05/1284546-em-palestra-indicado-ao-supremo-conta-anedotas-e-cita-trechos-de-musicas.shtml>. Na ocasião, para indicar o que, para ele, é a saída ideal em situações de conflito de interesses, valores ou normas, Barroso contou uma anedota envolvendo "um amigo que comprou um Opala e resolveu testar a potência do carro". Ao chegar em uma cidade, em alta velocidade, o tal amigo se deparou com um cortejo fúnebre pela frente. "Ao ver que não conseguiria frear a tempo, pensou: 'vou mirar no caixão". Guardado o lado anedótico, no fundo é assim que a ponderação a la brasileira vem sendo feita. Faz-se uma escolha. Como se decisão fosse escolha. Como se estivesse na esfera do juiz escolher. Como se a lei e os fatos estivessem a sua disposição. Por isso, mira-se no caixão.

[7] Cf. STRECK, L.L. *Verdade e Consenso*. 5ª. ed. São Paulo: Saraiva, 2014, *passim*.

Insistindo: dizer que primeiro busca a conclusão e depois vai à procura do fundamento é confessar *que nesta parte* (§ 2º do artigo 489) o NCPC continua refém de um paradigma filosófico ultrapassado: a filosofia da consciência e/ou a suas vulgatas voluntaristas. Em 2004, Ernildo Stein e eu fizemos uma conferência em Curitiba intitulada "Compreendemos para interpretar e não o contrário". Dizemos claramente, conforme explicitei depois em *Verdade e Consenso*: Não se interpreta para compreender, mas, sim, se compreende para interpretar. Quero dizer, em síntese, que não gostaria que o Brasil fosse motivo de comentários jocosos no mundo, ao ser o único país que colocou uma tese ou teoria (pela metade, na verdade, uma vulgata do original) no texto de seu CPC.

Em síntese, além de tudo o que foi dito acima, o dispositivo é *contrário a Consrtituição e à democracia*, por dez razões:

I – Há lesão à segurança jurídica uma vez que favorece um relativismo interpretativo – lembremos, aqui, da *Katchanga Real*[8] – que tenderia a produzir decisões díspares sobre a mesma matéria, algo que é rechaçado por outros dispositivos do próprio projeto do NCPC.

II – Colisão (de – ou entre – normas) não é um conceito despido de intenções teóricas prévias. É diferente de alguns consensos que já temos, como a garantia da não surpresa, o respeito à igualdade e a coerência que devem ter as decisões, além da expunsão do livre convencimento, etc. A ponderação ainda depende do esgotamento de um debate teórico, circunstância que prejudica sua colocação em um texto de lei nestes moldes.

III – Portanto, não é aconselhável ao legislador conferir status legislativo *a questões polêmicas como essa* (novamente, há risco de lesão à segurança jurídica). Para termos uma ideia de que "ponderação" é um conceito absolutamente ambíguo e despido de clareza, consultado o Google, lê-se, por exemplo, tudo colocado entre aspas (quando a pesquisa é mais exata): ponderação tem 593 mil resultados; princípio da ponderação tem 42.880; regra da ponderação, 11.770; ponderação de valores, 67.700; colisão de normas, 25.000. Mesmo admitindo que a maioria dos alimentadores do Google não sejam versados (o Google não discrimina), a-torre-de-babel-aponta-para-o-que-está-por-vir (e que não será um porvir!). Veja-se: ponderação, nos termos originais, não é um princípio, até porque é o resultado – complexo – de uma colisão de princípios (que só entram em campo quando as regras não dão conta). Pois é. No Google, ponderação como princípio aparece com quase quatro vezes mais de indicações. Há: vi um texto no Google que me assustou, indicando a algaravia em que nos encontramos: uma colisão de princípios pode

---

[8] Cf. STRECK, L. L. Decisionismo, Ponderación y Katchanga Real. In: <http://www.eumed.net/rev/rehipip/08/decisionismo.html>.

ser apresentada como uma *colisão de regras* e toda colisão de regras como uma colisão de princípios.

IV – No Brasil, enquanto o NCPC fala em "colisão entre normas" a serem ponderadas, há inúmeros autores que falam em ponderação de valores, de interesses, de princípios, de regras, de bens. É de princípios? É de regras? É de valores? É de interesses? Afinal, o que é isto – a ponderação?

V – Não existe ponderação de normas; o termo "norma" é equivocado, porque engloba regras e princípios;

VI – Se em Alexy não há aplicação direta de princípios, como que o juiz poderá dizer que, entre dois princípios, escolheu um?

VII – Ainda que se desconsiderasse o debate teórico em torno do conceito de colisão, a teoria que defende sua possibilidade de aplicá-lo somente para um tipo de norma (os princípios), a outra espécie normativa – as regras – tecnicamente, não colidem, porque conflitam. Assim, em caso de conflitos entre regras, *o resultado de sua equalização será uma determinação definitiva da validade de uma sobre a outra.*

VIII – Já no caso dos princípios, a prevalência de um sobre o outro em um caso concreto *não implica seu afastamento definitivo* para outros casos (seria possível dizer que, nesse caso, estamos para além da determinação da validade, investigando-se a legitimidade). Se todas as normas lato senso puderem colidir, perderemos o campo de avaliação estrito da validade, algo que, novamente, prejudica a segurança jurídica.

VIII – O que fazer se não estiver justificada a ponderação? Anular a decisão? Mas, o que quer dizer "justificar a ponderação"? Existe "justificar a ponderação"? Veja-se o imbróglio: o CPC diz que o juiz – e, consequentemente, os tribunais, inclusive o STF – devem fazer uma coisa que ninguém sabe o que é e se soubessem, seria inviável, porque o enunciado ficaria sem sentido.

IX – Como no original de Alexy a ponderação é para colisão de princípios e isso se dá apenas nos casos difíceis e como o NCPC diz que a ponderação será feita sempre que existir colisão de normas (sic), tem-se que, no NCPC, caberá ponderação mesmo nos casos fáceis, bastando que ele, juiz, entenda haver a tal "colisão de normas" (ora, façam-me o favor, isso é patético).

X – Como tudo na vida envolve também a política e a teoria da democracia, estes aspectos também não podem ficar de fora. Há montanhas de livros e ensaios a criticarem o judiciário por seu ativismo, especialmente quando se substitui ao legislador. Outra montanha de livros defende que a ponderação nada tem a ver com substituição do legislador, e juízes e tribunais estariam certos ao recorrer à ponderação. Os primeiros tinham razão: com este dispositivo do NCPC, os juízes e tribunais podem, autorizados pela própria lei – o que mais surpreende – substituir-se ao legislador. Pronto: dilema resolvido, com a democracia, claro, fora da festa.

5. Conclusão: o § 2º. Do art. 489 do NCPC, ao permitir "ponderação de regras", institucionaliza o juiz criador de direito – por isso, viola a separação de poderes

Como adendo, posso afirmar que não há interpretação conforme (*verfassungskonforme Auslegung*) que salve esse *frankenstein jurídico*. Trata-se de uma gangrena epistêmica. Só amputando. Desculpem-me os defensores da ponderação (e há juristas muito sérios[9] que a defendem), mas penso que nem eles estão concordando com esse parágrafo segundo do artigo 489.

O fato de o dispositivo não ter sido vetado pela Presidente não quer dizer que sua vigência implique sua validade. Tanto pode ser inquinado de inconstitucional por violação ao art. 93, IX, como pode ser fulminado por uma interpretação que envolva a totalidade do CPC, naquilo que se pode denominar de interpretação sistemática. Há nítida lesão ao princípio da segurança jurídica, que é exatamente prestigiado por outros dispositivos do CPC. Outro argumento a favor da não aplicação do dispositivo é que a colisão (de – ou entre – normas) não é um conceito despido de intenções teóricas prévias. É diferente de alguns consensos que já possuímos, como a garantia da não surpresa, o respeito à igualdade e a coerência que devem ter as decisões, etc. A ponderação ainda depende do esgotamento de um debate teórico, circunstância que prejudica sua colocação em um texto de lei nestes moldes.

Portanto, foi um equívoco do legislador conferir *status* legislativo *a questões polêmicas como essa* (novamente, há risco de lesão à segurança jurídica). Ainda que se desconsiderasse o debate teórico em torno do conceito de colisão, a teoria que defende sua possibilidade de aplicá-lo

---

[9] Para termos uma ideia da complexidade da ponderação alexiana, Roberto Ludwig escreve um denso e relevante livro de 616 páginas para explicar A Norma de Direito Fundamental Associada (SAFE, 2014); Anisio Gavião escreve um não menos denso livro sobre Colisão de Direitos Fundamentais (Livraria do Advogado, 2011); Virgilio Afonso da Silva, além de traduzir a Teoria dos Direitos Fundamentais de Alexy, escreve importante obra sobre Teoria da Argumentação; além disso, há dezenas de dissertações e teses doutorais sobre ponderação, com várias opiniões sobre o assunto; sem contar artigos que se baseiam em Alexy, como escritos por Luis Roberto Barroso, Ana de Paula Barcellos, Daniel Sarmento; veja-se também o importante debate travado entre André Karam Trindade, Rafael Tomás de Oliveira, Fausto de Moraes com dois adeptos da ponderação alexiana, Alexandre Travessoni Gomes Trivisonno e Júlio Aguiar de Oliveira. Diante disso tudo, como colocar a ponderação no CPC?

somente para um tipo de norma (os princípios), a outra espécie normativa – as regras – tecnicamente, não colidem, porque conflitam.

Assim, em caso de conflitos entre regras, o resultado de sua equalização será uma determinação definitiva da validade de uma sobre a outra. Já no caso dos princípios, a prevalência de um sobre o outro em um caso concreto não implica seu afastamento definitivo para outros casos (seria possível dizer que, nesse caso, estamos para além da determinação da validade, investigando-se a legitimidade). Se todas as normas *lato sensu* puderem colidir, perderemos o campo de avaliação estrito da validade, algo que, novamente, prejudica a segurança jurídica.

Ademais, o dispositivo colide com a contemporânea posição do STF – que coincide com as seis hipóteses em que o juiz pode deixar de aplicar uma lei ou regra jurídica que constam em *Jurisdição Constitucional e Decisão Jurídica*[10] – constante na Recl. 2645, pela qual não se admite que seja negada aplicação, pura e simplesmente, a preceito normativo "sem antes declarar formalmente a sua inconstitucionalidade".

Portanto, o parágrafo segundo do art. 486 é inconstitucional também nesse sentido. Sendo mais claro: se um juiz pode deixar de aplicar uma regra sob o argumento de colisão, haverá inconstitucionalidade do dispositivo do CPC, pela simples razão de que o judiciário somente pode negar validade (ou vigência) a uma regra utilizando-se da jurisdição constitucional (a tese das seis hipóteses que proponho em *Verdade e Consenso* vai além da decisão constante na Recl. 2645, porque inclui as hipóteses de *interpretação conforme, nulidade parcial sem redução de texto*, entre outras).

Se ao fim e ao cabo disseram que a tal "ponderação do NCPC" não é aquilo que se vem falando do que seja a "ponderação", fica a pergunta: então por que não substituem a palavra "ponderação" por "escolha", "discricionarismo", "consciência do julgador"...ou, simplesmente, coloquem qualquer palavra no lugar, por exemplo, "canglingon"? Não vai mudar nada mesmo. Do jeito que está, é a porta para a arbitrariedade interpretativa. Meia volta, volver!

---

[10] Cf. STRECK, L.L. *Revista dos Tribunais*, cap. 6º.

— 13 —

A tutela da urgência e a tutela da evidência no Código de Processo Civil de 2015

LEONARDO GRECO[1]

Sumário: 1. Introdução; 2. Noção de tutela provisória; 3. Classificação da tutela provisória; 4. Características da tutela provisória; 5. Tutela provisória de urgência, cautelar e antecipada; 6. Poder geral de cautela; 7. Procedimento na tutela de urgência; 8. Tutela provisória de urgência e de evidência; 9. Execução da tutela provisória; 10. Competência; 11. Conclusão; Anexo.

1. Introdução

O Código de Processo Civil de 2015, na última redação veiculada, dará à tutela cautelar um tratamento bastante diferente do que fora adotado no Código de 1973. Enquanto este último consagrou ao processo cautelar o Livro III, após regular nos Livros I e II o processo de conhecimento e o processo de execução, disciplinando num primeiro capítulo as regras gerais sobre a matéria e o procedimento cautelar comum e desdobrando o segundo capítulo em quinze seções sobre os procedimentos cautelares específicos, o Código de 2015 dedicou ao que denomina de *tutela provisória* o Livro V da sua Parte Geral, desdobrado em três títulos, respectivamente sobre as disposições gerais, a tutela da urgência e a tutela da evidência (arts. 293 a 310). O título II, além de disposições gerais sobre a tutela da urgência, antecipada ou cautelar, subdivide-se em dois capítulos sobre a tutela antecipada antecedente e sobre a tutela cautelar antecedente. Procedimentos cautelares específicos previstos no Código de 73 foram simplesmente previstos no artigo 300 (arresto, sequestro, arrolamento de bens, registro de protesto contra alienação de bem), ou regulados na Parte Especial do novo Código, como a produção antecipada da prova, o arrolamento e a justificação (arts. 380 a 382) e a exibição

---

[1] Professor titular de Direito Processual Civil (aposentado) da Faculdade Nacional de Direito da Universidade Federal do Rio de Janeiro; advogado.

de documento ou coisa (arts. 395 a 403) no capítulo das provas, a homologação do penhor legal no título III sobre os procedimentos especiais do Livro I da Parte Especial (arts. 703 a 706), as notificações, interpelações e protestos no capítulo dos procedimentos de jurisdição voluntária (arts. 726 a 729). A disciplina de procedimentos ou a menção a providências nitidamente cautelares também se encontram, entre outros, nos artigos seguintes: 494, § 1º-II, e 828 sobre o arresto; 740, § 1º, sobre o arrolamento; 535, §§ 1º e 2º, 537, 625 e 806, § 2º, sobre a busca e apreensão; 83, 299, § 1º, 336-XII, 519-IV, 520, 524, § 8º, 5558, 641, § 2º, 678, parágrafo único, 709-IV, 708, § 3º, 840-III, 895, § 1º, 896, 897, 903, 917, § 5º e 919, § 1º, sobre a caução; 77-VI e § 7º, sobre o atentado; 707 a 711 sobre a regulação de avaria grossa; e os artigos 766 a 770 sobre a ratificação dos protestos marítimos e dos processos testemunháveis formados a bordo. Salvo naquilo em que essas providências possuem regras próprias enunciadas nesses e em outros dispositivos, ou em que a sua própria natureza o impeça, a elas devem aplicar-se as regras constantes dos artigos 293 a 310, como regras gerais aplicáveis a todas as hipóteses de tutela provisória. Assim a instrumentalidade e a revogabilidade, claramente decorrentes dos artigos 293 e 295, são também, de um modo geral, características de todas as medidas cautelares reguladas ou previstas no novo Código.

Mas a devida compreensão dos dispositivos constantes dos artigos 293 a 310 impõe a explicação de uma noção, que o novo diploma adota, de abrangência mais ampla do que a de tutela cautelar, a noção de *tutela provisória*, abrangendo a tutela da urgência, cautelar e antecipada, e a tutela da evidência.

2. Noção de tutela provisória

Em anterior estudo sobre a função da tutela cautelar,[2] recordando a origem da ideia de *provisoriedade*, difundida por Piero Calamandrei[3] a respeito das providências cautelares, sustentei que esta é uma consequência da cognição não exaustiva, não permitindo que o provimento judicial tutele definitivamente a situação jurídica por ele resguardada. Tutela provisória é aquela que, em razão da sua natural limitação cognitiva, não é apta a prover definitivamente sobre o interesse no qual incide e que, portanto, sem prejuízo da sua imediata eficácia, a qualquer

---

[2] Leonardo Greco, "A função da tutela cautelar", in Araken de Assis; Eduardo Arruda Alvim; Nelson Nery Jr.; Rodrigo Mazzei; Teresa Arruda Alvim Wambier; Thereza Alvim. (Org.). *Direito Civil e Processo – estudos em homenagem ao Professor Arruda Alvim*. São Paulo: Revista dos Tribunais, 2007, p. 829-843.

[3] Piero Calamandrei, "Introduzione allo studio sistematico dei provvedimenti cautelari", in *Opere Giuridiche*, vol. IX, ed. Napoli: Morano, 1983, p.171.

momento, poderá ser modificada ou vir a ser objeto de um provimento definitivo em um procedimento de cognição exaustiva.

A não exaustividade da cognição não é, entretanto, a única característica da tutela aqui denominada de *provisória*, porque, conforme já tive oportunidade de acentuar,[4] há procedimentos com essa característica na jurisdição de conhecimento, na jurisdição de execução e na chamada jurisdição voluntária. O Código de 2015 definiu como provisória, a de natureza cautelar ou antecipada (art. 293), de urgência ou de evidência, o que não impede que, em razão da sumariedade da cognição, outros provimentos de cognição não exaustiva nele estejam previstos, como a sentença liminar de improcedência (art. 331), a expedição de mandado de pagamento na ação monitória (art. 701), a homologação da transação ou da arrematação (art. 966, § 4º), os provimentos de jurisdição voluntária e que, assim, também possam ser considerados provisórios.

Por isso, parece-me que a noção de tutela provisória aqui adotada, além da sua vinculação à sumariedade da cognição, como veremos, restaura a ideia de provisoriedade difundida por Calamandrei,[5] como intrínseca à instrumentalidade, ou seja, como uma função normalmente acessória da jurisdição de conhecimento e de execução, que se destina a servir a um processo principal, do qual é antecedente ou incidente, daí as referências expressas que os artigos 295 e 298, no título I sobre as disposições gerais, fazem ao processo principal, seja ela tutela da urgência ou tutela da evidência.

3. Classificação da tutela provisória

Dos dispositivos ora comentados, observo que o legislador do Código de 2015 adotou classificação da tutela provisória por três critérios: o critério *da natureza*, o critério *funcional* e o critério *temporal*.

O critério da natureza da providência pleiteada divide a tutela provisória em tutela de urgência, cautelar ou antecipada, e tutela de evidência, em que esta se parece distinguir-se das outras, pela acentuada probabilidade de existência do direito do autor ou pelo elevado valor humano desse direito, a merecer proteção provisória independentemente de qualquer aferição de perigo de dano. É o que acontece, por exemplo, com a liminar possessória ou com a liminar de alimentos provisórios.

---

[4] "Cognição sumária e coisa julgada", in *Revista Eletrônica de Direito Processual*, ano 6, nº X, Julho a Dezembro de 2012, Programa de Pós-Graduação em Direito – linha de pesquisa de Direito Processual, da Universidade do Estado do Rio de Janeiro, endereço eletrônico www.redp.com.br, ISSN 1982-7636, p. 275-301

[5] Idem, p.175.

Pelo critério funcional, é a finalidade preponderante de preservação ou implementação de alguma situação fática ou jurídica, na esfera do direito processual, para garantir a eficácia da prestação jurisdicional na causa principal ou, diversamente, a imediata investidura do requerente no gozo, ainda que provisório, parcial ou total, do bem da vida almejado na causa principal, que subdivide a tutela provisória em cautelar ou antecipada, podendo esta última ainda subdividir-se em tutela antecipada de urgência e tutela antecipada de evidência.

Tendo em vista a instrumentalidade intrínseca à tutela provisória, o critério temporal a divide em antecedente e incidente, conforme seja requerida antes ou no curso da ação principal. A tutela provisória antecedente pode ser cautelar ou antecipada de urgência. A tutela provisória incidente pode ser cautelar ou antecipada. A tutela provisória incidente antecipada pode ser de urgência ou de evidência.

Assim, teremos:

1) Pelo critério da natureza:
   1.1. Tutela de urgência
      1.1.1. Cautelar
      1.1.2. Antecipada
   1.2. Tutela de evidência
2) Pelo critério funcional:
   2.1. Tutela provisória cautelar
   2.2. Tutela provisória antecipada
      2.2.1. Tutela provisória antecipada de urgência
      2.2.2. Tutela provisória antecipada de evidência
3) Pelo critério temporal:
   3.1. Tutela provisória antecedente
      3.1.1. Tutela provisória antecedente cautelar
      3.1.2. Tutela provisória antecedente antecipada de urgência
   3.2. Tutela provisória incidente
      3.2.1. Tutela provisória incidente cautelar
      3.2.2. Tutela provisória incidente antecipada
         3.2.2.1. Tutela provisória incidente antecipada de urgência
         3.2.2.2. Tutela provisória incidente antecipada de evidência

4. Características da tutela provisória

No meu ensaio de 2007 sobre a função cautelar, acima referido, apontei, à luz da doutrina tradicional, características das medidas cautelares que agora cumpre rever sob a perspectiva mais ampla da tutela provisória, abrangendo a tutela da urgência e a tutela da evidência, a saber, *inércia, provisoriedade, instrumentalidade, revogabilidade, fungibilidade* e *cognição sumária*.

A *inércia* é uma das garantias fundamentais do processo civil, segundo a qual a jurisdição civil somente se exerce por provocação de algum interessado, nos limites da demanda por ele proposta. Não há jurisdição *ex officio*. A inércia é uma garantia fundamental da liberdade de todos os cidadãos frente ao Estado e de independência e imparcialidade da própria jurisdição e de quem a exerce. A lei não pode restringir a inércia, instituindo jurisdições que o juiz exerce por sua própria iniciativa, a não ser em casos extremos em que os próprios interessados se encontrem absolutamente incapacitados, por falta de consciência dos seus direitos ou de meios para mobilizar os seus instrumentos de tutela, como nas situações de crianças abandonadas e outras semelhantes, de requerer o exercício da jurisdição para evitar o iminente perecimento de direito fundamental indisponível. Ainda assim, nesses casos, se não houver outro sujeito apto a desencadear o exercício da jurisdição, deve o juiz promovê-la, mas, logo em seguida, declarar o seu impedimento para os atos subsequentes, reduzindo ao mínimo o seu exercício por órgão estatal despido de imparcialidade.

Na tutela provisória não é diferente. Todas as suas espécies constituem pleno e específico exercício de jurisdição e, assim, somente podem ser exercidas por iniciativa de uma das partes interessadas, e não por iniciativa do próprio juiz. Isso resulta do disposto nos artigos 2º e 491, segundo os quais o processo civil começa por iniciativa da parte, sendo vedado ao juiz proferir decisão de natureza diversa da pedida, bem como condenar a parte em quantidade superior ou em objeto diverso do que lhe foi demandado.

A *provisoriedade*, no sentido acima apontado, de tutela temporária de um provável direito, está patenteada no artigo 295, que determina que a tutela de urgência e a tutela de evidência conservem a sua eficácia na pendência do processo principal, podendo, a qualquer tempo, ser revogada ou modificada. Daí resulta que a tutela de urgência e a tutela de evidência não têm aptidão para a tutela definitiva do provável direito do requerente, que deverá ser objeto de um provimento no processo principal que a substitua, sob pena de caducidade. No caso da tutela de urgência, antecipatória ou cautelar, essa temporariedade é acentuada pelas regras dos artigos 302, § 2º, e 307, que exigem o aditamento da inicial e quinze dias para formulação do pedido principal, no caso de tutela antecipatória, ou de propositura da ação principal em trinta dias, no caso de tutela cautelar, sob pena de caducidade da medida provisória concedida. O Código de 2015 não adotou, como eu gostaria,[6] a conservação da eficácia da medida antecedente, independentemente da formulação do pedido ou da ação principal, como alguns ordenamentos europeus já estabeleceram, prevendo apenas, em dispositivo de redação precária que comentaremos mais adiante (art. 303), a estabilização da tutela antecipada de urgência concedida em caráter antecedente, se da decisão que a conceder não for interposto pelo requerido o recurso de agravo de instrumento. Não se aplica esse dispositivo à tutela de evidência, pois esta é sempre incidente, não antecedente. Assim, nela nunca ocorrerá estabilização da tutela provisória.

O Código de 2015 restabelece o entendimento da doutrina tradicional, segundo a qual a provisoriedade está sempre vinculada à *instrumentalidade*, de tal modo que a tutela provisória, de urgência ou de evidência, será sempre considerada uma função acessória em relação a uma outra modalidade de tutela, cognitiva ou executiva.[7] Essa doutrina foi adotada pelo Código de 1973, que, em seu art. 796, caracterizou o processo cautelar como dependente de outro principal, e é agora reproduzida no Código de 2015, que determina que a tutela provisória será sempre antecedente ou incidente (art. 293), que a sua eficácia está sempre vinculada a um processo principal (art. 295) e que é a causa principal que define a sua competência (art. 298).

Cumpre aqui recordar a crítica de fundada doutrina a essa acessoriedade na tutela cautelar, que agora passará a ser componente da tutela de urgência.

Galeno Lacerda[8] restringia essa acessoriedade às providências cautelares de jurisdição contenciosa, não às medidas cautelares de jurisdição voluntária, como as notificações e as justificações. Mais radical, Ovídio Baptista da Silva sustentava a existência de uma tutela autônoma à segurança, despida de acessoriedade.[9]

Penso que essa doutrina deve continuar a refletir de algum modo na exegese do Código de 2015, não obstante a sua categórica opção pela instrumentalidade e consequente acessoriedade da tutela provisória, de urgência e de evidência.

Com efeito, parece-me insuperável a lição de Galeno de que nem sempre a medida cautelar (agora tutela de urgência) tem caráter instru-

---

[6] V. o meu estudo sobre "A função da tutela cautelar", cit.

[7] V., entre outros, Piero Calamandrei, ob. cit., p. 175; Francesco Carnelutti, *Sistema de derecho procesal civil*, vol.I, ed. Buenos Aires: Uteha, 1944, p. 387; e Humberto Theodoro Júnior, *Processo cautelar*, 18ª ed., São Paulo: Leud, 1999, p. 46.

[8] Galeno Lacerda, *Comentários ao Código de Processo Civil*, vol. VIII, tomo I, Rio de Janeiro: Forense, 1980, p. 45.

[9] Ovídio A. Baptista da Silva, *As ações cautelares e o novo processo civil*, Rio de Janeiro: Forense, 1980, p. 21.

mental, esgotando-se muitas vezes em si mesma ou dispondo de uma instrumentalidade meramente genérica ou remota, que não a vincula de imediato a qualquer causa principal. É o que às vezes tem sido caracterizado como a pretensão à segurança, ainda que provisória, que não se restringe necessariamente apenas a procedimentos não contenciosos.[10] Por outro lado, a busca da segurança da relação jurídica ou da sua prova pode fundamentar uma tutela sumária que esgote a pretensão imediata do requerente, como se vê nas notificações, protestos e nas justificações. Por isso, não possuem instrumentalidade imediata as tutelas de urgência meramente receptícias, que não sendo restritivas do gozo de direitos por parte do requerido, não caducam, se, não sendo incidentes, não se seguir a propositura do pedido principal em quinze ou trinta dias. Essa instrumentalidade direta e imediata sempre têm as tutelas provisórias incidentes, assim como as tutelas provisórias de urgência antecedentes, quando restritivas de direitos.

Decorrente da provisoriedade e *da* instrumentalidade das tutelas provisórias de urgência ou de evidência é a sua *revogabilidade*. O art. 295 do Código de 2015, reproduzindo disposição análoga do 807 do Código de 73, a prevê, sem limitações. Parece-me óbvio que pela sua própria natureza, estão excluídas dessa possibilidade de revogação, após a sua efetivação, as tutelas provisórias de segurança quanto à prova e receptícias, como as que se destinam apenas a documentar a comunicação de uma manifestação de vontade, produção antecipada de prova, justificação, notificações. Podem elas ser anuladas, mas não revogadas, porque o seu efeito já se produziu e não pode mais ser revertido. Cabe esclarecer, entretanto, a respeito da revogabilidade, algumas questões já suscitadas na vigência do Código de 73 e que sobreviverão na vigência do Código de 2015, tais como a necessidade ou não de requerimento do interessado, de processo autônomo para veicular o pedido de revogação e de audiência da parte contrária.

Cumpre observar sobre essa questão que o artigo 300 do Código de 2015 reproduz a capciosa regra do § 2º do art. 273 do Código anterior, que parece vedar a concessão da tutela antecipada de urgência, quando houver perigo de irreversibilidade dos efeitos da decisão. Interpretada literalmente, essa disposição representaria verdadeira afronta à garantia constitucional da tutela jurisdicional efetiva, inscrita no inciso XXXV do artigo 5º da Constituição. Os fatos pretéritos nunca são reversíveis. E o gozo pretérito do direito também não pode ser revertido. No máximo, a revogação pode alterar a situação fático-jurídica para o futuro e determinar a responsabilidade por perdas e danos em relação aos efeitos

---

[10] Luiz Fux, *Tutela de Segurança e Tutela da Evidência (fundamentos da tutela antecipada)*, São Paulo: Saraiva, 1996.

já exauridos. A doutrina e a jurisprudência se encarregaram de dar à irreversibilidade o sentido de um juízo de ponderação entre o perigo de dano alegado pelo requerente e aquele a que ficaria sujeito o requerido caso concedida a medida de urgência. Assim, deverá seguir sendo interpretado o dispositivo do novo Código.

Quanto à necessidade de requerimento do interessado para a sua revogação, cabe observar que o Código de 2015 criou no artigo 303 um regime especial de revogação para a tutela provisória antecipada de urgência antecedente que tiver se estabilizado por falta de interposição de recurso contra a sua concessão, nada dispondo sobre o regime a que ficariam sujeitas a tutela antecipada de urgência incidente, a tutela cautelar antecedente ou incidente e a tutela de evidência.

Tratemos primeiro da hipótese do art. 303. De início, merece encômios a orientação do novo Código de não permitir a formação da coisa julgada em razão da estabilização da tutela provisória. Todavia, ao contrário do que a redação do artigo sugere, parece-me que a estabilização não pode resultar simplesmente da não interposição de recurso contra a liminar concessiva do provimento antecipatório, mas também necessariamente do não oferecimento de contestação, no prazo a que se refere o artigo 302, § 1º, II. Com efeito, se, não recorrendo da liminar, o réu, citado, se defende, o direito à tutela jurisdicional efetiva, e as garantias do contraditório e da ampla defesa (artigo 5º, incisos XXXV e LV, da Constituição) lhe asseguram a possibilidade de que a revogação seja determinada, caso acolhida a sua defesa. Por outro lado, se, concedida a tutela liminarmente, o autor aditar a petição inicial para "confirmar o pedido de tutela final", e o réu não recorrer da liminar, nem contestar a ação, o processo será extinto (art. 303, § 1º), ficando prejudicado o pedido principal por falta de um provimento final, e estabilizada a decisão liminar sem coisa julgada. Se apesar da ausência de recurso, tiver o réu contestado a ação, o provimento provisório não se estabiliza, devendo sobrevir, em qualquer caso, sentença sobre o pedido de tutela final. Se este for julgado improcedente, a tutela antecipada estará automaticamente revogada, por aplicação analógica do disposto no artigo 308, III, independentemente de ação revocatória específica, exigida no artigo 303.

O mecanismo engendrado constituirá extraordinário desestímulo à propositura da tutela antecipada em caráter antecedente, porque ficará prejudicado o pedido principal do requerente pela inércia do requerido, tendo aquele de contentar-se com a decisão concessiva da antecipação que, apesar de estável, não fará coisa julgada, pois revogável por ação de iniciativa do requerido.

Detenhamo-nos agora nessa ação revocatória de iniciativa do requerido ou do próprio requerente, se este quiser modificar o conteúdo da tutela antecipadamente concedida e não impugnada pelo requerido.

Os §§ 2º a 5º do artigo 303 deixam claro que somente por meio dessa nova demanda poderá ser anulada, revogada ou modificada a tutela antecipada estabilizada. Assim, nessa hipótese, de tutela antecipada antecedente estabilizada nos termos do artigo 303, não pode o juiz de ofício revogar a qualquer tempo a tutela provisória, não se aplicando a regra geral do artigo 295, inclusive porque, passados dois anos da ciência da decisão que extinguiu o processo, incorrerá em decadência o direito de propor a ação revocatória (§ 5º), ou seja, sobrevirá efetivamente a coisa julgada.

Parece-me evidente que esse prazo de decadência não se aplica às sentenças determinativas, quais sejam aquelas que dispõem sobre relações jurídicas continuativas, se tiver havido modificação do estado de fato ou de direito (art. 504, I).

A propositura de nova demanda não significa necessariamente, em minha opinião, que a decisão antecipada somente possa ser revista a final desse novo procedimento comum, podendo a revogação ser igualmente antecipada, até mesmo liminarmente nessa nova ação ou em procedimento a ela antecedente, se evidenciados o *fumus boni juris* e o *periculum in mora*. Afinal, há uma conexão sucessiva entre os dois procedimentos, reconhecida pelo legislador ao considerar prevento para a demanda revocatória o juízo em que a tutela antecipada foi concedida e ao prever que os autos do procedimento antecedente poderão vir a instruir a petição inicial da nova demanda (§ 4º).

Quanto à *revogabilidade* das demais modalidades de tutela provisória, acobertadas pela regra geral do artigo 295 que a admite a qualquer tempo, ouso recomendar que nas hipóteses de tutela cautelar ou antecipatória, de urgência ou de evidência, possam elas ser revogadas ou modificadas a qualquer tempo independentemente de demanda autônoma, mas sempre a requerimento do interessado, e não de ofício pelo próprio juiz, porque, em qualquer caso, se trata de exercício do poder jurisdicional que, salvo disposição expressa de lei, deve ater-se à provocação do interessado.

Não há necessidade de processo autônomo para essa revogação, que poderá ser apreciada e decidida nos próprios autos da medida cautelar ou do processo principal. Entretanto, salvo qualificada urgência, a revogação deverá ser antecedida da indispensável audiência das partes que poderão formular alegações, propor e produzir provas antes de uma definitiva deliberação judicial.

A revogabilidade pode resultar de novos fatos e novas provas ou do simples reexame pelo juiz dos fatos e circunstâncias apreciados por ocasião da concessão. Uma noção mais restrita de revogabilidade, que limite a retratação do juízo de concessão ou de denegação ao surgimento de novos fatos ou de novas provas, se, de um lado, conferiria mais estabilidade às relações jurídicas material e processual entre as partes, correria o risco de frustrar o acesso à tutela jurisdicional efetiva de interesses merecedores de proteção, já que não se pode esquecer que, tanto uma quanto outra (a concessão ou a denegação), são o resultado precário de uma cognição incompleta que, por isso mesmo, deve sempre estar sujeita a revisão das suas conclusões.

Por esse mesmo fundamento, reitero aqui a opinião que já manifestara a respeito do parágrafo único do artigo 808 do Código de 73 de que viola a garantia constitucional da tutela jurisdicional efetiva a disposição do parágrafo único do artigo 308 do Código de 2015, que somente permite a reiteração por novo fundamento de medida cautelar que tenha caducado. Tanto a medida indeferida, como a que tenha anteriormente perdido eficácia por qualquer motivo, não pode deixar de ser novamente examinada e concedida se concorrerem o *fumus boni juris* e o *periculum in mora*. A cognição anterior foi incompleta, sujeita a erro. A regra aqui criticada é justificada na boa fé e na conveniência de dar certa estabilidade à relação jurídica entre as partes antes da decisão final da causa principal. Entretanto, não pode tornar-se obstáculo à obtenção de tutela cautelar a quem demonstre dela necessitar em face de um perigo atual, pouco importando se idêntico requerimento foi anteriormente indeferido ou se foi concedido e caducou.

A característica seguinte da tutela provisória é a *fungibilidade*. A ela se refere expressamente o artigo 296 do Código de 2015, que dispõe: "O juiz poderá determinar as medidas que considerar adequadas para efetivação da tutela provisória".

Parece-me que o novo dispositivo tem alcance diverso, conforme se trate de tutela provisória cautelar ou antecipatória. Na tutela cautelar, como na execução (art. 805), a adstrição se limita ao pedido mediato, ou seja, ao bem da vida, ao interesse que o autor pretende proteger, ao objeto da tutela, não ao meio de proteção, à providência jurisdicional requerida para alcançá-la.

A fungibilidade *ex officio*, seja no momento da concessão, seja em sua ulterior substituição, visa a equilibrar os interesses em jogo, resguardando ao mesmo tempo e com o maior alcance possível, o interesse do requerente à tutela pretendida com o interesse do requerido, do qual não deve ser exigido sacrifício maior do que o necessário.

O legislador de 2015, mais claro e categórico do que o de 73, não adota redação que pudesse comportar interpretação restritiva da fungibilidade apenas ao momento ulterior, à substituição de tutela anteriormente concedida. Tampouco reproduz exigência expressa de que a concessão de medida cautelar diversa da que foi requerida seja condicionada à menor onerosidade para o requerido. O juízo de ponderação entre o perigo que assola o requerente e o que poderá incidir sobre o requerido caso a tutela cautelar seja deferida deverá ser sempre efetuado pelo juiz, não só para decidir se concede ou não a tutela pretendida, mas também para efetuar a escolha da providência mais adequada e proporcional.

Já na tutela antecipatória, de urgência ou de evidência, a adstrição é mais rigorosa. Aqui se trata de apreciação de pedido sobre a atribuição ao requerente, ainda que provisória, de providência de direito material, declaratória, constitutiva ou condenatória. Aqui o juiz não pode conceder providência diversa da requerida, sob pena de violação ao princípio da demanda e de prolação de julgamento *extra petita*. Parece-me, pois, que na tutela antecipatória, a única interpretação razoável do artigo 296 é a de que o dispositivo não faculta a concessão de providência jurisdicional diversa, mas que, na efetivação ou cumprimento da decisão, tal como na tutela específica do Código de 73, o juiz possa, aí sim, pela sua natureza substancialmente executória, fazer uso dos meios coativos ou sub-rogatórios que lhe pareçam mais adequados e eficazes.

A fungibilidade entre as tutelas de urgência, antecipada ou cautelar, também é autorizada pelo artigo 296, e repetida no parágrafo único do artigo 304 na hipótese de cautelar antecedente que o juiz entenda ter caráter de tutela antecipada. Apesar de inexistir previsão expressa de medida antecedente proposta como antecipatória que o juiz entenda ser cautelar, ou de medida incidente que proposta com uma denominação, tenha a natureza da outra, parece-me que o disposto no art. 296 é suficiente para autorizar a fungibilidade entre a tutela cautelar e a antecipada de urgência em qualquer caso.

Também entendo possível essa fungibilidade entre a tutela de urgência e a tutela de evidência, embora esta última nunca tenha caráter antecedente, desde que o pedido formulado inicialmente preencha os requisitos da tutela a ser concedida.

A *cognição sumária* também é característica da tutela provisória. Sumária é a cognição que sofre limitações quanto à sua profundidade,[11] para através de um juízo superficial e incompleto poder extrair rapidamente uma conclusão a respeito da necessidade da medida. Segundo

---

[11] Kazuo Watanabe, *Da cognição no processo civil*, 4ª ed., Saraiva, São Paulo, 2012, p. 132.

Kazuo Watanabe, nos procedimentos sumários, sejam ou não cautelares, o legislador prefere a celeridade à perfeição.[12]

O mesmo autor, em sua clássica monografia, classifica a cognição,[13] no plano horizontal, quanto ao objeto cognoscível, em plena e limitada ou parcial; e, no plano vertical, quanto à profundidade, conforme a cognição do juiz sofra ou não limitações.

Admite, com apoio na doutrina majoritária, que, se a limitação cognitiva do juiz resulta da inércia ou da concordância do requerido, a cognição possa ser considerada exauriente quanto à profundidade, apta a gerar a coisa julgada.[14] Numa posição mais radical, que me parece bastante consistente, Proto Pisani exige, na cognição exauriente, o efetivo exercício do direito de defesa pelo réu.[15] Independentemente dessas divergências doutrinárias, é pacífico na doutrina que na cognição sumária se forme um mero juízo de probabilidade ou de verossimilhança, ou um juízo sobre a aparência do direito,[16] em contraposição a um possível juízo de certeza que decorreria da cognição exauriente na jurisdição de conhecimento. Conforme já tive oportunidade de acentuar, no processo judicial, seja ele de conhecimento ou cautelar, poucas são as decisões efetivamente fundadas num autêntico juízo de certeza, ou seja, num juízo de absoluta e incontrastável evidência da existência dos fatos ou de existência do direito reconhecido, pois a certeza do direito é uma ficção imposta pela necessidade de segurança nas relações jurídicas. Por mais completa e profunda que tenha sido a investigação dos fatos ou a análise das questões de direito, normalmente a conclusão do juiz na jurisdição de conhecimento resultará de um simples juízo de maior probabilidade de uma versão e de menor probabilidade de outra e não de um juízo de certeza completa. De qualquer modo, a cognição é considerada exauriente porque no momento da formação da decisão não há mais qualquer argumento ou prova que ainda possa ser trazido à baila para influir utilmente no julgamento.

A simples caracterização das tutelas de urgência e de evidência como tutelas provisórias resulta do reconhecimento de que são o fruto de uma cognição não exauriente. A sua instrumentalidade, provisoriedade, revogabilidade (arts. 295, 296 e 298) e fungibilidade (art. 296), explicitadas nas disposições gerais do livro do Código em que estão disciplinadas, evidenciam a sua inaptidão à formação da coisa julgada e a

---

[12] Ob. cit., p. 148.
[13] Ob. cit., p. 118 e ss.
[14] Antonio Carratta (a cura di), *La tutela sommaria in Europa – Studi*, Napoli: Jovene, 2012, p. 22-23.
[15] Andrea Proto Pisani, "Appunti sulla tutela sommaria (Note de iure condito e de iure condendo)", in: *I Processi Speciali – studi offerti a Virgilio Andrioli daí suoi allievi*, Napoli: Jovene, 1979, p. 314.
[16] Piero Calamandrei, ob. cit., p. 201.

limitação cognitiva que poderá ser superada, no mesmo ou em outro processo, pela cognição mais ampla.

5. Tutela provisória de urgência, cautelar e antecipada

Desde a reforma processual de 1994, o processo civil brasileiro passou a conviver com dois tipos de tutela provisória instrumental: a tutela cautelar e a tutela antecipada. A doutrina dominante assentou uma diferença substancial entre as duas. A tutela antecipada corresponderia sempre a uma decisão interlocutória de acolhimento provisório, no todo ou em parte, do pedido formulado pelo autor, atendendo a requerimento expresso deste e tendo em vista a acentuada probabilidade da sua procedência, à luz dos fundamentos e provas produzidos pelo requerente, acolhimento este que seria ratificado ou não na ulterior sentença final. A noção de *satisfatividade* foi utilizada para caracterizar a tutela antecipada. Já a tutela cautelar constituiria uma providência de proteção do próprio processo, para assegurar a eficácia da decisão final sobre o direito material, mas não uma medida de acolhimento do pedido principal. A tutela cautelar pode ter por conteúdo uma providência instrutória do processo em curso, como uma produção antecipada de prova, ou uma medida assecuratória de bens ou de situações jurídicas para assegurar a eficácia da decisão final no processo principal, mas nunca tem o mesmo conteúdo do acolhimento do pedido principal, porque não se destina a antecipá-lo, mas a assegurar-lhe a eficácia.

O Código de 2015 consolida essa evolução da tutela provisória no direito brasileiro, procurando dar-lhe tratamento mais sistemático, de modo que fiquem expressas as disposições que lhes são comuns e as que são exclusivas de uma ou de outra espécie e, para esse fim, subdividindo-as, pelo critério funcional, em cautelares e antecipatórias ou antecipadas, e, pelo critério da natureza, em tutela de urgência e tutela de evidência.

O Código não define expressamente tutela cautelar e tutela antecipada. Essas noções, extraídas da doutrina e da jurisprudência anterior e acima sintetizadas, se descobrem veladamente em alguns dispositivos. Assim, o artigo 300, estabelecendo que "a tutela urgente de natureza cautelar pode ser efetivada mediante arresto, sequestro, arrolamento de bens, registro de protesto contra alienação de bem e qualquer outra medida idônea", deixa claro o caráter assecuratório ou conservativo endoprocessual dessas medidas, ao concluir que sempre se destinam à "assegurarão do direito".

Esse caráter endoprocessual da tutela cautelar também transparece na ausência de previsão de estabilização da medida provisória, com a previsão expressa, ao contrário, da sua caducidade se não proposta a ação principal (art. 308, I).

Já o caráter de julgamento provisório do pedido principal, na tutela antecipada, resulta necessariamente do artigo 302, que identifica o pedido de antecipação com o pedido principal, embora permita que este venha a complementar o primeiro, e do artigo 303, que prevê a estabilização da tutela provisória na regulação da relação jurídica de direito material entre as partes.

Não reproduz o texto as expressões caracterizadoras da tutela antecipada cunhadas no artigo 273 do Código de 73, a saber: "existindo prova inequívoca" e "verossimilhança da alegação". Quanto à consistência dos fundamentos fáticos e jurídicos, não há mais distinção entre a tutela antecipada e a tutela cautelar, conforme já se sustentava anteriormente,[17] e tampouco qualquer indicação quanto ao grau de convencimento para a concessão da tutela de urgência. O artigo 299 exige apenas para a sua concessão que haja "elementos que evidenciem a probabilidade do direito". Continuo a entender que, em face da sumariedade da cognição, e da possibilidade de concessão *inaudita altera parte*, essa probabilidade deve consistir numa convicção firme com elementos objetivamente verossímeis e consistentes.

Quanto ao *periculum in mora*, note-se que o Código de 2015 a ele se refere nos artigos 299, 302 e 304 como "perigo de dano ou o risco ao resultado útil do processo". São expressões equivalentes às de "fundado receio de que uma parte, antes do julgamento da lide, cause ao direito da outra lesão grave e de difícil reparação" e "fundado receio de dano irreparável ou de difícil reparação", consagradas nos artigos 798 e 273 do Código de 73.

É a *urgência*, a situação de perigo iminente que recai sobre o processo, sobre a eficácia da futura prestação jurisdicional ou sobre o próprio direito material pleiteado, que torna necessária a tutela cautelar ou a tutela antecipada de urgência, tendo em vista a impossibilidade concreta de evitá-la através do desenvolvimento e da conclusão normal da própria atividade processual cognitiva ou executiva.

Calamandrei[18] chegou a sustentar a necessidade de um juízo de certeza do *periculum in mora* para a concessão da providência cautelar. É difícil imaginar a certeza do perigo que, em si, é uma mera probabilidade, embora acentuada. A lição do mestre deve ser compreendida no sentido de que, a respeito do *periculum in mora*, o juiz deva formar uma convicção firme de que o dano inevitavelmente ocorrerá, ou seja, um juízo de imi-

---

[17] José Roberto dos Santos Bedaque, *Tutela cautelar e tutela antecipada: tutelas sumárias e de urgência (tentative de sistematização)*, 5ª ed., São Paulo: Malheiros, 2009, *passim*.

[18] Ob. cit., p. 202.

nência do dano, caso a tutela provisória não seja rapidamente concedida e efetivada.

A possibilidade de caução como contracautela está contemplada no § 1º do artigo 299, com a ressalva, já reconhecida pela doutrina e pela jurisprudência, de que ela pode ser dispensada em face da hipossuficiência da parte interessada.

O § 2º admite a concessão liminar ou após justificação prévia da tutela de urgência. Não mais exige para o provimento *inaudita altera parte* que o requerido, sendo citado, possa tornar a medida ineficaz. A avaliação da oportunidade da concessão liminar da tutela de urgência, antecedente ou incidente deve continuar condicionada a um juízo positivo firme da existência do direito do requerente e da inevitabilidade do dano iminente, assim como a um juízo de ponderação favorável à prioridade da tutela do direito alegado pelo requerente sobre o eventual direito do requerido que será sacrificado e sobre o direito ao contraditório e à ampla defesa, cuja postergação constitui sempre uma violência.

Com pouco relevantes diferenças de redação, o artigo 301 impõe a responsabilidade do requerente da tutela de urgência pelos danos que causar a efetivação da medida, caso a sentença final lhe seja desfavorável, se, obtida em caráter antecedente, não tiver ele promovido a citação do requerido no prazo legal, se a medida caducar ou se o juiz acolher a alegação de decadência ou de prescrição. Sempre me rebelei contra o entendimento da doutrina dominante[19] na vigência do Código de 73 de que essa responsabilidade fosse objetiva. No silêncio da lei, entendo que a norma deva ser interpretada em consonância com o sistema de responsabilidade por dano processual, que impede que o cidadão tenha inibido o seu direito de acesso à justiça por riscos imprevisíveis, salvo se tiver agido com dolo ou culpa.

Parece-me que a doutrina europeia, alemã e italiana, que difundiu a tese da responsabilidade objetiva do credor na execução e no processo cautelar, fundou-se numa premissa que hoje não merece mais acolhida, qual seja a de que essas modalidades de tutela jurisdicional seriam excepcionais e complementares, em relação à tutela jurisdicional de conhecimento. Daí o recurso à teoria do risco judiciário, como se anormal fosse a situação em que o credor colocava o devedor por força da execução, ou em que o requerente colocava o requerido da medida cautelar. Na verdade, o que essa doutrina chama de *risco judiciário* não tem qualquer correlação com o risco como fundamento da responsabilidade civil objetiva. Neste, o causador do dano é responsável perante a vítima pelos prejuízos

---

[19] Francesco Carnelutti, *Processo di Esecuzione*, vol.1, Padova: Cedam, 1932, p. 137. Galeno Lacerda, *Comentários ao Código de Processo Civil*, vol.VIII, tomo I, 2ª ed., Rio de Janeiro: Forense, 1981, p. 430-433.

decorrentes de atividade que lhe é proveitosa, vantajosa. Se aufere os lucros e benefícios da atividade, que gera risco de prejuízo a outrem, deve objetivamente ressarcir esses prejuízos, independentemente de culpa. Se tem os bônus, arca com os ônus. Diferente é a situação do credor que promove a execução ou do requerente da tutela de urgência. Ele não aufere nenhum benefício, no plano do direito material, da instauração do processo, que não representa para ele nenhuma atividade de que lhe resulte um novo proveito ou um novo lucro. Ao contrário, exerce ele um direito constitucionalmente assegurado de perseguir em juízo um direito preexistente. Por isso, a responsabilidade objetiva, defendida pela doutrina, é a meu ver incompatível com os direitos e garantias fundamentais. Com efeito, a paridade de armas, repercussão processual do princípio constitucional da isonomia, encontra atuação também na tutela de urgência.[20]

Mas a responsabilidade objetiva vulnera também o direito de acesso à Justiça do requerente (Constituição, artigo 5º, inciso XXXV), criando obstáculo imensurável ao exercício do direito de ação. Com efeito, os riscos que o litigante de boa-fé enfrenta em decorrência do ingresso em juízo devem existir apenas no plano do direito processual e hão de ser predeterminados e módicos, limitando-se aos encargos da sucumbência, para que, devidamente sopesados pelo autor antes do ajuizamento da demanda, influam objetivamente na decisão de vir a juízo, refreando apenas o litigante temerário, e não criando efeito intimidativo excessivo em relação àquele que tem convicção do seu direito. Acresça-se que dos riscos da sucumbência o autor necessitado pode livrar-se através do benefício da assistência judiciária gratuita.

Ora, a possibilidade de recair sobre o requerente da tutela de urgência a condenação a ressarcir prejuízos ilimitados sofridos pelo requerido, ainda que tenha litigado de boa-fé, com plena convicção da existência do seu direito, constituirá injusta inibição ao exercício do direito de acesso à Justiça, equiparando o comportamento lícito ao ilícito e sujeitando quem exerceu direito constitucionalmente assegurado ao risco de perda patrimonial de alcance imprevisível.

Assim, somente se comprovada a litigância de má-fé (art. 79), incorrerá o requerente na responsabilidade prevista no artigo 301.

6. Poder geral de cautela

As medidas cautelares inominadas passam a constituir a regra geral e não mais admitidas apenas em caráter subsidiário das medidas cautela-

---

[20] Italo Andolina e Giuseppe Vignera, *Il modello costituzionale del processo civile italiano*, Torino: G. Giappichelli Editore, 1990, p. 114.

res típicas, como parecia pretender o legislador de 1973, acobertadas pela norma ampla do artigo 296, que faculta ao juiz "determinar as medidas que considerar adequadas para efetivação da tutela provisória". Mantenho aqui a minha preocupação de que esse "cheque em branco" que o legislador confere ao juiz na tutela provisória possa contrariar o princípio da legalidade, constituindo-se em instrumento arbitrário de intervenção estatal nas relações privadas. Não tenho a mesma preocupação com a tutela antecipada, de urgência ou de evidência, porque apesar do teor do art. 296, o pedido final, por ela antecipado, sempre terá suporte no ordenamento jurídico.

Quanto à tutela provisória cautelar, apesar da amplitude do enunciado do artigo 296, parece-me que esteja sujeita a dois limites intransponíveis: o primeiro é a dignidade humana; o segundo é a impossibilidade de adotar cautelarmente provimento que não poderia ser adotado através de um provimento definitivo.

A dignidade humana é um limite intransponível porque tanto o Estado quanto os particulares têm de respeitá-la. Por outro lado, o juiz não pode decretar medidas de intervenção ou de restrição na liberdade e nos direitos fundamentais dos indivíduos para assegurar o resultado útil do processo que ele não estivesse legalmente autorizado a adotar, porque ninguém pode ser obrigado a fazer ou deixar de fazer alguma coisa a não ser em virtude de lei (Constituição, art. 5º, II).

O poder cautelar geral também não se presta a impedir que a parte contrária ingresse em juízo com ação ou execução ou a obstar a eficácia da sentença transitada em julgado, salvo nos limites da lei (art. 969).

7. Procedimento na tutela de urgência

Diferentemente do que ocorreu no Código de 73 em relação ao processo cautelar, o Código de 2015 não disciplinou um procedimento comum para a tutela de urgência. Agrupou algumas regras sobre o procedimento da tutela antecipada antecedente em capítulo próprio (arts. 302 e 303). No capítulo seguinte agrupou disposições sobre a tutela cautelar antecedente (arts. 304 a 309). Não tratou especificamente do procedimento dessas tutelas quando requeridas incidentalmente.

Numa interpretação sistemática, ouso afirmar que, em princípio e com a ressalva do que possa ser incompatível, tudo o que o legislador dispõe sobre o procedimento da tutela de urgência antecipada ou cautelar se aplica à tutela de urgência incidente.

Assim, requerida incidentalmente a tutela antecipada de urgência, com ou sem liminar, se ainda não tiver ocorrido a audiência de conciliação ou de mediação, para ela será o requerido, citado e intimado (art. 302, II). Se não houver autocomposição, seguir-se-á o prazo para contestação, juntamente com a do pedido principal. Não haverá necessidade de aditar a inicial, caso concedida a tutela liminarmente (art. 302, I), porque o pedido principal já se encontra formulado, salvo se em decorrência do tempo decorrido a partir do ajuizamento da ação, tiver sobrevindo alguma modificação fática ou jurídica substancial. Se a tutela antecipada de urgência incidente tiver sido requerida depois da frustrada audiência de conciliação ou de mediação, com ou sem liminar, será o requerido citado, por seus advogados ou pessoalmente, para contestá-la, seguindo-se a instrução e decisão da medida no procedimento da causa principal em curso.

Mesmo no caso de tutela antecedente, parece-me que, havendo liminar concedida, o requerido não precisa esperar a audiência de conciliação para contestá-la, podendo fazê-lo logo que intimado da decisão.

A estabilização da tutela antecipada antecedente, prevista no artigo 303, também se aplica à tutela requerida incidentalmente. Entretanto, deve esclarecer-se, num ou noutro caso, como se contará o prazo para o recurso, porque a tutela poderá ter sido efetivada e cientificada ao requerido antes da citação que, no caso da tutela antecedente, dependerá de aditamento da inicial. O prazo para contestação se conta da citação ou da audiência de conciliação (art. 302). Para recorrer da liminar, parece-me que o requerido deve ter sido intimado da liminar e citado da ação, pois, enquanto não citado, não pode lhe ser imposto qualquer ônus processual.

No caso de medida cautelar incidente, a ela também se aplica o disposto no artigo 305, que, com ou sem liminar, manda citar o réu para contestar no prazo de cinco dias. Em seguida, como o processo principal está em curso, será ela instruída e decidida no bojo do procedimento único, não se aplicando o parágrafo único do artigo 306.

No artigo 308, que trata da cessação da eficácia da tutela cautelar antecedente, os incisos II e III também se aplicam à cautelar requerida incidentalmente, a saber, se "não for efetivada dentro de trinta dias" e se "o juiz julgar improcedente o pedido principal formulado pelo autor ou extinguir o processo sem resolução de mérito".

O artigo 309, que trata da independência entre a tutela cautelar e o julgamento do pedido principal, salvo no caso de indeferimento daquela com fundamento em decadência ou prescrição, indubitavelmente se aplica tanto à tutela antecedente, quanto à incidente.

8. Tutela provisória de urgência e de evidência

O novo Código introduz expressamente no ordenamento jurídico brasileiro o instituto da tutela da evidência, que já vinha sendo sustentado por sólida doutrina, antes mesmo da reforma processual que criou a tutela antecipada em 1994.

Ao propor a sua adoção, LUIZ FUX a justificou:

> A expressão (direito evidente) vincula-se àquelas pretensões deduzidas em juízo nas quais o direito da parte revela-se evidente, tal como o direito líquido e certo que autoriza a concessão do *mandamus* ou o direito documentado do exequente.
>
> São situações em que se opera mais do que o *fumus boni juris*, mas a probabilidade de certeza do direito alegado, aliada à injustificada demora que o processo ordinário carreará até a satisfação do interesse do demandante, com grave desprestígio para o Poder Judiciário, posto que injusta a espera determinada.[21]

No seu *Curso*, critica o ilustre autor a utilização promíscua do processo cautelar, em busca de uma tutela sumária de *direitos evidentes*, argumentando:

> A prática judiciária indica casos em que não se revela justa a demora da prestação jurisdicional, mercê de inexistir qualquer situação de perigo. Trata-se dos *casos de evidência*, diametralmente distintos dos de "mera aparência" que se encenam no processo cautelar. Para esses, a inadequação do procedimento ordinário revela-se de pronto, reclamando uma atuação tão imediata quanto evidente o direito da parte, tal como ocorre com o mandado de segurança.[22]

Justificando a sua adoção no anteprojeto de 2010, assim se pronunciou:

> A novidade também se operou quanto aos direitos líquidos e certos de uma parte em face da outra.
>
> Entendeu a comissão que nessas hipóteses em que uma parte ostenta direito evidente, não se revelaria justo, ao ângulo do princípio da isonomia, postergar a satisfação daquele que se apresenta no processo com melhor direito, calcado em prova inequívoca, favorecendo a parte que, ao menos *prima facie*, não tem razão.[23]

Esses argumentos, aliados à analogia feita com o mandado de segurança e com os títulos executivos, poderiam sugerir que a tutela de um direito evidente, resultante de prova robusta e aparentemente irretorquível, pudesse liminarmente determinar a definitiva investidura do requerente no gozo do bem da vida ou a prática de atos de invasão na esfera pessoal ou patrimonial do requerido sem a sua prévia audiência. A sua inclusão no âmbito da tutela provisória desmente essas conclusões.

Com efeito, se o acolhimento definitivo do pedido do autor, em razão da evidência do seu direito fosse concedido liminarmente, sem a prévia audiência do réu, essa especial tutela da evidência seria irreme-

---

[21] Luiz Fux, *Tutela de Segurança e Tutela da Evidência (fundamentos da tutela antecipada)*, São Paulo: Saraiva, 1996, p.305-306.

[22] Luiz Fux, *Curso de Direito Processual Civil*, Forense, Rio de Janeiro, 2001, p. 1228.

[23] Luiz Fux, "O Novo Processo Civil", in Luiz Fux (coord.), *O Novo Processo Civil Brasileiro – Direito em Expectativa*, Rio de Janeiro: Forense, 2011, p. 18.

diavelmente inconstitucional, pois somente a urgência, ou seja, o perigo iminente de lesão grave ou de difícil reparação a bem da vida de especial valor pode justificar a postergação, jamais a supressão completa, do contraditório ou do exercício do direito de defesa, que são garantias constitucionais cujo respeito se afigura absolutamente imperioso e inafastável. A liminar possessória e os alimentos provisórios sempre foram justificados pela excepcional relevância do direito tutelado, constituindo provimentos provisórios, sujeitos a ratificação subsequente, após regular contraditório.

A versão final do Código de 2015 delineia a tutela de evidência em termos menos radicais, admitindo a tutela liminar do direito evidente em duas hipóteses, mas vedando-a em duas outras. Em qualquer caso, tratou-a como uma espécie de tutela provisória, à qual se aplicam as regras gerais dos artigos 293 a 298, entre as quais sobressaem a *inércia*, a *provisoriedade*, a *instrumentalidade*, a *revogabilidade* e a *sumariedade* da cognição. Em todas as hipóteses, a tutela da evidência exige um juízo de probabilidade firme da existência dos fatos alegados pelo autor, da existência do seu direito e da juridicidade e adequação do pedido, cujo acolhimento antecipado e provisório é pleiteado.

Assim, pode definir-se a tutela da evidência, como a tutela antecipada que acolhe no todo ou em parte o pedido principal do autor para tutelar provisoriamente, independentemente da urgência, provável direito cuja existência se apresente *prima facie* indiscutível, nos casos previstos no artigo 310 do Código de 2015.

As hipóteses taxativas em que é admitida, nos termos do artigo 310, são aquelas em que a evidência do direito do autor se extrai da conduta maliciosa do réu (inciso I: abuso do direito de defesa ou manifesto propósito protelatório da parte), de prova documental robusta caracterizadora de situação fático-jurídica acobertada por jurisprudência firme de tribunais superiores fixada em casos repetitivos ou súmula vinculante (inciso II), de pedido de entrega de bem em decorrência de contrato escrito de depósito (inciso III), ou de prova documental robusta de situação fática de que decorre necessariamente o direito do autor, a que o réu não tenha oposto prova capaz de gerar dúvida razoável (inciso IV).

A tutela da evidência é sempre incidente. Pode ser requerida na inicial ou em petição avulsa. Neste último caso, ao réu deverá ser dada oportunidade de respondê-la. Nas hipóteses dos incisos II e III, se a situação fático-jurídica descrita pelo autor estiver documentalmente comprovada, a elevada qualidade do seu direito e a reduzida probabilidade de que o réu possa vir a desmenti-la, ensejam a tutela da evidência por meio de provimento liminar (art. 310, parágrafo único). Nas demais (incisos I e IV), a evidência resulta em grande parte do comportamento do réu ou das provas por ele produzidas e, por isso, o legislador não admite a possibilidade de provimento *inaudita altera parte*, somente podendo ser concedida depois de decorrido o prazo de resposta do réu.

É a qualidade do direito que justifica a tutela liminar, nas hipóteses dos incisos II e III, como já ocorria na vigência do Código anterior com os alimentos provisórios e com a liminar possessória, tradicionalmente apontados como exemplos de tutela da evidência. A liminar possessória segue sendo caracterizada como uma modalidade de tutela antecipada da evidência no artigo 561 do Código de 2015. E o regime dos alimentos provisórios é mantido no artigo 693, parágrafo único, do novo diploma no procedimento que continuará regido por lei especial (Lei 5.478/68).

Indagação que me ocorre a respeito dessa concessão liminar é se, embora a noção de tutela de evidência exclua o requisito da urgência, consoante está expresso no *caput* do artigo 310, a sua concessão liminar não deveria exigir a sua caracterização. Na comparação feita por Fux com o mandado de segurança e com os títulos executivos, há diferenças substanciais com a nova tutela de evidência disciplinada no Código de 2015. No mandado de segurança a liminar impõe o requisito da urgência, de acordo com o inciso III do artigo 7º da Lei 12.016/2009.[24] O título executivo resultou de decisão judicial ou de fonte extrajudicial formal que gerou a presunção de certeza de existência do crédito. Por outro lado, na liminar possessória e nos alimentos provisórios, a urgência é evidente, seja pela lesão ou ameaça à posse do bem pelo requerente, seja pela necessidade de sobrevivência do alimentando.

Na ação monitória, em que também se prevê tutela liminar da evidência (art. 9º, parágrafo único, inciso III), a oposição de embargos no prazo de quinze dias para cumprimento suspende automaticamente a efetivação da medida até o julgamento em primeiro grau (art. 702, § 4º).

Aqui, na tutela da evidência, a prova documental robusta não é aquela que formalmente gere a presunção de certeza de existência do crédito, pois se o fosse, ensejaria desde logo a execução como título executivo. Ora, o acolhimento liminar, ainda que provisório, do pedido do autor sem o requisito da urgência, violaria a garantia do contraditório, o que, a meu ver, impõe uma interpretação do *caput* e do parágrafo único do artigo 310 em conformidade com o artigo 5º, inciso LV, da Constituição, no sentido de que, nas hipóteses dos incisos II e III, a liminar autorizada depende concorrentemente da evidência do direito e da caracterização do perigo de lesão grave ou de difícil reparação.

---

[24] "Ao despachar a inicial, o juiz ordenará: III – que se suspenda o ato que deu motivo ao pedido, quando houver fundamento relevante e do ato impugnado puder resultar a ineficácia da medida, caso seja finalmente deferida...".

Cabe ressaltar a semelhança entre a tutela da evidência com o julgamento antecipado do mérito, regulado nos artigos 354 e 355 do Código de 2015. Neste, que ocorre nas hipóteses de desnecessidade de provas, de revelia ou de pedidos incontroversos, a sentença, ainda que parcial, é definitiva, ou seja, esgota a jurisdição cognitiva de primeiro grau, não podendo ser revogada ou modificada. Ocorrerão, entretanto, situações de superposição entre as hipóteses de julgamento antecipado do mérito e de tutela antecipada de evidência. Se não houver possibilidade de prática de qualquer ato subsequente que possa vir a infirmar o acolhimento do pedido do autor, deverá o juiz fazer uso do julgamento antecipado do pedido. Se, em respeito ao direito de defesa do réu ou a alguma outra circunstância, for necessário ou útil facultar a prática de atos subsequentes, deverá o juiz inclinar-se pela tutela de evidência.

9. Execução da tutela provisória

O parágrafo único do artigo 296 do Código de 2015 estabelece que "a efetivação da tutela provisória observará as normas referentes ao cumprimento provisório da sentença, no que couber". Apesar da ressalva final, o dispositivo reverte entendimento, ainda que inconscientemente assente, de que o cumprimento da tutela de urgência não pode submeter ao procedimentalismo da execução usual de um título executivo, porque a observância dessa ritualidade e dos respectivos prazos pode tornar ineficaz a medida concedida. Assim, por exemplo, nos alimentos provisórios, as regras de cumprimento exigem intimação do devedor para em três dias pagar, justificar que o fez ou comprovar a impossibilidade de fazê-lo (art. 527). E na entrega de coisa, o artigo 537 manda esperar o prazo fixado pelo juiz na decisão. Na tutela de urgência, cautelar ou antecipada, e mesmo na tutela de evidência, quando houver urgência, a efetivação da medida far-se-á pelo modo mais eficaz possível, independentemente das regras de execução ou de cumprimento provisório de sentença. Se for possível compatibilizar a urgência com o respeito às regras sobre o cumprimento provisório de sentença, serão estas respeitadas. Caso elas se mostrem inadequadas, pelo risco de tornar ineficaz a tutela concedida, deverá o juiz adotar as providências mais adequadas.

10. Competência

Nos artigos 298 e 303, § 4º, o Código de 2015 estabeleceu a prorrogação da competência do juízo da ação principal para a tutela provisória e a do juízo da tutela antecipada de urgência antecedente estabilizada para a ação de revogação. E o parágrafo único do artigo 298, ressalvando alguma disposição em sentido diverso, atribui ao órgão do tribunal superior competente para apreciar o mérito a competência para a tutela provisória nas ações de competência originária dos tribunais, nos recursos e na remessa necessária. A ressalva se refere, a meu ver, às suspensões de liminar e de segurança, da competência dos presidentes de tribunais, mantidas pelo artigo 1.059 do Código.

Nos recursos e nas remessas necessárias, essa disposição se harmoniza com a do § 3º do artigo 1.012, que prevê que o pedido de efeito suspensivo da apelação seja dirigido, a partir da interposição do recurso, ao tribunal ou ao relator do recurso no tribunal de 2º grau. Nos recursos extraordinário e especial a regra é semelhante: o requerimento de efeito suspensivo igualmente será dirigido, a partir da interposição do recurso, ao tribunal superior ou ao relator nele designado, mas na hipótese de recurso sobrestado, ao presidente ou vice-presidente do tribunal que proferiu a decisão recorrida (art. 1.029, § 5º).

Remanescerá a dúvida quando houver necessidade, que ocorre com frequência, de propositura de tutela de urgência após a prolação da decisão, mas antes da interposição da apelação, do recurso especial ou do recurso extraordinário. Inclino-me pela aplicação das mesmas regras, ou seja, de interposição perante o relator ou o tribunal *ad quem*, inclusive, no caso do especial e do extraordinário, porque caducas estarão com a vigência do novo Código as Súmulas 634 e 635 do Supremo Tribunal Federal, porque esses recursos não mais estarão sujeitos a juízo de admissibilidade no tribunal *a quo*.

11. Conclusão

Esta é uma primeira análise que faço dos institutos que o novo Código agasalha sob a égide da agora denominada tutela provisória, na qual procurei comentar as questões que me parecem mais relevantes, relegando para outra ocasião outras que o tema sugere e que certamente serão objeto de preocupação da doutrina. Embora a reflexão aqui encetada não seja provisória, certamente merecerá ser revista e aperfeiçoada com a produção doutrinária e os debates que o novo diploma ensejará. Se dúvidas subsistem, não são elas maiores do que as que afligem os juristas sempre que sobrevém uma reforma legislativa tão ampla, como a do Código de 2015. Entretanto, a impressão inicial é a de que a matéria aqui analisada recebeu uma disciplina sistemática consistente e equilibrada, restando augurar que os objetivos qualitativos nela idealizados se concretizem na sua aplicação.

Para que esses elevados ideais se realizem, impende que os juízes, no desempenho das suas funções, busquem oferecer uma prestação jurisdicional de qualidade melhor e, consequentemente, mais justa, o que lhes exigirá particular esforço em exteriorizar com transparência as razões do seu convencimento (art. 297), diante dos relevantes interesses contrapostos que normalmente se apresentam nas situações em que a tutela provisória é pleiteada.

Resta-me, por fim, lamentar que o legislador de 2015, para realizar esses objetivos maiores, tenha sido obrigado a curvar-se às imposições antidemocráticas da Fazenda Pública e conservado, no artigo 1.059, ao arrepio do disposto no artigo 5º, inciso XXXV, da Constituição, as proibições de liminares constantes do artigo 4º da Lei 8.437/92 e do § 2º do artigo 7º da Lei 12.016/2009.

Boa sorte ao novo Código.

Anexo

PARTE GERAL
LIVRO V
DA TUTELA PROVISÓRIA
TÍTULO I
DISPOSIÇÕES GERAIS

Art. 293. A tutela provisória pode fundamentar-se em urgência ou evidência.

Parágrafo único. A tutela provisória de urgência, cautelar ou antecipada, pode ser concedida em caráter antecedente ou incidental.

Art. 294. A tutela provisória requerida em caráter incidental independe do pagamento de custas.

Art. 295. A tutela provisória conserva sua eficácia na pendência do processo, mas pode, a qualquer tempo, ser revogada ou modificada.

Parágrafo único. Salvo decisão judicial em contrário, a tutela provisória conservará a eficácia durante o período de suspensão do processo.

Art. 296. O juiz poderá determinar as medidas que considerar adequadas para efetivação da tutela provisória.

Parágrafo único. A efetivação da tutela provisória observará as normas referentes ao cumprimento provisório da sentença, no que couber.

Art. 297. Na decisão que conceder, negar, modificar ou revogar a tutela provisória, o juiz justificará as razões de seu convencimento de modo claro e preciso.

Art. 298. A tutela provisória será requerida ao juízo da causa e, quando antecedente, ao juízo competente para conhecer do pedido principal.

Parágrafo único. Ressalvada disposição especial, na ação de competência originária de tribunal e nos recursos a tutela provisória será requerida ao órgão jurisdicional competente para apreciar o mérito.

TÍTULO II
DA TUTELA DE URGÊNCIA
CAPÍTULO I
DISPOSIÇÕES GERAIS

Art. 299. A tutela de urgência será concedida quando houver elementos que evidenciem a probabilidade do direito e o perigo de dano ou o risco ao resultado útil do processo.

§ 1º Para a concessão da tutela de urgência, o juiz pode, conforme o caso, exigir caução real ou fidejussória idônea para ressarcir os danos que a outra parte possa vir a sofrer; a caução pode ser dispensada se a parte economicamente hipossuficiente não puder oferecê-la.

§ 2º A tutela de urgência pode ser concedida liminarmente ou após justificação prévia.

§ 3º A tutela de urgência, de natureza antecipada, não será concedida quando houver perigo de irreversibilidade dos efeitos da decisão.

Art. 300. A tutela urgente de natureza cautelar pode ser efetivada mediante arresto, sequestro, arrolamento de bens, registro de protesto contra alienação de bem e qualquer outra medida idônea para asseguração do direito.

Art. 301. Independentemente da reparação por dano processual, a parte responde pelo prejuízo que a efetivação da tutela de urgência causar à parte adversa, se:

I – a sentença lhe for desfavorável;

II – obtida liminarmente a tutela em caráter antecedente, não fornecer os meios necessários para a citação do requerido no prazo de 5 (cinco) dias;

III – ocorrer a cessação da eficácia da medida em qualquer hipótese legal;

IV – o juiz acolher a alegação de decadência ou prescrição da pretensão do autor.

Parágrafo único. A indenização será liquidada nos autos em que a medida tiver sido concedida, sempre que possível.

CAPÍTULO II
DO PROCEDIMENTO DA TUTELA ANTECIPADA REQUERIDA
EM CARÁTER ANTECEDENTE

Art. 302. Nos casos em que a urgência for contemporânea à propositura da ação, a petição inicial pode limitar-se ao requerimento da tutela antecipada e à indicação do pedido de tutela final, com a exposição da lide, do direito que se busca realizar e do perigo de dano ou do risco ao resultado útil do processo.

§ 1º Concedida a tutela antecipada a que se refere o *caput* deste artigo:

I – o autor deverá aditar a petição inicial, com a complementação da sua argumentação, a juntada de novos documentos e a confirmação do pedido de tutela final, em 15 (quinze) dias, ou em outro prazo maior que o juiz fixar;

II – o réu será citado e intimado para a audiência de conciliação ou de mediação na forma do art. 333; não havendo autocomposição, o prazo para contestação será contado na forma do art. 334.

§ 2º Não realizado o aditamento a que se refere o inciso I do § 1º deste artigo, o processo será extinto sem resolução do mérito.

§ 3º O aditamento a que se refere o inciso I do § 1º deste artigo dar-se-á nos mesmos autos, sem incidência de novas custas processuais.

§ 4º Na petição inicial a que se refere o *caput* deste artigo, o autor terá de indicar o valor da causa, que deve levar em consideração o pedido de tutela final.

§ 5º O autor indicará na petição inicial, ainda, que pretende valer-se do benefício previsto no *caput* deste artigo.

§ 6º Caso entenda que não há elementos para a concessão da tutela antecipada, o órgão jurisdicional determinará a emenda da petição inicial, em até 5 (cinco) dias. Não sendo emendada neste prazo, a petição inicial será indeferida e o processo, extinto sem resolução de mérito.

Art. 303. A tutela antecipada, concedida nos termos do art. 302, torna-se estável se da decisão que a conceder não for interposto o respectivo recurso.

§ 1º No caso previsto no *caput*, o processo será extinto.

§ 2º Qualquer das partes poderá demandar a outra com o intuito de rever, reformar ou invalidar a tutela antecipada estabilizada nos termos do *caput*.

§ 3º A tutela antecipada conservará seus efeitos enquanto não revista, reformada ou invalidada por decisão de mérito proferida na ação de que trata o § 2º.

§ 4º Qualquer das partes poderá requerer o desarquivamento dos autos em que foi concedida a medida, para instruir a petição inicial da ação a que se refere o § 2º, prevento o juízo em que a tutela antecipada foi concedida.

§ 5º O direito de rever, reformar ou invalidar a tutela antecipada, previsto no § 2º deste artigo, extingue-se após 2 (dois) anos, contados da ciência da decisão que extinguiu o processo, nos termos do § 1º.

§ 6º A decisão que concede a tutela não fará coisa julgada, mas a estabilidade dos respectivos efeitos só será afastada por decisão que a revir, reformar ou invalidar, proferida em ação ajuizada por uma das partes, nos termos do § 2º deste artigo.

CAPÍTULO III
DO PROCEDIMENTO DA TUTELA CAUTELAR REQUERIDA EM CARÁTER ANTECEDENTE

Art. 304. A petição inicial da ação que visa à prestação de tutela cautelar em caráter antecedente indicará a lide, seu fundamento e a exposição sumária do direito que se objetiva assegurar, e o perigo de dano ou o risco ao resultado útil do processo.

Parágrafo único. Caso entenda que o pedido a que se refere o *caput* tem natureza antecipada, o juiz observará o disposto no art. 302.

Art. 305. O réu será citado para, no prazo de 5 (cinco) dias, contestar o pedido e indicar as provas que pretende produzir.

Art. 306. Não sendo contestado o pedido, os fatos alegados pelo autor presumir-se-ão aceitos pelo réu como ocorridos, caso em que o juiz decidirá dentro de 5 (cinco) dias.

Parágrafo único. Contestado o pedido no prazo legal, observar-se-á o procedimento comum.

Art. 307. Efetivada a tutela cautelar, o pedido principal terá de ser formulado pelo autor no prazo de 30 (trinta) dias. Nesse caso, será apresentado nos mesmos autos em que deduzido o pedido de tutela cautelar, não dependendo do adiantamento de novas custas processuais.

§ 1º O pedido principal pode ser formulado conjuntamente com o pedido de tutela cautelar.

§ 2º A causa de pedir poderá ser aditada no momento da formulação do pedido principal.

§ 3º Apresentado o pedido principal, as partes serão intimadas para a audiência de conciliação ou de mediação na forma do art. 333 por seus advogados ou pessoalmente, sem necessidade de nova citação do réu.

§ 4º Não havendo autocomposição, o prazo para contestação será contado na forma do art. 334.

Art. 308. Cessa a eficácia da tutela concedida em caráter antecedente, se:

I – o autor não deduzir o pedido principal no prazo legal;

II – não for efetivada dentro de 30 (trinta) dias;

III – o juiz julgar improcedente o pedido principal formulado pelo autor ou extinguir o processo sem resolução de mérito.

Parágrafo único. Se por qualquer motivo cessar a eficácia da tutela cautelar, é vedado à parte renovar o pedido, salvo sob novo fundamento.

Art. 309. O indeferimento da tutela cautelar não obsta a que a parte formule o pedido principal, nem influi no julgamento desse, salvo se o motivo do indeferimento for o reconhecimento de decadência ou de prescrição.

TÍTULO III
DA TUTELA DA EVIDÊNCIA

Art. 310. A tutela da evidência será concedida, independentemente da demonstração de perigo de dano ou de risco ao resultado útil do processo, quando:

I – ficar caracterizado o abuso do direito de defesa ou o manifesto propósito protelatório da parte;

II – as alegações de fato puderem ser comprovadas apenas documentalmente e houver tese firmada em julgamento de casos repetitivos ou em súmula vinculante;

III – se tratar de pedido reipersecutório fundado em prova documental adequada do contrato de depósito, caso em que será decretada a ordem de entrega do objeto custodiado, sob cominação de multa;

IV – a petição inicial for instruída com prova documental suficiente dos fatos constitutivos do direito do autor, a que o réu não oponha prova capaz de gerar dúvida razoável.

Parágrafo único. Nas hipóteses dos incisos II e III, o juiz poderá decidir liminarmente.

— 14 —

O direito fundamental ao acesso à justiça e a regulamentação das atividades de conciliação e mediação pelo Poder Judiciário no novo Código de Processo Civil brasileiro

LUIS ALBERTO REICHELT[1]

Sumário: 1. Introdução; 2. O direito fundamental ao acesso à justiça e sua densificação no modelo multiportas proposto pelo novo CPC; 3. Desafios decorrentes da regulamentação das atividades de mediação e conciliação desenvolvidas pelo Poder Judiciário no novo Código de Processo Civil; 3.1. A petição inicial e a manifestação de interesse (ou desinteresse) do autor na realização da audiência de conciliação ou mediação: questões a considerar; 3.2. A regulamentação estabelecida pelo legislador a respeito da audiência de conciliação ou mediação no contexto dos procedimentos especiais; 4. Considerações conclusivas; 5. Referências bibliográficas.

1. Introdução

O advento de um novo Código de Processo Civil renova o desafio consistente na exigência de concretização de direitos fundamentais de natureza processual, em especial no que se refere ao direito ao acesso à justiça. Mais do que mera alteração no plano legal em termos de fontes do Direito, a forma como o legislador dispõe a respeito da regulamentação de parâmetros previstos no âmbito constitucional pode até mesmo trazer alterações no que se refere ao conteúdo do significado da própria proteção ofertada no plano dos Direitos Fundamentais.

O presente ensaio propõe-se a investigar em perspectiva crítica uma das projeções possíveis a serem consideradas nesse contexto, qual seja a do direito fundamental ao acesso à justiça, tomando em conta o microssistema formado pelas ferramentas em sede de conciliação e mediação

---

[1] Mestre e Doutor em Direito pela UFRGS. Professor nos cursos de Graduação, Especialização, Mestrado e Doutorado em Direito da PUCRS. Procurador da Fazenda Nacional em Porto Alegre (RS).

conforme reguladas no novo Código de Processo Civil. A questão é relevante, na medida em que coloca em lume a preocupação com os perigos de retrocesso social decorrente de providências tomadas no âmbito infraconstitucional. O papel do intérprete, sob essa ótica, é o de garantidor, a ele cabendo o controle quanto à construção de significado na exegese da lei de modo que seja assegurado o efetivo respeito aos direitos fundamentais. Da mesma forma, cabe ao intérprete, ainda, a busca de otimização dos efeitos desses mesmos direitos fundamentais através do emprego das novas fórmulas trazidas pelo Poder Legislativo, fazendo com que a lei seja lida da maneira que permita a maior amplitude possível de proteção a tais direitos.

A fim de enfrentar tal problemática, propõe-se um estudo dividido em duas partes. Na primeira delas, analisar-se-á de que forma é possível justificar a existência de mecanismos de densificação do direito fundamental ao acesso à justiça no novo Código de Processo Civil, com ênfase nos mecanismos a serem utilizados para solução de conflitos baseados em estruturas de autocomposição de litígios. Ato contínuo, passar-se-á ao estudo de problemas relevantes na regulamentação proposta pelo legislador em relação à mediação e à conciliação no âmbito judicial, nos quais será possível as dificuldades presentes no equacionamento do direito fundamental ao acesso à justiça quando visto em contraste com outros direitos fundamentais de natureza processual. Sob essa ótica, investigar-se-á as questões tomando em conta não só a inserção da audiência de mediação e de conciliação no âmbito do procedimento comum, mas também o surgimento de problemáticas consideráveis decorrentes da dificuldade presente na adequação de procedimentos especiais ao novo paradigma proposto em sede de acesso à justiça.

2. O direito fundamental ao acesso à justiça e sua densificação no modelo multiportas proposto pelo novo CPC

O art. 5º, XXXV, da Constituição Federal consagra o direito fundamental à inafastabilidade do controle jurisdicional, o qual é parte integrante de um outro de maior espectro, qual seja o direito fundamental ao acesso à justiça. O direito humano e fundamental ao acesso à justiça compreende o acesso efetivo a todos os meios pelos quais as pessoas possam reivindicar seus direitos e/ou resolver seus litígios.

Sob a ótica do acesso à justiça, múltiplos podem ser os prismas a serem considerados. Em uma primeira aproximação, é possível diferenciar os instrumentos comprometidos com o desafio do acesso à justiça em dois grandes grupos. De um lado, observa-se que a tutela de direitos pode ser implementada mediante o emprego de *meios para solução de conflitos* (jurisdição exercida por órgãos do Estado, arbitragem, mediação, conciliação e transação). Ao lado destes há, ainda, outros nos quais a jurisdição é exercida *com vistas à criação de situações jurídicas subjetivas mediante a presença de prestação estatal, independentemente da pressuposição da existência de litígio a ser dirimido* (jurisdição exercida por órgãos do Estado em relação a ações constitutivas necessárias).

Uma outra classificação é a que pode ser construída em se tomando em conta os diversos meios que podem ser empregados com vistas à solução de conflitos. Sob esse prisma, há um primeiro conjunto de *ferramentas baseadas em estruturas de autocomposição de litígios*, compreendidas em tal rol a mediação, a conciliação e a transação. A esse conjunto é possível contrapor outro formado pelos *meios estruturados como mecanismos de heterocomposição de litígios*, formado pela jurisdição exercida por órgãos do Estado e pela arbitragem.[2]

A consideração de um terceiro critério permite sejam separadas as diversas ferramentas existentes tomando como critério a presença, ou não, de uma prestação estatal diretamente ofertada às partes como meio para resolução de conflitos. Essa é a baliza que permite contrapor as *atividades que envolvem a atuação de órgãos do Estado como meios para solução de litígios* (jurisdição, mediação e conciliação) em relação a *atividades nas quais a resposta para o impasse é construída independentemente da existência de uma prestação ofertada diretamente por esses mesmos órgãos* (mediação, conciliação e arbitragem).[3]

Da consideração das possibilidades acima elencadas, tem-se que a fundamentação de um sistema multiportas de acesso à justiça[4] como fenômeno dotado de *status* constitucional pode ser construída a partir do entrelaçamento entre duas premissas fundamentais. Nesse sentido, a compreensão do conteúdo do direito fundamental à inafastabilidade do controle jurisdicional como manifestação de atividade desenvolvida no âmbito da separação de poderes e funções do Estado é vista como uma fórmula que não exclui a possibilidade de existência de outras ferramentas igualmente comprometidas com a preocupação de solucionar

---

[2] Para maiores considerações sobre outras categorias e reflexões sobre autocomposição de litígios, ver CASTILLO, Niceto Alcalá-Zamora y. *Proceso, autocomposición y autodefensa. Contribución al estudio de los fines del proceso*. Cidade do México: UNAM, 2000. p. 71 e seguintes.

[3] A conceituação proposta é mais abrangente que a defendida por CAPPELLETTI, Mauro e GARTH, Bryant. *Acesso à Justiça*. Tradução de Ellen Gracie Northfleet. Porto Alegre: Sergio Antonio Fabris Editor, 1988. p. 8, para quem a expressão acesso à justiça envolve um sistema desenvolvido *"sob os auspícios do Estado"*.

[4] Fazendo menção à adoção desse modelo multiportas de acesso à justiça, ver REZENDE, Renato Horta. *O novo Código de Processo Civil voltado para a resolução de conflitos: mudança de paradigma?*. Revista dos Tribunais, vol. 965 (2016): 75-97; RASCOWSKI, Luiz. Apontamentos sobre o novo Código de Processo Civil. Revista dos Tribunais, 958 (2015): 363-386; LESSA NETO, João Luiz. *O novo CPC adotou o modelo multiportas!!! E agora?!*. Revista de Processo, vol. 244 (2015): 427-441.

conflitos. Desse encontro de razões resulta a construção de um direito fundamental que se enquadra dentre aqueles relativos à organização e ao procedimento,[5] o qual é dotado de considerável sofisticação se comparado com outras ferramentas predispostas no ordenamento jurídico pátrio.

O legislador responsável pelo novo Código de Processo Civil sinaliza estar ciente a esse respeito. É o que se constata do marco legal estampado no art. 3º da referida codificação: se, no *caput*, vem densificada a fórmula constitucional do art. 5º, XXXV, nos parágrafos do referido comando o que se vê é justamente a compreensão quanto à existência de outros mecanismos igualmente voltados ao mesmo escopo, como a arbitragem, a mediação e a conciliação.

Esse modelo multiportas de acesso à justiça é formatado mediante o emprego de uma série de estratégias diferentes por parte do legislador. De um lado, a possibilidade de recurso à arbitragem constante do parágrafo primeiro do art. 3º do novo Código de Processo Civil é tratada como um direito fundamental de liberdade, situado no âmbito da autodeterminação das partes a respeito dos meios de que pretendem lançar mão para solucionar conflitos. No que se refere à mediação e à conciliação, a fórmula empregada estende-se em duas direções, criando um cenário ainda mais rico. Primeiramente, renova-se o compromisso com a liberdade de escolha da parte por outros meios de solução de conflitos que não a prestação jurisdicional estatal, inerente aos mecanismos baseados em estruturas de autocomposição de litígios. Paralelamente a isso, o legislador estabelece compromissos do Estado com vistas à adoção de prestações positivas: no parágrafo segundo, mediante o emprego de uma formulação principiológica de desejo de produção de um resultado, e, no parágrafo terceiro, através do estabelecimento de regra a serem observada por determinados sujeitos.[6]

A densificação do direito fundamental ao acesso à justiça pelo novo Código de Processo Civil tem o condão, ainda, de servir como indicativo a ser considerado pelo intérprete ao ofertar significado aos demais comandos constantes do sistema. A inserção do art. 3º dentro do seleto rol das chamadas normas fundamentais deve servir como guia a nortear o intérprete de modo a sempre optar pela exegese que melhor atender

---

[5] Sobre a caracterização desses direitos fundamentais à organização e ao procedimento, ver ALEXY, Robert. *Teoria de los Derechos Fundamentales*. Madrid: Centro de Estudios Constitucionales, 1993. p. 454 e seguintes.

[6] Zulmar Duarte destaca que a conclamação feita no art. 3º, § 3º, do novo Código de Processo Civil "*é dirigida aos juízes, advogados, defensores públicos e ao membro do Ministério Público, não mais somente para o magistrado*" (in GAJARDONI, Fernando da Fonseca, DELLORE, Luiz, ROQUE, André Vasconcelos e OLIVEIRA JÚNIOR, Zulmar Duarte. *Teoria Geral do Processo. Comentários ao CPC de 2015. Parte Geral*. São Paulo: Método, 2015. p. 17)

à exigência de acesso à justiça. Essa perspectiva teleológica mostra-se justificada em um dos principais aspectos inerentes à fundamentalidade formal do direito ao acesso à justiça, qual seja a sua aplicabilidade imediata a entidades públicas e privadas.[7] Uma postura hermenêutica que não priorize o respeito a direitos fundamentais nas escolhas feitas pelo intérprete é, em verdade, atentatória em relação ao constante do art. 5º, § 1º, da Constituição Federal.

3. Desafios decorrentes da regulamentação das atividades de mediação e conciliação desenvolvidas pelo Poder Judiciário no novo Código de Processo Civil

A inserção da mediação e da conciliação no contexto das atividades implementadas pelo Poder Judiciário é tarefa que se constitui em muito mais do que simples inserção de uma etapa dentro de um procedimento jurisdicional. As escolhas feitas pelo legislador deixam em aberto uma série de questões que clamam por solução por parte do intérprete.

3.1. A petição inicial e a manifestação de interesse (ou desinteresse) do autor na realização da audiência de conciliação ou mediação: questões a considerar

Uma primeira questão a ser pontuada diz respeito à fórmula proposta pelo legislador no art. 319, VII, do Código de Processo Civil, segundo a qual a petição inicial indicará, dentre outras informações, a opção do autor pela realização ou não de audiência de conciliação ou de mediação.

A análise do referido comando legal comporta pelo menos quatro importantes questões a serem consideradas. A primeira delas é a que diz respeito à efetividade da manifestação do autor, tendo em vista o disposto no art. 334, § 4º, I, do mesmo Código de Processo Civil, de acordo com o qual a audiência não será realizada se ambas as partes manifestarem, expressamente, desinteresse na composição consensual. A consideração do texto legal faz com que a manifestação do autor somente opere efeitos na medida em que encontre correspondência por parte do réu igualmente desinteressado na realização da referida audiência. Ainda segundo o legislador, essa manifestação do réu, por sua vez, deverá ser apresentada até dez dias antes da data agendada para realização da audiência, a teor do disposto no art. 334, § 5º, da novel codificação processual.

---

[7] Sobre a distinção entre fundamentalidade formal e fundamentalidade material de direitos, ver SARLET, Ingo Wolfgang. *A eficácia dos direitos fundamentais*. 9ª ed. Porto Alegre: Livraria do Advogado, 2009. p. 74-75.

É no mínimo questionável a posição do legislador ao estabelecer como condição para a não realização da audiência a presença de manifestação de desinteresse de *ambas* as partes. A insistência na realização de audiência de conciliação ou mediação em caso no qual uma das partes, de maneira inequívoca, afirma não desejar se submeter a qualquer tentativa de autocomposição pode soar como desconsideração da vontade dos jurisdicionados. Há que se lembrar, nesse sentido, que o caráter disponível dos direitos que podem ser objeto de conciliação deve ser acompanhado da voluntariedade na manifestação de quem se submete aos mecanismos de conciliação e mediação. O caráter inabalável que possa eventualmente nortear a fé do legislador em relação à efetividade dos meios colocados à disposição com vistas à solução consensual de litígios não pode solapar a liberdade de disposição de direitos do autor e do réu, a quem deve ser colocada a alternativa de escolha por participar ou não de tal ato processual.[8]

Dessa primeira ordem de considerações exsurgiria, como alternativas para a parte desinteressada na tentativa de acordo, considerar as possibilidades de simplesmente não comparecer à audiência ou de fazer com que um preposto seu a ela comparecesse. Nesse cenário, ergue-se um segundo problema a ser considerado, qual seja o da ausência de razoabilidade da fórmula em questão no que se refere à escolha pelo comparecimento ou não à audiência de conciliação. Segundo o art. 334, § 8º, o não comparecimento injustificado do autor ou do réu à audiência de conciliação é considerado ato atentatório à dignidade da justiça e será sancionado com multa de até dois por cento da vantagem econômica pretendida ou do valor da causa, revertida em favor da União ou do Estado. O que se vê em tal comando é que um ônus imponível à parte foi transformado pelo legislador foi alterado de modo que a sanção desfavorável ao interesse de quem deixa de praticar o ato processual não guarda qualquer relação com a finalidade do ato. A norma em questão trabalha com a obrigatoriedade como modal deôntico a ser respeitado[9] em detrimento daquele que deveria ser adotado se considerada a natureza do fenômeno, qual seja a consideração da conduta como meramente facultativa, e, ao assim proceder, desafia o postulado da razoabilidade,

---

[8] Essa também é a posição de MEDINA, José Miguel Garcia. *Direito Processual Civil Moderno*. São Paulo: Revista dos Tribunais, 2015. p. 533-535. Uma posição intermediária, pelo que se infere dos exemplos que elenca, é a de GRECO, Leonardo. *Instituições de Processo Civil*. Vol. II. 3ª ed. Rio de Janeiro, Forense, 2015. p. 48. Em sentido contrário, defendendo que na presença de manifestação apenas do autor deve haver a realização da audiência, ver MARINONI, Luiz Guilherme, ARENHART, Sérgio Cruz e MITIDIERO, Daniel. *Novo Curso de Processo Civil*. Vol. 2. 2ª ed. São Paulo: Revista dos Tribunais, 2016. p. 180.

[9] Afirmando que a norma em questão veicula um dever a ser observado pelas partes, ver DIDIER JR., Fredie. *Curso de Direito Processual Civil*. Vol. I. 17ª ed. Salvador: Editora Jus Podium, 2015. p. 625.

impondo restrição injustificada ao direito fundamental à autodeterminação do autor e do réu em tal contexto.[10]

A terceira questão derivada desse mesmo contexto envolve considerar os efeitos decorrentes do silêncio do autor que, ao apresentar a petição inicial, nada diz em relação à opção pela realização ou não da audiência de conciliação ou de mediação. Seguramente a sanção a ser aplicada ao demandante não pode ser no sentido do indeferimento da petição inicial, tendo em vista que tal opção importaria em desconsiderar a teleologia presente nas exigências a serem atendidas. Sob o signo da efetividade do direito fundamental ao acesso à justiça, o silêncio da parte deve ser interpretado como concordância com a existência da audiência de conciliação ou mediação.[11] Assim ocorre na medida em que tal orientação é a que consagra o maior número de alternativas a serem empregadas pelas partes com vistas à obtenção de solução para os impasses por elas trazidos ao conhecimento do Poder Judiciário.

Uma última questão que se coloca como desdobramento da problemática anterior é a que concerne aos limites a serem observados pela parte autora ao apresentar petição manifestando desinteresse na audiência de conciliação ou mediação após a propositura da ação. Certamente os riscos da preclusão restam afastados em se considerando a possibilidade de emenda à inicial até a data da citação: em se considerando que o art. 329, I do Código de Processo Civil permite a alteração do objeto do debate até esse momento independentemente de anuência da contraparte, não se há de questionar a possibilidade de a parte dispor nesse mesmo ínterim a respeito das providências que pretende sejam utilizadas com vistas à solução do conflito por ela retratado na peça vestibular.

As diretrizes acima expostas permitem construir soluções ainda mais criativas para a última questão apresentada. Uma delas é a que envolve considerar a possibilidade de o autor apresentar a referida manifestação de desinteresse na realização da audiência de conciliação e mediação dentro do mesmo prazo imposto ao réu, isto é, até dez dias antes da realização da referida audiência. A teleologia das normas justifica o acerto da conclusão, tendo em vista que em tal circunstância restariam atendidos os objetivos associados à regra estampada no art. 334, § 5º, do Código de Processo Civil. Ao mesmo tempo em que se preserva

---

[10] A respeito dessa acepção da noção de razoabilidade, ver ÁVILA, Humberto. *Teoria dos princípios*. São Paulo: Malheiros, 2003. p. 98-101.

[11] Essa é a posição de Guilherme Freire Teixeira, CUNHA, José Sebastião Fagundes. *Código de Processo Civil Comentado*. São Paulo: Revista dos Tribunais, 2015. p. 576; de Luis Guilherme Aidar Bondioli, in WAMBIER, Teresa Arruda Alvim, DIDIER JR, Fredie, TALAMINI, Eduardo e DANTAS, Bruno (org.). *Breves Comentários ao Novo Código de Processo Civil*. São Paulo: Revista dos Tribunais, 2015. p. 818-819; e de AMARAL, Guilherme Rizzo. *Comentários às Alterações do Novo CPC*. São Paulo: Revista dos Tribunais, 2015. p. 436.

a liberdade das partes de dispor sobre o interesse na realização ou não da audiência de conciliação ou mediação, a apresentação de manifestação de ambas as partes dentro do prazo citado permite ao Poder Judiciário reorganizar sua força de trabalho de modo que a pauta de audiências possa ser redesenhada. Considerando que o prazo de antecedência previsto no art. 334, § 5°, do Código de Processo Civil é projetado, ainda, como ferramenta destinada a assegurar previsibilidade ao autor a respeito da expectativa ou não de realização da audiência multicitada, não se vislumbra prejuízo em seu desfavor na apresentação de manifestação até o advento do referido termo legal.

A única ressalva a ser feita em circunstâncias como a acima narrada diz respeito à necessidade de renovação da comunicação a ser endereçada ao réu, que deverá ser intimado em relação a tal petição, não se considerando necessário reagendar a audiência por tão somente em função da superveniência dessa nova informação trazida aos autos. Nesse caso, bastaria que a decisão que viesse a determinar a comunicação do réu a respeito da manifestação do autor contemplasse também expressamente a referência a respeito da preservação da data ou, de outro lado, que o referido comando contemplasse alerta para o réu a respeito da circunstância do início do prazo de contestação a partir da mencionada intimação, na hipótese de se entender ser injustificada a realização da audiência nos casos em que uma das partes (ou ambas) tenham manifestado interesse nessa direção.

3.2. A regulamentação estabelecida pelo legislador a respeito da audiência de conciliação ou mediação no contexto dos procedimentos especiais

Se a inserção da mediação e da conciliação no procedimento comum foi um desafio trabalhoso para o legislador, não menos espinhoso é o terreno em se considerando o desafio presente no trato de tais fenômenos no contexto dos procedimentos especiais. Diversas foram as orientações adotadas, e diversas são as explicações para as referidas escolhas legislativas.

Uma primeira ponderação é a que envolve a opção do legislador por expressamente estabelecer, em alguns procedimentos especiais regulados pelo novo Código de Processo Civil, que o réu será citado para apresentar contestação. Essa é a situação vislumbrada, por exemplo, na ação de exigir contas (art. 550), nas ações possessórias de força nova (art. 564), na ação de demarcação de terras (art. 577) e na ação de dissolução parcial de sociedade (art. 601). Em situações como as acima apresentadas, impõe-se investigar, em primeiro lugar, qual seria a razão para o legislador expressamente mencionar fórmula diversa daquela prevista no art. 334 do Código de Processo Civil para o procedimento comum.

Da mesma forma, é legítima a indagação, ainda, no sentido de saber se a existência de previsão legal expressa exclui a possibilidade de o juiz ainda assim designar audiência de conciliação e mediação, modulando o procedimento de modo a fugir do parâmetro legal.

Em alguns casos, ao que parece, o procedimento especial acaba por tratar de questão na qual não se mostra possível cogitar de audiência de conciliação e mediação em função da natureza da questão discutida. É o que se passa na ação de exigir contas, na qual não há espaço para transigir a respeito da prestação ou não de informações pelo réu ao autor. Mais do que uma definição por critério político,[12] a instauração de uma audiência de conciliação ou de mediação acabaria por simplesmente esvaziar o procedimento e o debate na sua essência, equiparando-se qualquer acordo, do ponto de vista lógico, ao reconhecimento parcial da procedência do pedido do autor e à renúncia parcial do autor ao direito sobre o qual se funda a ação, o que não se confunde com a existência de concessões mútuas das partes com vistas à ocorrência de transação.

Semelhante parece ser o caso das ações possessórias de força nova. O rito diferenciado para as ações propostas em menos de ano e dia contados da data do esbulho, da turbação ou da correspondente ameaça guarda íntima relação com o fato de a crise em relação à posse ser continuada ao longo de menor ou maior período. Nas ações de força nova, o legislador pretende outorgar um regime jurídico pautado no acesso à justiça em favor do autor. A persistência do esbulho ou da turbação por mais de ano e dia sinaliza a existência de situações que, salvo na presença de outras razões excepcionais, não reclamam solução urgente e que, mais do que tudo, impõem atenção para a existência de expectativas do réu que passam a se consolidar na medida em que o tempo cada vez mais avança.[13] Nesse sentido, quanto maior o intervalo de tempo entre a data de esbulho ou turbação e a data da propositura da ação, mais se mostra justificada a realização de audiência de mediação.

Outra lógica parece ser a que rege o procedimento na ação de dissolução parcial de sociedade. Nenhuma razão há a justificar a inexistência da audiência de mediação, em especial na medida em que a crise trazida a juízo consiste em impasse que impacta toda uma relação jurídica mantida entre a sociedade empresária contratual e aquele que não mais

---

[12] Entendendo ser uma *"opção política do legislador, levada a cabo por critérios próprios"*, ver MARINONI, Luiz Guilherme, ARENHART, Sérgio Cruz e MITIDIERO, Daniel. *Novo Curso de Processo Civil*. Vol. 3. 2ª ed. São Paulo: Revista dos Tribunais, 2016. p. 150.

[13] Não é por acaso o alerta de Adroaldo Furtado Fabrício ao anotar, em comentário ao art. 558 do novo Código de Processo Civil, que *"a fixação desse tempo em ano e dia – que nos vem das Ordenações lusitanas, senão de antes – conserva uma tradição multissecular e não tem base principiológica alguma, decorrendo do arbítrio puro do legislador. Em tempos de informação instantânea e agilidade extrema como os de hoje, bem poderia ser reduzido"* (in WAMBIER, Teresa Arruda Alvim, DIDIER JR, Fredie, TALAMINI, Eduardo e DANTAS, Bruno (org.). *Breves Comentários ao Novo Código de Processo Civil*. Op. cit., p. 1449).

a integra na condição de sócio. Em tais circunstâncias, defende-se que é possível a realização de audiência de mediação com base não apenas no constante da cláusula geral prevista no art. 3º, § 3º,[14] mas, ainda, levando em conta os poderes de direção processual atribuídos ao juiz, na forma do art. 139, V, do Código de Processo Civil.

A cláusula geral e o influxo desses mesmos poderes de direção do processo não justifica seja determinada a realização de audiência de conciliação ou mediação no contexto da ação de consignação em pagamento. De se anotar que o silêncio do legislador a respeito da ocorrência ou não da audiência não autoriza a aplicação subsidiária automática do art. 334 do Código de Processo Civil, eis que a natureza do debate impõe cuidados ulteriores. Nos casos em que a consignação é fundada no desconhecimento ou incerteza quanto à pessoa do credor, assim como nos casos em que a ação for proposta em função da recusa prévia do credor em receber a prestação debatida sob o argumento de que o valor a ser pago é insuficiente ao adimplemento, não se vê motivo para que se insista na realização da audiência de conciliação ou mediação.

É inquestionável o compromisso do legislador com o emprego de mediação e conciliação no contexto das ações de família, restando patente no art. 694 do novo Código de Processo Civil que todos os esforços serão empreendidos para a solução consensual da controvérsia. A inserção de tais meios de autocomposição de litígios pelo legislador deu-se mediante o emprego de uma fórmula digna de elogios e de críticas.

O elogio à fórmula inscrita na novel codificação é devido à flexibilidade do *standard* empregado pelo legislador, que se mostra aberto à existência de múltiplas possibilidades a serem consideradas. No art. 696, a lei dispõe no sentido de que a audiência de mediação e conciliação poderá dividir-se em tantas sessões quantas sejam necessárias para viabilizar a solução consensual. Paralelamente a isso, o parágrafo único do art. 694 prevê a atribuição de poderes para o juiz com o fito de autorizar seja determinada a suspensão do processo enquanto os litigantes se submetem a mediação extrajudicial ou a atendimento multidisciplinar. Da mesma forma, o caput do art. 694 consagra, ainda, a necessidade de considera-

---

[14] Assim também pensam Fernando Sacco Neto, in WAMBIER, Teresa Arruda Alvim, DIDIER JR, Fredie, TALAMINI, Eduardo e DANTAS, Bruno (org.). *Breves Comentários ao Novo Código de Processo Civil*. Op. cit., p. 1505 e THEODORO JÚNIOR, Humberto. *Curso de Direito Processual Civil*. Vol. II. 50ª ed. Rio de Janeiro: Forense, 2016. p. 227-228. Sustentando ser necessária a designação de prévia audiência de conciliação "*por aplicação subsidiária do procedimento comum*", ver as ponderações de Luiz Fernando Casagrande Pereira, in CUNHA, José Sebastião Fagundes. *Código de Processo Civil Comentado*. Op. cit., p. 891. Embora a conclusão seja correta, tem-se que a premissa não o é, já que a aplicação subsidiária, como técnica, pressupõe o respeito ao texto legal naquilo em que expresso – e, no caso, o legislador é textual ao falar que "*os sócios e a sociedade serão citados para (...) apresentar contestação*".

ção, pelo juiz, quanto à necessidade de auxílio de profissionais de outras áreas de conhecimento para a mediação e conciliação.

A crítica a ser feita ao trabalho legislativo, por sua vez, tem como endereço o constante do art. 695, § 1º, do novo Código de Processo Civil. De acordo com o referido comando legal, nas ações de família o mandado de citação conterá apenas os dados necessários à audiência e deverá estar desacompanhado de cópia da petição inicial. Na doutrina já é possível encontrar vozes sustentando o acerto do legislador, sob o argumento de que a ausência da cópia da petição inicial faria com que a parte comparecesse à audiência com o espírito mais predisposto à autocomposição.[15]

A fragilidade dessa construção, contudo, é mais do que evidente. Em primeiro lugar, o alerta constante da parte final do mesmo art. 695, § 1º, do Código de Processo Civil, no sentido de ser assegurado ao réu o direito de examinar seu o conteúdo da petição inicial (e, registre-se, de qualquer informação constante dos autos!) a qualquer tempo não só é redundante, mas serve como indicativo para a conduta prudente a ser adotada por todo aquele que se insere em um debate processual, o que mostra que a regra, da forma como formatada, tende a ser de pouca aplicabilidade prática.[16] É pouco provável que as partes que sejam tomadas pelo sentimento de envolvimento em uma relação que clama por reconfiguração em função da existência de conflitos deixem de buscar subsídios a respeito do tema objeto da audiência.

Não se há de justificar a providência prevista no art. 695, § 1º sob o argumento de prevenir a exposição da intimidade das partes perante terceiros ou perante os auxiliares do juiz, como o oficial de justiça.[17] Em primeiro lugar, há que se considerar que a ferramenta prevista com vistas a tal desiderato é a tramitação em segredo de justiça, muitas vezes já associada a tais demandas, a teor do constante do art. 189, II, do próprio Código de Processo Civil. De outro lado, é ilegítima a preocupação com a exposição de informações de processos perante os servidores que se colocam a serviço do juiz, já que a estes toca o dever de observância a todo um regramento que contempla, para o bom exercício de suas funções, a proibição de manuseio e utilização de tais informações para além da função por eles exercida.

Sem prejuízo de tudo o quanto acima exposto, impõe-se consignar, ainda, que é inadmissível que se queira pretender levar a cabo audiências

---

[15] Essa parece ser a posição de Ivanise Tratz Martins, in CUNHA, José Sebastião Fagundes. *Código de Processo Civil Comentado*. Op. cit.,. p. 970; de Claudio Cintra Zarif, in WAMBIER, Teresa Arruda Alvim, DIDIER JR, Fredie, TALAMINI, Eduardo e DANTAS, Bruno (org.). *Breves Comentários ao Novo Código de Processo Civil*. Op. cit.,. p. 1602; e de THEODORO JÚNIOR, Humberto. *Curso de Direito Processual Civil*. Vol. II. Op. cit.,. p. 373.

[16] Assim também pensa MEDINA, José Miguel Garcia. *Direito Processual Civil Moderno*. Op. cit.,. p. 804.

[17] Essa preocupação pode ser vista em AMARAL, Guilherme Rizzo. *Comentários às Alterações do Novo CPC*. Op. cit.,. p. 751.

de conciliação e mediação às quais uma das partes compareça sem maiores informações a respeito do objeto do debate, ainda mais em se considerando a vulnerabilidade própria de boa parte dos sujeitos inseridos nas relações de família. Em um tal contexto, legitimar a realização de audiências de conciliação ou de mediação em um contexto no qual apenas a parte autora sabe exatamente qual o conflito que se coloca como ponto de partida do debate pode servir como ferramenta a acentuar ainda mais a assimetria que possa preexistir na comparação entre os litigantes.

Aponte-se, ainda, que se o que se tomar como sendo o espírito da lei for incentivar que as partes compareçam com menor volume de subsídios a respeito do conteúdo do conflito a ser dirimido como forma de desarmar os seus respectivos espíritos, essa fórmula, por mais que tenha sido pensada de maneira bem intencionada, é, no mínimo, paradoxal. A construção de um consenso com o fito de solucionar uma questão cujos termos sequer restaram claros para as partes equivale a impor às partes o dever de desempenhar um trabalho sem sequer saber a razão de ser da sua existência. Uma solução construída em um tal contexto certamente padece de um considerável déficit de legitimidade, gerando-se um comando no qual não se vê a plenitude daquele qualificativo que se espera presente como meio capaz de garantir a adesão espontânea aos termos do quanto definido voluntariamente pelos litigantes.

Como se vê, a quebra de simetria entre as partes em tal contexto[18] não só é medida contrária ao constante do art. 2º, II, da Lei nº 13.140/2015 (previsto para fins de regulação da mediação, mas inegavelmente aplicável também no âmbito da conciliação), mas pode ainda ser lida como atentatória a todo o arcabouço próprio da autocomposição de litígios. Nesse sentido, tem-se que há um verdadeiro atentado a parâmetros elementares que devem ser obrigatoriamente observados no contexto da mediação e da conciliação, em especial no que se refere ao princípio da decisão informada (art. 166, caput, do novo Código de Processo Civil e art. 1º, II, do Anexo III da Resolução CNJ nº 125/2010) e à obediência às regras da informação e da autonomia da vontade (art. 2º, V, da Lei nº 13.140/2015 e art. 2º, I e II, do Anexo III da Resolução CNJ nº 125/2010).

4. Considerações conclusivas

Os desafios referentes à efetividade dos direitos fundamentais já ocupam espaço considerável em termos de preocupação em se considerando a forma como eles se inserem no contexto constitucional, com todas as

---

[18] Referindo a existência de violação ao princípio da isonomia, ver as considerações de Letícia Ferrarini, in VV.AA. *Novo Código de Processo Civil Anotado* – OAB/RS. Porto Alegre: OAB/RS, 2015. p. 466.

reflexões sobre as possibilidades de construção de restrições consideradas juridicamente toleráveis. Das observações antes expostas, vê-se que a introdução de novos componentes no âmbito legislativo pode interferir sobremaneira na forma como se dá a densificação do significado desses mesmos direitos fundamentais.

O risco a ser considerado como decorrente da introdução de comandos legais pretensamente comprometidos com o interesse em regulamentar o alcance de direitos fundamentais é enorme, pois os prejuízos decorrentes desse trabalho vem acobertado pela aparência da legalidade. A consciência quanto à existência de um bloco de juridicidade no âmbito dos direitos fundamentais processuais é a forma pela qual se permite combater as ameaças a tais direitos que sejam projetadas de maneira silenciosa e mascarada pelo legislador. O papel da lei, no contexto da atividade jurisdicional, é não só o de garantir segurança jurídica aos sujeitos do processo a respeito das normas a serem observadas no debate do qual resultará a decisão a ser por eles observada no caso concreto, mas também o de servir como escolha política eficiente em um contexto no qual cada vez mais se vê uma sociedade exigente em termos de demanda por justiça.

A adequação do procedimento em função do novo paradigma abraçado pelo legislador em sede de autocomposição de litígios é exigência que se impõe ao Estado, o qual, ao atender a tal demanda, não está trabalhando para além dos compromissos mínimos assumidos no texto constitucional. Ao contrário, o que se vê é a ressignificação do acesso à justiça, que passa a ser visto como uma pauta que demanda prestações positivas que rompam com o paradigma da decisão judicial como única válvula de escape a ser considerada por aqueles que buscam tutela efetiva de direitos. O novo paradigma a ser considerado nessa ressignificação, por sua vez, compreende não só o redesenho da atuação do juiz e das partes, mas também a necessidade de atenção redobrada do legislador para a consciência social a respeito de razões que impõem o repensar da forma como o homem contemporâneo pode interagir com seus pares com vistas à construção de um padrão cultural mais sofisticado no que tange aos meios de que dispõe para construir a tão desejada justiça.

5. Referências bibliográficas

ALEXY, Robert. *Teoria de los Derechos Fundamentales*. Madrid: Centro de Estudios Constitucionales, 1993.

ALVARO DE OLIVEIRA, Carlos Alberto. *Do Formalismo no Processo Civil*. 3ª ed. São Paulo: Saraiva, 2009.

AMARAL, Guilherme Rizzo. Comentários às Alterações do Novo CPC. São Paulo: Revista dos Tribunais, 2015.

ÁVILA, Humberto. *Teoria dos princípios*. São Paulo: Malheiros, 2003.

CAPPELLETTI, Mauro e GARTH, Bryant. *Acesso à Justiça*. Tradução de Ellen Gracie Northfleet. Porto Alegre: Sergio Antonio Fabris, 1988.

CASTILLO, Niceto Alcalá-Zamora y. Proceso, autocomposición y autodefensa. Contribución al estudio de los fines del proceso. Cidade do México: UNAM, 2000.

CUNHA, José Sebastião Fagundes. *Código de Processo Civil Comentado*. São Paulo: Revista dos Tribunais, 2015.

DIDIER JR., Fredie. *Curso de Direito Processual Civil*. Vol. I. 17ª ed. Salvador: Editora Jus Podium, 2015.

GAJARDONI, Fernando da Fonseca, DELLORE, Luiz, ROQUE, André Vasconcelos e OLIVEIRA JÚNIOR, Zulmar Duarte. *Teoria Geral do Processo. Comentários ao CPC de 2015. Parte Geral*. São Paulo: Método, 2015.

GRECO, Leonardo. *Instituições de Processo Civil*. Vol. II. 3ª ed. Rio de Janeiro, Forense, 2015.

MARINONI, Luiz Guilherme, ARENHART, Sérgio Cruz e MITIDIERO, Daniel. *Novo Curso de Processo Civil*. Vol. 2. 2ª ed. São Paulo: Revista dos Tribunais, 2016.

———; ———; ———. *Novo Curso de Processo Civil*. Vol. 3. 2ª ed. São Paulo: Revista dos Tribunais, 2016.

MEDINA, José Miguel Garcia. *Direito Processual Civil Moderno*. São Paulo: Revista dos Tribunais, 2015.

RASCOWSKI, Luiz. Apontamentos sobre o novo Código de Processo Civil. Revista dos Tribunais, 958 (2015): 363-386.

REZENDE, Renato Horta. O novo Código de Processo Civil voltado para a resolução de conflitos: mudança de paradigma? Revista dos Tribunais, vol. 965 (2016): 75-97.

SARLET, Ingo Wolfgang. *A eficácia dos direitos fundamentais*. 9ª ed. Porto Alegre: Livraria do Advogado, 2009.

THEODORO JÚNIOR, Humberto. *Curso de Direito Processual Civil*. Vol. II. 50ª ed. Rio de Janeiro: Forense, 2016.

VV.AA. Novo Código de Processo Civil Anotado – OAB/RS. Porto Alegre: OAB/RS, 2015.

WAMBIER, Teresa Arruda Alvim, DIDIER JR, Fredie, TALAMINI, Eduardo e DANTAS, Bruno (org.). *Breves Comentários ao Novo Código de Processo Civil*. São Paulo: Revista dos Tribunais, 2015.

— 15 —

Um ensaio inacabado acerca dos divórcios extrajudiciais e do equívoco que informa uma das opções dogmáticas identificadas na codificação processual civil tupiniquim recém-aprovada

MARCOS CATALAN[1]

Com vigência imediata, a Lei 11.441 veio a lume, em 2007, visando a desburocratizar (a) o acesso à dissolução consensual da sociedade conjugal – o que exigia, naquela época, recurso à separação – e (b) ao divórcio, desde que, do mesmo modo, houvesse consenso entre os cônjuges. Ela autorizou, ainda, (c) o desvelar extrajudicial de partilhas nas hipóteses em que inexistisse litígio e os interesses de incapazes não fossem tangenciados.

Naquele ano – em opúsculo escrito a quatro mãos[2] –, sustentou-se que, uma vez colorido o *suporte fático abstrato* existente na lei especial, a trilha extrajudicial haveria de ser percorrida, *obrigatoriamente*, quando da instrumentalização dos pedidos (a) de separação[3], (b) de divórcio ou (c) das pretensões que visassem a promover o inventário e a partilha de bens não testados[4] quando da abertura da sucessão *mortis causa* – e, isso, mesmo quando a literalidade do artigo 3º da lei especial, editada em 2007, possibilitasse a condução do pensamento à *falsa percepção* de que o

---

[1] Doutor *summa cum laude* em Direito pela Universidade de São Paulo. Mestre em Direito pela Universidade Estadual de Londrina. Professor no curso de Mestrado em Direito e Sociedade do Unilasalle, no curso de Direito da Unisinos e em cursos de especialização pelo Brasil. Advogado, parecerista e consultor jurídico.

[2] CATALAN, Marcos; FRANCO, André Ricardo. Separação e divórcio na esfera extrajudicial: faculdade ou dever das partes? In: COLTRO, Antônio Carlos Mathias, DELGADO, Mário Luiz (Org.). *Separação, divórcio, partilhas e inventários extrajudiciais*: questionamentos sobre a lei 11.441/07. São Paulo: Método, 2007. p. 37-49.

[3] A separação – consensual, litigiosa, judicial e (ou) extrajudicial – foi banida do sistema jurídico tupiniquim quando do advento da Emenda Constitucional 66/2010. Por isso, a partir de agora, não mais será lembrada nas reflexões adiante alinhavadas.

[4] Reflexão que envolve as hipóteses de (a) revogabilidade, (b) nulidade, (c) anulabilidade, (d) ruptura e (e) caducidade do testamento ou, eventualmente, de uma ou mais deixas testamentárias.

divórcio[5] *poderia* ser realizado em um Tabelionato de Notas[6] se assim desejasse o casal que, de comum acordo, pretendia desatar o vínculo conjugal que o unia perante o Direito.

Quatro colunas foram erigidas visando a sustentar tal tese.

A primeira foi entalhada[7] com a narrativa segundo a qual a solução de *algumas questões* não marcadas pelo litígio somente deveria passar pelo crivo judicial *quando – e se –* existisse a necessidade de tutela de alguma vulnerabilidade.[8] Ao lado de tais símbolos, foram esculpidas imagens que, até hoje, permitem identificar a inexistência de motivos que legitimem a subordinação dos divórcios, *consensualmente alinhavados*, ao crivo do Poder Judiciário.

A percepção de que, da *autonomia privada*, emana o poder de autorregulamentar os interesses particulares[9] foi grafada, em alto relevo, ao largo da segunda das retrocitadas colunas. Intuitivamente, identificou-se que, ao menos, aparentemente, o divórcio consensual estaria inserto entre os moldes construídos por ocasião do desvelar do processo – historicamente, construído – de atribuição de densidade ao aludido princípio.[10]

Em tal contexto, não haveria argumento que justificasse – de modo coerente e consistente – o direcionamento, ao Poder Judiciário, de um pedido consensual de divórcio, buscando, exclusivamente, formalizar o fim de um casamento que, provavelmente, há algum tempo, desaparecera do mundo fenomenológico.

E, isso, dentre outras razões, por ter-se comprovado que aspectos como (a) a dessacralização[11] e (b) a valorização das dimensões eudemonista[12] e democrática das famílias brasileiras, inexoravelmente, permeiam a apreensão do tema na contemporaneidade jurídica tupiniquim. A intertextualidade contida naquelas reflexões revelara, então, que, mesmo em uma perspectiva minimalista, o trâmite do divórcio consensual perante a via judicial seria mais burocrático e – em regra, igualmente, mais

---

[5] Bem como o inventário e a partilha, excluída, aqui, a alusão à separação, nos termos da nota 03 acima alocada.

[6] Oportuno apontar que, em alguns Estados da Federação, outras escrivanias judiciais estão autorizadas pelas Corregedorias a lavrar escrituras de divórcio.

[7] Inspiração encontrada na coluna de Trajano.

[8] Talvez, por isso, havendo filhos menores ou incapazes, em princípio, não será possível recorrer a essa via.

[9] AMARAL. Francisco. *Direito civil:* introdução. Rio de Janeiro: Renovar, 2002. p. 77-78.

[10] CATALAN, Marcos. Negócio jurídico: uma releitura à luz dos princípios constitucionais. *Scientia Iuris*, Londrina, v. 7/8, p. 367-390, 2004. p. 367-390.

[11] LEITE, Eduardo de Oliveira. *Direito civil aplicado:* direito de família. São Paulo: RT, 2005. p. 33.

[12] GROENINGA, Giselle Câmara. Os direitos da personalidade e o direito de ter uma personalidade. In: TARTUCE, Flávio; CASTILHO, Ricardo (Coord.). *Direito civil:* direito patrimonial, direito existencial. São Paulo: Método, 2006. p. 655.

oneroso – do que a opção pelo caminho simplificado, mapeado na seara extrajudicial.

Algumas daquelas figuras precisam ser substituídas.

É necessário reentalhar parte daqueles sinais.

E isso porque o divórcio, consensual (ou não), deve ser identificado como um dos mecanismos de atribuição de concretude à *liberdade*[13] – ao contrário da percepção, precipitadamente, grafada outrora –, e, não, como um dos signos alocados nos alfarrábios da autonomia privada. Liberdades[14], aliás, *deveras* importantes – não há dúvidas –, quando se resgata que as famílias contemporâneas devem ser pensadas como o ambiente promotor da coexistência dos anseios e angústias, desejos e sonhos daqueles que as integram.

As imagens esculpidas com riqueza de detalhes, na terceira coluna – construída visando a amparar a tese consoante a qual o divórcio extrajudicial *deve* ser postulado perante o Tabelionato de Notas sempre que preenchido o suporte fático contido, em abstrato, na lei especial – permitem a identificação de uma das principais críticas dirigidas à atuação do Judiciário tupiniquim: aquela atada à demora na efetiva prestação jurisdicional. E nela, também, foram entalhadas algumas imagens capazes de levar o pensamento até algumas das alternativas pensadas para o enfrentamento da renitente *violação* da celeridade processual vivenciada, há algumas décadas, no Brasil. Figuras que ganham densidade nos contornos que moldam (a) a arbitragem[15], (b) a mediação[16], (c) as comissões de conciliação prévia e (d) as *multidoors courthouses*.[17]

Imagens que apontam para o fato de que o *Mundo* foge do Judiciário![18]

---

[13] RUZIK, Carlos Eduardo Pianovski. *Institutos fundamentais do direito civil e liberdade(s)*: repensando a dimensão funcional do contrato, da propriedade e da família. Rio de Janeiro: GZ, 2011. p. 318.

[14] Idem. p. 343-345. "É que, sendo a liberdade conceito plural, não se pode supor, como resultado, a realização simultânea e não-conflituosa da integralidade dos seus perfis em todos os casos concretos: há hipóteses em que são harmonizadas, por exemplo, as liberdades formal, negativa, positiva e substancial [...] Também a família, mesmo imantada de lógica diversa das relações patrimoniais, pode sofrer o influxo de uma função como liberdade(s) [e] assim, a proteção jurídica da pessoa na família, e não da família a despeito da pessoa, apresenta-se como uma expressão operativa da fundamentação funcional que demanda a chancela da liberdade positiva dos indivíduos na constituição [e desconstituição] de suas relações existenciais de afeto."

[15] Vide Lei 9.307/96.

[16] Deveras valorizada no Código de Processo Civil recém-aprovado no Brasil.

[17] Os chamados Tribunais de Portas Múltiplas se utilizam da estrutura física do Poder Judiciário. Uma vez provocado, o Estado estimula e fornece a estrutura necessária para que a lide seja solucionada por meio de um dos métodos alternativos conhecidos, entre eles, a mediação, a arbitragem, a conciliação, a avaliação neutra de terceiro etc.

[18] "De acordo com projeção feita pelo Conselho Nacional de Justiça, deve chegar à marca de 114,5 milhões o número de processos em tramitação na Justiça brasileira em 2020. [...] A previsão é de que 36,37 milhões de novas ações judiciais sejam propostas em 2020. Ainda segundo a entidade,

A quarta coluna – inspirada nos trabalhos dos responsáveis pela construção dogmática das condições da ação[19] – foi rebuscada com elementos que permitem a identificação de que o interesse de agir está assentado na premissa segundo a qual somente será conveniente acionar o Judiciário quando se identifique ser possível alcançar, efetivamente, um resultado que não tenha como ser obtido de outro modo.[20] E esse, certamente, não é o caso dos divórcios extrajudiciais.

Uma vez catalogadas as teses utilizadas na defesa da *facultatividade da judicialização* dos divórcios consensuais – (a) a exegese[21] do termo *poderão*, recortado da redação da Lei 11.441/07, (b) a crença no maior sigilo difundido em razão do segredo de justiça que marca o trâmite de demandas judiciais, quando comparado à *publicidade* tatuada nas *escrituras públicas* e (c) a segurança, *supostamente*, contida em uma sentença e o fato de que esta seria, menos facilmente, desconstituída quando comparada a uma escritura pública –, com o auxílio de um aríete impulsionado pela força da argumentação, elas foram, cuidadosamente, desconstruídas.

O primeiro movimento desse aríete permitiu enxergar – através das fissuras, por ele abertas – que o processo de *realização do Direito* passa ao largo do simplismo atado às traduções exegéticas dos signos alocados na abstração das regras jurídicas. O segundo abriu o espaço necessário à percepção – hialina e ululante – consoante a qual, mesmo na seara extrajudicial, as informações trabalhadas pelos tabeliães não podem ser, livremente, fornecidas a quaisquer pessoas. Enfim, a terceira investida, dirigida, pontualmente, contra os equívocos contidos na tese que consigna que uma sentença homologatória possuiria *maior valor jurídico* do que uma escritura nascida da fusão das declarações de vontade[22] pôs, abaixo, toda e qualquer resistência teórica construída até então.

---

um estoque composto por outros 78,13 milhões de processos chegará ao início do mesmo ano sem julgamento. [...] O CNJ usou como base a tendência de crescimento da carga processual verificada entre 2009 e 2013. Nesse período, a quantidade de ações não julgadas ao final de cada ano cresceu 11,86%, enquanto o número de processos novos aumentou 15%, apesar de a quantidade de processos resolvidos também ter subido (9%)." (http://www.conjur.com.br/2014-nov-11/brasil-devera-114-milhoes-acoes-tramitacao-2020).

[19] NERY JUNIOR, Nelson. *Princípios do processo civil na Constituição Federal*. São Paulo: RT, 1999. p. 97.

[20] Ajuizado o pedido consensual de divórcio, não deverá o Magistrado conceder a prestação jurisdicional homologatória. A ausência de litígio e, ainda, a evidente desnecessidade de intervenção Estatal, impõem o reconhecimento da carência de ação, por falta de interesse de agir. Com esta solução, certamente, a mais eficaz e condizente com os anseios mundiais por uma Justiça célere e efetiva, não restará violado o princípio da inafastabilidade da jurisdição.

[21] Interpretação literal, portanto.

[22] Os pressupostos de existência e os requisitos de validade são absolutamente os mesmos. E, caso não possam ser identificados, a ausência ensejará a inexistência, a nulidade ou a anulabilidade do divórcio. Excepcionalmente, a invalidade de algumas de suas cláusulas. Nos dois últimos casos, aliás, o divórcio precisará ser questionado por meio de ação própria, pois, não se trata de hipótese de ação rescisória.

Três anos mais tarde, a revisão dos originais foi necessária.

Imposta, aliás, pela Emenda Constitucional 66/2010.

Em um novo ensaio – uma vez mais, alinhavado a quatro mãos[23] – e cientes da existência de percepções mui bem fundadas, afirmando que (a) nada teria mudado na ordem infraconstitucional[24] ou que (b) a separação – despida, agora, dos prazos outrora requeridos e de outras exigências legais –, continuaria a existir na *ordem jurídica*[25], pareceu-nos – tendo em vista a alteração da redação do artigo 226 da Constituição Federal – que (c) um casamento válido somente encontraria seu fim, a partir do aludido instante normativo-temporal, quando do divórcio ou da morte do(s) cônjuge(s).[26]

Desprezando toda essa racionalidade, foram muitos os *arautos* a saíram às ruas para entoar ser facultado – portanto, não obrigatório – direcionar, aos Tabelionatos de Notas, os pedidos consensuais de divórcio nas situações previstas na lei especial, moldando, assim, o *senso comum imaginário dos juristas*.

Influenciando e influenciados, talvez, por algumas das regras construídas pelo Conselho Nacional de Justiça em 2007[27] e (ou) pelos padrões de resposta lapidados nas Turmas do Superior Tribunal de Justiça[28] e nos votos exarados pelas Câmaras dos Tribunais estaduais tupiniquins[29] que exercem o honroso e relevante papel de tutelar os interesses de brasileiros dispersos através dos oito milhões, quinhentos e quinze mil, setecentos e sessenta e sete quilômetros quadrados, que compõem o território brasileiro.

---

[23] CATALAN, Marcos; FRANCO, André Ricardo. Divórcio na esfera extrajudicial: faculdade ou dever das partes? In: COLTRO, Antônio Carlos Mathias, DELGADO, Mário Luiz (Org.). *Separação, divórcio, partilhas e inventários extrajudiciais*: questionamentos sobre a lei 11.441/2007. 2. ed. São Paulo: Método, 2010. p. 111-123.

[24] SANTOS, Luiz Felipe Brasil. Emenda Constitucional 66: uma leitura "politicamente incorreta". In: SOUZA, Ivone M. Candido Coelho de (Coord.). *Família contemporânea:* uma visão interdisciplinar. Porto Alegre: IBDFAM: Letra&Vida, 2011.

[25] DELGADO, Mário Luiz. A nova redação do § 6º do art. 226 da CF/1988: por que a separação de direito continua a vigorar no ordenamento jurídico brasileiro. In: COLTRO, Antônio Carlos Mathias; DELGADO, Mário Luiz Delgado (Coord.). *Separação, divórcio, partilhas e inventários extrajudiciais*. 2. ed. São Paulo: Método, 2011.

[26] GAGLIANO, Pablo Stolze; PAMPLONA FILHO, Rodolfo. *O novo divórcio*. São Paulo: Saraiva, 2010.

[27] A Resolução 35/2007 do CNJ dispõe ser "facultada aos interessados a opção pela via judicial ou extrajudicial" e, curiosamente, uma das justificativas da Resolução sob análise, afirma que "considerando que a finalidade da referida lei foi tornar mais ágeis e menos onerosos os atos a que se refere e, ao mesmo tempo, descongestionar o Poder Judiciário."

[28] STJ. SEC 9533/EX 2013/0352566-6. Corte especial. Rel. Min. Gilson Dipp. DJe 29/09/2014.

[29] TJSP. Apelação cível 2682003. 9ª Câmara de Direito Privado. Rel. Des. Piva Rodrigues. DJESP 16.07.08. "A Lei nº 11.441 de 04/01/2007 possibilita a realização de separação consensual por escritura pública, mas a opção pela via administrativa é faculdade da parte. Sentença reformada para reconhecer o interesse de agir e determinar o regular andamento do feito."

Ocorre que as mensagens difundidas por tais arautos fundiram-se, de tal modo, a tantas outras na formação do *senso comum imaginário dos juristas* que acabaram expostas em uma das estantes[30] existentes no repositório normativo que informará os rumos do direito processual civil brasileiro a partir do ano vindouro.

Um código que – ao menos, nesse ponto – faz lembrar o mito de Tântalo[31] ao ver o mundo fluir por entre seus dedos (a) ao ignorar as reflexões grafadas em mármore quando da construção da tese explorada neste ensaio, (b) ao desprezar a desconstrução promovida pelo movimento vigoroso de um aríete alimentado – em seu movimento pendular – pela força da argumentação teórico-racional e de dados, empiricamente, colhidos na realidade fenomenológica e (c) ao desconsiderar que, dentre os, aproximadamente, trezentos e vinte e cinco mil divórcios havidos, no Brasil, ao longo do ano de 2013[32], mais de cento e sessenta mil[33] transitaram pelos *corredores, escrivanias e gabinetes* judiciários – visando, exclusivamente, à obtenção da *homologação* de regras consensualmente delineadas –, enquanto, naquele mesmo ano, sequer chegou à metade o número de casais que vivenciaram o crepúsculo de seus matrimônios em um dos sete mil, seiscentos e dezessete tabelionatos existentes no Brasil.[34]

---

[30] CPC. Art. 731. A homologação do divórcio ou da separação consensuais, observados os requisitos legais, poderá ser requerida em petição assinada por ambos os cônjuges, da qual constarão: I – as disposições relativas à descrição e à partilha dos bens comuns; II – as disposições relativas à pensão alimentícia entre os cônjuges; III – o acordo relativo à guarda dos filhos incapazes e ao regime de visitas; e IV – o valor da contribuição para criar e educar os filhos. Parágrafo único. Se os cônjuges não acordarem sobre a partilha dos bens, far-se-á esta depois de homologado o divórcio, na forma estabelecida nos arts. 647 a 658.
CPC. Art. 732. As disposições relativas ao processo de homologação judicial de divórcio ou de separação consensuais aplicam-se, no que couber, ao processo de homologação da extinção consensual de união estável.
CPC. Art. 733. O divórcio consensual, a separação consensual e a extinção consensual de união estável, não havendo nascituro ou filhos incapazes e observados os requisitos legais, poderão ser realizados por escritura pública, da qual constarão as disposições de que trata o art. 731. § 1º A escritura não depende de homologação judicial e constitui título hábil para qualquer ato de registro, bem como para levantamento de importância depositada em instituições financeiras. § 2º O tabelião somente lavrará a escritura se os interessados estiverem assistidos por advogado ou por defensor público, cuja qualificação e assinatura constarão do ato notarial.

[31] Tântalo foi um mitológico rei que desafiou o poder dos deuses. Como castigo, foi lançado ao Tártaro e sentenciado a sofrer com a fome e com a sede – mesmo vivendo em um vale fértil nos domínios de Hades – e, toda vez em que se aproximava da água, esta escoava por seus dedos e, ao esticar o braço na tentativa de colher alguns dos frutos produzidos por frondosas árvores, estes se moviam para além de seu alcance.

[32] IBGE. *Estatísticas do registro civil*, v. 40, Rio de Janeiro: IBGE, 2013. p. 52-53. "Em 2013, a pesquisa Estatísticas do Registro Civil contabilizou 324.921 divórcios concedidos em 1ª instância e sem recursos ou por escrituras extrajudiciais. Este total representou uma redução de 4,9%, que em números absolutos representava o montante de 16.679 divórcios, a menos, em relação ao ano de 2012." Informe-se, ademais, que, no momento da redação deste ensaio, os dados de 2014 não haviam sido disponibilizados à consulta.

[33] IBGE. *Estatísticas do registro civil*, v. 40, Rio de Janeiro: IBGE, 2013. p. 160.

[34] <http://www.cnj.jus.br/corregedoria/justica_aberta/?>

E que parece, ainda, não transitar pelos impactos atados (a) ao *custo global* do trâmite de tais processos para os cofres públicos[35] – um custo, é razoável imaginar, muito superior à soma do valor pago a título de custas judiciárias, mormente, quando se vislumbra a estrutura e o tempo necessários para a distribuição, autuação, análise e homologação de cada pedido de divórcio –, (b) ao tempo em que outros incomensuráveis interesses – talvez, mais urgentes e, por isso, em um número não identificado de hipóteses, mais relevantes – deverão esperar para que possam ser apreciados (c) e, ainda, ao menor valor das taxas notariais[36] e dos honorários advocatícios – até 50% mais baratos[37] – que serão desembolsados quando se trilha a via extrajudicial.

Referências

AMARAL. Francisco. *Direito civil:* introdução. Rio de Janeiro: Renovar, 2002.

AZEVEDO, Álvaro Villaça. Emenda Constitucional do divórcio. In: FERRAZ, Carolina Valença; LEITE, George Salomão; LEITE, Glauber Salomão (Org.). *O novo divórcio no Brasil:* de acordo com a EC nº 66/2010. Salvador: *Jus*PODIVM, 2011.

BARROS, Sérgio Resende de. A ideologia do afeto. *Revista Brasileira de Direito de Família*, Porto Alegre, v. 4, n. 14, p. 5-10, jul./set. 2002.

CARVALHO NETO, Inacio de. *Separação e divórcio:* teoria e prática. 9. ed. Curitiba: Juruá. 2008.

CASSETTARI, Christiano. As consequências materiais, processuais, notariais e registrais da EC 66 de 2010 na separação e no divórcio. In: COLTRO, Antônio Carlos Mathias; DELGADO, Mário Luiz Delgado (Coord.). *Separação, divórcio, partilhas e inventários extrajudiciais.* 2. ed. São Paulo: Método, 2011.

CATALAN, Marcos. Negócio jurídico: uma releitura à luz dos princípios constitucionais. *Scientia Iuris*, Londrina, v. 7/8, p. 367-390, 2004.

——; FRANCO, André Ricardo. Divórcio na esfera extrajudicial: faculdade ou dever das partes? In: COLTRO, Antônio Carlos Mathias, DELGADO, Mário Luiz (Org.). *Separação, divórcio, partilhas e inventários extrajudiciais*: questionamentos sobre a lei 11.441/2007. 2. ed. São Paulo: Método, 2010.

——; ——. Separação e divórcio na esfera extrajudicial: faculdade ou dever das partes? In: COLTRO, Antônio Carlos Mathias, DELGADO, Mário Luiz (Org.). *Separação, divórcio, partilhas e inventários extrajudiciais*: questionamentos sobre a lei 11.441/07. São Paulo: Método, 2007.

CHAVES, Marianna. O divórcio e separação no Brasil – algumas considerações após a aprovação da EC 66. *Revista Brasileira de Direito das Famílias e Sucessões,* Porto Alegre; Belo Horizonte, v. 20, p.16-17, fev./mar. 2011.

DELGADO, Mário Luiz. A nova redação do § 6º do art. 226 da CF/1988: por que a separação de direito continua a vigorar no ordenamento jurídico brasileiro. In: COLTRO, Antônio Carlos Mathias; DELGADO, Mário Luiz Delgado (Coord.). *Separação, divórcio, partilhas e inventários extrajudiciais.* 2. ed. São Paulo: Método, 2011.

---

[35] E, portanto, em verdade, aos bolsos dos contribuintes.

[36] Ao menos, em regra. E as exceções existentes não envolvem valores aviltantes.

[37] <http://casardescasarrecasar.blogfolha.uol.com.br/2015/01/20/sabe-quanto-custa-um-divorcio/>

FARIAS, Cristiano Chaves de. A nova ação de divórcio e a resolução parcial e imediata de mérito (concessão do divórcio e continuidade do procedimento para os demais pedidos cumulados). In: FERRAZ, Carolina Valença; LEITE, George Salomão; LEITE, Glauber Salomão (Org.). *O novo divórcio no Brasil:* de acordo com a EC n° 66/2010. Salvador: *Jus*PODIVM, 2011.

GAGLIANO, Pablo Stolze; PAMPLONA FILHO, Rodolfo. *O novo divórcio.* São Paulo: Saraiva, 2010.

GROENINGA, Giselle Câmara. Os direitos da personalidade e o direito de ter uma personalidade. In: TARTUCE, Flávio; CASTILHO, Ricardo (Coord.). *Direito civil:* direito patrimonial, direito existencial. São Paulo: Método, 2006.

IBGE. *Estatísticas do registro civil*, v. 40, Rio de Janeiro: IBGE, 2013.

LEITE, Eduardo de Oliveira. *Direito civil aplicado:* direito de família. São Paulo: RT, 2005.

LEITE, George Salomão; LEITE, Glauco Salomão. O instituto da separação ainda existe no direito civil brasileiro? In: FERRAZ, Carolina Valença; LEITE, George Salomão; LEITE, Glauber Salomão (Org.). *O novo divórcio no Brasil:* de acordo com a EC n° 66/2010. Salvador: *Jus*PODIVM, 2011.

MALUF, Carlos Alberto Dabus; MALUF, Adriana Caldas do Rego Freitas Dabus. O novo divórcio no Brasil. In: FERRAZ, Carolina Valença; LEITE, George Salomão; LEITE, Glauber Salomão (Org.). *O novo divórcio no Brasil:* de acordo com a EC n° 66/2010. Salvador: *Jus*PODIVM, 2011.

NERY JUNIOR, Nelson. Princípios do processo civil na Constituição Federal. São Paulo: RT, 1999.

OLIVEIRA, Catarina Almeida de; OLIVEIRA, Maria Rita de Holanda Silva. O novo divórcio e seus reflexos na guarda e nas visitas aos filhos menores do casal. In: FERRAZ, Carolina Valença; LEITE, George Salomão; LEITE, Glauber Salomão (Org.). *O novo divórcio no Brasil:* de acordo com a EC n° 66/2010. Salvador: *Jus*PODIVM, 2011.

RUZIK, Carlos Eduardo Pianovski. *Institutos fundamentais do direito civil e liberdade(s)*: repensando a dimensão funcional do contrato, da propriedade e da família. Rio de Janeiro: GZ, 2011.

SANTOS, Luiz Felipe Brasil. Emenda Constitucional 66: uma leitura "politicamente incorreta". In: SOUZA, Ivone M. Candido Coelho de (Coord.). *Família contemporânea:* uma visão interdisciplinar. Porto Alegre: IBDFAM: Letra&Vida, 2011.

STRECK, Lenio Luiz. *O que é isto* – decido conforme minha consciência?. Porto Alegre: LAEL, 2010.

TARTUCE, Flávio. *Direito de família.* 10. ed. São Paulo: Método, 2015.

VELOSO, Zeno. Pequena história do divórcio no Brasil. In: FERRAZ, Carolina Valença; LEITE, George Salomão; LEITE, Glauber Salomão (Org.). *O novo divórcio no Brasil:* de acordo com a EC n° 66/2010. Salvador: *Jus*PODIVM, 2011.

— 16 —

Os "acordos processuais" no novo CPC – aproximações preliminares

SÉRGIO CRUZ ARENHART[1]

GUSTAVO OSNA[2]

Sumário: 1. Introdução; 2. Contextualizando o problema: o contratualismo, o novo CPC e o processo brasileiro; 2.1. A premissa contratualista; 2.2. As previsões do novo Código; 2.3. O processo e o seu feixe de interesses – aportes críticos ao novo CPC; 4. Considerações finais.

1. Introdução

Se já em seus momentos iniciais a recente tentativa de instituir um novo Código de Processo Civil causou efervescência doutrinária e suscitou inúmeros debates, o avanço do projeto apenas ampliou tais inquietações. A preocupação ao longo dos últimos meses com aspectos como o conteúdo estendido do contraditório e com ferramentas como o "incidente de resolução de demandas repetitivas" é exemplificadora desse movimento. Colocam-se novos campos de pesquisa ao processualista, atraindo prontamente seus olhares.

Esse fluxo, atentando-se para o novo e identificando suas potencialidades, parece-nos consequência natural da própria essência ideológica que norteia a possível mudança de Código. Isso porque, por mais que ao longo das últimas décadas nosso processo civil tenha passado por inúmeras adaptações, a probabilidade de uma reforma global da disciplina permite que suas diretrizes valorativas sejam realinhadas. O presente ensaio possui como objeto de investigação, precisamente, um discurso

---

[1] Pós-Doutor pela Università degli Studi di Firenze. Doutor e Mestre em Direito das Relações Sociais pela UFPR. Professor dos cursos de Graduação e Pós-Graduação da UFPR. Ex-juiz Federal. Procurador Regional da República.

[2] Doutorando e Mestre em Direito das Relações Sociais pela UFPR. Membro do Instituto de Processo Comparado (UFPR). Professor de cursos de especialização. Advogado.

axiológico inserido nessa seara: o chamado "contratualismo processual". Mesmo que de forma preliminar, pretende-se investigar os principais contornos e fundamentos relacionados a essa guia, bem como seu acoplamento com o Direito brasileiro.

Viabilizando esse trabalho, a análise é segmentada em três momentos. Nos dois primeiros, procura-se traçar as linhas gerais relacionadas à figura do "contratualismo", identificando como essa diretriz se faz presente no novo Código de Processo Civil. No último, e mais crítico, problematiza-se a adoção dessa linha teórica no nosso atual contexto, diante da pluralidade de interesses que permeiam a atividade jurisdicional. É sobre esses pilares que se constrói o estudo, ciente de sua natureza introdutória, mas mantendo seu comprometimento com a efetividade do processo.

2. Contextualizando o problema: o contratualismo, o novo CPC e o processo brasileiro

2.1. A premissa contratualista

Iniciando o debate, identificamos que o seu cerne passa pela compreensão daquilo que é concebido como "contratualismo processual". Afinal, quais seriam as características essenciais dessa diretriz valorativa? Sob quais fundamentos a conformação por ela trazida seria defensável? Como isso se operacionalizaria em nosso ambiente jurisdicional?

Ainda que as indagações pudessem conduzir a debates mais profundos, para as atuais finalidades é viável destacar brevemente que, por trás da ideia "contratualista", está a tentativa de conferir às partes a possibilidade de *dispor sobre a estrutura procedimental* de seu litígio; de facultar que estabeleçam parcela do percurso a que o "acertamento de seu caso" estaria submetido; em síntese, de permitir que sejam *derrogadas* regras relacionadas ao desenvolvimento do processo, alterando sua tramitação a critério dos próprios sujeitos envolvidos na controvérsia.

Esse tipo de discurso ganhou especial importância no processo civil francês da década de 80, encontrando amparo em teóricos como Loïc Cadiet e sendo exemplificado em aspectos como a possibilidade de escolha, pelas partes, do *circuito procedimental* a que sua lide deve se sujeitar.[3] Do

---

[3] Sobre a questão, afirma Tricia Navarro Xavier Cabral que "iniciou-se no direito francês um movimento traduzido na necessidade da existência de um modelo jurídico negocial ao lado de um modelo jurídico imposto pelo Estado. Em consequência, passou-se a refletir sobre a contratualização da justiça, do processo e dos modos de regramento dos litigantes, tema aparentemente paradoxal com o processo, que é um desacordo. Essa novidade representa um projeto de democratização da justiça, uma vez que harmoniza o princípio da cooperação dos juízes e das partes com o princípio do contraditório, princípios estes que direcionam o processo civil francês, através de técnicas contratuais.

mesmo modo, analisando o problema sob as lentes do processo civil italiano, destaca-se o pensamento de Remo Caponi.[4] Em qualquer das vias, esses acordos almejariam permitir que as partes transacionassem sobre a *forma* de *tramitação* da sua causa. Consideramos que o argumento toma por base uma readequação do diálogo entre *jurisdição* e *jurisdicionado*, razão pela qual: (i) possui pertinência com a (corriqueira) defesa de que o próprio Estado deve passar um realinhamento global de seus cânones de atuação; e (ii) guarda similitude com a noção de "cooperativismo", outro discurso relacionado ao processo também inserido nesse caldo.

Em relação ao primeiro aspecto, o ponto a ser percebido é que a maleabilidade do direito público tem conduzido à proposta de uma *recomposição geométrica* da relação entre Administração e administrado, fazendo com que a verticalidade *estrita* (a ordem, o comando ou a imposição) ceda espaço para uma construção mais horizontal (o diálogo, a participação ou a concertação). Conferindo novo *status* ao jurisdicionado e novas linhas à ação estatal,[5] insere-se aí a defesa de uma "consensualidade administrativa"; de uma maior aproximação entre Poder Público e indivíduo (visto como cidadão);[6] enfim, de uma Administração que não apenas *impõe*, mas também *dialoga* e *compõe*.[7]

Entre as questões que militam em favor dessa constatação, está a própria modificação a que a figura *macro* do espaço público se submeteu ao largo do último século e meio. Com marcos razoavelmente pacifica-

---

A possibilidade de modificação contratual do procedimento no direito francês vem estabelecida no Décret 2005-1678 de 28.12.2005 (...) diferentemente dos dois sistemas primeiramente citados, no direito francês observa-se uma maior cooperação entre o juiz e as partes para fins de estabelecer acordos processuais. Além disso, a contratualização do processo é ampla e se revela de várias formas, como as convenções para se evitar a instauração do processo e as que ocorrem durante o processo, dentre outras". CABRAL, Tricia Navarro Xavier. Poderes do Juiz no Novo CPC. In. *Revista de Processo*. v.208. São Paulo: Ed.RT, 2012. p. 275 e ss. Em relação a esse aspecto, ver, em especial, CADIET, Loic, NORMAND, Jacques, MEKKI, Soraya Amrani. *Théorie générale du procès*. Paris: PUF, 2010, p. 524. Também, CADIET, Loic. Les conventions relatives su procès en droit français. Sur la contractualisation du règlement des litiges. In. *Accordi di parte e processo*. Milano: Giuffrè, 2008 p. 7 e ss.

[4] Nesse sentido, CAPONI, Remo. "Autonomia private e processo civile: gli accordi processuali". *Accordi di parte e processo*. Milano: Giuffrè, 2008, p. 99 e ss.

[5] Percebendo o realinhamento do "império" do "ato administrativo", a partir da internalização dessa nova mentalidade no direito espanhol, ALFONSO, Luciano Parejo. Los Actos Administrativos Consensuales en el Derecho Español. In. *A & C – Revista de Direito Administrativo e Constitucional*. v.3. Belo Horizonte: Fórum, 2003.p.12-14.

[6] "Eis a figura do cidadão que manifesta sua vontade em fazer parte de procedimentos passíveis de culminar em decisões estatais que afetem direitos seus (...) é o cidadão consciente de seus direitos civis, políticos e sociais (porque bem informado), e que deseja tomar a palavra e expressar sua opinião nos assuntos relativos à condução das atividades públicas (...) enfim, é o cidadão participador, que assume posturas pró-ativas perante uma Administração pública que deve agir em proveito dos cidadãos e de toda a sociedade". OLIVEIRA, Gustavo Justino de. *O Contrato de Gestão na Administração Pública Brasileira*. Tese de Doutorado. Universidade de São Paulo, 2005. p.133.

[7] "Com efeito, os princípios e regras da Constituição da República atinentes ao Estado e à Administração pública não somente conferiram novo formato à organização administrativa, mas impingiram uma maior democratização do seu funcionamento, da sua gestão". Idem. p.129.

dos, esse fenômeno costuma ser descrito a partir dos seguintes passos gerais: (i) inicialmente, coloca-se como pano de fundo um "Estado Liberal", tipificando-o como aquele cujas ações estariam pautadas pela *previsibilidade*; (ii) na sequência, com comum menção à Constituição Mexicana de 1917 e à Constituição de Weimar de 1919, indica-se o fluxo para um Estado mais *ativo* na asseguração de direitos sociais;[8] (iii) enfim, após a eventual crise dessa política de *welfare* e a constitucionalização da ordem jurídica, seriam perseguidos novos desenhos (lançando-se conceitos como o de "Estado Garantia").[9]

Nesse curso, se no primeiro momento o agir estatal seria *legitimado* por atender aos primados da *segurança* e da *neutralidade*, com a dilatação de finalidades atribuídas à esfera pública, esses parâmetros se alteram. Com efeito, pois se antes haveria o predomínio de direitos essencialmente negativos (em questão problematizada por Holmes e Sunstein),[10] a internalização de demandas sociais pela Administração faria com que também lhe fossem trazidos *outputs* de resultado.[11]

Ocorre que, a partir de possíveis limites materiais relacionados à consecução dessas novas tarefas, chega-se à segunda transição acima indicada; à figura de um Estado que deveria *garantir* as prestações essenciais, mas nem sempre teria condições de fazê-lo diretamente. E é aqui que a *reconstrução* de seu vínculo com a comunidade poderia agir em ao menos duas linhas: (i) *negocialmente*, por permitir o desempenho de atividades que talvez não fossem alcançadas pela atuação exclusivamente pública; (ii) *democraticamente*, por encontrar na participação popular um novo filtro de *legitimação* da conduta administrativa.

---

[8] "É a partir do final da primeira metade do século que, definitivamente, se dá o marco decisivo na transformação do Estado (...) ao princípio que ditava a abstenção sucede a proclamação de um Estado social e economicamente comprometido ou conformador; a concepção de uma Administração constitutiva e interventora ganha terreno em relação à clássica Administração de autoridade (...) o Estado não é apenas titular das tarefas, é também o prestador directo dos serviços proporcionados pelas mesmas". GONÇALVES, Pedro. MARTINS, Licínio Lopes. Os serviços públicos econômicos e a concessão no Estado regulador. In. MOREIRA, Vital (org.). *Estudos de regulação pública – I*. Coimbra: Coimbra, 2004. p. 177-178.

[9] Idem, ibidem.

[10] Em suma, os autores sustentam que inexiste direito sem que haja custos inerentes à sua efetivação. Com esta conclusão, desmistifica-se a crença no caráter exclusivamente negativo dos "direitos de liberdade" (ou direitos de primeira geração), no que se inclui a propriedade. Ainda que referidos direitos não fossem preponderantemente prestacionais (como são aqueles denominados "de segunda geração") os atos de fiscalizar sua efetivação e de reparar e corrigir suas eventuais distorções trariam custos ao Estado. Há sempre uma conta, com a qual alguém (leia-se, os contribuintes) terá que arcar. Ver, HOLMES, Stephen. SUNSTEIN, Cass R. *The Cost of Rights – Why Liberty Depends on Taxes*. New York: W.W Norton & Company, 2000. p.44-45.

[11] Reconhecendo esse fluxo, OFFE, Claus. Critérios de Racionalidade e Problemas Funcionais da Ação Político-Administrativa. In. *Problemas Estruturais do Estado Capitalista*. Trad. Bárbara Freitag. Rio de Janeiro: Tempo Brasileiro, 1984. p.216 e ss.

Como consequência do primeiro aspecto, ganhariam corpo elementos como a celebração de parcerias público-privadas, com especial relevância na área de infraestrutura. Como reflexo do segundo, seria rompida a separação absoluta entre público e privado, trazendo a sociedade civil para a tomada de "escolhas trágicas"[12] de modo a (teoricamente) reforçar sua aceitação. Pelas duas pontas, estaria justificada uma nova abertura à gerência administrativa, recomendando sua inclinação em sentido mais consensual[13] e reequilibrando o liame entre cidadãos e aparato estatal.[14]

Diante desse arsenal argumentativo, a recomendar uma Administração Pública mais comprometida com o diálogo e capaz de conjugar atos *imperativos* e atos *negociados*, competiria ao operador do Direito o desenvolvimento de mecanismos e ideias capazes de internalizar a nova mentalidade. É assim com a aceitação da transação em Processo Administrativo Disciplinar. Do mesmo modo, é partindo dessa base teórica que ganham força discursos como o da gestão pública mediante *contratos* e o do incremento de participação por meio de consultas e audiências. E, também, parece-nos ser essa a mentalidade inerente tanto ao "contratualismo" quanto ao "cooperativismo" processuais, fazendo com que ambos caminhem para um mesmo sentido: o da aproximação entre as partes do litígio e o magistrado, equacionando suas relações de poder.

Observando de início a ideia "cooperativa" (ou "colaborativa") e as suas possibilidades no âmbito processual civil, identificamos que a questão já vem sendo há tempos defendida na doutrina brasileira por autores

---

[12] A expressão é talhada por Calabresi e Bobbit, que, analisando a alocação de recursos orçamentários inerentes à gestão pública, percebem a série de conflitos valorativos *radicais* que permeia a tomada de decisões relacionadas ao tema. Assim, CALABRESI, Guido. BOBBITT, Phillip. *Tragic Choices*. New York: W.W Norton & Company, 1978.

[13] Investigando o tema, Diogo de Figueiredo Moreira Neto destaca que "a participação e a consensualidade tornaram-se decisivas para as democracias contemporâneas, pois contribuem para aprimorar a governabilidade (*eficiência*); propiciam mais freios contra o abuso (*legalidade*); garantem a atenção a todos os interesses (*justiça*); proporcionam decisão mais sábia e prudente (*legitimidade*); desenvolvem a responsabilidade das pessoas (*civismo*); e tornam os comandos estatais mais aceitáveis e facilmente (*ordem*)". MOREIRA NETO, Diogo de Figueiredo. *Mutações do Direito Administrativo*. 2 ed. Rio de Janeiro: Renovar, 2001. p.41. Ver, também, OLIVEIRA, Gustavo Justino de. Ob. cit. p.139.

[14] Nessa guinada, afirma-se que "a partir das ideias de constitucionalismo e democracia, a igualdade assume importante papel ao determinar que todas as pessoas possuem a mesma dignidade moral e são iguais em suas capacidades mais elementares. Da mesma forma, todo indivíduo tem igual direito de intervir na resolução dos assuntos que afetam a sua comunidade; vale dizer, todos merecem participar do processo decisório em pé de igualdade (...) se preservam os direitos fundamentais que permitem a cada um levar sua vida conforme seus ideais preservando, ainda, uma estrutura de decisão democrática na qual a opinião de cada sujeito vale o mesmo que a do outro". GODOY, Miguel Gualano de. *Constitucionalismo e Democracia – Uma leitura a partir de Carlos Santiago Nin e Roberto Gargarella*. São Paulo: Saraiva, 2012. p.66.

como Daniel Mitidiero[15] e Fredie Didier Jr.[16] E, de fato, parece incontestável que em sua base se encontra a tentativa de readequar a estrutura geométrica clássica da relação processual (refletindo o movimento dialógico acima descrito). Se historicamente pensou-se em um processo guiado em sua essência pela verticalidade, o argumento cooperativo sustenta exatamente a necessidade de que se atribua maior emparelhamento entre os sujeitos do conflito e o seu julgador.

A favor desse ponto, além da já citada revisão da atuação estatal, colocam-se também questões como a "crise judiciária" e o combate filosófico à possibilidade de que uma decisão solipsista atinja a "verdade".[17] É que, se a capacidade do julgador alcançar uma decisão irreparável mediante seu próprio exame individual é abalada, estaria reforçada a relevância do diálogo (conferindo densidade à influência das partes). Essa reaproximação está insculpida no art. 6º do novo Código de Processo Civil, segundo o qual *todos os sujeitos do processo devem cooperar entre si*.

Deslocando enfim os nossos olhares ao "contratualismo processual", notamos que também essa perspectiva, assim como ocorre com o "cooperativismo", funda-se na aproximação entre as partes do conflito e o julgador – e em um maior empoderamento dos litigantes. Aqui, porém, a questão se especifica pelo objeto temático: a participação dos sujeitos seria majorada não apenas no que toca ao convencimento judicial sobre o objeto litigioso, mas também no que se refere à *estruturação* do *rito processual* a ser casuisticamente adotado.

Desse modo, a tese passa pela compreensão de que, embora a previsibilidade processual requeira certo grau de formalidade,[18] esse elemento

---

[15] Em explicação da questão, afirma Daniel Mitidiero que "o processo cooperativo parte da ideia de que o Estado tem como dever primordial propiciar condições para a organização de uma sociedade livre, justa e solidária, fundado que está na dignidade da pessoa humana. Indivíduo, sociedade civil e Estado acabam por ocupar, assim, posições coordenadas (...) o juiz tem o seu papel redimensionado, assumindo uma dupla posição: mostra-se paritário na condução do processo, no diálogo processual, sendo, contudo, assimétrico no quando da decisão da causa". MITIDIERO, Daniel. *Colaboração no processo civil: pressupostos sociais, lógicos e éticos*. 2 ed. São Paulo: RT, 2011. p.114

[16] "O princípio da cooperação define o modo como o processo civil deve estruturar-se no direito brasileiro. Esse modelo caracteriza-se pelo redimensionamento do *princípio do contraditório*, com a inclusão do órgão jurisdicional no rol dos sujeitos do diálogo processual, e não mais como um mero espectador do *duelo* das partes (...) a condução do processo deixa de ser determinada pela vontade das partes (marca do processo liberal dispositivo). Também não se pode afirmar que há uma condução inquisitorial do processo pelo órgão jurisdicional, em posição *assimétrica* em relação às partes. Busca-se uma condução *cooperativa* do processo, sem destaques a algum dos sujeitos processuais". DIIDIER JR., Fredie. *Curso de Direito Processual Civil*. v.1. 12 ed. Salvador: Editora JusPodivm, 2010.

[17] Conforme Lenio Streck, "as palavras da lei são constituídas de vaguezas, ambigüidades, enfim, de incertezas significativas. São, pois, plurívocas. Não há possibilidade de buscar/recolher o sentido fundante, originário, primevo, objetificante, unívoco ou correto de um texto jurídico". STRECK, Lenio Luiz. *Hermenêutica Jurídica e(m) Crise*. Porto Alegre: Livraria do Advogado, 2000. p. 239

[18] "*La razón por la que en todos los tiempos se ha sentido la necesidad de imponer una minuciosa disciplina jurídica a este diálogo entre hombres, al cual, en sustancia, se reduce todo proceso, debe buscar-se en la especial naturaleza de la providencia a la que están preordenadas todas las actividades procesales. Carácter esencial*

não pode se converter em formalismo desfavorável à jurisdição.[19] Fugindo desse risco, encontraria amparo a defesa por uma maior liberdade procedimental,[20] e, no argumento "contratualista", a compreensão de que essa maleabilidade deveria passar pelo crivo (e pelo impulso) dos sujeitos em juízo. Em síntese, trata-se de defender que a *neutralidade* teoricamente trazida por um procedimento *igualitário* deveria ser superada em favor de uma maior adaptação ao caso concreto, e de arrematar destacando que caberia às partes papel de destaque nessa adequação.[21]

2.2. As previsões do novo Código

Entendidos os principais suportes inerentes ao "contratualismo processual", vê-se que a presença de aspectos a ele relacionados não é de todo recente em nosso ordenamento jurídico. É que, por mais que o Código de Processo Civil de 1973 não encampe explicitamente essa guia valorativa, há vetores em sua redação que (ainda que de forma silente) parecem-nos partilhar do mesmo norte.

---

del derecho es la certeza (...) pero, a su vez, esta certeza no existiría si el individuo que pide justicia no supiera exactamente cuáles son los actos que debe realizar para obtenerla". CALAMANDREI, Piero. *Instituciones de derecho procesal civil*. Trad. Santiago Sentís Melendo. Vol.1. Buenos Aires: El Foro, 1996. p.321.

[19] *""La historia de las instituciones judiciales demuestra que las formas adoptadas originariamente para alcanzar ciertos fines, tienden a sobrevivir a su función (...) como fin en sí mismas; así, a veces, el valor puramente instrumental de las formas que deberían servir para facilitar la justicia degenera en formalismo y las mismas se convierten en objeto de un culto ciego"*. Idem. p.322.

[20] Sobre o tema, cita-se, GAJARDONI, Fernando da Fonseca. *Flexibilidade Procedimental*. São Paulo: Atlas, 2008.

[21] Nas palavras de Cadiet, observando a recente expansão do argumento contratualista, "les conventions relatives au procès ne sont donc pas si nouvelles que cela; elles s'inscrivent dans une très ancienne tradition contractualiste en matière de règlement des conflits, qu'il s'agisse de l'analyse contractuelle du lien d'instance, héritée de la litis contestatio du droit romain, ou du rôle que la conciliation, la transaction, la composition ou le compromis ont toujours joué en droit français depuis le Moyen-âge (...) D'où vient, alors, que la question paraisse nouvelle? Cette nouveauté me semble tenir à deux explications. D'une part, d'un point de vue général, ces conventions relatives au procès s'inscrivent dans une tendance très nette à la contractualisation contemporaine des rapports sociaux, liée au déclin du centralisme étatique et de son corollaire dans l'ordre de la production normative, le légicentrisme. Ce phénomène, qui a pris son essor dans les années 1960, fait l'objet de nombreuses études doctrinales, qui en soulignent l'importance, indépendamment de la variété des positions qu'elles expriment, favorables ou défavorables La réflexion sur la contractualisation de la justice, du procès ou, plus généralement des modes de règlement des différents, depuis une quinzaine d'années, participe assurément de ce mouvement qui traduit l'émergence d'un ordre juridique négocié entre les acteurs sociaux, à côté de l'ordre juridique imposé par l'Etat, ce que l'on identifie aujourd'hui par référence au concept de post-modernité. D'autre part, d'un point de vue plus particulier, le renouvellement actuel tient à au nouvel usage qui est fait de la technique contractuelle, comme une des réponses possibles à la crise de la justice, à l'encombrement des tribunaux et l'allongement des procédures: d'abord, en amont du litige, les parties recourent de plus en plus à la convention comme instrument d'anticipation conventionnelle du règlement de leur différend (I); par ailleurs, une fois le litige né, le recours au contrat s'opère au sein même de l'institution judiciaire comme un instrument de gestion de l'instance (II)". CADIET, Loïc. Les conventions relatives su procès en droit français. Sur la contractualisation du règlement des litiges. p. 8.

Essa situação pode ser percebida, por exemplo, ao se admitir a celebração de cláusula contratual de eleição de foro.[22] Também, ao determinar-se que o juízo territorialmente incompetente, se não oposta exceção, tenha prorrogada sua competência para análise do litígio.[23] Embora nossa legislação possua regras voltadas à divisão de competência territorial, nas duas hipóteses se admite sua derrogação por iniciativa das partes. Seja pela disposição via contrato, seja pela atitude adotada em juízo, permite-se que os litigantes vinculem de forma restritiva a atuação estatal, sujeitando-a à decisão tácita ou abertamente celebrada.[24]

Ainda nessa linha está a possibilidade de negociação contratual dos parâmetros de ônus de prova,[25] ou a faculdade conferida às partes para estipularem a suspensão do seu processo.[26] Em ambas as circunstâncias, permite-se que os sujeitos adotem condutas de disposição capazes de vincular o Estado-juiz. Tanto em uma quanto na outra os titulares do conflito assumem papel de destaque na fixação de parâmetros procedimentais, estipulando como o julgador deve agir em caso de dúvida ou o sujeitando a uma suspensão do feito sobre a qual possui poderes limitados.

Ocorre que, e sem prejuízo de tais exemplos já existirem, no novo Código de Processo Civil a inclinação em favor do "contratualismo" é mais acentuada. A proposta legislativa é mais firme nesse sentido, ampliando seu campo de incidência e fazendo com que, em determinadas

---

[22] "Art. 111. A competência em razão da matéria e da hierarquia é inderrogável por convenção das partes; mas estas podem modificar a competência em razão do valor e do território, elegendo foro onde serão propostas as ações oriundas de direitos e obrigações. § 1º O acordo, porém, só produz efeito, quando constar de contrato escrito e aludir expressamente a determinado negócio jurídico. § 2º O foro contratual obriga os herdeiros e sucessores das partes".

[23] "Art. 114. Prorrogar-se-á a competência se dela o juiz não declinar na forma do parágrafo único do art. 112 desta Lei ou o réu não opuser exceção declinatória nos casos e prazos legais".

[24] Reforçando a importância da questão para a organização jurisdicional, Aluisio Gonçalves de Castro Mendes destaca que "a jurisdição está presente em todos os órgãos do Poder Judiciário, tendo em vista que o juiz, com a investidura no cargo, dotado está do poder de dizer o direito, ou seja, da função judicante. Na medida em que a prestação jurisdicional é um serviço público e, como tal, deve ser realizado a contento, não obstante todas as carências, há uma necessidade prática de divisão do trabalho e das tarefas, a fim de otimizar ou, quando menos, viabilizar o exercício da função como um todo. Essa razão de ordem prática norteia, em geral, a fixação de competência dos órgãos judiciais. Sob o prima teórico, a jurisdição pode ser entendida como o poder, enquanto a competência é o exercício delimitado daquele". MENDES, Aluisio Gonçalves de Castro. *Competência Cível da Justiça Federal*. 3 ed. rev. atual e ampl. São Paulo: RT, 2009. p.35.

[25] Afinal, se o art. 333 do Código de Processo Civil de 1973 determina que a convenção do ônus da prova será nula somente quando "recair sobre direito indisponível da parte" ou "tornar excessivamente difícil a uma parte o exercício do direito", uma leitura *a contrario sensu* permite concluir que em qualquer outra hipótese a negociação seria preliminarmente aceitável. Faculta-se, assim, a celebração de verdadeiro "negócio jurídico processual".

[26] "Art. 265. Suspende-se o processo: (...) II – pela convenção das partes; (...). § 3º A suspensão do processo por convenção das partes, de que trata o no II, nunca poderá exceder 6 (seis) meses; findo o prazo, o escrivão fará os autos conclusos ao juiz, que ordenará o prosseguimento do processo".

hipóteses, seja viável que o "acordo" derrogue plenamente o procedimento legal.

Essa expansão é cristalizada pelo teor do art. 189, cujo *caput* preceitua que "versando a causa sobre direitos que admitam autocomposição, é lícito às partes plenamente capazes estipular mudanças no procedimento para ajustá-lo às especificidades da causa e convencionar sobre os seus ônus, poderes, faculdades e deveres processuais, antes ou durante o processo". Cria-se desse modo um permissivo geral para a celebração de "acordos processuais" pelos litigantes, em cenário corroborado pelo § 4º do mesmo dispositivo, segundo o qual "de ofício ou a requerimento, o juiz controlará a validade das convenções previstas neste artigo, recusando-lhes aplicação somente nos casos de nulidade ou inserção abusiva em contrato de adesão ou no qual alguma parte se encontre em manifesta situação de vulnerabilidade".[27]

A leitura conjugada dos preceitos evidencia uma clara abertura para que as partes pactuem sobre aspectos relacionados à tramitação do seu conflito. De um lado, essa prerrogativa é textualmente facultada pelo *caput* do artigo, revelando sua índole permissiva. De outro, a dimensão de controle trazida pelo citado parágrafo é restringida. Em suma, confere-se aos sujeitos uma ampla possibilidade para contratualizar seu litígio, ao passo que se reserva ao julgador um espaço teoricamente limitado para negar vigência a essa negociação.

No rastro dessa previsão ampla, e conferindo aplicação *específica* à sua ideia geral, o Código permite ainda que durante o saneamento da lide as partes fixem por consenso as questões fáticas e jurídicas tidas por controversas (art. 354, § 2º).[28] Também, faculta que indiquem por acordo

---

[27] "Art. 189. Versando a causa sobre direitos que admitam autocomposição, é lícito às partes plenamente capazes estipular mudanças no procedimento para ajustá-lo às especificidades da causa e convencionar sobre os seus ônus, poderes, faculdades e deveres processuais, antes ou durante o processo. § 1º De comum acordo, o juiz e as partes podem fixar calendário para a prática dos atos processuais, quando for o caso. § 2º O calendário vincula as partes e o juiz, e os prazos nele previstos somente serão modificados em casos excepcionais, devidamente justificados. § 3º Dispensa-se a intimação das partes para a prática de ato processual ou a realização de audiência cujas datas tiverem sido designadas no calendário. § 4º De ofício ou a requerimento, o juiz controlará a validade das convenções previstas neste artigo, recusando-lhes aplicação somente nos casos de nulidade ou inserção abusiva em contrato de adesão ou no qual alguma parte se encontre em manifesta situação de vulnerabilidade".

[28] "Art. 354. Não ocorrendo qualquer das hipóteses deste Capítulo, deverá o juiz, em decisão de saneamento e de organização do processo: I – resolver as questões processuais pendentes, se houver; II – delimitar as questões de fato sobre as quais recairá a atividade probatória, especificando os meios de prova admitidos; III – definir a distribuição do ônus da prova, observado o art. 370; IV – delimitar as questões de direito relevantes para a decisão do mérito; V – designar, se necessário, audiência de instrução e julgamento. § 1º Realizado o saneamento, as partes têm o direito de pedir esclarecimentos ou solicitar ajustes, no prazo comum de cinco dias, findo o qual a decisão se torna estável. § 2º As partes podem apresentar ao juiz, para homologação, delimitação consensual das questões de fato e de direito a que se referem os incisos II e IV; se homologada, a delimitação vincula as partes e o juiz. (...)".

de vontades o perito judicial responsável por auxiliar o juízo na valoração do feito.[29] Do mesmo modo, estabelece que, em conjunto com o julgador da causa, os litigantes poderiam fixar calendário processual específico para a prática dos atos relacionados à disputa (como previsto no próprio art. 189, em seu § 1º).[30]

Não é árduo notar que a maior parte das disposições dessa natureza conflita com a construção histórica de nosso processo. É que, se o próprio ideário moderno embasava um procedimento generalista e despreocupado com peculiaridades,[31] a atual guinada ideológica oportuniza uma maior aproximação entre a forma e as exigências do caso concreto. Adotando a antípoda de Damaska, caminha-se em um sentido mais atento à lógica coordenada, desprendendo-se de uma sujeição imutável a parâmetros previamente fixados em lei.[32]

Entretanto, ainda que esse ganho em maleabilidade possa trazer benefícios ao nosso processo civil, conduz também a preocupações e a ponderações. As questões passam essencialmente pelos limites da disponibilidade procedimental, e levam a uma série de indagações. Afinal, haveria adequação em permitir a transação sobre o processo sem a presença (e sequer a anuência) do julgador? Em quais dimensões? Ainda que com a participação do magistrado, haveria balizas exatas para essa disposição?

As inquietações são em alguma escala pacificadas pela observação preliminar das disposições relacionadas ao tema, na medida em que o próprio texto, ao mesmo tempo em que admite os "acordos", reconhece que essa prerrogativa não é absoluta. Nesse sentido, estabelece certas

---

[29] "Art. 468. As partes podem, de comum acordo, escolher o perito, indicando-o mediante requerimento, desde que: I – sejam plenamente capazes; II – a causa possa ser resolvida por autocomposição. § 1º As partes, ao escolherem o perito, já devem indicar seus assistentes técnicos para acompanharem a realização da perícia, que se realizará em data e local previamente anunciados. § 2º O perito e os assistentes técnicos devem entregar respectivamente seu laudo e seus pareceres em prazo fixado pelo juiz. § 3º A perícia consensual substitui, para todos os efeitos, a que seria realizada por perito nomeado pelo juiz".

[30] Note-se que essa prerrogativa não se confunde com a previsão do art. 139, VI, que permite *ao juiz* "dilatar os prazos processuais e alterar a ordem de produção dos meios de prova, adequando-os às necessidades do conflito de modo a conferir maior efetividade à tutela do direito". Neste último caso, que ocorre de ofício pelo juiz (ainda que deva, antes de decidir, ouvir as partes, na forma do que prevê o art. 9º, do CPC), as prerrogativas do juiz são muito mais limitadas: só pode ele *dilatar prazos* ou *alterar a ordem de produção de prova*. Já nos termos do art. 189, § 1º, que ocorre de comum acordo, entre o juiz e as partes, há latitude maior para a alteração dos atos processuais, que pode incidir sobre qualquer evento do processo.

[31] Identificando esse conteúdo inerente ao pensamento jurídico-moderno, e o seu impacto na estruturação de um direito orientado à (pretensa) neutralidade, HESPANHA, Antonio Manuel. *O Caleidoscópio do Direito*. Lisboa: Almedina, 2012.

[32] Ver, *passim*, DAMASKA, Mirjan. *The Faces of Justice and State Authority*. New Haven: Yale University Press, 1986.

restrições à possibilidade de negociação, sujeitando-a a condições mais ou menos rígidas.

Realmente, em determinadas hipóteses, como é o caso da "perícia convencional" (art. 468), a aceitação do negócio é prontamente subordinada à capacidade plena das partes e à disponibilidade do objeto litigioso. Já em situações como a da convenção sobre o ônus probatório o rol de requisitos é mais amplo, impedindo-se também que o termo gere onerosidade excessiva a qualquer das partes.[33] Ainda no campo exemplificativo, veja-se que sequer a eleição de foro contratual é prevista de forma irrestrita (art. 63, §§ 1º e 3º),[34] encontrando barreiras tanto nos requisitos inerentes ao negócio jurídico quanto na contenção de possíveis excessos.

Tratando-se enfim do permissivo geral trazido pelo art. 189, *caput,* a limitação à disposição procedimental também está presente. É que, conforme antes mencionado, caberia ao juiz controlar a validade desses acordos, negando-lhes eficácia sempre que fossem nulos, mostrassem-se abusivos ou envolvessem sujeito em manifesta situação de vulnerabilidade.

Dessa forma, a regra geral é que os "acordos processuais", mesmo quando expressamente permitidos, encontrem limites em barreiras razoavelmente heterogêneas. Não obstante, acredita-se que as provocações

---

[33] "Desde que os sujeitos (partes) sejam capazes – capacidade de ser parte e capacidade de estar em juízo – e desde que intervenham neste acordo todas as partes que serão atingidas pela distribuição distinta do ônus da prova, é viável realizar-se esta modificação. Sublinhe-se, todavia, que este acordo poderá, eventualmente, ser invocado – para afastar os efeitos da possível sentença desfavorável – por terceiros prejudicados, ainda que intervenientes no processo, quando, por sua incidência, a defesa dos interesses destes terceiros puder vir a ser afetada. Em tais casos, demonstrando a ocorrência do prejuízo em decorrência desta modificação convencional do ônus da prova, o terceiro poderá afastar o efeito de intervenção (art. 55, inc. I, do Código de Processo Civil), exigindo reapreciação judicial de suas alegações. Quanto à licitude do objeto – para este negócio processual – tem-se que qualquer causa, ressalvadas as hipóteses apresentadas no parágrafo do art. 333, autoriza a elaboração deste acordo. Também não permitem a elaboração desta modificação as relações de consumo, sempre que esta "inversão" venha em prejuízo do consumidor (art. 51, inc. VI, do Código de Defesa do Consumidor). Outrossim, não admitem modificação do ônus da prova as situações em que normas ditadas no interesse público (e, portanto, de caráter cogente) atribuem o ônus de certa prova a alguém. Como se está, aqui, diante de regra de conteúdo impositivo (inafastável pela vontade das partes), obviamente não terá cabimento a modificação convencional do ônus da prova nestes casos. Desse modo, sempre que, por exemplo, existir regra que fixe presunção legal relativa em relação a determinado fato, sendo esta regra caracterizada como de ordem pública, não será admissível a alteração de seu conteúdo, através da manipulação convencional do ônus da prova". ARENHART, Sérgio Cruz. Ônus da prova e sua modificação no processo civil brasileiro. In: *Revista Jurídica*. n.343. Porto Alegre: Notadez, 2006.

[34] "Art. 63. As partes podem modificar a competência em razão do valor e do território, elegendo foro onde será proposta ação oriunda de direitos e obrigações. § 1º A eleição de foro só produz efeito quando constar de instrumento escrito e aludir expressamente a determinado negócio jurídico. § 2º O foro contratual obriga os herdeiros e sucessores das partes. § 3º Antes da citação, a cláusula de eleição de foro pode ser reputada ineficaz de ofício pelo juiz se abusiva, hipótese em que determinará a remessa dos autos ao juízo do foro de domicílio do réu. § 4º Citado, incumbe ao réu alegar a abusividade da cláusula de eleição de foro na contestação, sob pena de preclusão".

anteriormente formuladas tendem a gerar dúvidas mais profundas e complexas em nossa doutrina, a serem intensificadas com a positivação dos novos permissivos legais. No tópico seguinte, trazemos uma breve ponderação crítica, já inserida nesse debate relacionado à temática.

2.3. O processo e o seu feixe de interesses – aportes críticos ao novo CPC

Para compreender esse posicionamento, recordamos de uma premissa inerente ao atual processo civil: a *inviabilidade* de que se compreenda a jurisdição contemporânea sem avaliar que, em seu cerne, *não* transitam *apenas* os interesses das partes. Pelo contrário, por mais que sejam elas os agentes privados diretamente afetados pela celeuma, a atuação processual envolve um *feixe complexo* de questões que passam por interesses da comunidade e da própria administração estatal. E em um quadro como esse não há respostas fáceis, reforçando a necessidade de cautelas quanto à contratualização procedimental e a obrigatoriedade de que a inovação, para ser benéfica, seja entendida com reservas.

Nessa análise, um primeiro dado a ser mencionado é que a já descrita alteração de feições do aparato estatal trouxe, como um de suas consequências, a impossibilidade de se pensar em um Estado *desinteressado* na proteção dos direitos materiais.[35] Essa postura assumiu assento fundamental no ordenamento brasileiro com a Constituição de 1988, demonstrando que, na atualidade, o litígio se desenrola diante de um Poder Público que possui a *tutela de direitos* como elemento central de sua atuação.[36]

---

[35] Em verdade, contemporaneamente, a perseguição da tutela efetiva é verdadeira *vocação* do aparato estatal. Como afirma Luiz Guilherme Marinoni, "a função jurisdicional é uma consequência natural do dever estatal de proteger os direitos, o qual constitui a essência do Estado contemporâneo. Sem ela seria impossível ao Estado (...) garantir a razão de ser do ordenamento jurídico, dos direitos e das suas próprias formas de tutela ou proteção (...) o dever de proteção ou de tutela de direitos, que identifica o Estado constitucional, nada tem a ver com a noção clássica de direito subjetivo. O Estado possui o dever de tutelar determinados direitos, mediante normas e atividades fático-administrativas, em razão da sua relevância social e jurídica. Trata-se do dever de tutelar os direitos fundamentais. Mas não é só. O Estado também tem o dever de tutelar jurisdicionalmente os direitos fundamentais, inclusive suprindo eventuais omissões de tutela normativa, além de ter o dever de dar tutela jurisdicional a toda e qualquer espécie de direito – em razão do direito fundamental à tutela jurisdicional efetiva (art. 5º, XXXV, da CF)". MARINONI, Luiz Guilherme. *Teoria Geral do Processo*. 2 ed. rev. e atual. São Paulo: RT, 2007. p.139-140.

[36] Como se afirmou em outra ocasião, "a axiologia da Constituição Federal de 1988, marcante e balizadora de modificações nos mais diversos ramos de nosso pensamento jurídico, repercutiu fortemente no campo do direito processual civil. A afirmação não é nova, tampouco surpreendente. Pelo contrário, sua materialização fática é vista cotidianamente em nossos Tribunais – além de contribuir dia após dia para que novas ideias inclinem a academia no sentido da efetividade processual. Foi assim com tópicos como a técnica de antecipação dos efeitos da tutela, devidamente incorporada em nossa prática. Também, com a flexibilização e majoração dos poderes do magistrado em favor de uma maior aproximação entre a tutela judicialmente prestada e aquela mais adequada à situação

É graças a essa variação axiológica que Luiz Guilherme Marinoni, por exemplo, reconstrói o próprio teor do "direito de ação" (nele fazendo constatar a preocupação com a efetividade da tutela jurisdicional).[37] Também é assim que José Roberto dos Santos Bedaque sustenta um redimensionamento da atividade probatória do julgador, propondo a superação de um comportamento meramente passivo.[38] Igualmente, é a mesma virada valorativa que alicerça as críticas de Ovídio Baptista da Silva à ordinarização do processo, percebendo os riscos de se falar em "plenitude de defesa" sem considerar as exigências impostas ao intérprete da matéria.[39]

Em suma, essa série de discursos leva à percepção de que o atual Estado-juiz possui interesse direto no resultado final do processo, concebendo-o como a proteção satisfatória da necessidade material. O suporte condiciona tópicos como a atipicidade das ferramentas executivas.[40] Além disso, é diante dele que se sustenta que a atividade jurisdicional atua em esferas que extrapolam a questão litigiosa, exercendo escopos plurais como constatado por Cândido Rangel Dinamarco.[41]

---

material". ARENHART, Sérgio Cruz; OSNA, Gustavo. A ação civil pública e o processo coletivo sob o contexto constitucional: breves diagnósticos e alguns desafios. In: Clémerson Merlin Clève. (Org.). *Direito Constitucional Brasileiro*. v.1. São Paulo: RT, 2014. p.796.

[37] "A ação, no Estado constitucional, não pode pretender ignorar a estrutura do procedimento, ou melhor, a necessária conformação do procedimento, ainda que a partir de uma cláusula processual aberta, para a efetiva proteção do direito material (...) todos esses direitos demonstram a extensão do direito de ação, que é muito mais do que o ato solitário de invocar a jurisdição ou do que um simples direito ao julgamento do mérito. A ação, diante dos seus desdobramentos concretos, constitui um complexo de posições jurídicas e técnicas processuais que objetivam a tutela jurisdicional efetiva, constituindo, em abstrato, o direito fundamental à tutela jurisdicional efetiva". MARINONI, Luiz Guilherme. *Teoria Geral do Processo*. p.224.

[38] BEDAQUE, José Roberto dos Santos. *Poderes Instrutórios do Juiz*. 4.ed. São Paulo: RT, 2009. Também relendo a atuação do julgador, cita-se PINHEIRO, Paulo Eduardo D'Arce. *Poderes Executórios do Juiz*. São Paulo: Saraiva, 2011.

[39] Nesse sentido, SILVA, Ovídio Araújo Baptista da. A "plenitude de defesa" no processo civil. In. TEIXEIRA, Sálvio de Figueiredo (Coord.). *As garantias do cidadão na justiça*. São Paulo: Saraiva, 1993.

[40] Sobre o tema, ver, *passim*, GUERRA, Marcelo Lima. *Direitos fundamentais e a proteção do credor na execução civil*. São Paulo: RT, 2003..

[41] Nas palavras do autor, "tradicionalmente e até tempos bem recentes, acreditava-se que o sistema processual tivesse uma finalidade puramente jurídica, sendo ele, em resumo, um instrumento a serviço do direito material (...) constituem conquistas das últimas décadas a perspectiva sócio-política da ordem processual e a valorização dos meios alternativos. A descoberta dos escopos sociais e políticos do processo valeu também como alavanca propulsora da visão crítica de suas estruturas e do seu efetivo modo de operar, além de levar as especulações dos processualistas a horizontes que antes estavam excluídos de sua preocupação". Prosseguindo, afirma que "como o Estado tem funções essenciais perante sua população, constituindo síntese de seus objetivos o *bem-comum*, e como a paz social é inerente ao bem-estar a que este deve necessariamente conduzir (tais são as premissas do *welfare State*), é hoje reconhecida a existência de uma íntima ligação entre o sistema do processo e o modo de vida da sociedade", para disso extrair escopos *sociais* (múltiplos), *políticos* e *jurídicos* da atuação jurisdicional. DINAMARCO, Cândido Rangel. *Instituições de Direito Processual Civil*. vol. 1. 5 ed. rev. e atual. São Paulo: Malheiros, 2005. p. 144 e ss.

Essa dilatação também é demonstrada emblematicamente por Owen Fiss, por meio do contraste entre uma função *clássica* e uma função *contemporânea* da jurisdição.[42] Com efeito, enquanto a primeira seria restrita ao acertamento de casos, a segunda assumiria papel mais amplo e maior protagonismo no espaço social.[43] Nesse percurso, plenamente válido para a realidade brasileira, o processo civil adquire maior impacto na esfera pública.

Além disso, há ainda ao menos outro nível de interesse geral intrínseco ao processo civil. É que, compreendido ceticamente, o Poder Judiciário é incapaz de agir sem envolver o dispêndio de recursos públicos. Nessa medida, não há atuação judicial sem custos materiais e humanos que lhe sejam correlatos, e em última análise é o próprio contribuinte quem arca com esse fardo.[44] Por esse prisma, compreensível por um corte panprocessual,[45] questões como a protelação em juízo não atentam somente contra qualquer das partes, lesando reflexamente toda a coletividade. Trata-se de analisar a jurisdição a partir de suas possibilidades

---

[42] Ver, por todos, FISS, Owen. The Forms of Justice. In. *Harvard Law Review*. n.93. New Haven: Harvard University Press, 1979.

[43] Idem.

[44] "A baliza dos custos também impõe limitações objetivas ao processo. Por mais que a partir de seu traço funcional contemporâneo se revelasse ideal que cada magistrado analisasse mensalmente um único litígio ou que figuras como a assistência judiciária fossem absolutas, esses aspectos, apreendidos os custos do processo, não são factíveis. O ente estatal é obrigado a arcar com as despesas advindas da instituição judiciária e da efetivação normativa. Como o Estado não presenteia, é a própria comunidade que em última instância acaba indiretamente suportando tais despesas, o que sempre trará limites à sua atuação. (...) em suma, para cada escolha adotada no campo do direito processual haverá prejuízos e sacrifícios, não existindo meios de excluir da disciplina a baliza ditada por seus custos". OSNA, Gustavo. *Direitos Individuais Homogêneos: Pressupostos, fundamentos e aplicação no processo civil*. São Paulo: RT. (no prelo). p. 43.

[45] "Nesta outra dimensão da proporcionalidade, não se examina o processo considerado em si mesmo. Avalia-se, antes, a atividade jurisdicional na sua relação entre o esforço estatal oferecido a um caso concreto e o complexo de demandas (existente ou potencial) que também tem direito ao mesmo esforço. Nessa linha, considerada a escassez dos recursos estatais, o grau de efetividade outorgado a um único processo deve ser pensado a partir da necessidade de assegurar eficiência do sistema judiciário como um todo. Por outras palavras, a alocação de recursos em um determinado processo deve ser ponderada com a possibilidade de se dispor desses mesmos recursos em todos os outros feitos (existentes ou potenciais). O serviço público "justiça" deve ser gerido à luz da igualdade e a otimização do que é prestado não pode olvidar a massa de processos existente, nem os critérios para a administração mais adequada dos limitados recursos postos à disposição do ente público. (...) a racionalização dos esforços jurisdicionais passa a tomar em consideração o complexo de usuários (atuais e potenciais) do serviço, e não apenas o caso específico, que está eventualmente nas mãos do juiz. A solução, em síntese, da colisão das garantias fundamentais, passa a operar-se em outro plano: o macroscópico, tangenciando a política judiciária". ARENHART, Sérgio Cruz. *A tutela coletiva de interesses individuais: para além da proteção de interesses individuais homogêneos*. São Paulo: RT, 2013. p.38-39. Também observando o problema, Remo Caponi destaca, a partir do direito italiano, que "Il canone di proporzionalità nell'impiego delle risorse giudiziali ha suggerito di configurare la disciplina del processo collettivo all'esito di un bilanciamento di valori costituzionali, che colloca su un piatto della bilancia le garanzie costituzionali, che sorreggono il modello tradizionale di tutela giurisdizionale dei diritti nel singolo processo, e sull'altro piatto l'efficienza di un processo complesso *in re ipsa*, ancorché opportunamente depurato dell'intervento di terzi". CAPONI, Remo. Il nuovo volto della *class action*. *Foro Italiano*. Roma: Società Editrice del "Foro Italiano", 2009, p. 386.

concretas, enxergando-a com olhares realistas para extrair as melhores respostas a partir da sua perspectiva global.

Em suma, o processo contemporâneo envolve parâmetros e critérios que vão além da órbita de interesse dos litigantes. É trazendo essa premissa teórica para a compreensão dos "acordos processuais" que se entende que, na atual realidade brasileira, a possibilidade de disposição procedimental deve ser aceita de maneira parcimoniosa. Não é aceitável que essa guia leve à compreensão do processo como mero instrumento particular de solução de litígios, ou do Estado-juiz como singelo passageiro secundário nessa jornada.

De fato, é certo que em países nos quais o processo civil está atrelado a litígios privados vem sendo corriqueira a inclinação a uma visão mais privatista da disciplina. Essa orientação, em boa conta, está na base de figuras como a do "contratualismo". É assim que localidades em que Justiça Administrativa e Justiça Civil se colocam separadamente tendem a ligar a primeira à atuação do Direito e a segunda à solução do litígio entre as partes.

Entretanto, além de essa segmentação inexistir na realidade brasileira, os argumentos acima demonstram que a jurisdição contemporânea não pode ser compreendida mediante a figura simplista de uma linha entre "A" e "B". Pensar o processo unicamente sob esse prisma é preocupante, gerando os riscos de se desconsiderar uma série de compromissos que lhe são ínsitos e de se desrespeitar a conformação constitucionalmente atribuída ao Estado. Por isso, entende-se que o preenchimento dos requisitos tradicionais dos atos jurídico nem sempre será suficiente para atribuir validade ao "negócio processual". Há ainda a constante necessidade de inserir o acordo na própria moldura geral da jurisdição, observando a sua adequação a esse ambiente.[46]

Desse modo, a "contratualização" não pode ser lida sem que se leve em conta a proteção de garantias como, por exemplo, o contraditório e a isonomia – obstando acordos que dificultem exageradamente a atuação de uma das partes. O mesmo vale para pactos que comprometam aspec-

---

[46] Como exemplo, veja-se que, ao analisar a possibilidade de flexibilização procedimental no direito francês, José Rogério Cruz e Tucci salienta ser "evidente – como adverte Loïc Cadiet – que a concordância dos litigantes, nesse sentido, não pode afrontar os princípios processuais. Impõe-se, portanto, ao juiz o controle das alterações possíveis, em prol da eficiência do respectivo processo, até porque, consoante dispõe o art. 3.º do Código de Processo Civil francês, "ao juiz incumbe velar pelo bom desenvolvimento da instância; ele detém poder de deferir os prazos e de determinar as medidas necessárias". Ademais, a redação do art. 23 do Noveau CPC, introduzida em 28.12.2005, atribuiu ao condutor do processo (*juge de la mise en état* = juiz de primeiro grau) a faculdade de fixar, em audiência com os procuradores das partes, um cronograma para o ulterior desenvolvimento do processo". TUCCI, José Rogério Cruz e. Garantias Constitucionais da Duração Razoável e da Economia Processual no Projeto do Código de Processo Civil. In. *Revista de Processo*. v. 192. São Paulo: RT, 2012. p.193 e ss

tos como a eficiência ou a razoável duração do processo. Também aqui, ainda que as consequências do acordo aparentemente só digam respeito às posições jurídicas das partes, entende-se cabível que o magistrado intervenha no "negócio" para lhe negar eficácia.

Essa necessidade de controle é ainda mais acentuada quando o "acordo", por algum motivo, possui o condão de afetar diretamente a atividade jurisdicional e as suas inúmeras funções. É o que ocorre, por exemplo, quando se permite que os litigantes indiquem o perito a atuar em juízo ou se exonerem de deveres processuais. Afinal, seria realmente aceitável que o magistrado fosse compelido a formar a sua convicção com base na análise de um *expert* em quem não confia?[47] No mesmo contexto, haveria razoabilidade em facultar que as partes, por acordo de vontades, desobrigassem-se de aspectos como o dever de agir com lealdade? As indagações nos parecem levar a uma mesma conclusão: a adequação e a possibilidade dos "acordos processuais" devem estar sujeitas a um crivo refinado do aparato jurisdicional.

Como consequência, por mais que uma maior participação dos litigantes possa trazer vantagens à atuação judiciária, é necessário evitar que o permissivo seja compreendido como prerrogativa para ditar livremente o que o Estado deve ou não fazer. Assim, a possibilidade de "contratualização" deve ser vista como *mais um* aspecto a contribuir para os escopos do processo, e não como um vetor a ser exclusivamente protegido em detrimento da figura plena da disciplina. Resumindo, trata-se de inserir os sujeitos em posição adequada de diálogo, mas sem fazer com que suas vozes sejam as únicas a soar.

4. Considerações finais

Colocando-se na onda acadêmica ocasionada pelos debates relacionados à reforma global de nosso Código de Processo Civil, o presente ensaio buscou traçar algumas considerações preliminares a respeito de uma das guias valorativas inseridas na proposta de codificação: o "contratualismo". Em síntese, trata-se de permitir que regras relacionadas ao desenvolvimento do processo sejam derrogadas, alterando sua tramitação a critério dos próprios sujeitos envolvidos na controvérsia.

---

[47] Vale lembrar que "acima de tudo, o perito deve ter idoneidade moral e, assim, ser da confiança do juiz. (...) não deve o juiz julgar a partir de laudo pericial assinado por pessoa que não mereça confiança (...) quando precisa de laudo pericial, não deve deixar que a definição de um fato seja feita por qualquer pessoa (perito), como se não lhe importassem a qualidade e a idoneidade da resposta jurisdicional. Além de idoneidade, o perito deve contar com conhecimento técnico suficiente". MARINONI, Luiz Guilherme. ARENHART, Sérgio Cruz. *Prova*. 2 ed. rev. e atual. São Paulo: RT, 2011. p. 793

Nesse sentido, observou-se que, ainda que haja exemplos em nosso atual direito nos quais essa ideia é encampada, sua admissão pelo novo Código de Processo Civil é bastante mais ampla. O diploma caminha com passos firmes no rumo do empoderamento das partes, prevendo verdadeiro permissivo geral para a celebração de "acordos processuais". Como argumentos a fundamentar essa expansão, estariam questões como a própria modificação dos cânones de legitimação a que a figura estatal se submeteu ao longo do último século.

Ocorre que, por mais que esse realinhamento possa trazer benefícios à efetividade jurisdicional (evitando que sua forma se subverta em formalismo), sua aplicação não deve ser entendida como um critério absoluto a orientar a disciplina processual. Essa conclusão decorre da própria pluralidade de interesses e de valores que é hoje imanente à jurisdição, sendo inviável concebê-la sob olhares meramente privatistas. O cenário contemporâneo possui desdobramentos mais complexos, razão pela qual também o "acordo processual" deve ser compreendido (e aceito) apenas na medida em que se amolde a esse contexto.

— 17 —

Peculiaridades da fundamentação das decisões judiciais no Brasil – a nova regra nem é assim tão nova...

TERESA ARRUDA ALVIM WAMBIER[1]

O Brasil é um país de grandes contrastes. Acontecem coisas que devemos lamentar, como por exemplo, a jurisprudência dita "defensiva", e outras, que merecem efusivos aplausos. Uma delas é a consciência generalizada que têm os magistrados e os doutrinadores no sentido de que a decisão judicial não é fruto da automática aplicação da lei ao caso concreto. Abertamente se reconhece que o juiz interpreta a lei e que o faz à luz da doutrina e da jurisprudência. De um modo geral, pode-se dizer que se reconhece que o direito se baseia num tripé: norma jurídica – norma posta e princípios jurídicos –, doutrina e jurisprudência.

A subjetividade que possa eventualmente ter sido uma das razões da decisão deve ser convenientemente *absorvida* pela objetividade da fundamentação.

A fundamentação, se sabe, não é lógica, mas racional. A lógica não é, senão, uma das províncias da racionalidade.

A exigência de que as decisões judiciais sejam fundamentadas, hoje em dia, responde a duas necessidades. Uma delas é prestar contas à sociedade, nos Estados de Direito. Esta necessidade *absorve* a possível subjetividade da decisão e é um meio de se evitar a arbitrariedade. A outra é técnica: possibilita-se que da decisão se recorra. No recurso, ataca-se justamente a fundamentação.

---

[1] Livre-docente, doutora e mestre em Direito pela PUC-SP. Professora nos cursos de graduação, especialização, mestrado e doutorado da mesma instituição. Professora Visitante na Universidade de Cambridge – Inglaterra (2008 e 2011). Professora Visitante na Universidade de Lisboa (2011). Presidente do IBDP. Vice-Presidente do Instituto Ibero-americano de Direito Processual. Membro Conselheiro da International Association of Procedural Law. Membro do Instituto Panamericano de Derecho Procesal, do Instituto Português de Processo Civil, da Academia de Letras Jurídicas do Paraná e São Paulo, do IAPPR e do IASP, da AASP, do IBDFAM. Membro do Conselho Consultivo da Câmara de Arbitragem e Mediação da Federação das Indústrias do Estado do Paraná – CAMFIEP. Membro do Conselho Consultivo RT (Editora Revista dos Tribunais). Advogada.

Quando se estuda a motivação da decisão, na verdade, o que se estuda é o que *aparece* na decisão, que seria uma espécie de "fachada". Mas, mesmo assim, é interessante estudar este fenômeno, já que representa, pelo menos, o que é compreendido como satisfatório para figurar como fundamento da decisão, em face das exigências de dado sistema. Outras motivações que podem ter as decisões (ideológicas, psicológicas etc.), estas não estão presentes claramente no texto e não interessam para o direito. Têm que ter sido absorvidas pela possível objetividade e racionalidade dos fundamentos. Se assim não for, a decisão será arbitrária e contrária ao direito.[2] Esta é a motivação que se estudará neste artigo: a motivação visível.

A consciência de que o juiz não decide única e exclusivamente com base na lei, *i. e.*, que a decisão não "brota" automaticamente da lei, não está presente na legislação e na prática judiciária de muitos países do continente europeu. É conhecida a disposição legal do direito italiano em que se proíbe o juiz de citar doutrina,[3] bem como a prática do direito francês, de resolver os casos concretos em poucas palavras e sob a forma de um silogismo, como se o único elemento levado em conta pelo juiz para decidir fosse a literalidade do texto legal.[4]

Na Alemanha, todavia, a situação é diferente. Há recursos que têm como pressuposto de admissibilidade a perspectiva de que a decisão do Tribunal a respeito da questão levantada pelo recorrente contribua para o desenvolvimento do direito. Estes dispositivos, alguns transcritos no rodapé, demonstram inequivocamente que se reconhece, na Alemanha, que, em certa medida, o juiz inova, ao interpretar.[5]

---

[2] On Method and Methodology, Zenon Bankowski, Neil MacCormick, Robert S. Summers and Jerzy Wroblevski, *in* Interpreting Statutes, Darthmouth, 1991, p. 17.

[3] A respeito da proibição da citação da doutrina, a lei italiana é expressa (Art 118, par 3, do CPC italiano):
"118 disp. att. c.p.c. – *Motivazione della sentenza*.
La motivazione della sentenza di cui all'art. 132, secondo comma, n. 4), del codice consiste nella succinta esposizione dei fatti rilevanti della causa e delle ragioni giuridiche della decisione, anche con riferimento a precedenti conformi.
Debbono essere esposte concisamente e in ordine le questioni discusse e decise dal collegio ed indicati le norme di legge e i princìpi di diritto applicati. Nel caso previsto nell'art. 114 del codice debbono essere esposte le ragioni di equità sulle quali è fondata la decisione.
In ogni caso deve essere omessa ogni citazione di autori giuridici.
La scelta dell'estensore della sentenza prevista nell'art. 276 ultimo comma del codice è fatta dal presidente tra i componenti il collegio che hanno espresso voto conforme alla decisione".

[4] V., sobre o tema, interessantes ponderações em: Antoine Garapon; Ioannis Papapoulos. *Julgar nos Estados Unidos e na França: cultura jurídica francesa e* Common Law *em uma perspectiva comparada*. Rio de Janeiro: Lumen Juris, 2008, cap. VII, p. 172; Eugênio Facchini Neto. A sentença em perspectiva comparada: Estilos norte-americano, francês e italiano em confronto. *RePro*, São Paulo, v. 39, n. 235, p. 407, set./2014.

[5] No direito alemão cita-se tanto doutrina quanto jurisprudência nas decisões judiciais. Há artigos de lei que apontam como requisito de admissibilidade dos recursos – a potencialidade de que este

No entanto, além de se reconhecer abertamente, no direito brasileiro, que o juiz se serve de uma série de elementos para chegar à decisão de mérito, o NCPC traz um artigo interessante, que diz ao juiz *como* ele deve fundamentar a decisão. Sem fundamentação elaborada em observância ao que consta do art. 486 do NCPC,[6] considera-se a decisão *não fundamentada*.

Neste dispositivo, estão alistados os elementos essenciais da *sentença*: relatório, fundamento e parte dispositiva ou *decisum*.

O § 1° com certeza é inovação bem-vinda e interessante, que demonstra o quanto esteve presente nas comissões que se ocuparam do NCPC, a preocupação de "constitucionalizar" o processo, ou seja, de deixar bem claro que o CPC se insere num contexto normativo mais amplo, em cujo topo está a Constituição Federal.

Esse dispositivo diz que a garantia da fundamentação das decisões judiciais, de índole constitucional, não se considera satisfeita, se a fundamentação não atender a certos parâmetros mínimos de qualidade. Ou

---

contribua para a evolução do direito. Este dispositivo é um bom exemplo e foi incluído na ZPO em 2011:
"§ 543 *Zulassungsrevision*
(1) Die Revision findet nur statt, wenn sie
1. das Berufungsgericht in dem Urteil oder
2. das Revisionsgericht auf Beschwerde gegen die Nichtzulassung zugelassen hat.
(2) Die Revision ist zuzulassen, wenn
1. die Rechtssache grundsätzliche Bedeutung hat oder
2. die Fortbildung des Rechts *oder die Sicherung einer einheitlichen Rechtsprechung eine Entscheidung des Revisionsgerichts erfordert.*
Das Revisionsgericht ist an die Zulassung durch das Berufungsgericht gebunden".

[6] Art. 486. São elementos essenciais da sentença:
I – o relatório, que conterá os nomes das partes, a identificação do caso, com a suma do pedido e da contestação, bem como o registro das principais ocorrências havidas no andamento do processo;
II – os fundamentos, em que o juiz analisará as questões de fato e de direito;
III – o dispositivo, em que o juiz resolverá as questões principais que as partes lhe submeterem.
§ 1° Não se considera fundamentada qualquer decisão judicial, seja ela interlocutória, sentença ou acórdão, que:
I – se limitar à indicação, à reprodução ou à paráfrase de ato normativo, sem explicar sua relação com a causa ou a questão decidida;
II – empregar conceitos jurídicos indeterminados, sem explicar o motivo concreto de sua incidência no caso;
III – invocar motivos que se prestariam a justificar qualquer outra decisão;
IV – não enfrentar todos os argumentos deduzidos no processo capazes de, em tese, infirmar a conclusão adotada pelo julgador;
V – se limitar a invocar precedente ou enunciado de súmula, sem identificar seus fundamentos determinantes nem demonstrar que o caso sob julgamento se ajusta àqueles fundamentos;
VI – deixar de seguir enunciado de súmula, jurisprudência ou precedente invocado pela parte, sem demonstrar a existência de distinção no caso em julgamento ou a superação do entendimento.
§ 2° No caso de colisão entre normas, o juiz deve justificar o objeto e os critérios gerais da ponderação efetuada, enunciando as razões que autorizam a interferência na norma afastada e as premissas fáticas que fundamentam a conclusão.
§ 3° A decisão judicial deve ser interpretada a partir da conjugação de todos os seus elementos e em conformidade com o princípio da boa-fé.

seja, não é *qualquer* fundamentação que satisfaz.[7] Estas regras, que serão comentadas em seguida, dizem respeito não só à sentença, mas a quaisquer decisões judiciais, mesmo àquelas que decidem questões incidentais.

Entretanto, é imprescindível que se tenha presente que não se aplicam a *todas elas* e nem *todos os casos*! E a jurisprudência com certeza saberá modular sua incidência, em função do caso concreto.

Nas regras subsequentes, o novo CPC traz hipóteses em que se considera que a decisão judicial, a rigor, não estará fundamentada. Tem-se, pois, caso típico de cabimento de embargos de declaração: ausência de fundamentação.

Em consonância com o art. 486, § 1º, I, considera-se não haver fundamentação em qualquer decisão judicial se esta, pura e simplesmente, *repetir a lei*, com outras palavras, sem estabelecer expressa *conexão* da norma citada com o caso concreto decidido. Assim, se na decisão se diz: a decisão é x, porque a norma diz y, esta decisão carece de fundamentação, pois não se fez o *link* entre o texto da lei dito de outra forma – e os fatos da causa.

Trata-se de regra ínsita no sistema. O fato de não estar expressa no CPC de 73 não significa, em absoluto, que a exigência não exista.

Esta exigência, que constará da nova lei e já consta do sistema, aparece de forma mais contundente quando o juiz decide com base em norma jurídica, seja a lei ou algum princípio, que utilize, em sua formulação verbal, um *conceito vago* ou *indeterminado* (art. 486, § 1º, II).[8]

Princípios, como se sabe, são sempre verbalmente formulados com o uso de conceitos vagos e, cada vez mais, no mundo contemporâneo, esses conceitos são também inseridos nos textos das leis.

Houve visível alteração no método de legislar, no mundo todo, nos últimos tempos. O direito positivo vem apresentando, cada vez mais frequentemente, regras menos minuciosas, mais abrangentes, cujos limites não são muito claros (*fuzzy*). A complexidade das sociedades contemporâneas, a tendência no sentido de que o direito discipline quase que de forma integral a vida em sociedade e o crescente acesso à justiça exigiram do legislador normas intencionalmente menos precisas.[9]

---

[7] Já dissemos que: "Fundamentação inadequada não é fundamentação". (Teresa Arruda Alvim Wambier. *Nulidades do processo e da sentença*. 7. ed. São Paulo: Revista dos Tribunais, 2014, item 3.2.3, p. 322,).

[8] "Os conceitos vagos ou indeterminados são expressões linguísticas (signos) cujo referencial semântico não é tão nítido, carece de contornos claros. Esses conceitos não dizem respeito a objetos fácil, imediata e prontamente *identificáveis* no mundo dos fatos". (Teresa Arruda Alvim Wambier. *Recurso especial, recurso extraordinário e ação rescisória*. 2. ed. São Paulo: Revista dos Tribunais, 2008, p. 151).

[9] "A complexidade das situações que nascem na vida das sociedades atuais fez com que se passasse a pensar que deveriam "ser resolvidas pelo aplicador da lei conforme as circunstâncias em que se

Estas regras jurídicas intencionalmente menos minuciosas e mais abertas, flexíveis, habitualmente contêm conceitos vagos e, ocasionalmente, trazem *cláusulas gerais*, que são expressões também vagas e marcadamente carregadas de conteúdo axiológico, pois incorporam princípios.

O conteúdo das cláusulas gerais é construído paulatinamente pelo trabalho da doutrina, mas principalmente, também, pelo trabalho dos juízes, pois elas são *intencionalmente* vagas. Um bom exemplo, é o art. 1.228, § 1º, do Código Civil, que diz que a propriedade deve exercer sua função social.[10]

Conceitos vagos ou indeterminados são aqueles que dizem respeito a objetos não muito bem definidos por eles mesmos. *Atividade fim, interesse do menor, meio de comunicação idôneo, repercussão geral* e tantos outros, são exemplos de termos que podem gerar discussão. Isso significa que pode ser que uns entendam que certa medida concreta atenda ao interesse público, por exemplo, e outras entendam justamente o contrário.

Isto não acontece com conceitos ditos determinados, ou acontece em menor grau, como, por exemplo, *leasing, aposentadoria, comodato, marido, salário* e tantos outros.

A indeterminação dos conceitos admite graus, e é, também evidente, que quanto mais vago for o conceito contido na norma aplicada para resolver o caso concreto, *maior necessidade haverá de o juiz explicar porque entendeu que a norma deveria incidir na hipótese fática dos autos*. Isto porque quando a lei contém conceitos vagos ou cláusulas gerais, não há descrição verbal minuciosa do quadro fático ao qual esta deve ser aplicada. O mesmo acontece com princípios jurídicos: em sua formulação verbal não há a descrição minudente e precisa dos fatos, que devem ensejar a sua aplicação.

Esta dificuldade deve corresponder à necessidade de que a decisão seja *densamente* fundamentada. Quando estas se baseiam em *princípios jurídicos*, em *cláusulas gerais* e em normas que contenham, em sua redação,

---

verificassem; desde que, de modo geral, se passou a clamar por mais justiça, ainda que, em parte, à custa da estabilidade e segurança do passado", tendo-se constituído, para a ciência, a obrigação de atender a estas imposições da vida, que deixou de reconhecer na lei todo o direito". (Teresa Arruda Alvim Wambier. *Recurso especial... op. cit.*, item 1.4, p. 28).

[10] "As cláusulas gerais, ao lado dos princípios jurídicos e dos conceitos vagos ou indeterminados, que cada vez mais integram os textos das leis, são elementos característicos do direito contemporâneo. Trata-se de expressões, cujo significado também é vago, que se consubstanciam em "poros", que fazem com que o direito se comunique com a realidade. As cláusulas gerais são sintoma de que o direito contemporâneo tende a ser aberto e flexível. Um direito que tenha estas feições pretende abranger a realidade que há hoje e a que está por vir". (Teresa Arruda Alvim Wambier. *Recurso especial... op. cit.*, item 6.1, p. 161).

conceitos indeterminados[11] o ato de fundamentar a decisão judicial é mais complexo.

Da mesma forma, não é possível se entender que esta regra já não exista no sistema. O que o NCPC faz não é senão deixá-la absolutamente clara... mas evidentemente não se pode fundamentar com simplicidade uma decisão em que se considera, por exemplo, que certo contrato não cumpre a sua *função social*.[12]

A lei projetada considera não motivada a decisão "vestidinho preto",[13] que se prestaria a justificar qualquer *decisum*: como, por exemplo, "concedo a liminar porque presentes os seus pressupostos". A fundamentação deve ser expressa e especificamente *relacionada* ao caso concreto que está sendo resolvido. Como afirmar que esta regra já não está no sistema, independentemente de sua formulação expressa?

Há outra regra nesse dispositivo, que tem gerado muita discussão, e a meu ver, nem deveria. Isto porque, na verdade, também se trata de orientação praticamente dedutível do sistema. Principalmente de um sistema como o nosso, em que se valoriza o *contraditório*. É o art. 486, § 1º, IV,

---

[11] "(...) São, sob nossa ótica, todos excelentes exemplos de *hard cases*, nos quais o Judiciário não só pode, como deve, exercer saudavelmente certa dose de criatividade, fundamentando a decisão de forma densa e significativa, demonstrando ter sido este resultado da combinação de elementos do *sistema* e usando argumentos universais". (Teresa Arruda Alvim Wambier. Recurso especial... op. cit., item 4.2, p. 107).

[12] Nesse sentido cf. interessante julgado do STJ: PROCESSUAL CIVIL. RECURSO ESPECIAL. JUÍZO DE ADMISSIBILIDADE. NECESSIDADE DE REVISÃO DO CONTEXTO FÁTICO-PROBATÓRIO. SÚMULA 7/STJ. APLICAÇÃO. CERCEAMENTO DE DEFESA. INEXISTÊNCIA. MEDIDA CAUTELAR QUE MANTÉM, POR PRAZO INDETERMINADO, A VIGÊNCIA DE CONTRATO. VIOLAÇÃO AO PRINCÍPIO DA AUTONOMIA DA VONTADE. – A pretensão de reexame de prova não enseja recurso especial. Aplicação da Súmula 7/STJ. – A interpretação de cláusula contratual não enseja recurso especial. Aplicação da Súmula 5/STJ. – Dada a natureza do procedimento cautelar, não está o juízo obrigado a produzir provas que seriam necessárias para uma conclusão definitiva sobre a lide. Se a parte requerente consegue demonstrar o *fumus boni iuris* e o *periculum in mora*, ao passo que a parte requerida não consegue demonstrar, de plano, as razões fáticas de sua contrariedade, isso basta para que seja deferida a cautela, não havendo que se falar em cerceamento de defesa. – *O exame da função social do contrato é um convite ao Poder Judiciário, para que ele construa soluções justas, rente à realidade da vida, prestigiando prestações jurisdicionais intermediárias, razoáveis, harmonizadoras e que, sendo encontradas caso a caso, não cheguem a aniquilar nenhum dos outros valores que orientam o ordenamento jurídico, como a autonomia da vontade. – Não se deve admitir que a função social do contrato, princípio aberto que é, seja utilizada como pretexto para manter duas sociedades empresárias ligadas por vínculo contratual durante um longo e indefinido período.* Na hipótese vertente a medida liminar foi deferida em 18.08.2003, e, por isto, há mais de 5 anos as partes estão obrigadas a estarem contratadas. – A regra do art. 473, par. único, do CC/02, tomada por analogia, pode solucionar litígios como o presente, onde uma das partes do contrato afirma, com plausibilidade, ter feito grande investimento e o Poder Judiciário não constata, em cognição sumária, prova de sua culpa a justificar a resolução imediata do negócio jurídico. Pode-se permitir a continuidade do negócio durante prazo razoável, para que as partes organizem o término de sua relação negocial. O prazo dá às partes a possibilidade de ampliar sua base de clientes, de fornecedores e de realizar as rescisões trabalhistas eventualmente necessárias. Recurso Especial parcialmente provido. *(STJ, REsp 972.436/BA, 3.T., j. 17.03.2009, rel. Min. Nancy Andrighi, DJe 12/06/2009).*

[13] Expressão de uso corrente a significar algo que se pode usar em diferentes situações, sem risco de incidir em grave erro.

que diz que não se considera motivada a decisão, se não forem enfrentados *todos* os argumentos deduzidos no processo – e esta expressão abrange argumentos de *fato* e de *direito*, que teriam o condão de levar o magistrado a decidir de *outra forma*. Estes argumentos, se não acolhidos, têm de ser afastados, *expressamente*, na decisão.

Não se trata, em absoluto, de exigir que o juiz ou o tribunal respondam a um "questionário". Trata-se, isto sim, de mostrar ao juiz o seu dever, que é o de OUVIR as partes, o que deve demonstrar ter feito na fundamentação da sentença.

São os contornos da noção contemporânea do princípio do *contraditório* e nada mais. O contraditório não se resume à atividade das partes, no sentido de terem a *oportunidade* de afirmar e *demonstrar* o direito que alegam ter. Elas têm o direito de ser ouvidas! De fato, o contraditório só tem sentido se se supõe a existência de um observador neutro, no sentido de imparcial, que *assista* ao diálogo entre as partes (alegações + provas) para, depois, decidir.

O momento adequado para o juiz demonstrar que participou do contraditório é a *fundamentação* da decisão. As partes têm de ver consideradas as suas alegações, ainda que estas não sejam acolhidas, se se tratar de alegações que poderiam ter levado a uma decisão diferente daquela que foi proferida.

Veja-se que, no direito brasileiro, o juiz pode decidir com base em fundamentos não mencionados por nenhuma das partes (*iura novit curia*). Mas não sem antes dar às partes oportunidade de se manifestar.[14]

E veja-se que consequência tão interessante quanto relevante: só *no contexto do processo em que foi proferida* é que pode uma decisão ser avaliada no sentido de ter sido bem ou mal fundamentada. Não basta sua coerência *interna corporis*: é necessário que se refira a elementos externos à sua coerência interna, afastando-os, de molde até mesmo a reforçar o acerto da decisão tomada.

Na linha do que se disse no começo destas reflexões, admitindo que o juiz baseia sua decisão em jurisprudência e até mesmo em **um** precedente, quando por exemplo, usa um acórdão do STF como base para suas

---

[14] "(...) a garantia da motivação representa a última *manifestação do contraditório*, pois o dever de enunciar os motivos do provimento traduz-se, para o juiz, na obrigação de levar em conta os resultados do contraditório e, ao mesmo tempo, demonstrar que o *iter* de formação do provimento desenvolveu-se à luz da participação dos interessados. De fato, de nada serviria outorgar às partes aquele amplo e complexo feixe de prerrogativas, poderes e faculdades que convergem para obtenção de um resultado favorável no final do processo se as atividades concretamente realizadas pudessem ser desprezadas pelo juiz no momento da decisão. A estrutura dialética do processo não se esgota com a mera participação dos interessados em contraditório, mas implica sobretudo a *relevância* dessa partição para o autor do provimento; seus resultados podem até ser desatendidos, mas jamais ignorados". (Antonio Magalhães Gomes Filho. *A motivação das decisões penais*. 2. ed. São Paulo: Revista dos Tribunais, 2013, n. 4, p. 84).

decisões, há, ainda, outra situação em que se considera que a decisão *não* estará fundamentada: se usar como elemento relevante da sua fundamentação *precedente* ou *súmula*, sem demonstrar *porque* a tese jurídica, base do precedente e integrante do texto da súmula, se aplica aos fatos da causa, também será considerada *não* fundamentada a decisão. Trata-se, a rigor, de regra substancialmente idêntica à já comentada – se se aplica uma regra ao caso concreto, devem-se explicar as razões que tornam a regra adequada para resolver aquele caso concreto específico. Da mesma forma, se se aplica uma *súmula* ou um *precedente*, aplica-se, na verdade, a tese jurídica adotada pelo precedente e formulada na súmula: igualmente a relação de pertinência ao caso concreto deve ser, na fundamentação da decisão, demonstrada.

O inc. V, de certo modo, está contido no inc. IV: se a súmula, a jurisprudência ou o precedente invocado pela parte é desconsiderado, devem ser explicadas as razões pelas quais teriam sido afastados. As razões podem ser as seguintes: ou não se trata de caso análogo ou a tese jurídica constante da *súmula*, da jurisprudência ou do *precedente* não deve ser acatada, porque superada.

Este dispositivo pode ter, e esperamos que tenha mesmo, uma consequência muito interessante e desejável.

Sabe-se que no Brasil, nas últimas décadas, acentuou-se um fenômeno que não deve ser visto com bons olhos. Têm havido alterações frequentes e bruscas de orientações jurisprudenciais, principalmente de Tribunais Superiores, notadamente o STJ. Decide-se sem um mínimo de racionalidade. Isto desorienta os Tribunais de 2º grau, os juízes de 1º grau e a própria sociedade.[15]

O novo CPC traz vários dispositivos cujo sentido é tentar controlar esta tendência. Claro que o alcance de um Código de Processo Civil no que diz respeito ao controle desta situação, que é séria e tem dimensões inadmissíveis no Brasil, é muito limitado, já que se trata de um problema cultural, e que leis não fazem milagres. Há toda uma parte principiológica que tem por escopo *desencorajar* os tribunais a agir assim. Diz-se, por exemplo, que os Tribunais Superiores devem respeitar seus

---

[15] "Interessante, como observamos antes, na parte introdutória, haver juízes no Brasil que se sentem diminuídos, pelo fato de terem de curvar-se a jurisprudência dominante de um tribunal superior ou a uma súmula vinculante. Há quem reconheça, felizmente, que a dispersão da jurisprudência e a falta de estabilidade comprometem fundamentalmente a credibilidade do Poder Judiciário como um todo. A uniformização da jurisprudência 'é muito provavelmente uma prática que aumenta o poder da instituição cuja função é decidir (...) harmonia ou coerência interna reforça a credibilidade externa'. Penso que isto ocorre também no Brasil: excesso de dispersão jurisprudencial desacredita o Judiciário e decepciona o jurisdicionado. É um mal para a sociedade". (Teresa Arruda Alvim Wambier. Precedentes e evolução do direito. *In* Teresa Arruda Alvim Wambier (Coord.). *Direito jurisprudencial*. São Paulo: Revista dos Tribunais, 2012, n. 3, p. 40.

próprios precedentes, de molde a gerar uma jurisprudência uniforme e estável, que sirva de norte aos demais órgãos do Poder Judiciário etc.

Este dispositivo pode desestimular os tribunais a decidirem *contra a sua própria jurisprudência!* Pois cria, para o juiz, o dever de explicar porque se afastou de precedente ou de jurisprudência de um Tribunal de 2º grau ou Superior, invocada por uma das partes e resolveu decidir de modo diferente. Mas, cria também a necessidade de que o *juiz justifique o afastamento da jurisprudência do próprio Tribunal a que pertence*! Portanto, imagina-se que passem a ser menos frequentes as ocasiões em que se constata haver divergências perenes quanto ao entendimento sobre certos temas, dentro de um mesmo tribunal. Hoje se costuma fazer isso com imensa e indesejável frequência sem se fazer nem ao menos mera referência à jurisprudência que se está contrariando...

O § 2º, apesar da redação complexa, contém regra salutar: muitas vezes, à mesma situação podem aplicar-se duas regras diferentes, que levam a soluções diversas. Opta-se por uma ou por outra, em função de ponderação de valores. Estes valores são os inspiradores das regras colidentes ou são por elas encampados. A opção deve ser justificada. Aqui, também, está-se diante de regra que já está no sistema, ainda que no CPC de 73 não seja expressamente formulada.

Percebe-se, aqui, novamente, a concepção que se tem no Brasil no sentido de que frequentemente a decisão judicial é uma *opção* entre vários caminhos possíveis. Esta opção há de ser *justificada*. Não se deve, pois, "fazer de conta" que a solução pela qual se optou seria a única, em casos mais complexos. Isso é, pensamos, extremante positivo, *pois não se disciplina (controla) uma realidade negando a sua existência.*

Por fim, o § 3º cria regra interpretativa das decisões judiciais. Estas devem ser compreendidas em função de conjunto de elementos que contêm e de acordo com o princípio da boa-fé. Trata-se de dispositivo correspondente ao parágrafo único do art. 320,[16] que diz respeito ao pedido. A correlação entre pedido e sentença é inegável. Já se disse que este é um "rascunho" daquela, quando a ação é tida por procedente.

Não se trata, aqui, de desrespeitar o contraditório e de se conceder o que não foi pedido. Não. Trata-se de entender que, por exemplo, uma decisão que rescinde um contrato, abrange também a decisão no sentido de que se deve voltar ao *status quo ante.*

Considera-se a decisão *não fundamentada*, se a fundamentação da decisão judicial não obedecer a estes parâmetros mínimos de qualidade, diz a nova lei. Espera-se que, uma vez em vigor o novo Código, este

---

[16] Art. 320. O pedido deve ser certo. § 1º Compreendem-se no principal os juros legais, a correção monetária e as verbas de sucumbência, inclusive os honorários advocatícios. § 2º A interpretação do pedido considerará o conjunto da postulação e observará o princípio da boa-fé.

dispositivo seja levado a sério, e não banalizado. Com certeza, o respeito às regras que contém é capaz de gerar prestação jurisdicional de melhor qualidade. Pode até ser que a quantidade de decisões reformadas diminua, assim como a quantidade de recursos.

Nem todas as decisões deverão ser fundamentadas de acordo com o art. 486 em sua integralidade. É extremamente variável o grau de complexidade das situações conflituosas que o Poder Judiciário deve resolver. Cabe, portanto, às partes, demonstrar ao magistrado que se está, por exemplo, em face da situação sobre a qual já há jurisprudência conflitante, que o caso é complexo e que há mais de um caminho para resolvê-lo (um, correto e os outros, que devem ser afastados...) etc. e que, portanto, a decisão deve ser proferida nos moldes dos parâmetros de qualidade exigidos pelo art. 486, indicando-se os incisos pertinentes.

A esta altura cabe trazer à lembrança um outro princípio a que o NCPC se refere e que nem sempre é fácil de ser compreendido: é o princípio da cooperação. Eis, neste caso, um ótimo exemplo. As partes devem cooperar[17] para que o juiz profira a decisão sem vícios, desejável para o caso, para o bem delas próprias, para o prestígio do próprio Judiciário.

---

[17] Art. 6º "Todos os sujeitos do processo devem cooperar entre si para que se obtenha, em tempo razoável, decisão de mérito justa e efetiva".

Impressão:
Evangraf
Rua Waldomiro Schapke, 77 - POA/RS
Fone: (51) 3336.2466 - (51) 3336.0422
E-mail: evangraf.adm@terra.com.br